KB170591

부의 탄생

1 2 3 4 5 6 7 8 9 10 SIAA 20 09 08 07 06 05

Original: The Birth of Plenty
        By William Bernstein
        ISBN 979-11-961212-2-8

This book is exclusively distributed in SIAA Publishing Co.
When ordering this title, please use ISBN 979-11-961212-2-8
Printed in Korea

부의 탄생

The BIRTH *of* PLENTY

윌리엄 번스타인 William Bernstein 지음 | 김현구 옮김

SIA 시아

부의 탄생

초판 1쇄 인쇄 2017년 6월 15일
초판 1쇄 발행 2017년 6월 20일

초판 2쇄 인쇄 2018년 10월 20일

지은이 윌리엄 번스타인
옮긴이 김현구
펴낸이 김형성

인쇄 정민P&P
제본 정민문화사

펴낸곳 (주)시아컨텐츠그룹
주소 경기도 파주시 재두루미길150(활자마을)

전화 031-955-9696 팩스 031-955-9393
E-mail siaabook9671@naver.com

ISBN 979-11-961212-2-8
값 20,000원

새롭게 풀어나가는 부에 관한 모든 것

몇 년 전 아내가 도서관에서 오루크(P.J. O'Rourke)의 『부자들을 먹어치워라』(*Eat the Rich*)를 빌려왔을 때, 나는 그 책에서 역사적 통찰 같은 것은 별로 기대하지 않았다. 흥미 위주의 그 책은 세계의 경제적 성공을 가벼운 마음으로 훑어볼 수 있다는 점과 공감을 불러 일으키는 이야기 구성이 꽤 만족스러웠다. 그중 가장 기억에 남는 것은 신용위험을 설명한 부분이다. "정크본드는 당신의 동생에게 빌려준 돈이고 우량채권은 감비노가*가 당신의 동생에게 빌려준 돈이다."

별것 아닌듯 보이는 그의 글 속에는 공들여 제대로 연구한 흔적들이 역력했다. 특히 앵거스 매디슨(Angus Maddison)이라는 그리 유명하지 않은 영국 경제학자가 수집한 자료들을 간략하게 언급한 부분이 그렇다. 매디슨은 1820년을 전후로 하여 그 이전에는 세계경제가 사실상 전혀 성장하지 않은 반면 그 이후에는 지속적이고 강력한 성장이 일어났다는, 다시 말해 세계경제의 성장 과정에 놀랄 만한 불연속성이 존

---

* 뉴욕 마피아의 최대 가문 ―역주

5

재한다는 사실을 발견했다.

얼마 뒤 나는 매디슨의 개괄적 저작, 『1820～1992년간의 세계경제에 관한 관찰』(*Monitoring the World Economy, 1820-1992*)을 접하게 되었다. 겉으로 보기에 그 책은 개요서 치고 상당히 두껍지만, 책 안으로 들어가 보면 매디슨의 수치들이 지루한 역사서에서는 거의 볼 수 없는 현대 세계의 발전에 관한 종합적인 그림을 보여준다는 것을 알게 된다. 일본의 메이지유신과 제2차 세계대전 이후의 번영에 관한 빼어난 묘사도 뛰어나지만, 매디슨의 책에 제시된 원자료 수치들은 훨씬 더 대단하다. 매디슨이 제시한 수치에 따르면, 일본에서는 인플레이션 조정 후 일인당 GDP가 6퍼센트나 상승했고, 평균수명이 두 배가량 연장되었으며, 교육수준이 약 네 배 정도 높아졌고, 문맹률이 급속히 낮아졌다. 이런 모든 일이 제1차 세계대전 이후 40년 만에 이루어졌다.

나는 이러한 부의 급작스러운 변화에 매혹되었다. 이것에 대해 매디슨은 기술진보, 무역과 금융의 증대, 인적 자본의 향상, 자연자원 이용의 증가 그리고 '성장회계'*라는 경제적 개념을 간략하게 언급하면서 무미건조하게 설명했다. 그러나 이 중 어느 것도 만족스럽지 않았다. 기술진보가 경제발전을 낳는다는 설명은 너무 진부했다. 사실상 거의 모든 경우에 경제성장은 기술혁신의 소산이다. 전자공학, 수송, 과학의 진보가 갑자기 중단되면 경제성장도 거의 자동적으로 정지한다.

하지만 내가 정작 궁금했던 것은 다음과 같은 것들이었다. 왜 경제성장과 그 근저의 기술진보는 특정한 시점에 갑자기 폭발적으로 일어났는가? 왜 플로렌스 사람들은 다빈치가 도안한 비행기와 증기 엔진

---

*경제성장을 기술진보, 자본성장, 노동성장이라는 세 요인으로 나누어 분석하는 방법 ―역주

을 발명하지 못했는가? 야금기술이 뛰어났던 로마인은 왜 전기를 발견하거나 전신을 발명하지 못했는가? 수학의 천재였던 그리스인은 왜 자본시장 기능에 필수적인 확률 법칙을 발견하지 못했는가? 아테네인은 민주주의, 재산권, 자유시장, 자유로운 중산계급 등의 경제성장의 조건들을 갖추고 있었음에도 불구하고 두 세기 동안—페르시아를 물리친 이후 알렉산더에게 포위되기까지 — 왜 그토록 지독한 빈곤을 겪었는가? 홉스는 자연 상태의 삶을 "고독하고 가난하며 불결하고 야만적이며 부족하다"고 기술했는데, 이는 19세기에 이르기까지 거의 모든 사람들의 삶을 정확히 묘사한 것이었다. 그런데 그 상태가 그로부터 채 2세기도 지나지 않아 서유럽에서 사라진 이유는 무엇인가?

영국의 저명한 언론인이자 저술가 폴 존슨(Paul Johnson)은 『근대의 탄생』(*The Birth of The Modern*)에서 이 질문들에 대한 가장 근사한 답을 내렸다. 19세기 초 과학 · 정치 · 문학 · 예술에서 일어난 혁명에 대한 존슨의 서술은 비할 데 없이 훌륭하며, 매디슨의 『시인들을 위한 근대 초기 발전사』(*Early Modern Developmental History for Poets*)에 버금갈 만큼 문장도 탁월하다. 그러나 존슨은 이 모든 중요한 역사적 이행이 왜 특정한 시점에 일어났는가라는 궁극적인 질문에는 침묵했다. 다른 맥락에서 제레드 다이아몬드(Jared Diamond)의 『총, 균, 쇠』(*Guns, Germs, and Steel*)에는 '어떻게 해서 백인은 저 모든 짐을 갖고 있는가'라는 얄리의 질문이 나온다(얄리는 뉴기니 부족 사람이고, '짐'이란 현지 말로 기술적으로 진보된 모든 발명품, 특히 쇠도끼 · 청량음료 · 우산을 가리킨다).[1] 다이아몬드는 인류 역사에서 생물학적 · 지리적 요인이 어떤 역할을 했는지 탁월하게 개괄하고 있지만, 얄리의 의문은 풀어주지 못했다.

나의 과제는 19세기 초기에 갑자기 등장해 근대 세계의 거대한 경제적 도약을 이끈 문화적 · 역사적 요인들을 밝혀내는 것이다. 이 과제를 효과적으로 수행하기 위해 나는 논픽션 방식으로 서술했다. 효과적인 논픽션의 구성방식은 사실에 대한 단순한 해설과 이야기를 뛰어넘어 독자에게 주변 세계를 이해할 유용한 도구를 제공한다. 세계의 번영을 낳은 기원을 추적할 경우에는 언제나 두 가지 문제에 직면한다. 첫째로, 역사—세계가 어떻게 지금 모습에 이르렀는지에 관한 연구—를 어떻게 서술할 것인가 하는 문제다. 역사는 원래 흥미진진한 분야이다. 만약 작가가 역사를 주제로 독자의 흥미를 사로잡지 못한다면 그 책임은 전적으로 작가에게 있다. 두 번째 문제는, 어떤 특정한 나라가 부유하거나 가난한 이유, 민주적이거나 그렇지 못한 이유, 약하거나 강한 원인, 그 국민이 삶에 만족하는지의 여부를 설명할 틀을 제공할 수 있느냐 하는 것이다. 만약 이 일에 성공한다면, 독자들은 지구와 우리의 미래상까지도 희미하게나마 파악할 수 있을 것이다.

이 책은 '왜, 어떻게, 어디로'라는 세 부분으로 자연스럽게 나누어진다. 우선 경제성장의 궁극적인 원천이 무엇인지 살펴볼 것이며, 다음으로 이 요인들이 여러 나라에서 어떻게 작용했는지 기술할 것이다. 그리고 마지막으로 근대 세계의 폭발적인 경제성장이 야기한 사회적·정치적·군사적 결과들을 조명할 것이다. 이를 통해 우리가 경제성장의 원천을 이해하면, 다음과 같은 우리 시대의 많은 문제들을 들여다볼 수 있는 통찰력을 얻을 수 있을 것이다.

- 날로 부유해지고 더욱 복잡하고 빠르게 변화하며 긴장이 더해가는 세계 속에서 우리의 전반적인 안녕과 만족감의 정도는 어떻게 달라질까?
- 부와 민주적 발전 사이에는 어떤 관계가 있는가? 경제적 진보와 그 결과 점점 벌어지는 국가 간 부의 격차는 세계의 정치적 미래에

어떤 결과를 초래할 것인가? 이라크와 아프가니스탄에 민주주의가 성공적으로 뿌리내릴 수 있을 것인가?

- 더욱 진전되고 있는 번영은 현재의 세계적 힘의 균형에 어떤 영향을 미칠 것인가? 미국의 군사적 우위는 역사적 우연인가? 그것이 지속될 것인가? 비서구인들, 특히 이슬람 세계의 사람들은 정치적·군사적 힘을 얼마나 효과적으로 행사할 수 있을 것인가?

경제학은 물론 법, 역사, 철학, 천체역학, 신학, 공공정책, 사회학 등 세계의 경제성장을 설명하기 위해 필요한 모든 분야를 완벽히 알고 있는 사람은 없다. 나 역시 이 중 어느 것에도 전문가가 아니다. 대신 내 곁에는 나를 인도해주고, 내 글을 편집해주며 격려를 아끼지 않았던 많은 사람들이 있었다. 이 모든 사람들에게 감사를 드리고 싶다.

에드 타워(Ed Tower)는 내 동반자로서 거의 처음부터 이 여정을 함께 했다. 그는 나에게 복잡한 무역이론을 가르쳐주었을 뿐만 아니라 그가 수십 년 전 대학 생활을 시작할 때부터 대학원을 거쳐 음울한 과학의 신비에 이끌리기까지 자신이 얻은 모든 지혜를 나에게 불어넣어 주었다(3년 전 그는 내가 몇 개월 전에 이미 경제사에 관한 작업을 하고 있다는 사실을 모른 채 나에게 그 작업을 해보는 게 어떻겠느냐고 제안한 적이 있다. 그 제안은 내가 이 작업을 계속할 수 있도록 내 기운을 북돋아주었다). 로버트 엘릭슨(Robert Ellickson)은 비옥한 초승달지대에서의 재산권에 관한 미간행 자료를 제공해주었고, 마크 로(Mark Roe) 역시 재산권 집행비용에 관한 미간행 자료를 주었다. 빅터 핸슨(Victor Hanson)은 재산법에 대한 그리스인들의 기여를 가르쳐주었고, 리처드 이스털린(Richard Easterlin)은 화폐와 행복의 연관에 관해 나를 인도했으며, 스티븐 던(Stephen Dunn)은 연방대법원의 영향력의 역사에 관한 인식을 다듬어주었다. 알렉스 존슨(Alex Johnson)은 나에게 지적 재산의 역사를 좀더 깊이 탐구하도록 했고, 로버트 아르노트(Robert Arnott)는 닥쳐올 세대 혼란에 관한 나의 이해를 다듬어주었으며, 칼 애펀(Karl Appuhn)은 성장 시대 이전의 중세에 대한 나의 평가를 비판해주었다. 로버트 바로(Robert Barro)는 성장의 상관물들에 관한 데이터와 그래프를 제공했다. 그레고리 클락(Gregory Clark)은 수세기에 걸친 영국의 번영에 관한 데이터를, 이매뉴얼 사에즈(Emmarnuel Saez)는 소득분포에 관한 데이터를, 짐 하이라바야시(Jim Hirabayashi)는 미국 특허국의 활동에 관한 자료를 제공했다. 왈도 토블러(Waldo Tobler), 잭 골드스톤(Jack Goldstone), 제이 파사초프(Jay Pasachoff), 로버트 어파우스(Robert Uphaus), 니알 퍼거슨(Niall Ferguson), 폴 케네디(Paul Kennedy), 도널드 모그리지(Donald Moggridge), 로버트 스키들스키(Robert Skidelsky), 래리 닐(Larry Neal), 제인 알퍼트(Jane Alpert), 리처드 실라(Richard Sylla) 등은 이야기의 역사적 측면에 관해 아낌없는 도움을 주었다. 로널드 잉글하트(Ronald Inglehart)에게는 특별한 감사를 드려야 하는데, 그는 나에게 많은 그림 자료를 제공해주었을 뿐만 아니라 경제와 문화, 종교의 얽히고설킨 상호작용의 실타래를 풀어주었다.

　나는 또한 금융 및 경제 관련 언론의 대가들로부터도 많은 도움을 받았다. 윌리엄 슐티스(William Schultheis)는 작업 초기에 비판적 논평을 해주었다. 아이오와퍼블릭라디오의 버나드 셔먼(Bernard Sherman)은 처음부터 거의 끝까지 편집 작업에 참여했고, 특히 공공정책 분야에서 내가 수를 헤아리는 데 너무 많은 시간을 낭비하지 않게 해주었다. 『월스트리트저널』(*Wall Street Journal*)의 조나단 클레멘츠(Jonathan Clements)는 이 책의 스타일과 구조에 관한 문제에서부터 영국 지성사에 관한 정보에 이르기까지 폭넓은 조언을 해주었다. 『머니』(*Money*)

지의 제이슨 츠비그(Jason Zweig)는 문체 구사의 전문가로서 야사풍의 이야기들과 신랄한 유머, 그리고 거의 모든 것에 관한 백과사전적인 지식을 빌려주었다. 존 단토니오(John D' Antonio)는 초고에서부터 퇴고에 이르기까지 방향타 역할을 해주었고, 필요할 때는 엄한 작업감독이었으며, 비길데 없이 탁월하게 문장을 다듬어주었다.

존 브라운(John Brown)은 전문가적 관점과 예술가적 재능으로 완성된 원고를 검토해주었고, 돈 고예트(Don Goyette)도 표를 만들고 다듬는 데 도움을 주었다. 캐서린 다소풀로스(Catherine Dasso-poulos)는 경제학의 렌즈를 통해 현대 세계의 모습을 서술하려는 야심적인 작업에 그녀 자신과 맥그로-힐의 멋진 재능을 쏟아넣어 주었다.

내 친구와 가족들도 큰 도움이 되었다. 그리스어를 비롯한 유럽의 사어들에 관한 찰스 홀러웨이(Charles Holloway)의 능란한 지식은 아주 유용했고, 나의 딸 캐서린 지글러(Katheryn Gigler)는 사회학 방면에서 전문가적인 조언을 해주었다. 캐시와 릭은 최종본을 철두철미하게 점검해주었다. 마지막으로, 내 아내 제인 지글러(Jane Gigler)가 없었다면 이 책은 결코 세상에 나오지 못했을 것이다. 그녀는 마구 뭉뚱그려진 내 글을 읽을 수 있는 장들로 만들어주었을 뿐만 아니라 전문 용어와 축약어들을 이해하기 쉬운 단어들로 가차없이 바꾸었으며, 나의 뒤죽박죽 논리와 흐름에 끊임없이 문제를 제기했다. 그녀는 이 책의 진행 과정 내내 각 장들의 무수한 초고들을 재배치하고 잘라내며 다듬는 작업을 해주었다. 이러한 모든 엄청난 노력도 이 병적인 남편에게 보내준 그녀의 한량없는 관용과 지원에 비하면 빛이 바랜다.

윌리엄 J. 번스타인
오리건, 노스벤드

제2부 부자 나라, 가난한 나라

제3부 번영의 결과와 부의 흐름

왜 특정한 장소와 시점에서 번영이 일어났는가

　센추리온 호의 선장은 H-1 해상 크로노미터―경도 계산에 사용되는 크고 아주 정밀한 시계―를 가지고 그의 첫 항해에 동참했던 시계공 존 해리슨(John Harrison)에게 감사해야 한다. 1737년 늦은 봄, 수평선 위로 영국 해안선이 희미하게 보이자 센추리온 호의 항해사는 기존의 추측항법에 따라 배가 다트머스 남쪽 부근의 안전한 바다를 항해하고 있다고 생각했다. 그러나 해리슨의 의견은 달랐다. 그의 크로노미터에 따르면 배는 다트머스로부터 약 80마일 벗어나 잉글랜드 남서쪽 끝에 있는 리저드 반도 부근의 위험한 해역에 있었다. 센추리온 호의 프록터 선장은 해리슨의 판단에 따라 동쪽으로 선회했다. 그리고 몇 시간 후 해리슨의 계산이 정확했음이 밝혀졌다.

　프록터 선장이 보인 신중함은 당시의 항해사라면 누구라도 쉽게 이해할 수 있을 것이다. 꼭 30년 전, 함대 사령관 클로디즐리 쇼벨 경(Sir Clowdisley Shovell)은 동일한 항해 오류를 저질렀고, 이로 인해 그의 함대는 실리 제도 암초지대로 들어가 2천 명이 넘는 함대원들이 익사한 참사를 겪었기 때문이다. 이 사건 이후 항해기술 개선에 대한 관심이 집중되었다. 7년 후인 1714년에 의회는 경도법을 통과시켜 경도위원회를 설립하고 오차범위 0.5도(약 30마일) 이내의 동서 위치를 알 수 있는 방법을 제시하는 사람에게 2만 파운드—오늘날의 화폐가치로 환산하면 약 1백만 달러에 달하는 금액이다—의 상금을 주기로 했다.[1]

프록터는 해리슨에게 생명을 빚졌을 뿐만 아니라 증기 엔진의 발명과 대의 민주주의의 발전, 또는 워털루 전투에 버금가는 역사의 위대한 전환점의 한 순간을 목격했다. 정밀한 해상 크로노미터의 출현은 불확실하고 때로는 목숨을 걸어야 할 모험이었던 해상 무역이 부를 창출하는 확실한 수단으로 거듭나게 해주었다.

250년이 지난 지금도 그리니치 국립 해양박물관에 전시되어 있는 해리슨의 해상 크로노미터는 놀랍게도 1초의 오차도 없이 정확하다. 사실 1730~1850년 사이에 일어난 놀랄 만한 기술진보의 성과물들 중에서 그 기계는 단지 미미한 발명에 지나지 않는다. 근대적인 운하, 증기 엔진, 전신 등 그 시대의 다른 위대한 발명들은 모든 사람의 눈에 금방 띄는 것들이었지만, 사실 해상 크로노미터는 일반인의 관심을 거의 끌지 못했다.

근대가 시작된 이래 근대인들 사이에는 당시의 기술진보가 유례없고 혁명적인 것이라는 강한 자부심이 있었다. 이는 우리 시대도 분명 예외가 아니다. 그러나 이것은 환상이다. 기술진보가 인간사에 미치는 전체적인 영향을 제대로 살펴보기 위해서는 120년 동안에 있었던, 그리고 사회를 구성하는 모든 사람의 삶을 전반적으로 바꾸어놓은 기술 폭발을 모두 지켜보아야 한다. 일거에 수송 속도가 열 배로 증가했고, 통신은 거의 동시화되었다. 하지만 비교적 최근인 19세기 초만 하더라도 토머스 제퍼슨(Thomas Jefferson)이 버지니아 주에 있는 몬티첼로에서 필라델피아까지 가는 데 열흘이나 걸렸고 상당한 비용은 물론 신체적 고통과 위험도 따랐다. 그러다가 1850년에 증기 엔진이 발명되면서 같은 거리를 하루 만에 갈 수 있게 되었고 비용이나 불편, 위험도 이전에 비해 상당히 줄어들었다. 스티븐 암브로스(Stephen Ambrose)의 책 『꺾이지 않는 용기』(*Undaunted Courage*)에 나오는 다음 구절을 생각해보라.

> 1801년 당시 말보다 빨리 달릴 수 있는 것은 없다는 것이 정설이었다. 인간이든, 제조된 물건이든, 한 부셸의 밀이든, 편지든, 정보든, 생각이든, 어떠한 종류의 명령이나 지시든, 말보다 빨리 이동할 수 있는 것은 아무것도 없었다.[2]

1837년 영국에서 찰스 휘트스톤(Charles Wheatstone)과 윌리엄 쿡(William Fothergill Cooke)이 전신을 발명한 이후, 신속해진 통신으로 인해 경제·군사·정치의 모습이 급격히 달라졌다. 이 변화에 비하면 오늘날 항공기와 컴퓨터가 이끄는 변화는 보잘것없어 보일 정도다. 전신이 발명되기 이전에는 형편없는 통신기술로 인해 크고 작은 재난들이 비일비재했다. 예를 들어 1815년 벨기에의 헨트에서 미국과 영국 사이에 평화조약이 체결되었지만, 미국의 앤드류 잭슨(Andrew Jackson)은 2주 동안이나 그 사실을 모른 채 뉴올리언스에서 영국군에 맞서 유혈이 낭자한 전투를 치른 끝에 승리를 거두었다.

1850년 이후 기술진보의 속도는 더뎌졌다. 1950년대의 사람들은 2000년에 등장할 기술을 대충 예상할 수 있었을 것이다. 그러나 1800년대에 살았던 사람들은 50년 후의 일상생활을 전혀 떠올릴 수 없었을 것이다.

역사와 문화에 대한 정성적(定性的)인 검토만으로는 충분한 정보를 얻을 수 없다. 결국 진보의 궁극적인 척도는 통계수치다. 즉, 일국의 문맹률·수명·부 등에 관한 통계수치의 변화를 살펴보는 것이 중요하다. 예를 들어 우리는 수치를 통해 19세기 초 어느 시점에선가 특정 사건이 일어났으리라는 사실을 분명히 알 수 있다. 당시의 수치에 따르면 인류의 진보 속도가 매우 더뎠다가 19세기 초 이후 상당한 정도의 진보가 지속적으로 일어났다는 사실을 알 수 있다.

르네상스 이래로 3세기 동안 일어난 지적, 과학적 진보를 평가절하하려는 것은 아니다. 그러나 분명한 사실은 르네상스와 초기 계몽주의 시기를 거치는 동안 평범한 사람들의 삶은 최저수준에서 조금 개선된 정도에 그쳤다는 점이다. 이 사실은 경제사 연구를 통해 알 수 있다. 지적, 과학적 진보의 영향을 측정하는 최상의 방법은 그것들이 지상으로 내려와 남긴 흔적을 검토하는 것이다. 즉, 지난 1천 년에 걸쳐 이탈리아·프랑스·네덜란드·영국 등지에서 일인당 생산량·인간의 수명·교육수준 등이 어떻게 변화했는가를 살펴보면 된다.

과거 수십 년에 걸친 경제사가들의 노력 덕택에 인류 진보의 수량적 모습이 서서히 드러나게 되었다. 그중 특히 놀라운 사실은 1820년경까지 세계의 일인당 경제성장―인간의 물질적 진보를 측정하는 유일한 최상의 방법―은 거의 제로였다는 점이다. 로마 멸망 이후 수세기 동안 유럽의 부는 사실상 줄어들었는데, 이는 수많은 결정적인 기술들― 그중에서 가장 중요한 것은 시멘트였다―이 갑자기 사라졌고 그로부터 13세기가 지나서야 비로소 재발견되었기 때문이다.

고대 이전 시대 최대의 비극은 다량의 지식이 1천 년 동안 소실되었다는 점이다. 구텐베르크(Johannes Gutenberg)와 베이컨 이전의 발명가들에게는 오늘날 당연시되는 두 가지 결정적 이점이 없었다. 풍부한 정보와 과학이론이라는 확고한 기초가 그것이었다. 과학적 방법이 존재하지 않았기 때문에 기술진보는 순전히 시행착오를 거쳐 매우 드물게 일어났다. 더 나아가 발명가들과 제조업자들이 자신들의 작업을 기록하는 경우도 매우 드물었다. 따라서 발명들이 종종 '소실' 되었고, 고대의 기술적·경제적 상태는 진보되기가 무섭게 다시 퇴보해버렸다.

사실상 서기 1000년경부터 매우 느리나마 인간의 생활이 좀 나아지기 시작했지만, 이는 수명이 25세 정도였던 당시의 일반인들은 전혀 느끼지 못할 정도로 너무나 느리고 일정치 못했다. 1820년이 지나서야 비로소 세대를 거듭할수록 부가 축적되기 시작했고, 자손들의 삶이 아버지 세대의 삶보다 한층 더 편리하고 예측 가능해졌으며 교양도 풍부해졌다.

이 책 속에서 나는 이러한 변혁의 본질, 원인, 결과 등을 탐구해볼 것이다. 제1부에서는 설득력 있는 새로운 자료를 바탕으로 이야기를 전개할 것이다. 여기서 나는 경제성장이 1천 년에 걸친 동면 상태에서 깨어나 생기를 찾은 시점과 장소들을 확인할 것이다. 또한 경제성장과 인류의 진보를 이끈 네 가지 필수 요인—재산권, 과학적 합리주의, 자본시장, 수송 통신—의 역사를 기술하고 검토할 것이다.

제2부에서는 이 요인들이 언제, 어떻게 작용하게 되었는지 설명할 것이다. 처음에 이 요인들은 네덜란드와 영국 및 그 문화적 영향권에서 작용했고, 그 다음 유럽 대륙과 일본, 마지막으로 일본 이외의 동아시아 지역에서 작용했다. 여기서 나는 각각의 경우에 대해 성장의 도약점을 분석하고 앞에서 언급한 네 가지 요인 모두가 갖추어지기 전까지는 어떤 나라도 부를 축적할 수 없다는 사실을 보여줄 것이다.

나는 이 책 전반에 걸쳐 최대한 전 지구적인 관점을 유지하려고 노력했지만, 어쩌면 독자들 중에는 이 책이 지나치게 유럽 중심적으로 서술되었다고 보는 사람이 있을지도 모르겠다. 근대 이전의 가장 혁신적인 기술자를 꼽으라면 종이, 인쇄술, 화약을 발명한 중국인들이 아니겠는가? 유럽이 암흑 속에 빠져 있을 동안 학문과 문화의 오아시스 역할을 한 지역은 초기 아랍제국이지 않은가? 숫자체계를 고안해내고 영(零)이라는 개념을 최초로 창조해낸 것은 인도의 수학자들 아닌가? 더구나 이 체계는 그리스·로마 문자에 기초한 숫자체계보다 훨씬 더 탁월하지 않은가? 이 질문들에 대한 대답은 분명히 '그렇다'이다. 그러나 이 사회들 가운데 시민의 생활수준을 지속적이고 영구히 상승시킨 근대 서구인의 능력을 넘어선 곳은 없었다. 더 나아가 근대의 부를 낳은 네 가지 요인─자연법에 근거한 재산권, 과학적 합리주의, 발전된 자본시장, 수송과 통신의 획기적인 발전─은 대개 유럽에서 연원했다. 비록 현재는 부가 전 지구적으로 확산되었지만, 근대의 부를 낳은 산실이 글래스고와 제노바 사이에 놓여 있었다는 점은 피할 수 없는 사실이다.

마지막으로 이 책의 제3부에서는 풍요가 탄생하면서부터 개인이나 국가 간 부의 격차가 야기한 사회적·정치적·경제적·군사적 결과들을 탐구할 것이며, 다가올 미래가 어떤 모습일지 그려볼 것이다.

최근 사회과학 분야의 발전 덕에 우리는 사회적 가치·부·정치 사이의 복잡한 상호작용을 다양한 각도에서 바라볼 수 있게 되었다. 우선은 나쁜 소식이다. 부가 더욱더 증대한다고 해서 사람들이 반드시 더 행복해지는 것은 아니다. 특히 서구 세계에서는 더욱 그렇다. 반면에 좋은 소식은, 발전도상국에서 상당한 정도의 복지 증진이 일어나고 있다는 점이다. 한 나라가 제3세계에서 제1세계로 이행함에 따라 그 나라의 대중은 실제로 더 큰 만족감을 느낀다. 더 나아가 우리는 경제적 발전이 민주주의를 낳는 것이지 그 역은 아니라는 점을 밝혀낼 것이다. 오히려 '과도한' 민주주의는 경제성장을 가로막을 수도 있다. 법치는 재산권 시스템을 튼튼하게 유지하기 위한 보루다. 그리고 재산권은 다시 번영을 위한 필수 요소가 되며, 번영은 민주주의를 위한 필수적인 비옥한 토양이다. 따라서 전통문화적 가치가 법치에 반(反)하는 나라―이라크나 아프가니스탄 같은―에서 민주적 발전이 이루어지리라는 낙관주의는 값비싼 대가를 치를 수밖에 없는 위험한 환상이다.

이 책에서 나는 한 나라의 운명을 결정짓는 것은 전쟁·문화·정치의 부침이 아니라 경제적 동학이라는 점을 주장할 것이다. 미국의 군사력에 기반을 두고 있는 현재의 헤게모니는 우연히 생겨난 것이 아니다. 역사가 증명해 보이듯이 모든 위대한 국가의 최종적인 운명은 쇠퇴와 몰락이었다. 하지만 미국의 경제적 생산성을 앞지르고 미국보다 우월한 힘을 얻는 데 모든 힘을 쏟는 국가가 나타나기 이전에는 미국의 쇠퇴와 몰락은 일어날 수 없다. 이와 같은 일이 가까운 시일 안에는 일어날 것 같지 않다.

특정한 장소와 시점에서 번영이 일어난 원인과 과정을 검토해보는 것을 통해 우리는 우리가 향해 가고 있는 곳이 어디인지 좀더 분명히 예측할 수 있을 것이다.

통화에 대한 주석

금융에 관한 역사라면 당연히 그러하듯이, 이 책은 당시의 통화들―몇 가지 예를 들자면 영국 파운드, 스페인 페소, 베니스 듀카트, 플로렌스 플로린, 프랑스 리브르 등―을 다룬다. 그러나 나는 텍스트를 어지럽게 만들지 않으려고 각각의 통화 액수를 현대의 통화로 환산하지 않았다. 환산이라는 것은 언제나 근사치일 뿐이다.

이런 정보를 원하는 독자들에게는 다음의 대략적인 추산이 도움이 될 것이다. 유럽 역사를 통틀어 대다수 나라의 본위화폐의 단위는 약

3.5그램짜리 작은 금화—영국의 기니(1파운드보다 약간 더 나가는), 리브르, 플로린, 혹은 듀카트 같은 —였고, 이것은 그 자체로 오늘날 가치로는 약 40달러에 해당한다. 1500년에서 1800년 사이에 영국 젠틀맨의 1년 생활비가 총 약 3백 파운드였다면, 농부와 노동자들은 대략 15내지 20파운드로 버텼다. 그러나 통화 악주로 인해 이 근사치조차 아주 빈번하게 매우 부정확해졌는데, 주된 예외는 절반 정도의 가치를 지닌 네덜란드 길더였다. 또한 고대 그리스의 드라크마는 노동자나 농부의 하루 임금과 대충 비슷했다.

제1부
무엇이 성장을 낳는가

The BIRTH of
PLENTY

단지 수력 댐, 도로, 전화선, 공장, 비옥한 농지 혹은 심지어 엄청난 양의 돈을 소유한다고 해서 번영이 달성되는 것은 아니다. 또한 번영은 핵심적인 경제적 인프라를 이전시킴으로써 한 나라에서 다른 나라로 이식될 수 있는 것도 아니다. 특별한 예외를 제외한 모든 경우에 국가적 번영이란 물적 대상이나 천연자원의 문제가 아니다. 오히려 그것은 제도, 즉 인간의 사고·상호작용·사업활동의 틀에 관한 문제다. 제1부에서는 그 제도들을 설명하고 그 제도들이 어떻게 상호 작용하는지를 서술한다.

경제성장의 필수조건으로서 다음과 같은 네 가지 제도들이 부각된다.

- 안전한 재산권. 여기에는 물적인 재산뿐만 아니라 지적인 재산과 개체로서의 인간 자신에 대한 권리도 포함된다─시민권
- 세계를 검토하고 해석하기 위한 체계적인 방법─과학적 방법
- 새로운 발명품을 개발하고 생산하기 위한 풍부하고 공개적인 자금원─현대적인 자본시장
- 중요한 정보를 신속히 전달하고 사람과 재화를 수송할 능력

제1장에서는 위에 열거된 네 가지 모델의 논리를 설명하고 근대가 시작된 시점에 그 네 가지 요인의 변변치 못했던 상태를 개관한다. 제2장에서 제5장까지는 이 네 가지 요인 각각의 역사적 발전을 기술한다. 제6장은 네 가지 요인들 사이의 상호의존을 논의한다. 여기서 언급된 것들 중 일부는 대부분의 독자들에게 친숙한 이야기일 것이다. 특히 과학적 합리주의는 더욱 그럴 것이다. 그러나 현대적 재산권의 기원이 고대 세계에 있었다는 이야기 같은 것들은 조금 생소할 것이다. 이 모든 네 가지 요인에 관해 완벽한 지식을 갖는다면 우리는 세계가 언제, 어떻게, 왜 부유하게 되었는지를 이해할 수 있게 될 것이다.

번영에 꼭 필요한 4가지 요소

> 부르주아는 지배한 지 1백 년도 채 안 되었지만,
> 이전의 모든 세대가 이룩한 것을 합한 것보다
> 훨씬 더 거대한 생산력을 창조했다.
>
> ─칼 마르크스, 『공산당 선언』

현재 세계는 심각한 상태에 있다고 느끼게 하기에 충분하다. 특히 폭력적 양상을 띠는 갈등, 대규모로 자행되는 부정부패와 잘못, 지금도 여전히 나타나는 뿌리 깊은 인종적·종교적 증오 등 인류가 써내려가는 드라마를 보고 있노라면 걱정이 되지 않을 수 없다. 이렇게 유행처럼 나타나는 비관주의는 앤서니 루이스(Anthony Lewis)라는 저널리스트가 전형적으로 보여주고 있다. 유명한 언론인으로서의 오랜 이력을 마감하는 자리에서, 루이스는 반세기 전 그가 기자 생활을 시작한 이래로 세계가 더 나아졌다고 생각하는지를 묻는 질문에 대해 이렇게 대답했다.

나는 진보의 이상을 더 이상 믿지 않게 되었습니다. 인류가 더욱 훌륭한 지혜와 덕성을 갖추게 되었다는, 20세기 초의 보편적인 신념을 말입니다. 르완다와 보스니아 그리고 수많은 곳에서 그처럼 공포스러운 일들이 일어나고 있는데, 과연 어떻게 우리가 그런 믿음을 간직할 수 있겠습니까?[1]

루이스의 문제는 그의 주관적인 기준이 너무 높다는 점이다. 루이스는 아이비리그 대학이나 『뉴욕타임스』(New York Times)의 칼럼에서나 논의될 듯한 도덕적 완성의 경지에 인류가 도달하지 못했다고 생각하는 듯하다. 아마도 루이스는 인류의 복지가 측정될 수 있으며, 그것도 아주 잘 측정될 수 있다는 점을 모르고 있는 것 같다. 루이스가 인류를 바라보는 음울한 인상과는 달리 20세기 후반에는 전반기보다 적어도 살육행위만큼은 눈에 띄게 줄어들었다. 더 나아가 지난 2세기 동안 전체주의, 대량 학살, 기아, 전쟁, 전염병 등에 시달리는 영역도 지구상에서 확연히 줄어드는 추세다. 더구나 지난 반세기 동안 일어난 수많은 진보 앞에서 루이스의 목소리는 낮아질 수밖에 없을 것이다.

인간의 수명을 생각해보자. 1950년에서 1999년 사이 선진국 국민의 수명은 66세에서 78세로 늘어났고, 저개발국 국민의 수명도 44세에서 64세로 높아졌다. 유럽에서는 이미 거의 보편적인 현상이 된 '노령화'는 우연의 결과라기보다 지난 반세기 동안 인류가 이룩한 가장 위대한 업적이라고 할 수 있다. 또 다른 예로는 일인당 실질 GDP를 들 수 있다. 평균적인 사람이 생산한 재화와 서비스의 양을 의미하는 GDP는 같은 기간 동안 인플레이션 조정 후 거의 세 배나 증가했다. 또 2000년 멕시코의 일인당 실질 GDP는 1900년 당시 세계에서 GDP가 가장 높았던 영국보다 훨씬 더 높은 수준을 기록했다. 지난 반세기 동안 인류가 달성한 물질적 진보를 화폐 기준으로 따진다는 점을 별로 달가워하

지 않는 사람들이라도, 최소한 검토 대상이 될 만한 거의 모든 사회진
보의 척도―영아사망률, 문맹률, 사망률, 교육수준 등등―가 지구상
가장 미개한 일부 지역을 제외한 모든 곳에서 극적으로 개선되었다는
사실에는 동의하지 않을 수 없을 것이다.[2]

맬서스 함정에서 탈출하다

우리는 현재 유례없는 인구 증가를 경험하고 있다. 해마다 먹여 살
릴 입이 수백만 개씩 늘어나는 상황이다 보니 '인구'라는 짐으로 휘청
거리지 않을 수 없다. 예수가 탄생할 당시 지구가 부양할 인구는 2억 5
천만 명이 조금 넘었고, 1600년에는 약 5억 명이 되었다. 1800년경에
는 그 수치가 10억 명에 달했고, 20억 명으로 늘어난 것은 1920년이었
으며, 1930년대에는 그 수치가 30억 명으로 늘었다. 현재 지구상에는
60억 명 이상의 사람들이 살고 있다.[3] 도시생활이 더욱 혼잡해지고 있
으며, 이것은 제3세계에서 특히 더 심각한데 이런 양상에 비추어 보면
세계의 인구 증가율은 반세기 전의 연 1.85퍼센트보다 훨씬 더 빠른 듯
하다.

지구의 혼잡은 최근에 나타난 현상으로 이전에 없었던 세계적인 번
영의 소산이다. 근대 이전에는 기근, 질병, 전쟁이 인구가 증가하는 경
향을 종종 억제시키곤 했다. 인류사의 초기 2백만 년 동안 인구 증가율
은 연 0.001퍼센트를 넘지 않았다. 1만 년 전 농업이 시작된 이후 인구
증가율은 대략 연 0.036퍼센트로 높아졌고, AD 1세기 후에는 연 0.056
퍼센트였다. 1750년 이후 인구 증가율은 연 0.5퍼센트로 상승했고, 20
세기 초에는 1퍼센트대를 넘어섰다.[4]

인구 증가에 관한 우울한 경제학은 토머스 맬서스(Thomas Malthus)라는 이름과 사실상 같은 말이었다. 1766년 부유한 집안에서 태어난 맬서스는 1788년 케임브리지 대학교를 우등으로 졸업했다. 그 당시 잉글랜드와 스코틀랜드의 젊고 영리한 지성인들과 마찬가지로 그는 애덤 스미스(Adam Smith)의 '정치경제학'이라는 새로운 과학의 영향을 강하게 받았고 인류에 관한 계량적 연구에 일생을 바쳤다.

신흥 경제학자들의 형성기에 잉글랜드는 다분히 스미스적이었지만 그에 못지않게 홉스적인 분위기도 팽배했다. 당시는 식량 사정이 점점 더 악화되어가고 있었고 기근도 적잖이 나타났다. 특히 이웃 아일랜드는 더욱 심각했다. 일례로 1795~1796년과 1799~1801년에 전쟁과 작황악화가 동시에 발생했고, 결국 잉글랜드에서는 식량 폭동까지도 발발했다.[5] 맬서스의 입장에서 보자면, 식량 부족의 근본적인 원인은 분명했다. "인구의 힘은 인간을 부양할 지구의 힘보다 항상 훨씬 더 크다." 달리 말해 인구의 수는 급속히 증가할 수 있는 반면 농업은 수확 체감의 법칙을 따른다(인구는 기하급수적으로 증가하지만 식량 공급은 산술급수적으로 증가한다는, 흔히 '맬서스의 테제'라고 언급되는 이 개념은 막상 그의 저작들에서는 보이지 않는다).

맬서스가 주장한 '적극적 예방책'은 고전적인 기근, 역병, 전쟁(fama, pestis, et bellum)에 국한되지 않으며 일련의 좀 덜 나쁜 악(惡)들도 포함한다. 건강에 유해한 노동 조건, 허리가 휠 정도의 노동, 혼잡하고 비위생적인 밀집된 주택, 열악한 육아 환경 등이 그런 것들이다. 잠시 동안 식량이 풍부해지면 인구가 급속히 증가한다. 그러나 인구는 곧 포화 상태에 이르게 되고 노동력 공급의 증가로 인해 임금이 하락한다. 이렇게 되면 식량이 비싸지고 결혼이 억제되며 인구 증가율은 다시 하락한다. 시간이 지나면서 낮은 임금은 지주들이 더 많은 농업 노동자들을 고용하도록 유인하고, 이것은 다시 식량 생산을 증대시킨다. 이로써 약간 더 높은 수준에서 인구 증가와 식량 생산이 이루어지는 가운데 동일한 과정이 다시 시작된다. 이것이 유명한 '맬서스 주기'다.

맬서스가 묘사하는 황량한 세계에서는 한 나라의 식량 공급과 인구가 서서히 증가한다. 또한 생활수준과 부양해야 할 인구 수는 반비례 관계에 있다. 인구가 증가하면 각 개인에게 할당되는 식량은 그만큼 줄어든다. 이에 따라 곡물 가격은 상승하는 반면 임금과 생활수준 일반은 하락할 수밖에 없다. 만일 14세기 중반에 유럽 지역을 휩쓴 흑사병 등의 재앙으로 인구가 갑자기 줄어든다면 생존자들의 식량과 임금, 생활수준은 극적으로 향상될 것이다.

〈그림 1-1〉 잉글랜드에서의 맬서스 함정, 1265~1595

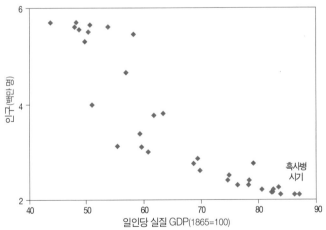

출처: Population data from *British Population History from the Black Death to the Present Day*, Michael Anderson, ed. (Cambridge: Cambridge University Press, 1996), p.77; per capita GDP from Gregory Clark, "The Secret History of the Industrial Revolution," Working Paper, 2001.

맬서스는 18세기 말에 일어난 기근들을 직접 목격했고, 이 일련의 사건은 그의 의식 속에 깊숙이 각인되었다. 〈그림 1-1〉은 1265년에서 1595년 사이 잉글랜드의 일인당 GDP를 인구와 대비시켜 좌표로 나타낸 것이다. 가느다란 초승달 형태의 데이터 분포는 '맬서스 함정'을 보여주고 있다. 이에 대해 역사가 필리스 딘(Phyllis Deane)은 다음과 같이 간결하게 요약했다.

> 산업혁명 이전 잉글랜드에서는 인구가 증가하면 일인당 생산량이 하락했다. 그리고 어떤 이유—새로운 생산 기법이나 자원의 발견 또는 새로운 시장의 개척 같은—에서든 산출이 증가하면 그에 따라 인구도 급속히 늘어났고, 결국 일인당 소득도 원래 수준으로 복귀했다.[6]

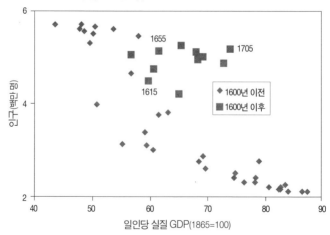

〈그림 1-2〉 함정의 극복, 1600년 이후

출처: Population data from *British Population History from the Black Death to the Present Day*, Michael Anderson, ed., p.77; per capita GDP from Clark, "The Secret History of the Industrial Revolution."

이러한 끊임없는 순환에서는 식량 생산의 증가가 곧장 인구의 동반 상승을 이끌기 때문에 인류는 언제나 최저생계수준의 삶을 영위할 수밖에 없었다.

그런데 맬서스가 1798년에 『인구의 원리에 관한 에세이』(*Essay on the Principle of Population*)에 이 암울한 주기를 불변의 진리로 발표한 지 얼마 지나지 않아 이러한 순환이 갑자기 끊겼다. 〈그림 1-2〉는 1600년경에 초승달의 오목한 부분이 볼록하게 변화된 것을 보여주며, 〈그림 1-3〉은 1800년 이후 인구가 초승달 궤적을 벗어나 다시는 기아의 한계선으로 회귀하지 않을 것임을 명백히 보여주고 있다. 〈그림 1-3〉에서 y축의 인구 눈금 범위가 확대되었는데, 이 때문에 원래의 초승달은 그래프 아래 영역에서 비교적 평평한 팬케이크 모양으로 나타난다.

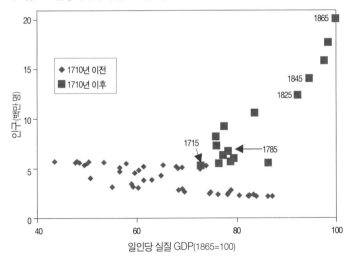

〈그림 1-3〉 함정에서의 해방, 1800년 이후

출처: Population data from *British Population History from the Black Death to the Present Day*, Michael Anderson, ed., p.77; per capita GDP from Clark, "The Secret History of the Industrial Revolution."

맬서스 함정으로부터의 탈출은 출산율 증가에 의해서라기보다는 40퍼센트가 넘었던 사망률이 하락함으로써 가능했다. 그리고 사망률의 하락은 급속한 경제성장과 그에 따른 생활수준 상승의 결과였다.[7]

1600년 이후에는 성장의 특징이 극적으로 변화했다. 처음에는 성장이 '조방적(粗放的)'으로 이루어졌다. 다시 말해 당시의 성장은 순전히 인구 성장에 의해 국민경제 규모가 확대된 것이었을 뿐, 일반 시민의 부와 물질적 안락은 실질적으로 개선되지 않았다. 달리 말해 이 시기의 성장은 인구를 유지할 정도만큼이었다. 그러나 19세기에 들어서면서 성장이 '집약화'되었다. 일인당 소득이 늘어나고 개인 차원에서 복지가 나아지는 가운데 경제성장은 인류의 재생산을 위한 기본적 필요를 충족시키는 수준을 넘어섰다.[8]

국가의 부를 창출하는 4가지 요소

1820년경부터 경제적 진보의 속도가 눈에 띄게 빨라졌고 한층 더 살기 좋은 세상이 되었다. 무슨 일이 일어난 것일까? 이는 이전에 전혀 경험해보지 못한 신기술이 폭발적으로 등장한 데 따른 결과다. 가령 어린 학생들에게 산업혁명이 무엇이냐고 물어보면, "1760년에 새로운 물건들이 마치 파도처럼 잉글랜드를 휩쓴 걸 말해요"[9]라고 대답할 것이다. 이 소년은 무언가를 알고 있음이 틀림없다. 신기술은 경제성장의 산실이었다. 그러한 기술 없이는 생산성과 소비 증가가 절대 일어날 수 없기 때문이다. 여기에서 '획기적인 신제품 개발에는 무엇이 필요한가'라는 근본적인 질문이 제기된다. 이 질문에 대한 대답은 네 가지다.

- **재산권** 혁신가와 상인들은 노동의 대가를 국가나 범죄자 또는 독점가들에게 자의적으로 몰수당하지 않을 것이라고 확신할 수 있어야 한다. 한 사람이 자신의 정당한 보상 '대부분'을 지킬 수 있다는 보장은 다른 모든 권리를 보증하는 권리이다. '대부분'이라는 단어가 강조되었다는 데 유의하라. 재산권이란 결코 절대적이지 않다. 싱가포르나 홍콩처럼 경제적으로 가장 자유주의적인 정부들도 일정한 세금을 부과하고 일정한 형태의 수용권을 강제하며, 상업행위의 자유를 일정하게 제한한다. 물론 이 경우 수용권은 봉건제나 사회주의 국가들의 경우보다는 훨씬 더 조심스럽게 행사될 것이다. 1980년대의 브라질이나 오늘날의 짐바브웨처럼 정부가 인플레이션을 통제하지 못하거나 적절한 은행제도와 재산권제도를 유지하지 못한다면, 시민들의 재산을 수탈했던 에드워드 3세나 스탈린(Vissarionovich Stalin)과 다를 바 없다. 근대 이전 유럽에서 정부가 인가한 독점체들은 그것을 운영하는 사람에게는 엄청난 이득을 안겨주었지만 그 이외의 모든 사람에게는 인센티브를 빼앗는 결과를 초래했다.

- **과학적 합리주의** 경제적 진보는 사상의 발전과 상업화에 달려 있다. 그런데 사상을 싹 틔우기 위해서는 그 과정을 뒷받침할 지적인 틀, 즉 합리적 사고라는 인프라가 필요하며, 이 인프라는 기술적 진보를 지원하는 수학적 도구와 경험적 관찰에 의존한다. 오늘날 당연시 받아들이는 이 과학적 방법은 사실 비교적 근대의 현상이다. 서구인이 전체주의적인 아리스토텔레스적 사고방식의 망령에서 벗어난 것은 겨우 4백 년 전의 일이다. 오늘날에도 아프리카와 아시아의 일부, 중동에서는 무언가 진지한 지적인 탐구를 하려면 국가와 종교의 힘 앞에 재산과 생명을 모두 거는 심각한 위험을 감수

해야 한다.

- **자본시장** 새로운 재화와 서비스를 대량 생산하기 위해서는 다른 사람들로부터 방대한 액수의 돈을 끌어와야 한다. 그것이 바로 자본*이다. 재산권과 혁신 능력을 완벽히 보호받고 있다고 해도 계획과 생각을 구현해내는 데는 자본이 필요하다. 기업가들은 자신이 고안한 혁신적인 제품을 대량 생산하기에 충분한 돈을 갖고 있지 않은 경우가 대부분이기 때문에 외부로부터 상당한 자본이 유입되지 않는 한 경제성장은 이루어지기 어렵다. 19세기 이전의 사회에서는 아무리 훌륭하고 영리하며 야심에 찬 사람이라 하더라도 자신의 꿈을 실현시키는 데 필요한 대량의 자금을 충분히 끌어들일 수 없었다.

- **빠르고 효율적인 통신과 수송** 제조의 마지막 단계는 그것들을 수백, 수천 킬로미터 떨어져 있는 구매자들에게 알리고 공급하는 일이다. 기업가가 안전한 재산권과 적절한 지적 도구와 충분한 자본을 확보했다 하더라도 자신의 제품을 소비자에게 신속하고 값싸게 전달할 수 없다면 그들의 혁신품도 이내 시들어버릴 것이다. 2세기 전만 하더라도 해상운송은 안전하지도 효율적이지도 값싸지도 않았다. 그로부터 50년 후 증기 엔진이 발명되기 전까지 육상운송도 사정은 마찬가지였다.

이 네 가지 요인—재산권, 과학적 합리성, 효과적인 자본시장, 효율

---

* '자본'이라는 용어는 경제적 의미를 담고 있다. 경제학자들은 종종, 플랜트와 설비 같은 물적 자본뿐만 아니라 인적 자본, 지식 또는 '지적' 자본을 포괄하는 폭넓게 정의된 용어를 사용한다. 이 책에서 '자본'은 가능한 한 가장 좁은 의미로 정의된다. 즉, 투자에 쓰이는 돈을 의미하는 것으로 사용된다.

적인 수송과 통신—이 모두 정착되기 전까지는 어떤 나라도 번영을 누릴 수 없다. 이 네 가지 요인은 16세기에 처음으로 네덜란드에서 동시에 나타났고, 영어권에서는 1820년경에 비로소 확고히 자리를 잡았다. 이것들이 지구상 다른 곳들로 확산된 것은 그로부터도 한참이 더 지나서였다.

이 네 가지 요인 중에서 하나라도 빠지면 경제적 진보와 인류의 복지가 위태로워지고, 이 네 다리 중 하나라도 없으면 국부(國富)라는 테이블은 쓰러질 것이다. 이런 일은 곳곳에서 일어났는데, 18세기 네덜란드에서는 영국의 해상봉쇄로 인해, 공산권에서는 재산권의 결여로 인해, 중동의 많은 곳에서는 자본시장과 서구적 합리성의 부재로 인해 발생했다. 이보다 더욱 비극적인 것은, 아프리카의 경우 이 네 가지 요인 모두를 전혀 확보하지 못한 국가가 대부분이라는 점이다.

숫자로 본 경제사

이 수량적 이야기의 주인공은 수세기에 걸친 인간 복지의 윤곽을 밝히는 데 일생을 바치는 경제사가들이다. 이들 중 주요 인물은 그리 유명하지 않은 스코틀랜드 출신 경제학자 앵거스 매디슨이다. 대공황기 뉴캐슬에서 태어난 그는 자라온 환경의 영향을 받아 경제발전이라는 주제에 매료되었다.

> 내 아버지는 선로 정비공으로서 안정된 직업이 있었지만, 삼촌 두 명은 실업자였고, 이웃에도 실업자가 많았다. 실업자들은 가난했고 의기소침했다. 하릴없이 거리를 어슬렁거리는 수많은 실업자들은 초췌해

보였으며, 목도리를 두르고 모자를 눌러 쓰고는 꽁초를 피워댔다. 실업자들의 자녀들은 결핵에 걸리는 등 주로 병약했다.[10]

매디슨은 탁월한 학생이었고, 전시 케임브리지의 넘쳐나는 지적인 분위기를 한껏 누렸다.[11] 매디슨은 자신의 스승이었던 다르마 쿠마르(Dharma Kumar)의 "시간이란 모든 것이 한꺼번에 일어나지 않도록 하는 장치이고, 공간이란 모든 일이 케임브리지 대학에서만 일어나지 않도록 하는 장치다"라는 말을 무척 즐겨 인용하곤 한다. 앞에서 언급한 네 가지 결정적 요인들 각각의 발전은 이 전설적인 대학교와 밀접한 관련이 있었다. 잉글랜드가 근대적 번영의 발생지였다면, 케임브리지 대학교는 프랜시스 베이컨(Francis Bacon), 아이작 뉴턴(Isaac Newton), 법률가 에드워드 코크(Edward Coke)를 비롯하여 이 책의 주축을 이루는 수십 명의 인물들을 배출한 산실이었다.*

1948년 대학을 졸업한 이후 25년 동안 매디슨은 마셜 플랜 기금을 감독하기 위해 설립된 유럽경제협력기구(OEEC)와 그 후신인 경제협력개발기구(OECD)에서 일했다.[12] 매디슨은 제3세계 나라들, 특히 브라질, 기니, 몽골, 파키스탄, 가나 등지를 오가며 많은 시간을 보냈다. 이때마다 그는 실제 여행을 하며 직접 본 것들과 데이터상의 수치가 크게 다르다는 데 적잖은 충격을 받았다. 1978년부터 매디슨은 네덜란드의 그로닝겐 대학교에서 교수로 몸담게 되면서 세계경제발전에 관한 총체적인 모습을 그려나가기 시작했다.

이때 여러 사람의 도움을 받아 매디슨이 그려낸 그림은 실로 놀라웠

---

* 아이러니컬하게도 20세기 동안 케임브리지 대학교는 반(反)자본주의적 수사학과 때로는 전체주의적 성향을 지닌 반역의 온상이 되었다.

다. 평균적인 개인의 운명은 일인당 실질 GDP로 환산해보았을 때 예수 탄생 이후 1천 년 동안 전혀 변하지 않았다. 그 이후 5백 년 동안에도 사정은 별로 나아지지 않았다. 〈그림 1-4〉는 AD 1세기 이후의 세계 일인당 GDP를 좌표상에 나타낸 것으로 인류의 복지 변화 추이를 명확히 보여준다. 〈그림 1-4〉에서 볼 수 있듯이, 1820년 이전에는 물질의 진보가 상당히 미미했던 반면 1820년 이후에는 꾸준하고 갑작스런 성장이 이루어져 훨씬 더 풍요로운 세계가 되었다.

데이터가 일관적이지 못한 관계로 1820년을 세계경제가 성장하기 시작한 해로 못박기에는 다소 억지스러운 감이 없지 않다. 영국의 데이터에 따르면 성장이 시작된 시기가 1820년보다 약간 늦지만 미국의 데이터를 보면 약간 더 이르다. 그러나 18세기 전반의 언제인가에서 세계경제가 도약하기 시작해 그 이후 다시는 후퇴하지 않았으며, 전쟁의 참화와 내전, 혁명이 반복되는 와중에도 번영이 지속되었음을 모든

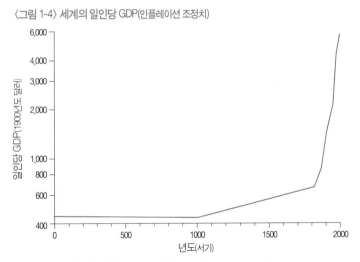

〈그림 1-4〉 세계의 일인당 GDP(인플레이션 조정치)

출처: Maddison, *The World Economy: A Millennial Perspective*, p.264.

〈그림 1-5〉 세계의 연평균 일인당 GDP 성장(인플레이션 조정치)

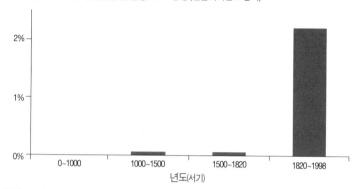

출처: Maddison, *The World Economy: A Millennial Perspective*, p.264.

데이터에서 확인해볼 수 있다.

　세계의 연평균 일인당 실질 GDP 성장을 요약해 보여주는 〈그림 1-5〉는 1820년경 도약이 시작되었다는 사실을 분명히 보여준다. 1820년 이전에 물질적 복지는 별로 개선되지 않았다. 이 그림은 인문계열 학과에서 공통적으로 가르치고 있는 것과는 상반된다. 로망스어 전문가나 예술사가의 관점에서, 르네상스는 두 번째 밀레니엄의 중심으로 보인다. 그러나 그 시기의 위대한 작가와 예술가들은 영양을 개선하고 수송을 늘리며 역병을 방지하는 데에는 그리 기여한 바가 없다. 태어난 곳에서 불과 몇 마일조차도 벗어날 수 없었던 시대에 시스티나 성당의 프레스코화가 인류의 삶을 총체적으로 고양시키는 데 얼마나 기여했겠는가?

　과거의 소득과 생산에 관한 매디슨의 추산은 많은 경제학자들에게 있어 손쉬운 비판 대상이었다. 예수가 탄생한 시점에 일본의 연평균 일인당 GDP가 현재 달러 가치로 2백 달러 혹은 8백 달러가 아닌 4백 달러라고 어떻게 확신할 수 있겠는가? 매디슨 스스로도 "과거를 돌이켜 연구하는 경우 증거가 빈약한 게 사실이고 희미한 실마리와 추측에 주로 의존할 수밖에 없다"[13]고 인정한다.

근대는 좀더 기본적인 문제를 제기한다. 아무리 정확한 데이터여도 새로운 발명의 가치를 정확히 측정할 수는 없다. 존 모건(J.P. Morgan) 이라면 케네디 공항에서 히드로 공항으로 가는 점보기의 좌석에 과연 얼마를 지불했겠는가? 셰익스피어(William Shakespeare)라면 하루 동안 쓴 글을 수십 명의 친구들에게 동시에 이메일로 보낼 수 있는 능력에 얼마의 가치를 부여했겠는가? 1세기 전에는 어떤 가격으로도 살 수 없었던 재화와 서비스를 오늘날 선진 서구 사회에서는 가장 가난한 사람들까지 접할 수 있다. 이런 재화와 서비스 대부분의 가치가 모호하다는 건 사실이지만, 그렇지 않은 것들도 있다. 오늘날 폐렴과 수막염은 몇 달러어치의 항생제만으로도 쉽게 예방할 수 있지만, 비교적 최근인 1940년만 하더라도 그러한 질병들로 인해 가난한 사람들은 물론부와 권력의 정점에 있던 사람들까지도 종종 죽어나갔다. 다른 맥락에서 20세기 초의 위대한 엔지니어와 물리학자들이 개인용 컴퓨터를 활용할 수 있었다면 무엇을 할 수 있었겠는지 상상해보라.

고대 로마와 카롤링거왕조의 GDP는 어떻게 측정할 수 있을까? 수천 년 전에는 상무성이나 경제분석국 같은 기관이 존재하지 않았다. 17세기에 와서야 비로소 존 그란트(John Graunt), 캐스퍼 노이만(Caspar Naumann) 같은 초기 인구학자들이 보험계리 데이터를 도표화했고, 그로부터 2세기가 지나서야 경제학자들은 개별국들의 정확한 총량적 금융 데이터를 처음으로 수집하기 시작했다.

지난 세기들의 경제적 진보를 측정하려면 우선 "최저생계수준을 유지하는 데 드는 돈이 얼마인가?"라는 질문을 해야 한다. 매디슨의 말에 따르면 1990년에 저개발국에서 이를 위해 필요로 했던 돈은 연간

약 4백 달러 정도였다고 한다. 다음으로 경제사가들은 가능한 모든 데이터를 동원해 최저생계수준에서 사는 인구의 비율을 알아낸다. 인구의 거의 1백 퍼센트가 농업에 종사하고 그 농산물을 전혀 수출하지 않는 국가라면 최저생계수준은 정의상 연 4백 달러에 가까울 것이다. 매디슨이 한 것처럼 AD 1년의 영국과 1950년의 중국, 오늘날의 부르키나파소의 일인당 GDP를 4백 달러로 추정하는 것은 매우 자의적이긴 하지만, 이렇게 함으로써 경제사가들은 경제성장을 측정하는 데 기준이 되는 작업표준을 얻을 수 있다.

이를 위한 또 다른 방식은 '도시화율'—인구 1만 명 이상의 규모인 도시에 사는 인구 비율과 이로부터 추론되는 농업에 종사하는 인구 비율—을 따져보는 것이다. 그리스와 로마의 정점기에 인구 1만 명 이상의 도시에 사는 인구 비율은 몇 퍼센트에 지나지 않았던 것으로 추산된다. 1500년에 유럽 최대의 도시는 나폴리로 15만 명의 인구가 거주했다. 유럽에서 인구 5만 이상의 도시에 살았던 인구는 86만 5천 명으로 유럽 총인구의 약 1퍼센트에 지나지 않았고, 인구 1만 이상의 도시에 살았던 인구는 고작 6퍼센트였다. 중세에 유럽 문명보다 훨씬 더 선진적이었던 아시아의 거대 문명들에서는 농업에 종사하는 인구 비율이 거의 1백 퍼센트에 가까웠고, 지배계층인 소수 엘리트는 부를 누렸지만, 이것이 전반적인 부의 수준을 높이지는 않았다. 따라서 1500년 이전에 세계의 전반적인 일인당 GDP는 매디슨이 정의한 바와 같이 4백 달러의 최저생계수준에 가까웠을 가능성이 높아 보인다.

1820년경만 하더라도 미국 노동인구의 최소한 70퍼센트는 농장에서 일하고 있었다(미국은 농산물의 상당 부분을 수출했기 때문에 낮은 도시화율에 비해서는 훨씬 더 높은 생활수준을 누렸다). 1998년에 그 수치는 2퍼센트로 떨어졌다. 전원생활을 낭만적이라고 생각하는 사람들은 근대에 농업에 종사하던 인구 비율이 빈곤의 주된 원인이었다는 사실을 알 필요가 있다(문명의 여명기에는 상황이 반대였다. 인류는 덜 생산적이던 유목적 수렵채취 생활로부터 훨씬 더 부유한 정착 농경 생활로 이행 중이었다. 물론 그 시기 수렵채취인들은 농부들의 연약하고 생경하며 시시한 생활방식을 가엽게 여겼겠지만 말이다. 아메리카의 많은 원주민 부족들 사이에서 농사는 여성들의 일로 무시당했다).

최근 경제사가들은 1500년 이전에도 많은 나라에서 지속적으로 경제가 성장한 적이 있다는 것을 확인했다. 경제학자 E.L. 존스(E.L. Jones)는 중국의 송대(960~1279)와 일본의 도쿠가와 시대(1603~1876)에 역동적인 성장이 일어났다고 지적했다.[14] 실제로 송 후기의 철 생산 능력은 유럽이 1700년대 중반까지도 따라가지 못할 수준이었다. 캘리포니아 대학교(데이비스 캠퍼스)의 잭 골드스톤은 그러한 시기들을 최소한 지배계급들만큼은 진보적인 기술과 높은 생활수준을 누렸던 '개화기'라고 여긴다.[15] 그러나 존스와 골드스톤도 근대 이전의 성장은 취약했고 결국 단기간으로 끝나고 말았다는 점을 인정한다. 몽골의 침입 이후 중국 경제는 수세기 동안 혼수상태에 빠졌고, 최근에야 비로소 깨어나고 있다.

로마의 멸망 이후 유럽은 어느 정도 경제성장을 이루었다. 중세 초기에는 이모작에서 삼모작으로 윤작 시스템이 전환되었고, 편자와 말목줄, 물방앗간, 풍차 등이 발명되었으며 이륜수레는 사륜수레로 교체되었다.[16] 그러나 경제사가들 사이에서는 이러한 변화가 정확히 언제 성장을 낳기 시작했는지에 대해 8세기경에서 15세기라는 추산까지 의견이 분분하다.

비록 이런 진보가 성장을 이끈 것은 사실이지만, 그에 수반하여 인구가 증가했기 때문에 일반 시민들의 복지는 여전히 변함이 없었다. 이렇듯 로마시대 이후 경제 부흥이 일어난 시기에 대한 의견이 분분하

다는 사실만으로도 일인당 성장(개인들의 복지에 대한 가장 훌륭한 척도)
이 상당한 규모로 또는 지속적으로 일어나지 못했다는 점을 입증하기
에 충분하다.

아주 긴 역사적 흐름을 검토하는 것의 장점은 그것이 성장에 관한
아무리 큰 불확실성도 '씻어 없앤다'는 것이다. 예를 들어 약 1천 년의
시기에 걸쳐 시작이나 끝의 일인당 GDP를 두 배만큼 과대 추산하면,
연 성장률에 정확히 0.07퍼센트의 오차가 생긴다. 달리 말하자면, 예수
탄생 이래 세계의 일인당 GDP 성장률은 0.5퍼센트 이상을 넘을 수 없
었을 것이다. 왜냐하면 만약 0.5퍼센트 이상이었다면 일인당 GDP는
현재 달러 가치로 4백 달러에서 2000년에는 860만 달러 이상으로 성
장했을 것이기 때문이다! 결국 이 시기 내내 성장은 사실상 제로에 가
까웠다고 확실히 말할 수 있다.

조금 다르게 말하면, 아무리 낙관적으로 추산하더라도 AD 1년에서
1000년 사이에 세계의 일인당 GDP는 두세 배 이상 증가하지 않았다.
그에 비해 1820년 이후 172년 동안에는 여덟 배가 증가했다. 같은 시간
동안 영국의 일인당 GDP는 열 배, 미국은 열두 배 증가했다.

2퍼센트대에 안착한 성장률

현대 경제성장의 활력은 놀랍다. 1800년대를 통틀어 오늘날 선진국
으로 간주되는 국가들의 일인당 실질 GDP 성장률은 점차 연 약 2퍼센
트로 가속화되었고, 저 소란했던 20세기 내내 그 성장률이 유지되었
다. 〈표 1-1〉은 20세기 동안 16개국의 일인당 실질 GDP 성장을 세계
대전이나 내전에 의해 물리적으로 파괴된 나라들과 그렇지 않은 나라

《표 1-1》 연평균 일인당 GDP 성장률(1900~2000)

전쟁 피해국	일인당 GDP 성장률
벨기에	1.75퍼센트
덴마크	1.98퍼센트
프랑스	1.84퍼센트
독일	1.61퍼센트
이탈리아	2.18퍼센트
일본	3.13퍼센트
네덜란드	1.69퍼센트
스페인	1.91퍼센트
전쟁 피해국 평균	**2.01퍼센트**
전쟁 비피해국	일인당 GDP 성장률
오스트레일리아	1.59퍼센트
캐나다	2.17퍼센트
아일랜드	2.08퍼센트
스웨덴	1.96퍼센트
스위스	1.72퍼센트
영국	1.41퍼센트
미국	2.00퍼센트
전쟁 비피해국 평균	**1.85퍼센트**

출처 : Maddison, *The World Economy: A Millennial Perspective*, pp.276-279; Maddison, *Monitoring the World Economy 1820~1992*, pp.194-197; OECD에서 얻은 데이터.

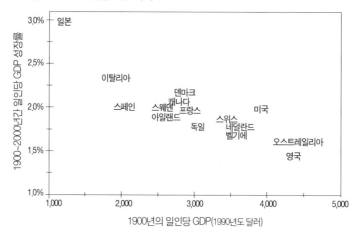

〈그림 1-6〉 GDP 성장률 vs. 초기의 부

출처 : Maddison, *The World Economy: A Millennial Perspective*, pp.276-279;
Maddison, *Monitoring the World Economy 1820~1992*, pp.194-197; OECD에
서 얻은 데이터

들로 나눠 열거한 것이다.

성장률이 2퍼센트 수준을 중심으로 촘촘하게 군집을 이루고 있는
양상에 주목하라. 15개국 중 13개국의 일인당 GDP가 연 1.6~2.4퍼센
트 사이에서 성장했다. 그것은 마치 어떤 불가항력―일종의 경제적 순
항제어―이 거의 정확히 연 2퍼센트의 비율로 더 빠르지도 더 느리지
도 않게 생산성을 향상시킨 것처럼 보인다. 또한 전쟁을 겪은 나라들
과 그렇지 않은 나라들 사이에 평균 성장률의 차이가 없다는 점에 주
목하라. 전쟁의 참화는 장기적으로 선진국들의 경제에 주목할 만한 손
상을 입히지 않았다.

〈표 1-1〉과 〈그림 1-6〉은 서구 경제의 또 다른 흥미로운 특징을 보여
준다. 1900년에 가장 부유했던 나라들은 가장 낮은 성장률을 보인 반
면, 빈곤했던 나라들이 가장 빠르게 성장하는 경향을 보였다. 달리 말

해 최선진국들의 일인당 부는 수렴하는 경향이 있다. 열거된 나라들 중 최빈국으로 20세기를 출발한 일본은 연 3.0퍼센트대의 생산성 성장률을 기록했던 반면, 1900년에 선두였던 영국은 고작 연 1.4퍼센트로 성장했다.

서구 경제의 탄력성— '따라잡기' 경향—을 가장 극명히 보여주는 예는 전후(戰後) 서독과 일본의 일인당 GDP 회복 추이다. 전쟁 기간 동안 두 추축국의 경제적 기반이 거의 완전히 붕괴되었다는 것은 〈그림 1-7〉 왼쪽 부분에서 분명히 볼 수 있다. 일본은 미국의 일인당 GDP 대비 40퍼센트에 불과한 수준에서 제2차 세계대전을 일으켰다. 전쟁이 끝났을 때 그 비율은 15퍼센트로 떨어졌다. 같은 기간 동안 독일의 일인당 GDP는 미국 GDP 대비 80퍼센트 수준에서 40퍼센트로 하락했다. 그러나 1960년대 두 나라는 전전 수준을 회복했다.

근대 이전에는 재난 이후 이런 식의 회복이 불가능했다. 이미 언급했듯이, 중국의 일인당 GDP는 송대에 정점에 달했다가 몽골의 침입

〈그림 1-7〉 미국 대비 일인당 GDP(미국 =100퍼센트)

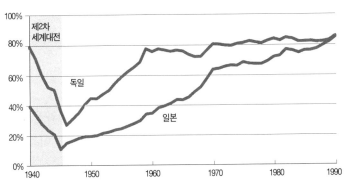

출처: Maddison, *Monitoring the World Economy 1820~1992*, pp.194-197.

으로 추락한 이후 7세기 동안 전혀 변화하지 않았다. 〔반면〕 서구에서 성장기계가 작동한 이후에는 엄청난 전쟁마저도 일시적인 생산성 하락이라는 비교적 미미한 결과만을 낳는 데 그쳤다. 1990년에 일본의 상대적인 일인당 GDP가 미국에 근접하는 수준으로 성장한 데서 볼 수 있듯이 말이다. 제2차 세계대전 승전국들의 현명한 정책이 독일과 일본의 급속한 회복에 중요한 요인이었던 것은 사실이지만, 그것만으로는 충분한 설명이 될 수 없다. 왜냐하면 제1차 세계대전에서 패배한 이후 독일은 그러한 시혜조치 없이도 놀라운 성과를 이룩했기 때문이다. 즉, 독일은 베르사유 조약이라는 족쇄에도 불구하고 단 20년 만에 경제력을 완전히 회복하여 유럽 대륙의 대부분을 장악했던 것이다.

19세기 초에는 유럽과 여기서 뻗어나간 신세계들 정도만 번영을 누렸다. 그렇지만 이후 2백 년에 걸쳐 서구식 성장이 지구의 나머지 모든 곳으로 확산되었다.

1820년 이전에도 성장의 조짐은 있었다. 매디슨은 1500년에 유럽의 일인당 평균 GDP가 774달러였고, 르네상스기 이탈리아는 1,100달러를 기록했다고 추산하고 있다.[17] 하지만 이탈리아의 상대적 번영은 오래 지속되지 못했다. 1500년 이후 이탈리아는 정체되었고 네덜란드는 지속적인 — 물론 부진한 때도 있었지만 — 경제성장을 이루었다. 동시에 영국에서도 네덜란드보다는 느렸지만 성장률이 높아지기 시작했다.

1688년 명예혁명을 거치면서 잉글랜드에 안정적인 입헌군주제가 정착되고 네덜란드 왕이 영국의 국왕으로도 즉위했으며, 이를 계기로 네덜란드 금융제도의 정수가 영국에 도입되었다. 그와 더불어 네덜란드의 선진적인 자본시장도 북해 건너편에서 곧 꽃을 피웠다. 이러한 사건들 이후에도 영국의 성장이 가속화되기까지는 한 세기 이상이 더

〈그림 1-8〉 일인당 GDP(인플레이션 조정치)

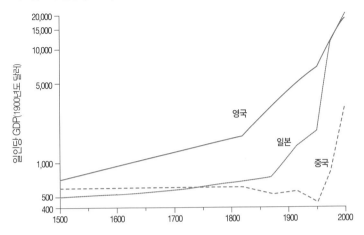

출처: Maddison, *The World Economy: A Millennial Perspective*, p.264, pp.276-279.

걸렸다. 평균적인 영국인들이 평균적인 네덜란드인들보다 잘살게 된 것은 19세기 중반 이후, 더 나아가 네덜란드에 대한 영국 해군의 수십 년에 걸친 해상봉쇄와 그에 뒤이은 나폴레옹에 의한 네덜란드 공화국의 멸망과 착취 이후였다.

영국은 해외 식민지들에 자국민을 내보냈을 뿐만 아니라 좀더 중요하게는 그곳에 자국의 법적·지적·금융적 제도들의 씨를 뿌렸다. 거대한 경제적 변혁이 유럽의 나머지 지역과 아시아로 확산되기 시작한 것은 그로부터 훨씬 뒤의 일이었다. 그 확산의 효과는 〈그림 1-8〉에서 확인할 수 있는 바와 같이 극히 불균등했다. 경제성장의 '도약'은 영국과 일본 그리고 중국에서 각각 1820년, 1870년, 1950년에 일어났다.

근대 초기 역사의 이 후미진 곳을 조사하는 이유는 무엇인가? 그 이유는 먼저, 1820년경 언젠가 세계가 방향을 전환한 듯하기 때문이고 둘째로, 그 이전까지는 인류의 경제적 진보가 기껏해야 발육부진한 덤불에 비유된다면 그 이후에는 힘차고 견실하게 성장하는 오크나무를 닮았기 때문이다. 또한 재산권, 과학적 합리주의, 자본시장, 근대적인 수송과 통신이 마침내 19세기에 서로 결합되어 현대적인 부(富) 생산 기계를 창출해냈고, 그 과정은 오늘날의 삶과 결정적인 관련이 있기 때문이다.

먼저 우리는 경제적 진보를 위한 네 가지 전제조건을 염두에 두면서 1600년 이전 서유럽에서의 일상생활의 상태를 검토할 것이다. 중세는 우리가 네 가지 필수 성장요인이라는 틀 속에서 대충 구성한 몇 가지 간단한 이야기로 요약될 수 있다.

근대 이전, 재산권의 부재

노골적인 노예제를 제외하면, 중세 봉건제만큼 재산권과 개인적 자유를 심하게 침해했던 체제도 없다. 오늘날 '봉건제'라는 단어 자체는 이전에 그것이 가졌던 힘의 희미한 그림자만을 담고 있다. 잠시 동안 여러분이 11세기의 전형적인 농민이라고 상상해보라. 당신은 당신의 주인 앞에 무릎을 꿇고 있고 그는 당신의 손을 잡고 있다. 지금 당신은 오직 그에게만 영원히 봉사하겠노라고 맹세하는 중이다. 당신이 그에게 바치겠다고 서약하는 것은 금융적이거나 상업적인 것이 아니다. 당신의 생명과 명예를 그에게 바치고 있는 것이다. 노동에 대한 돈도 받지 못한 채 그가 외부 세계로부터 당신을 보호해준다는 이유만으로 노동과 생명까지 바치는 경우도 드물지 않다.

봉건적 관계의 본질은 그것이 화폐와 관련된 것이 아니었다는 데 있다. 장원은 판매를 위한 잉여 생산물을 별로 만들어내지 못했고, 거의 모든 교환은 물물교환의 형태를 띠었다. 봉건영주는 자신의 세습재산을 화폐적 측면에서는 거의 생각하지 않았고, 농노가 주화를 사용하는 예는 아주 드물었다. 애덤 스미스는 1745년까지도 자기 고향인 스코틀랜드의 지방 영주들이 연 5백 파운드가 채 안 되는 장원 소득으로 8백 명을 전투에 보낼 수 있었다는 점을 놀랍다는 듯이 지적했다.[18] 봉건적 권리의 흔적들은 프랑스 혁명의 초기에 최종적으로 일소되기 전까지 파리 인근 곳곳에 잔존했다.[19]

영주들은 농노들을 거의 노예처럼 부렸다. 마르크스(Karl Marx)가 말했듯이, 근대 이전 세계의 가장 중요한 자산이었던 토지를 영주들이 상속받았기보다는 오히려 반대로 토지 자체가 영주를 물려받았다고 하는 편이 더 진실에 가까웠다. 나중에 다시 살펴보겠지만, 토지는 분할이나 거래 또는 개량이 쉽지 않아 사회적 부의 주된 저장소로서 심각한 결함이 있었다.

더 나아가 봉건국가의 비화폐 사회에서는 저장할 수 없는 재화들의 경우 변질되기 전에 모두 소비해야 했다. 다시 말해 현대 사회가 물적 재산을 축적함으로써 부를 과시한다면, 봉건 사회는 소비의 향연을 통해 부를 과시했다.

그러한 비화폐적 사회에서는 재산권 개념 자체가 성립될 수 없었고, 오두막과 도구는 단지 농민의 신체가 연장된 것에 지나지 않았다. 이 개념은 오늘날에도 남아 유럽에는 거주지에 개인 이름을 붙이는 경향이 있다. 궁극적으로 그 오두막은 영주 소유였고, 어떤 가격으로도 도구를 판매할 수 없었다. 구매자와 공개시장이 없었던 것은 물론 화폐 자체도 존재하지 않았기 때문이다. 스미스는 다음과 같이 농민의 운명을 묘사하고 있다.

토지의 점유자는 일반적으로 결박된 자[농노]들이었다. 그들의 인격과 생산물들은 모두 그의 [영주의] 재산이었다. 결박되지 않았던 자들은 자발적인 소작인이었고, 비록 이들이 내는 지대는 종종 명목적으로는 면역지대(免役地代)와 별반 다르지 않았지만, 그 액수는 사실상 토지의 생산물 전체에 해당했다. 영주는 그들에게 평화시에는 노동을, 전시에는 병역을 마음대로 요구할 수 있었다. 비록 이들은 영주의 집에서 멀리 떨어져 살았지만, 영주와 함께 사는 하인과 마찬가지로 영주에 의존했다. 그러나 토지의 모든 생산물은 명백히 영주에 귀속되었고, 영주는 그 토지가 부양하는 모든 사람들의 노동과 서비스를 마음대로 처분할 수 있었다.*

그래서 중세 농노들은 토지의 생산성을 증대시키려는 노력은커녕 자신에게 부과된 장원적 의무를 초과해 작물을 생산할 인센티브도 별로 느끼지 못했다. 영주가 농노 자신은 물론 그의 생산물까지 모두 소유하는 상황이라면 혁신은 둘째치고 힘들여 일할 이유도 없었을 것이다. 게다가 무엇보다도 봉건적 구조는 국민국가 형성에 굉장한 방해가 되었다. 당시 정치는 지방적 차원에 엄격히 국한되었다. 역사학자 바바라 터크먼(Barbara Tuchman)의 말대로, "정치구조의 근저에 있던 결합의 끈은 국가에 소속된 시민이 아니라 영주에 소속된 봉신들이었다. 국가는 여전히 탄생의 산고 속에 있었다."[20]

봉건제는 소유권을 보호하지도 법 아래서의 평등을 인정하지도 못했을 뿐만 아니라 기본적인 소비행위도 억압했다. 계급과 소득에 따라

---

*Smith, Ⅲ : 355. 면역지대란 농노가 영주에게 바쳐야 할 부역 대신 납부한 현금지대를 가리킨다.

입을 수 있는 옷까지도 상세하게 규정했던 사치단속법은 방직을 주요 산업으로 삼던 경제를 심하게 억눌렀다. 플로렌스에서 어민모피는 귀족·의사·행정관들만 입을 수 있었고, 프랑스의 영주들은 1년에 네 벌의 의복을 살 수 있었으며, 그중 하나는 반드시 여름용이어야 했다. 그것마저도 연 소득이 6천 리브르 이상인 영주들만 그렇게 할 수 있었다. 영국에서도 소득수준에 따라 특정한 복장을 입을 자격 요건이 법률에 엄격히 규정되어 있었다. 일례로 연 소득 5백 파운드인 영국 귀족에 상당하는 특정한 복장을 상인들이 입을 수 있으려면 귀족 소득의 두 배인 1천 파운드의 소득이 필요했다.[21]

20세기 초에 이르러서야 화폐경제의 확산으로 봉건제가 붕괴되었다. 그 시점에 농민은 최고 값을 부르는 자들에게 자신의 노동을 팔 수 있었고, 더 이상 주종관계에 예속되지 않을 수 있게 되었다. 그때 비로소 국가적 차원의 기본적인 법적·자본적 제도들이 발전할 수 있었다. 개인은 왕국의 주화로 자유를 살 수 있었고, 때로는 마을 전체가 그렇게 하기도 했다. 예를 들어 1197년에 프랑스 북부의 도시 쿠실르샤토는 무일푼이었던 영주의 미망인으로부터 140리브르에 자유 특허를 매입했다.[22]

잘못된 과세 정책

모든 나라는 세수를 필요로 한다. 정부가 세금을 어떻게 부과하는가는 나라의 존폐를 좌우하는 문제다. 근대 이전의 국가들은 일반적으로 가장 가난하고 힘 없는 자들에게 세금을 부과했다. 당연히 모두 실패했다. 정상적인 국가라면 공정한 판단에 의거해 소유권을 규정해 재산권을 보호한다. 이와 마찬가지로 부와 소득에 대해 어떻게 과세할 것인가를 판단할 때에도 이와 똑같이 공정해야 한다. 하지만 중세시대에는 그렇지 못했다. 귀족은 농노들을 신체적으로 '보호'해준다는 명목하에 토지세를 면제받았다. 사제들도 비슷한 식으로 세금을 면제받았다. 성직자들은 거대한 부를 쌓는 일이 비일비재했음에도 불구하고 농노들을 영적으로 '보호'해주는 위치에 있다는 이유로 봉건적 세금구조에서 면제의 대상이 되었던 것이다.

위험한 거리와 지저분한 주거 환경

재산권이 유효하기 위해서는 범죄로부터 보호되어야 한다. 중세의 도시는 상상할 수 없을 정도로 위험했다. 폭력의 수준이 전반적으로 너무 높은 나머지 살인으로 죽는 경우가 빈번히 일어나는 사고사보다 거의 두 배가량 많았다. 죽음으로까지 치닫는 싸움이 일상사처럼 흔히 벌어졌다. 장궁과 공성투석기 같은 무기의 발달로 인해 쓸모 없게 된 기사들은 전장이 아닌 시합장으로 내몰렸으며 이 시합장은 종종 대량 살상으로 엉망이 되곤 했다. 상황이 그런데도 살인자가 법의 심판을 받는 경우는 1퍼센트에 지나지 않았다. 유괴는 특히 실직한 기사들 사이에서 흔한 생계 수단이었다.[23]

이러한 사태는 필연적이었다. 1500년 당시는 정부의 의무에서 법 집행이라는 개념 자체를 상상할 수도 없던 시기였기 때문이다. 우리는 런던 경찰을 보비(bobby)라고 부르곤 하는데, 이 이름은 1829년에 세계 최초로 대도시 경찰을 조직했으며, 이후에 수상이 된 로버트 필(Robert Peel)의 이름을 딴 것이다.[24] 그 이전 사람들은 칼이나 단검 또는 권총을 휴대하지 않고는 감히 런던 거리를 활보하지 못했다.

도시 성곽 외부는 그야말로 무법천지였다. 노상강도들은 때로는 무리지어 때로는 혼자서 아무런 처벌도 받지 않고 강도짓을 했다. 십자군에 참여하지 않은 병사들, 왕족 사이의 반목, 교황의 개인적 야심 등으로 인해 날로 노상강도의 수가 증가했다. 성곽만이 무법천지로부터 도시를 효과적으로 지켜주었다. 하지만 성을 쌓는 데 엄청난 비용이 들었기 때문에 도시는 어쩔수 없이 대만원을 이루었다. 좁고 뚜껑 없는 하수도에 다름없었던 도시의 거리들은 사람과 질병으로 가득 찼다. 초기 인구학자들은 전염병 관련 사망자 수가 성곽 외부에 비해 내부에서 두 배나 더 높았다고 보고했다.

대부분의 사람들은 작은 마을에서 살면서 인근의 작은 밭에서 일했다. 젖먹이에서 늙은이까지 모든 사람이 쟁기도 없이 허리가 휠 정도로 일했다. 900년이 되어서야 비로소 매우 부유한 극소수의 농민들은 목줄로 말과 황소를 길들여 밭일에 활용할 수 있었다.

중세 거주지들의 누추함은 상상할 수 없을 정도였다. 르네상스시대의 위대한 인문주의자인 로테르담의 에라스무스(Erasmus)에 따르면 다음과 같다.

> 바닥이 온통 진흙과 젖은 풀로 가득 찼고, 관리가 거의 되지 않아 곳곳에 개와 사람의 침이나 구토물, 오줌…… 생선 찌꺼기와 기타 알 수 없는 쓰레기들이 20년 동안이나 쌓여 있었다. 이 때문에 날씨가 변하면, 건강에 해로워 보이는 증기가 발산되었다.[25]

가족들은 지저분한 베개 하나를 같이 베고 잤으며 굴뚝도 거의 없었다. 새로 지은 오두막을 빼고는 거의 모든 집 벽이 검댕으로 뒤덮였다.

적절한 배출 장치가 없었던 탓에 불이 한 번 나면 수많은 마을 사람들을 죽음으로 몰아넣는 화마(火魔)가 되었다. 특히 인화성이 매우 높은 옷을 입고 아궁이와 난로를 주로 관리하던 여성이 주된 희생자였다.

이는 그나마 비교적 잘사는 농민들의 생활을 묘사한 것이다. 가난한 자들은 그런 오두막에서조차 살 수 없었다. 최저생계수준의 전근대 사회에서는 기근과 전염병이 일상적으로 찾아왔다. 기근이 극심할 때에는 인육을 먹는 경우도 있었다. 때때로 인육을 얻고자 여행자들을 살해했고, 심지어는 교수대까지 습격했다는 보고도 있다.[26]

전염병은 정기적으로 유럽 대륙을 집어삼켰다. 가장 유명한 예는 1347년에 일어난 사건이다. 제노바 상선단이 이탈리아 반도의 끝에 위치한 메시나에 정박했을 때 승무원 대부분이 괴상한 질병으로 죽거나 죽어가고 있었다. 나중에 이 병은 가래톳흑사병으로 밝혀졌으며, 몇 십 년 후 유럽 인구의 거의 3분의 1이 이 병으로 죽었다.

근대 이전, 과학적 합리주의의 부재

오늘날의 입장에서 보면 '정교분리'라는 말은 아주 먼 옛날에나 쓰이던 케케묵은 구절로 보인다. 사실 오늘날 이 말이 쓰이는 경우는 공립학교 기도 시간이나 공개 크리스마스 행사 같은 극히 일부 이슈들에 대한 사법적 판단을 내릴 때 정도다. 하지만 근대 이전의 유럽에서는 모든 곳에 교회가 개입했다. 교회는 "중세적 생활의 모체이자 법률이었고, 어디에나 존재했으며 사실상 의무였다. 정신적 삶과 사후 세계가 현세의 삶보다 우월하다는 기독교의 원리에 대해 오늘날의 일부 기독교인들이 아무리 열렬한 믿음을 보인다 하더라도 근대 세계에 비하면 그 믿음은 아무것도 아니다."[27]

제퍼슨과 매디슨(James Madison)이 교회와 국가의 관계에 유독 집착했던 이유도 근대 이전 사회 속 종교의 위상과 역할을 생각해보면 대강 알 수 있다. "그러므로 카이사르의 것은 카이사르에게 신의 것은 신에게 주라"[28]라고 예수가 바리새인들에게 한 말처럼, 교회와 국가의 분리는 초창기부터 기독교에 고유한 관념이었다. 하지만 정교분리가 현실이 되는 데는 적지 않은 시간이 필요했다. 콘스탄티누스의 개종 때부터 국가는 신의 일시적 대리인들에게 토지와 부를 아낌없이 제공했다. 하지만 교회가 부유해질수록 부패와 타락의 정도는 점점 더 심해졌다.

오늘날에는 이단, 신성모독, 아우토다페(auto-da-fé: 이단자 화형)라는 말이 비교적 가볍게 사용된다. 하지만 1600년 이전만 해도 그 말들은 유럽의 거의 모든 사람들을 공포에 떨게 했다. 홉스는 자연 상태의 삶을 '고독하고 가난하며 불결하고 야만적이며 부족하다'고 특징지었는데, 이것은 중세 일반인들의 삶을 아주 적절하게 묘사하고 있다. 인간은 사후 세계에서나 궁극적으로 보상받을 수 있었다. 종교 당국의 노여움을 산 사람은 모두가 활활 타오르는 장작더미에 묶여 화형을 당했다. 그런데 그 처벌은 사실 종교재판소가 집행하는 으스스한 죽음에 비하면 오히려 아무것도 아니었다. 가장 악명 높았던 것은 '올드 아이언 메이드'(old iron maid)라는 것이다. 이것은 상자로 된 장치인데, 그 안에 사람이 들어가면 수백 개의 창이 서서히 몸에 박히고, 간신히 목숨만 붙어 있는 상태에서 다시 회전 칼날이 있는 격실로 옮겨지는 형벌이다.[29] 그럼에도 대부분의 사람들에게는 가장 고통스러운 죽음조차도 영원한 지옥불에 내던져질 것이라는 공포보다는 나았다.

그렇다면 어떤 경우에 그런 끔찍한 형벌이 내려졌을까? 교회의 권위와 교회에 대한 믿음 그리고 가장 중요한 것으로서 교회의 부에 의문을 제기하는 행위를 포함하여, 교회의 권력에 도전한 경우, 심지어는 교회의 비위에 약간이라도 거슬리는 행동을 한 경우가 모두 그 대상이 되었다. 교묘하게 잘 감추어진 것들도 그 대상이 되는 경우가 있었다. 예를 들어 라틴식 이름인 코페르니쿠스로 더 잘 알려진 폴란드 출신 천문학자 미코와이 코페르니크(Mikolaj Kopernik)는 16세기 초 지구가 실제로는 우주의 중심이 아니라 태양 주위를 돌고 있다는 추론을 했다. 이는 다분히 이단적 관점이었지만 그 내용이 당시 지식인들 사이에서만 통용되던 라틴어로 표기되어 있었기 때문에 어느 정도 허용될 수 있었다. 일부 성직자 · 왕족 · 상인 엘리트를 제외하고는 고대 라틴어를 이해할 수 있는 사람이 거의 없었고, 따라서 라틴어로 표현된 논쟁들이 농민층에게까지는 영향을 미치지 않았기 때문이다. 코페르니쿠스는 현명하게도 라틴어/일상어 경계를 넘어서지 않았고, 바티칸도 그에게 관용적인 입장을 취했다. 그러나 에라스무스와 토머스 모어(Thomas More)를 포함한 그 시대의 가장 계몽적이었던 학자들마저도 코페르니쿠스의 우주론을 비판했다. 흥미로운 점은, 그의 학설이 알프스 북부에서 훨씬 더 많은 비판을 받았다는 점이다. 마르틴 루터(Martin Luther)를 포함한 많은 종교개혁 지도자들은 그의 참수를 요구했다.

그런데 이탈리아의 철학자 지오다노 브루노(Giordano Bruno)는 어리석게도 코페르니쿠스 체계를 포함한 많은 이단적 관점이 일상어로 표기된 책자를 유통시켰으며, 이에 대해 바티칸 종교재판소는 그를 화형에 처했다. 그 이후 몇 십 년 동안 교회는 지동설에 맞서 헛된 후위전을 전개하던 중 결국 가장 권위 있는 지동설 주창자였던 갈릴레오(Galileo Galilei)를 재판에 회부했다. 이때 고문도구를 본 갈릴레오는 자기 입장을 철회했다.

중세 말기에 교회는 스탈린과 히틀러(Adolf Hitler), 폴포트(Pol Pot) 조차 가져본 적 없는 절대적인 이데올로기적 권력을 휘둘렀다. 흔히 말하듯이, 모든 권력은 부패하기 마련이고 절대적 권력은 절대적으로 부패한다. 1500년에 교회의 수뇌부가 얼마나 타락했는지는 가장 독실한 신자들에게도 찾아볼 수 있었다. 뇌물 수수, 성직 매매, 재물 강요는 성직 생활을 대표하는 단어가 되었다. 교회의 타락은 아비뇽 교황 권기에 절정에 달했다. 이때는 "추기경의 모자부터 순례자의 성물에 이르기까지 교회가 가진 모든 것이 판매의 대상이었다."[30] 주교와 추기경들은 십일조와 면죄부 판매를 통해 엄청난 재산을 쌓았고, 1316년부터 1334년까지 교황을 역임한 요한 22세는 황금 옷과 모피를 게걸스럽게 긁어모았다. 귀족들은 아주 어린 자녀들에게 성직을 사주었고, 심지어 스무 살짜리 대주교도 있었다.[31] 교황이 1342~1343년 사이에 부여한 관면(dispensation)* 624개 중 484개가 성직자의 자녀들에게 돌아갔다. 16세기에 한동안 영국에서는 기소된 성 범죄 중 성직자가 범한 것이 거의 4분의 1을 차지했다. 이는 성직자 인구 비율의 열 배가 넘는 수치였다.

교회의 부정부패에 대한 반발은 비교적 조용했고 분산적이었음에도 불구하고 서서히 커져갔고, 특히 14세기 흑사병의 발발 이래 포스트 묵시록적 분위기 속에서 더욱 두드러지게 성장했다. 유명한 반문화 운동이었던 '베가드'는 성직자 없이 구원에 이르는 길과 귀족과 교회가 소유한 재산에 대한 [인간의 동등한] 사용권, 자유연애 등을 내세웠다.

---

*관면이란 가톨릭교회에서 특별한 경우에 신자들에게 교회법의 제재를 면제해주는 것을 말한다. —역주

하지만 교회는 물론 귀족들도 이런 움직임을 좋지 않게 보았고 이 운동의 참가자들 중 많은 사람이 화형을 당했다. 그 시기의 가장 유명한 시 「농부 피어스」(*Piers the Plowman*)(윌리엄 랭그랜드가 썼다고 전해지지만, 필자에 대해서는 논란이 있다)는 성직자들에게 주어진 높은 지위에 대한 중세인들의 불만을 잘 보여준다.

종교적 반대를 위한 좀더 확고한 기초가 마련된 것은 14세기 옥스퍼드 대학의 학감이었던 존 위클리프(John Wyclif)에 의해서였다. 그는 로마 측과 오랫동안 사이가 안 좋았던 영국에서 도피처를 찾았다. 마르틴 루터의 정신적 선배였던 그는 『시민 통치론』(*De Civili Domino*)을 통해 "그 자신의 테제를 은유적으로" 내걸었다. 이 소책자는 교회 재산의 몰수와 사제들이 더 이상 정부의 일에 간섭하지 말 것을 주장했다. 결국 베가드와 마찬가지로 위클리프도 화체설*의 교의와 성직 자체의 필요성을 부정했다. 이것은 로마 성직자는 물론 영국 성직자들에게도 달갑지 않은 일이었고, 그들은 위클리프의 주장을 이단론으로 몰아 공격했다.

위클리프는 성서를 영어로 번역하기도 했다. 다행스럽게도 그가 살았던 시대는 구텐베르크 이전이어서 당시의 법에 저촉되는 그의 행위가 인쇄를 통해 널리 확산되지는 않았다. 하지만 그가 학장으로 있던 발리올 칼리지는 1381년에 그에게 추방령을 내렸는데, 이것은 비교적 가벼운 처벌이었다. 위클리프를 잃고 나서 옥스퍼드는 두 세기 동안 쇠퇴를 거듭했다. 결국 옥스퍼드는 위클리프에 대한 처벌로 그보다 더 큰 상처를 입은 셈이었다. 실제로 위클리프는 매우 감화력 있는 설교

---

* 기독교에서 성찬식 때 빵과 포도주의 외형은 변하지 않지만 그 실체가 그리스도의 살과 피로 변한다는 교리 ―역주

자로서, 3년 후 64세의 나이로 자연사하기 전까지 상당한 영향력이 있었다.[32] 위클리프가 추방된 이후 그를 추종하던 이른바 '롤라드파'는 지하로 들어갔다. 이렇게 하여 영국의 퓨리턴/반국교도라는 오랜 전통이 시작된 것이다.

위클리프의 영어판 성서는 틴데일 사건을 통해 영향력을 더욱 키워갔다. 1457년 때마침 발명된 구텐베르크의 인쇄술은 이단의 목소리를 크게 증폭시켜주었다. 케임브리지 대학과 옥스퍼드 대학에서 고전학을 연구했던 윌리엄 틴데일(William Tyndale)은 처음에는 교회에 대한 왕권의 우위를 주장하여 헨리 8세를 기쁘게 해주었다. 1525년에 그는 위클리프(와 그 이전의 무수한 이단 수도승들)처럼 신약성서를 영어로 번역했다. 그 사이 150년 만에 인쇄술은 모든 것을 바꾸어놓았고, 틴데일의 이단행위는 수만 배로 증폭되었다. 농민들이 성서를 읽고 토론할 수 있다는 바로 그 사실에 성직자들은 분개했다. 인구의 대다수에게 성직자들이 기대한 것은 문맹과 맹목적인 복종이었기 때문이다.

틴데일의 모국인 영국의 출판업자들은 영어로 번역된 신약성서를 펴내려 하지 않았다. 그는 독일로 피신해 쾰른에서 성서의 출간을 다시 시도했지만 출판되기 일보 직전에 지방 성직자들에게 발각되는 바람에 실패하고 말았다. 결국 그 성서는 프로테스탄트의 본거지였던 보름스에서 출판되었고, 틴데일은 번역본 6천 부를 영국으로 보냈다. 영국 사람들은 그의 번역본을 열렬히 탐독했다. 일이 이렇게 되자 당시 독실한 신자였던 헨리 8세의 주장에 따라 대륙의 성직자들은 그를 16개월 동안 구금한 후 이단혐의로 재판에 회부해 공개적으로 교수형에 처했다. 성서를 출판했고, 그것도 영어로 출판했다는 것이 이유였다(이 일은 교회가 헨리 8세와 아라공의 캐서린 사이의 결혼을 취소한 것을 계기로 헨리 8세가 교회와 불화에 빠지기 전에 일어났다).

위클리프의 성서 중 현재 175권이 잔존해 있다는 점에 미루어 볼 때, 그의 성서는 최소한 몇 백 부가 만들어졌음이 틀림없다. 당시에는 그것을 소지하고 있다는 사실 자체가 이단혐의로 기소되기에 충분했다. 여러 권을 필사한 자에게는 화형 판결이 내려졌지만, 손으로 필사해야 한다는 점 때문에 화형까지 당하는 경우는 비교적 드물었다. [그러나] 틴테일이 인쇄기를 사용한 것은 [게임의] 판돈을 엄청나게 높이는 결과를 초래했다. 인쇄기를 갖춘 이단자는 비유적인 의미에서는 물론 글자 그대로도 불장난을 하고 있는 셈이었다.[33]

루터가 구텐베르크의 인쇄기를 활용해 쓰러져가던 교회의 권위에 결정적인 타격을 가했지만, 곧 부패의 정도는 덜하지만 혐오스럽기는 마찬가지인 전제적 이데올로기가 그것을 대체했다. 이 새로운 프로테스탄트적 광신을 전형적으로 보여주는 것이 제네바에서 장 칼뱅(Jean Calvin)이 한 역할이다. 순회 선교사인 기욤 파렐(Guillaume Farel)은 종교적 탄압을 피해 피난 온 목사(칼뱅)를 호수가의 프로테스탄트 도시 제네바로 초청했다. 오늘날의 역사가들이 종종 묘사하는 것처럼 칼뱅이 그 도시의 '독재자'는 아니었다. 그는 단지 공화국의 도덕을 지도할 책임을 진, 대부분 평민들로 이루어진 기구였던 '장로법원'의 우두머리였을 뿐이다(심지어 제네바 시는 칼뱅이 죽기 5년 전까지 그에게 시민권도 주지 않았다). 그 법원은 칼뱅이 이끌던 16년 동안 89명에게 사형을 선고했는데, 죄명은 대부분 마술행위였다. 그 당시의 기준으로 보면 이 처형 건수는 통상적인 수준이었다. 인근 가톨릭국가들은 훨씬 더 많은 이단자를 처단했고, 그것도 대개는 끔찍할 정도로 잔인한 고문을 가한 후에 죽였다. 하지만 제네바 당국은 잔인한 고문만큼은 하지 않았다. 아마 그 시대의 가장 유명한 사법적 사례는 1553년 삼위일체와 유아세례를 부정한 미셸 세르베투스(Michael Servetus)를 이단 혐의로 재판하여 처형한 일일 것이다. 그는 제네바와 프랑스 중 어디서 재판을 받고 싶은지를 묻는 질문에 제네바 법정에서 재판을 받게 해달라고 무릎 꿇고 애걸했다.

사실 칼뱅과 그의 장로법원이 창출한 것은 전근대적 유형의 보모국가*였다. 그들 집단에게 사소한 일이란 있을 수 없었는데 그런 그들을 사람들은 '극소관리자'(micromanager)라 불렀다. 1562년에 그들은 부인을 잃은 지 얼마 안 된 늙은 역사가인 보니빠르와 그보다 훨씬 더 젊은 여자를 강제로 결혼시켰다. 이 새 부인은 당연히 더 젊은 남자들의 애정을 얻으려 했고, 그녀의 불륜을 알게 된 제네바 시 장로법원은 그녀의 애인을 참수하고 그녀를 익사시켰다. 또한 그 장로법원은 새로운 프로테스탄트 믿음에 대해 잘 설명하지 못한 다섯 명의 노인들에게 개인교사를 고용할 것과 다음 번 공개 예배 석상에서 신앙고백을 해 보일 것을 명령하기도 했다.[34]

왕과 의회, 사법부 간에 권력의 분할이 개인적 자유와 법치 및 재산권을 보장해주기 이전에 신의 것과 카이사르의 것이 먼저 구분되었어야 했다. 이데올로기적 열정에 의해 격발된 종교개혁은 그 이후 거의 2세기 동안 유럽 전역에서 가톨릭과 프로테스탄트 사이, 프로테스탄트들 사이의 종교전쟁으로 확대되었다. 이 와중에 충돌의 당사자들이 힘을 소진하여 약화되었다. 이와 더불어 독립된 세속적 정부와 계몽주의라는 보다 관용적인 메시지를 위한 길이 열렸다.

---

*국가가 유모처럼 개인 생활을 보호 간섭한다는 의미로, 싱가포르가 그 전형적인 예이다.
　—역주

근대 이전, 효과적인 자본시장의 부재

오늘날의 사업가들은 다른 사람들로부터 돈— '자본' —을 쉽게 조달할 수 있는 것을 당연하게 여긴다. 오늘날 평판 좋은 대기업들은 시설 개선이나 확장을 위한 자금을 채권시장에서 연 5퍼센트밖에 안 되는 금리로 빌릴 수 있고, 담보가 충실한 소기업들도 그보다 약간 높은 금리로 차입할 수 있다.

5천 년 전 화폐가 처음 출현하기 이전에도 인류는 돈을 빌려주고 빌렸다. 수천 년 동안 사람들은 이자를 받고 곡물과 가축을 다른 사람들에게 빌려주었다. 겨울에 곡식 한 가마나 송아지를 빌려주면 이듬해 수확기에 갑절로 되돌려 받았다. 그러한 관행은 저개발국 사이에는 아직까지도 남아 있다.

고대 신용시장의 역사는 지역적으로 광범위하며 그 뿌리도 깊다. 비옥한 초승달지역—수메르, 바빌론, 아시리아—의 고대 역사 기록에서 우리는 화폐 대부를 언급하고 있는 부분을 꽤 많이 찾아볼 수 있다. 함무라비의 유명한 바빌론 법전—역사상 최초의 포괄적인 법률체계—도 상업 거래를 다루었다. 예를 들어 기원전 3000년에서 1900년까지 존속한 수메르에서는, 보리 대부에 대한 통상적인 이자율이 33과 1/3퍼센트였다. 반면 은의 대부에 대한 이자는 20퍼센트였다. 두 대부 이자율 사이의 차이는 은보다는 곡물 대부가 위험이 더 컸다는 사실을 반영했다. 은의 경우는 소비되어 없어지거나 상할 염려가 없었고, '은 수확'이 부족할 리도 없었기 때문이다.[35]

그러한 높은 이자율에서는 장기 프로젝트가 불가능하다. 이자율이 연 20퍼센트라면, 차입 총액이 4년이 채 안 되어 두 배가 된다. 미래의 부담이 그렇게 파멸적인 수준이라면 합리적인 사업가와 기업가들은

5~10년 안에 수익을 거두지 못할 프로젝트를 위해 차입을 하려 들지 않을 것이다. 대부분의 대규모 상업 거래의 경우도 마찬가지다.

경제사가 리처드 실라에 따르면, 이자율은 사회의 상황을 정확히 반영한다고 한다. 실제로 일정한 시간대에 걸친 이자율 그래프는 한 나라의 '체온곡선'이다. 불확실한 시기에는 이자율이 상승한다. 공공의 안전과 신뢰감이 줄어들기 때문이다. 역사적으로 모든 주요한 고대 문명은 'U자형' 이자율 패턴을 나타냈다. 그 문명의 역사 초기에는 이자율이 매우 높았다가 문명이 성숙하고 안정화되면서 서서히 하락하며, 그 문명의 발전이 정점에 달하면 이자율은 가장 낮은 수준으로 떨어진다. 그후 문명이 쇠퇴하면서부터 다시 이자율이 상승한다. 예를 들어 1~2세기 로마제국의 절정기에는 이자율이 4퍼센트로 낮은 수준이었다. 단기적으로 약간의 변동은 있었지만 앞서 말한 패턴은 평균적, 장기적으로 유효하게 나타났다. 1세기와 2세기 팍스 로마나의 절정기 동안에도 위기 때의 이자율은 12퍼센트까지 상승했다.

로마의 멸망(전통적 연대 구분에서는 서기 476년) 이후 이자율은 급상승했다. 그 이후 2세기 남짓한 기간 동안 유럽의 상업은 또 한 차례 결정타를 맞았다. 모하메드의 헤지라와 이베리아 반도의 대부분을 장악한 아랍제국의 부상 때문이었다. 아랍인들은 지브롤터 해협에 대한 통제권을 장악함으로써 지중해 무역을 효과적으로 봉쇄했다.

로마 후기에 이자율의 역사적 자취는 완전히 사라졌고 약 1천 년 후에야 비로소 영국에서 다시 나타났다. 영국의 이자율은 12세기에 40퍼센트가 족히 넘었고, 이탈리아의 경우 12세기 말에 평균 약 20퍼센트 수준이었다. 좀더 낮은 수준으로 떨어질 희미한 기미는 네덜란드에서 처음으로 나타났다. 네덜란드의 이자율은 1200년 초에 약 8퍼센트 수준까지 낮아졌다.

그렇게 높은 이자는 자본시장이 사실상 존재하지 않았다는 것을 말해주며, 이는 수세기 동안 벗어날 수 없는 상업적·경제적 구속이 되었다. 종교적 교의가 지적인 진보를 억눌렀다면, 자본시장의 부재는 일상적인 상업활동에 치명적이었다. 화폐 대부를 금지한 기독교의 조치도 걸림돌이 되었는데, 그 조치의 기원은 성서로까지 거슬러 올라간다. 출애굽기 제22장 25절에는 "네가 만일 너와 함께한 나의 가난한 백성들에게 돈을 꾸어주거든 너는 그에게 고리대금업자처럼 하지 말라"라는 가르침이 나온다. 성 아우구스티누스는 "사업은 그 자체로 사악하다"는 입장이었고, 성 제롬은 "상인이 된 자는 신을 전혀라고는 할 수 없더라도 거의 기쁘게 하지 못한다"고 생각했다.[36]

325년 최초의 종교회의였던 니케아공의회는 성직자들의 대부를 금지했고, 850년에는 평민 화폐 대부자들을 파문하기 시작했다. 또한 발육부진 상태에 있던 유럽의 상업시장에는 자본에 대한 수요가 그리 많지 않았다.

화폐 대부에 대한 제한은 서서히 힘을 얻어갔다. 1139년 제2차 라테라노공의회는 저당도 고리대로 규정했다. 또한 13세기 중반에 성 토머스 아퀴나스(Thomas Aquinas)가 모든 대규모 상업활동은 본질적으로 사악하다는 아리스토텔레스적 관념*을 부활시키자 마르크스와 레닌 시대 이전에는 유례를 찾아볼 수 없는 비세속적인 반(反)자본주의적 열정이 높게 일어났다.

화폐 대부는 알코올과 약물 섭취 못지않게 인간이 늘 해오던 것으로, 법률로 저지하기 어렵다. 반고리대 정서가 절정에 달했을 시점에

---

* 아리스토텔레스는 농장이나 가내 소사업은 훌륭한 것으로 생각했지만, 소매상업과 대부업에 대해서는 비난했다. 『정치학』 제3권 p.23을 보라.

도 중세의 거리에는 전당포들이 늘어서 있었다. 실제로 네덜란드는 지배 군주들에게 정규적으로 자본을 공급했던 화폐 대부자들에게 면허를 내주기도 했다. 또한 파문의 대상에서 제외되었던 유대인들은 자유롭게 대부업을 해나갔다. 1571년 제5차 라테라노공의회가 고리대 금지를 철폐한 이후 비로소 투자자들은 활발하고 적극적인 상업활동을 위한 융자를 받을 수 있었다.[37]

근대 이전, 효율적인 수송과 통신의 부재

로마가 붕괴한 후 1천 년 동안 로마의 도로들은 아무렇게나 방치되어 있었지만 당시의 열악한 도로 사정에 비하면 그나마 여전히 유럽에서 최상이었다. 역사학자 로렌스 팩커드(Laurence Packard)에 따르면 당시의 실상은 이러했다.

> 중세시대에 사람들은 '이동하지 않았다.' 십자군 시기까지 여행하는 경우는 아주 드물었다. 직접 관계된 곳 이외의 지리와 장소들에 대한 완전한 무지로 인해 낯선 지역과 이방인들에 대한 공포를 느꼈고, 이것은 미신으로 이어졌다. 노상강도 귀족*, 해적, 아예 없거나 열악한 도로 또는 부서진 다리 등과 같은 실제적인 위험이 교역을 매우 방해했다. 더욱이 각각의 봉건영주들은 통행세를 거두었고 이로 인해 상품의 비용이 너무나 높아져, 곡물이 풍부한 지역에서 부족한 지역으로

---

* 자기 영지를 여행하는 사람들을 강탈한 귀족 —역주

수송될 수 없었다. 비용이 이윤을 몽땅 먹어치웠기 때문이다. 굶주린 사람들도 식량 가격이 너무 높아 도저히 돈을 주고 식량을 구할 수 없었다.[38]

팩커드가 지적했듯이, 물리적인 수송 수단의 결핍은 문제의 일부에 지나지 않았다. 경제사가 엘리 헤크셔(Eli Heckscher)의 말에 따르면 "중세시대의 교역에 있어 최대의 장애물은 통행세"였다. 오늘날 '통행세'라는 말은 개선된 도로 사용료나 국경세를 연상시킨다. 그러나 1800년 이전에 통행세는 제멋대로 책정되었고 많은 지방 지배자들의 주된 수입원이었다. 지주들은 교역을 위해 반드시 통과해야만 할 강이나 도로 한켠에 통행료 징수소를 세워놓고 통행세를 받았다.[39]

북유럽에서 도로의 부재는 양날의 칼이었다. 도로의 부재는 스칸디나비아 지역과 독일의 일부 지역이 로마의 끊임없는 침략으로부터 자유로울 수 있게 해준 반면, 알프스 북쪽 특히 스칸디나비아 지역의 전반적인 상업활동을 질식시켰다. 로마의 멸망 이후 1천 년 동안 다른 지역의 정보와 상품은 상상할 수 없을 만큼 느리게 유통되었다. 베니스에서 콘스탄티노플까지 해로를 이용할 경우 5주가 걸렸고 육로를 이용하는 경우는 더욱 느리고 비효율적이었다. 또한 육로로 베니스에서 런던까지 가는 데 4주가 걸렸다. 대부분의 농민은 태어난 마을에서 거의 벗어날 수 없었다. 매우 건강하고 운 좋은 몇몇 사람들만 긴 항해에서 살아남을 수 있었고, 가장 부유한 일부 사람들만 긴 육로 여행에 필요한 말을 살 수 있었다. T-모델 포드가 출현한 20세기 초까지도 미국인들의 압도적 다수는 태어난 곳으로부터 20마일 안에서 살다가 죽었다.

1800년 이전 교통의 부재는 단지 상업만을 위협하는 데 그치지 않았고, 그 자체로 치명적이었다. 오늘날은 식량이 남는 지역에서 부족한 지역으로 쉽게 수송할 수 있기 때문에 작황 악화로 인해 대규모 기근까지 일어나는 경우가 거의 없다. 하지만 중세에는 그렇지 못했다. 강이나 해상수송의 혜택을 누릴 수 없는 지역에서는 그러한 기근이 특히 더 심각했다(20세기에는 일부 공산주의 국가가 정상적인 시장과 수송 메커니즘에 개입한 결과 역사상 가장 놀라운 대량 기근을 발생시켰다).

증기 동력의 출현 이전 여행의 비용, 위험, 불편함 그리고 무엇보다도 지겨울 정도로 느린 속도는 현대인으로서는 도저히 상상할 수 없을 정도였다. 19세기 중반만 하더라도 대륙 간 대량 수송은 운이 좋아야 하루에 20마일을 갈 수 있었다. 상품을 파리에서 리옹까지 290마일 수송하는 데 일반적으로 걸리는 시간은 약 6주나 되었다. 하루에 10마일도 안 되는 속도였다. 사륜마차 승객들은 운이 좋으면 같은 거리를 그보다 두 배 정도 빠른 속도로 주파할 수 있었다.

여행 경비도 놀라울 정도였다. 1820년에 뉴욕에서 서부 오하이오—당시 문명의 경계—까지 가는 마차 요금은 80달러로, 두 달치 월급에 해당하는 금액이었다. 영국에서는 60마일을 여행하는 데 약 1주일분 급여인 1파운드의 비용이 들었다(마차 옆에 매달려 갈 경우 요금을 거의 절반가량 절약할 수 있었다). 가장 부유한 사람들만 사륜마차를 소유할 수 있었다.

여행의 주된 비용은 장거리 여행에 필수적인 말을 반복해서 교체하는 데 드는 비용이었다. 결국 혼잡한 도시들에서 말과 소, 노새의 밀도가 높아지면서 도시 미관과 위생에 문제가 생겼다.

근대 이전에는 여행의 안전성도 결코 간과할 수 없는 문제였다. 대륙의 도로들에서는 18세기 중반까지 노상강도가 사라지지 않았고, 마차강도는 19세기에 들어서도 놀라울 정도로 많았다. 이탈리아를 여행한 영국인들은 1817년까지도 마차 승객들이 종종 물건을 빼앗기고 살

해당하거나 마차와 함께 불태워졌다는 보고를 했다. 좀도둑들의 위협은 일상적인 걱정거리였고, 마차 사고 역시 흔히 있는 일이었다. 1829년에 마차를 타고 뉴욕에서 신시내티로 여행하던 어떤 사람은 거친 도로에서 아홉 번이나 전복사고를 겪었다고 기록했다. 사망사고도 매일같이 일어났다.

마차와 배를 이용한 장거리 여행은 아무리 건강한 사람이라도 참아내기 어려울 정도로 불편했다. 영국의 화가인 터너(J.M.W. Turner)는 1829년의 이탈리아 여행에 대해 이렇게 썼다.

> 폴리그노에 눈이 내리기 시작했다. 마차는 무게를 이기지 못해 이리저리 미끄러졌다. 나는 곧 흠뻑 젖었다. 사레발리에서는 마차가 도랑에 빠져 그것을 꺼내는 데 여섯 마리의 황소가 필요했고 3마일이나 거꾸로 돌아가야 했다. 여기에만 네 시간이 걸렸다. 우리는 마세르타에서 열 시간 이상 지체했고, 굶고 얼어 죽기 일보 직전에야 마침내 볼로냐에 도착했다. 거기서도 문제는 계속 발생했다. 우리는 썰매를 타고 몽세니스를 넘어야 했고, 구덩이를 파 전복된 마차를 일으켜 세우는 동안 몽타라트에서 세 시간이나 불을 밝히고 눈 속에서 야영을 했다. 그날 밤 눈이 다시 내리기 시작했다. 다음날 우리는 무릎까지 쌓인 눈을 헤치며 걸어야 했다.[40]

역사가 시작된 이래 사람·재화·정보는 말과 배보다 이동이 느렸고, 이는 근대의 여명기까지도 마찬가지였다. 1800년대 중반에 증기엔진이 배와 궤도차의 동력원이 되고 강력한 국민국가에 의해 통행세 징수소가 폐지됨으로써 경제성장에 필요한 네 가지 결정적 요인 중에서 마지막 요인이 출현했다. 철도·증기선·전신은 부를 창출시켰고,

이 번영은 근대 이전의 아무리 낙관적인 몽상가라도 감히 꿈도 꿀 수 없을 정도의 것이었다.

토지, 노동, 자본

1500년 이전에 일반인들의 복지는 정체되어 있었다. 그 원인은 너무나 분명하다. 첫째, 무엇보다도 부를 창출할 인센티브가 없었다. 재산을 조금 모았다 해도 봉건귀족, 국가, 교회, 강도들이 언제든 빼앗아갈 수 있었기 때문이다. 둘째, 창조적·과학적인 생각 자체가 불가능했다. 독창적인 사상을 내놓은 사람들은 종종 그 때문에 이 세상에서는 물론 저 세상에서도 흔적 없이 사라져버렸기 때문이다. 셋째, 획기적인 발명을 해냈다 해도 개발하는 데 필요한 자본을 구할 수 없었다. 넷째, 그러한 발명품이 대량으로 생산된다 하더라도 그 물건들을 광고할 수도, 멀리 떨어진 도시들로 값싸게 수송할 수도 없었다.

전통적으로 경제학자들은 부의 생산을 토지, 노동, 자본이라는 세 가지 '투입물'로 나누어 분석한다. 경제학자들은 이 고전적인 세 가지 투입물의 작용과 상호작용 방식을 이해하면 전 지구적 번영의 역사적 뿌리를 밝혀낼 수 있다고 믿는다. 농장을 짓고 공장을 건설하며 위성 네트워크를 창출하기 위해서는 이 세 가지 모두가 필요하다. 그리고 각 요소의 생산성이 부자와 파산한 자를 가른다.

기업가들에게 문제가 되는 것은 평균적인 토지, 노동자 또는 대부금이 얼마나 생산적인가가 아니라 한계적인 토지와 노동자 또는 대부금이 얼마나 생산적인가이다. '한계적'이라는 용어는 기업가가 당장 쓸 수 있는 토지와 노동 또는 자본을 가리킨다. 좋은 땅은 이미 경작되고 있고 질이 좋지 않은 땅만 남아 있는 경우, 거기서 농사를 짓겠다는 계획은 현명하지 못하다. 또한 숙련 노동력이 풍부한 지역에 섬유 공장을 짓겠다는 계획도, 만일 최상의 노동자들이 모두 다른 곳에 이미 고용되어 있는 상태라면 좋은 생각이 아니다. 또 기존의 모기지가 낮은 금리로 제공되고 있고 새로운 대부 이율은 오르는 상황에서 아파트를 지을 계획을 하는 것도 유리한 일이 아니다.

세 가지 고전적 투입물 중에서 한계토지—당장 쓸 수 있는 토지—는 생산성이 가장 낮다. 왜냐하면 특정한 시점에서 가장 생산적인 토지는 이미 경작되고 있고, 질이 낮은 토지만 쉽게 구입 또는 개발할 수 있기 때문이다. 새로운 농장이 기존 농장에 비해 생산적일 확률은 거의 없다. 그러므로 농업 경제에서 투자 증대는 지는 게임이기 마련이다. 영농에는 수확체감의 법칙이 어김없이 적용된다.*

한편 한계노동은 토지에 비해 생산성을 좀더 잘 유지하는 경향이 있다. 훈련받을 수 있는 노동력이 존재하는 한 추가 공장들에 계속해서 투자한다면 기존의 투자분만큼은 생산적일 것이다. 노동력 투입을 증가시키면 규모의 경제에 따르는 이점도 누릴 수 있다. 노동자 일인당 기준으로, 열 명보다는 1백 명을 훈련시키는 것이 더 저렴하다. 더욱이 한계노동은 '학습곡선'도 따른다. 창조적인 노동자와 감독자들이 더 효과적인 훈련 또는 노동방식을 개발한다면, 전반적으로 좀더 효율적이 될 것이다. 그래서 한계노동은 추가 고용이 이루어질수록 그만큼 더 생산적이 되는 경향이 있다. 오늘날의 용어로 말하자면, 노동집약적인 공업 경제가 '확장 가능한'(규모와 산출이 급속히 증가할 수 있다는

---

* 모든 일반화가 그렇듯이 예외는 늘 있게 마련이다. 18세기와 19세기 미국에서는 서부 개척을 통해 방대한 양의 질 높은 한계지가 경작 대상에 포함되었다.

의미)반면, 농업 경제는 그렇지 않다. 공업 경제는 쉽게 성장하지만, 농업 경제는 성장하기 대단히 어렵거나 전혀 성장하지 못한다.

마지막으로 자본은, 그 기초를 이루는 통신기술과 더불어 투자가 늘어날수록 생산성이 더욱 높아진다. 자본시장이 '임계치'에 달하는 시점에 효율성의 극적인 개선이 일어난다.[41] 전화·인터넷·신용카드 같은 것들이 그 좋은 사례들이며, 가장 유명한 사례는 윈도우 컴퓨터운영시스템이다. 이것들은 현대 생활의 필수품이라고 할 수 있을 정도로 널리 확산되었다.

자본시장도 똑같은 방식으로 움직인다. 국가의 저축량이 아무리 많더라도, 이것이 매트리스 밑이나 비효율적인 은행 시스템에 묻혀버리면 아무런 쓸모가 없다. 프랑스의 산업화 초기에 이런 일이 일어났다. 당시 어느 정도 부가 축적되었지만, 은행 시스템에 대한 불신으로 그 부가 기업의 가치 창출 활동에 쓰이지 못했다. 특정한 물품의 수요자와 공급자가 같은 시간, 같은 장소 안에 있을 때 시장은 가장 잘 작동한다. 그러한 상황에서는 각 물품의 가격이 매우 '효율적'으로 정해진다. 즉, 모든 사람이 거의 같은 가격으로 사고 팔게 된다. 이것을 가장 잘 설명해주는 예가 암표시장이다. 국가가 암표 판매를 법으로 엄격하게 금지시키면, 암표상과 소비자들은 비밀리에 여러 곳에서 거래를 하게 된다. 이 경우 티켓 가격은 천차만별일 것이다. 게다가 암표상은 구매자들에 비해 거의 언제나 더 나은 정보를 갖고 있기 때문에 가격이 높아지는 경향이 있다. 그러한 시장은 '비효율적'일 수밖에 없다. 현명한 지역사회들은 특정한 장소와 시간에, 일반적으로 행사가 시작되기 직전 주출입구 주변에서만 티켓 판매를 할 수 있도록 한다면 가격이 낮고 균일하게 유지된다는 것을 알았다. 그 이유는 분명하다. 티켓 판매를 정해진 시간과 장소에 국한시키면 구매자와 판매자 모두에게 정보의 흐름이 극대화되고 판매자의 우위가 사라진다. 시장 효율성의 성배(聖杯)는 특정한 물품에 관하여 세계의 모든 구매자와 판매자가 정확히 같은 장소와 시간에 만나는 곳으로 돌아간다. 이베이(eBay)가 바로 그런 곳이다.

금융시장은 정확히 바로 그런 식으로 움직인다. 자본을 사고 팔려는 엄청난 수의 사람들이 가령 뉴욕 증권거래소 같은 한 장소에 모일 수 있다면, 자본은 훨씬 더 값싸지고 신뢰성이 높아질 뿐만 아니라 생산성도 높아질 것이다.* 달리 말해 금융활동이 활성화되면 이자율이 하락하고 안정된다. 정부도 자본의 비용 및 공급과 관련한 불확실성을 제거해줌으로써 투자를 촉진시킬 수 있다. 일례로 빌 클린턴(William Clinton) 대통령이 앨런 그린스펀(Alan Greenspan)에게 "프로그램의 성공과 나의 재선이 연준과 저 많은 채권 거래자들에게 달려 있다는 말씀이오?"[42]라고 묻자 그린스펀은 "예, 대통령 각하, 정확히 그렇습니다"라고 대답했다. 실제로 빌 클린턴이 1996년 선거에서 압도적인 표차로 재선된 것은 상당 부분 그린스펀의 훌륭한 통화조절 덕택이었다.

수송도 마찬가지다. 작은 배로 소량의 화물을 운송하는 것보다는 큰 배로 대량의 화물을 운송하는 것이 훨씬 더 효율적이다. 통신도 같은 식이다. 다량의 소식을 전달하는 전보나 전신 서비스가 통화량이 적은 경우보다 훨씬 더 값싸게 서비스를 제공할 수 있다. 그러한 사업은 확장 가능성이 대단히 높다. 생산성 확대 가능성이 가장 높은 산업은 소프트웨어 산업이다. 소프트웨어 산업에서는 개발 비용을 제외하면 유통과 판매 비용이 거의 제로다. 특히 그 유통이 인터넷망을 타고 이루

---

* 뉴욕 증권거래소가 최근에 폐장 후 거래를 확립했을 때, 거래량은 훨씬 더 많아졌음에도 불구하고 정규 시간 동안 거래소에서 이루어진 것보다 효율성은 훨씬 낮다는 점이 분명해졌다.

어진다면 말이다. 한계자본의 생산성은 통신 메커니즘과 참여자 수의 증대에 의해 증폭되기 때문에 전통적인 세 가지 요소들 중에서 가장 높다. 한계노동은 한계자본에 비해 덜 생산적이고, 한계토지는 생산성이 가장 낮다.

네 번째 투입물, 지식

수십 년 전 서구의 부와 생산성이 빠르고 지속적으로 증대하고 있다는 점이 더욱 분명해지자, 경제학자들은 토지 · 노동 · 자본의 생산성에 근거하여 경제적 산출을 설명하려고 했던 기존의 모델로는 이 행복한 사태를 적절히 설명할 수 없다는 사실을 깨달았다. 스탠퍼드 대학의 폴 로머(Paul Romer) 교수는 어떤 지점에서는 과학기술 자체가 성장의 중요한 요인이 된다고 주장했다. 그는 기술의 '외부성'—모든 제조업자들이 업계 선도자들의 가장 우수한 방식을 곧장 채택하는 것—이 사회에 큰 도움이 되었고, 지식이 축적되면 될수록 지식의 한계생산성이 증대하는 바, 이것은 자본시장의 한계생산성의 증대와 마찬가지라고 지적했다.[43] 로머의 말대로, 경제성장을 제한하는 것은 인간의 상상력밖에 없으며, 세계의 공업국들에서 지금까지 그래왔듯이 2퍼센트의 실질 생산성 성장률에 묶일 이유가 전혀 없다.

제1단계: 수렵-채취 사회

이 네 가지 투입물(토지, 노동, 자본, 지식)이 인간의 역사에서 어떤 역할을 했는지 살펴보자. 매우 넓은 의미에서 역사가들은 인류 역사를 수렵-채취, 농경, 공업, 탈공업이라는 네 단계로 구분한다. 이 네 단계 패러다임은 물론 과도한 단순화다. 오늘날 브라질에서는 상당한 인구가 이 네 가지 범주 모두에 종사하고 있다. 심지어 선진국들에서도 뒤의 세 단계는 여전히 결정적이다.

그러나 지구상에 인간이 존재하기 시작한 이래 99퍼센트 이상의 기간 동안 인류는 전적으로 수렵-채취인으로 살아왔다. 특히 토지집약적인 이 활동으로는 평방마일당 약 한 명의 거주자밖에 부양할 수 없었다. 더욱이 유목적 수렵-채취인들은 특정한 지역에서 식용 식물과 동물을 급속히 소진시키고 끊임없이 이동했다. 수렵-채취인들은 최소한의 물건들만 소유했고 고정된 집도 없이 지냈다.[44]

네 가지 경제적 투입물의 측면에서 수렵-채취인들은 토지와 노동에 가장 많이 의존했고, 당시까지만 해도 두 요소의 생산성 모두 항구적이었다. 부족들은 수천 평방마일의 활동영역에서 동물과 과실의 수를 늘릴 수 없었다. 노동력도 제한되어 있었다. 수렵-채취의 생산성이 이따금씩 개선되기도 했다. 그런데 특정한 뙈기의 땅에 노동 투입을 늘리면(과실과 들소의 수로 측정된) 그 토지의 생산량이 일시적으로 증가할 수는 있지만, 그 땅에서 나던 것들을 다 따버리면 산출은 급속히 하락했다.

수렵-채취 사회에서는 자본이 필요하지 않았다. 경제적으로 말하자면, 그런 사회들은 불구 상태였다. 왜냐하면 네 가지 투입물 중 생산성이 가장 낮은 토지에 의존했고, 노동력의 생산성 개선 속도는 아주 느렸기 때문이다. 마지막으로 수렵-채취 사회에서는 지식도 아주 느리게 축적되었다. '수렵-채취 기술'의 진보는 수천 년에 이르는 장구한 시간대에 걸쳐 이루어졌기 때문에 성장률의 계산도 무의미하다.

제2단계 : 농경 사회

　1만 2천 년경 전에 인류는 처음으로 비옥한 초승달 지역에 정착하여 농경을 시작했다. 농업은 수렵-채취에 비해 훨씬 더 생산적이었고, 그에 따라 인구밀도도 평방마일당 수백 명 수준으로 높아졌다. 농경 공동체들이 수렵-채취인들과 접촉하게 되면서 다음 네 가지 이유에서 수렵-채취인들의 생존 기회는 줄어들었다. 첫 번째 이유는, 인구밀도였다. 인구밀도가 평방마일당 1인에 지나지 않은 수렵-채취 사회들─자바와 혼슈 섬 같은 곳은 예외적으로 평방마일당 인구밀도가 수백 명에 이른다─은 인구밀도가 훨씬 더 높은 농경 사회들과 군사적으로 경쟁할 수 없었다. 둘째로, 농경 사회들은 유목민 이웃을 절멸시키는 데 특히 전문화된 군사 엘리트들을 키워나갔다. 소수의 지배 엘리트는 이를 계획하고 이끌었다(농경을 통해 사회적 역할의 전문화가 가능해졌다. 이런 전문화가 충분히 발전하면 '문명'으로 불리게 된다). 세 번째로, 농경 공동체들에서 인간과 가축이 함께 살면서 천연두와 홍역 같은 병원체가 일으키는 질병들이 발생했다. 농부들은 이 미생물들에 대한 면역체계를 발전시켜 대처해나갔지만, 수렵-채취를 하던 이웃 공동체들은 그러지 못했다. 천연두는 코르테스의 군대보다 훨씬 더 많은 아스텍인들을 죽음으로 내몰았고, 북미에서는 백인들이 원주민 소탕 작전을 벌이기 전인 17세기에 이 병원균으로 인해 북미 원주민 중 2천만 명 이상이 죽었다.[45]

　마지막으로 가장 중요한 것으로서, 많은 농경 공동체에서 개인 재산권제도가 발달하기 시작했다. 수렵-채취인들의 경우 방대한 면적의 야생 서식지들에 대한 직접적인 소유권을 확립하기가 거의 불가능했다. 다음 장에서 살펴보겠지만, 많은 농경 사회가 공동체적으로 시작되었지만, 농경 역사가 시작된 이후 농부들은 곧 개인적으로 토지를 소유해 경작하기 시작했다. 토지를 소유한 농부들은 훨씬 더 효율성이 높았는데, 이처럼 재산권을 인정한 사회들은 단지 수렵-채취로 살아가는 이웃들뿐만 아니라 공동 경작 사회들보다도 아주 높은 우위를 차지하게 되었다.

노벨 경제학상 수상자 더글러스 노스(Douglass North)는 농경으로의 이행을 '제1차 경제혁명'(제2차는 산업혁명)이라고 불렀다.

> 첫 번째 경제혁명을 혁명이라 할 수 있는 이유가 인간의 주된 활동을 수렵과 채취로부터 정착 농업으로 바꾸어놓았기 때문만은 아니다. 그것이 혁명이었던 것은 그 이행이 인류의 압도적 다수에게 유인체계의 변화를 야기했기 때문이다. 그 유인체계의 변화는 두 시스템 사이의 재산권의 차이에 기인한다. 자원에 대한 공유재산권이 존재할 경우에는 더 나은 기술과 지식을 습득하려는 동기가 적을 수밖에 없다.[46](이하 강조는 필자)

농경의 주된 경제적 약점은, 수렵-채취와 마찬가지로 토지가 농경의 가장 중요한 투입물이라는 사실에 있다. 가령 인구가 10퍼센트 증가하면 일인당 식량 소비를 유지하기 위해서 농부들은 더 많은 토지를 경작해야 한다. 이 한계농지들은 기존의 농지들보다 질이 낮을 것이고 생산성이 훨씬 떨어질 것이다. 따라서 증가된 인구를 먹여 살리기 위해서 농부들은 10퍼센트 이상의 추가 토지를 경작해야 할 것이다. 하지만 이것이 농업 생산성의 진보가 불가능하다는 뜻은 아니다. 실제로 관개와 비료 기술의 진보, 윤작, 가축을 이용한 쟁기질 등으로 인해 면적당 생산량이 극적으로 증가했다. 그러나 이런 진보는 오랜 세기에 걸쳐 띄엄띄엄 일어났다. 역사가들이 보여주듯이 1000~1500년 사이에 작물 생산량이 네 배 증가했다면, 연평균 성장률은 0.28퍼센트에 지나지 않는다. 이 두 시점 사이에 증가한 인구로 인해 가장 척박한 한계지들까지도 경작을 해야 했고, 이는 결과적으로 농업 생산성 증대를 상쇄해버렸다. 따라서 순수한 농경 사회들의 생활수준은 정체 상태에 있었다고 할 수 있다.

그렇다. 1만 2천 년경 전에 일어난 농업경제로의 이행은 세계 인구를 엄청나게 증가시켰다. 그리고 일정한 농업 기술의 개선이 더 큰 인구 증가를 낳은 것도 사실이다. 그러나 이런 진보는 생활수준의 지속적인 개선을 낳지는 않았다. 비교적 최근인 18세기 중반까지도 유럽에서는 기근이 정기적으로 발생했다. 19세기에 일어난 대기근으로 1백만 명 이상의 아일랜드인이 죽었다.

중세시대에도 어느 정도 '지식의 축적'이 이루어졌지만 산발적이었다. 18세기 잉글랜드에서 최신 경작법을 적용하려는 끊임없는 노력을 기울인 '개량농'도 획기적 진전을 이루지는 못했다.

그러한 통탄할 상태에 관해 맬서스는 "인구 증가가 농업 산출의 미미한 증가를 압도한 세계"라고 매우 설득력 있게 기술했다.[47] 당시로서는 맬서스가 말한 고전적인 '적극적 예방책'—기근, 질병, 전쟁—이 필요와 영양 사이의 불균형에 대한 불가피한 해결책이었다.

제3단계 : 공업 사회

1500년경에 농업 기술의 일정한 개선은 재산권, 자본시장, 수송기술의 첫 번째 자극과 더불어 상당한 수의 노동자가 농장을 떠나 제조활동에 종사하도록 이끌었다. 북부와 남부 유럽 모두에서 '제조활동'은 단 한 가지 분야, 즉 섬유를 의미했다. 이탈리아에서는 숙련된 직공이 견사를 비롯한 기타 이국적인 직물로 사치성 섬유를 제조했다. 영국은 부르고뉴(오늘날의 네덜란드, 벨기에, 북프랑스에 해당하는 곳)로 양모를 실어 보냈고, 여기서 고도로 숙련된 장인들이 실을 잣고 천을 짜 화려한 옷을 만들었다. 조선과 기계도 점차 발전했다. 비록 중국인들도 오랫동안 섬유와 도자기를 수출했지만, 유럽과는 달리 중국 인구의 상당부분을 탈농업화시킬 정도로 규모가 크지는 않았다.

제조활동을 제한하는 요인은 노동과 자본으로, 제조활동에 있어 토지는 그리 결정적이지 않다. 비록 노동에도 때때로 수확체감의 법칙이 적용되지만, 그런 경우에도 일반적으로 고용 증가에 따른 노동자들의 생산성 하락은 그리 크지 않기 때문에, 노동은 토지만큼 규모 증대에 민감하지 않다. 오히려 현대에는 노동자 수 증가에 따라 노동생산성이 증대하는 경우도 있다. 노동자와 작업장의 밀도 증가는 생산자들 사이의 소통을 촉진하기 때문이다. 디트로이트의 자동차 공장들과 실리콘 밸리의 칩 공장들이 그러한 예들이다.

그러나 제조활동은 자본집약적이다. 예전의 공장이 낡아지면 더 큰 비용을 들여 새로운 공장을 지어야 한다. 인구밀도 증가는 더욱 효율적인 자본시장을 낳고, 자본시장 규모가 커질수록 제조시설 확장을 위한 자금 조달이 점점 더 쉬워진다. 결국 산업 사회에서는 지식이 점점 더 부에 이르는 길로 인식된다. '최상의 기법들'이 신속히 전개·확산되면서 산출량도 전반적으로 상승한다.

19세기의 특정한 시점에 유럽과 미국에서 '선순환'이 일어났다. 기술의 진보가 생산성의 개선을 낳고, 또 증대된 생산성은 부의 증대를, 부의 증대는 더욱 많은 기술적 진보를 위한 투자자본을 낳았다. 달리 말해 공업 경제들이 고도로 생산적인 자본과 지식 투입물을 점점 더 많이 고용하면서, 성장은 자기 추진적이고 지속적인 것이 되었다.

"지어라, 그러면 올 것이다."

산업 사회들의 급속한 경제성장은 모든 세대의 경제학자들을 매혹시켰다. 그들은 경제발전의 열쇠가 공업화 자체라고 입을 모아 주장했다. 단순히 공장들과 근대적 인프라를 건설하고 노동자들을 훈련시키기만 하면 자랑할 만한 '경제적 도약'이 자동적으로 나타날 것이라고 생각했다.[48] 그러나 소비에트의 공업화와 거대한 대외원조 자금으로 이루어진 제3세계에서의 인프라 프로젝트의 안타까운 역사가 보여주었듯이, 번영에는 공장과 댐, 철도 이상의 그 무엇이 필요하다(껍데기는 변했지만 알맹이는 그대로였다. 우리는 제9장에서 18세기 오스만제국에서 이루어진 위로부터의 공업화의 실패를 탐구할 것이다).

어떤 나라가 공업적 발전단계에 도달했다면, 이것은 단순히 공업화 자체만이 아니라 재산권, 과학적 연구, 자본시장이라는 결정적으로 중요한 기본적 제도들도 있었기 때문이다. 한 나라가 일단 공업화 단계에 도달하면 그 나라는 빈곤의 사슬을 끊을 수 있었다. 경제성장은 문화 자체에 코드화된다고도 할 수 있다. 그런 나라들은—제2차 세계대전 이후 추축국의 경제 회복에서 볼 수 있듯이—그 경제의 외형상 물리적으로 대량 파괴를 겪은 이후에도 곧 회복하여 이전을 능가하는 번영을 이루었다.

전쟁보다 더 나쁜 것이 재산권의 침식이다. 동독은 20세기 들어서 두 번씩이나 세계대전으로 인한 파멸적인 물리적 손실을 입었지만, 이것을 단 몇 십 년 만에 회복했다. 공산주의가 남긴 것에서 벗어나는 데에도 그리 오래 걸리지 않을 것이다.

제4단계 : 탈산업 사회

인류 경제발전의 또 하나의 단계가 서서히 그 윤곽을 드러내고 있다. 20세기 말에 출현한 이른바 '탈산업' 사회가 그것이다. 탈산업 사회에서는 제조활동이 서비스업에 자리를 넘겨준다. 탈산업경제는 이전의 산업경제들에 비해 훨씬 더 적은 노동과 토지를 필요로 한다. 또한 필요로 하는 자본의 양은 옛 산업 시스템과 비견될 만하지만, 주로 기술혁신의 형태를 띤 지식 투입물에 대해서만큼은 유례없이 게걸스러운 식욕을 드러낸다. 예를 들어 40년 전의 전화회사는 대규모 교환원 인력을 고용했지만, 지금은 훨씬 더 적은 수의 기술자들이 그 일을 한다. 대신에 이들은 엄청나게 비싼 위성, 컴퓨터 기억소자, 광섬유 네트워크를 갖추고 있다. 자본시장과 지식기반은 네 가지 생산요소 중 '확장성'이 가장 높기 때문에, 자본-지식 집약적 탈산업 사회들은 가장 높은 성장을 지속할 것이다.

서구 사회들이 이런 기분 좋은 상태에 하룻밤 사이에 도달한 것은 아니다. 봉건제의 재산권 억압, 교회의 지식 목조르기, 자본시장의 결여, 효과적인 수송과 통신의 부재라는 문제를 해결하는 데 거의 2천 년이란 세월이 걸렸다. 네 가지 과제가 달성된 다음에야 비로소 인류는 새로운 산업 및 탈산업 사회라는 결실을 향유할 수 있게 되었다.

제2장

재산권의 등장과 확립

재산권 없이는 자유사회도 있을 수 없다.

— 밀턴 프리드먼

뮤에친자데 알리 파샤(Müezzinzade Ali Pa-sha)*는 1571년 해맑은 가을 그리스 서부 해안 앞바다인 레판토에서 불운을 맞았다. 몇 시간 동안 계속된 해전에서 그의 오스만투르크민주주의 국가 선단이 오스트리아의 돈 후안이 이끄는 신성동맹군—스페인, 베니스, 바티칸의 연합군—의 공격으로 수장된 것이다. 이 전투는 역사상 가장 피비린내 나는 해전으로, 양측을 합해 4만 명이 목숨을 잃었다. 1분에 약 150명이 죽은 셈이다. 돈 후안의 라 레알을 포함한 신성동맹군의 많은 병사들이 파샤의 기함인 술타나 호에 올라탔다. 두

---

* 파샤란 오스만투르크의 문무(文武) 고급관료에 주어진 명예적인 칭호를 말한다. —역주

사령관이 직접 맞붙었다. 알리 파샤는 활을 쏘았고 돈 후안은 도끼와 큰칼을 휘둘렀다. 투르크민주주의 국가 사령관이 머리에 총알을 맞고 쓰러지자 그의 모든 선단이 공황 상태에서 흩어졌다. 역사의 이 거대한 전환점에서 서구 기독교 왕국의 연합군은 지중해 동쪽에서 조류처럼 밀려온 투르크의 영향력을 차단하고 오스만제국의 이탈리아 정복을 거의 확실하게 저지했다.

레판토에서 알리 장군은 전투에서 지고 목숨을 잃었을 뿐만 아니라 모든 재산도 잃었다. 투르크의 다른 모든 부자들과 마찬가지로 그도 자신의 유동자산을 손닿을 수 있는 곳에 보관했다. 신성동맹군 수병들은 술타나 호 안에 있는 알리의 보물상자에서 금붙이 15만 개를 발견했다. 해군 사령관이 왜 그의 전 재산을 개인 막사 안에 보관했을까? 이것에 대해 애덤 스미스는 『국부론』(*The Wealth of Nations*)에서 이렇게 설명했다. "자기보다 지위가 높은 사람들의 폭력을 끊임없이 걱정해야 하는 불행한 나라에 사는 국민들은 자기 부(common stock)의 대부분을 파묻거나 숨기곤 한다. 이것은 터키와 인도뿐 아니라 아시아의 모든 나라에서 일반적인 관행인 것으로 생각된다."*

오스만제국에서는 황제를 제외한 어느 누구─황제의 처남이었던 알리 파샤도─도 자유인이 아니었다. 사람들의 생명과 자유, 재산은 언제든지 황제의 변덕에 따라 몰수될 수 있었다. 바로 여기에 모든 전체주의 사회가 몰락한 궁극적인 원인이 있고, 자유시장 시스템의 강점이 있다. 재산권과 시민권 없이는 어떤 것도 발명가와 사업가들이 직접적인 필요 이상의 것을 창조하고 생산하도록 유인하지 못한다.

---

*Smith, Ⅱ : 301을 보라. 스미스가 "common stock"이라고 쓴 단어는 기업체의 주식이 아니라 모든 부를 가리킨다.

재산권의 등장

재산권은 근대적 번영의 네 가지 기초—재산권·과학적 합리주의·자본의 가용성·효율적인 수송과 통신—중에서 가장 중요한 요소로서, 고대 세계에서 최초로 나타났다. 현대 세계에서도 재산권은 네 가지 중에서 가장 결정적이다. 경제학자 P. J. 오루크는 다음과 같이 말했다. "북한은 99퍼센트의 문해율을 자랑하고 훈련되고 열심히 일하는 사회이지만 일인당 GDP가 9백 달러에 지나지 않는다. 반면 모로코는 문해율이 43.7퍼센트이고 하루 종일 커피만 마시며 관광객들에게 양탄자를 사라고 졸라대는 사회이지만, 일인당 GDP는 3,260달러나 된다."[1]

동시에, 그리스와 로마 문명이 나머지 세 요소를 갖추지 못해 정체와 쇠퇴에 빠졌다는 사실에서 분명히 알 수 있듯이, 재산권 하나만으로는 결코 경제성장을 달성할 수 없다.

재산권과 시민권 사이의 관계는 복합적이다. 하지만 일부 사회주의자들은 둘 사이의 관계를 부정하는 경향이 있다. 예를 들어 19세기 프랑스의 사회주의자 피에르 조지프 프루동(Pierre-Joseph Proudhon)은 시민적 자유는 확고히 믿었지만 재산 축적에 대해서는 도둑질과 똑같은 것으로 간주했다. 비록 전통적 관점은 재산권이 시민권에서 연유한다고 역설하지만, 정반대의 경우도 똑같이 타당하다. 사회주의의 탁월한 지도자였던 레온 트로츠키(Leon Trotsky)는 시민적 자유가 재산권에서 근원한다고 말했다.[2] 재산에 대한 권리는 다른 모든 권리를 보증하는 권리다. 재산 없는 개인들은 굶어죽기 십상이다. 공포에 떨고 배고픈 자들은 국가의 의지에 굴복하기가 훨씬 더 쉽다. 한 사람의 재산이 국가에 의해 자의적으로 위협받는다면, 그 권력이 비주류적인 정치적 · 종교적 의견을 지닌 사람들을 위협하는 수단으로 반드시 사용될 것이다.

반세기 전에 프리드리히 하이에크(Friedrich Hayek)는 시민권과 재산권의 근간은 같은 것으로, 분리되어 존재할 수 없다는 것을 인식했다. 재산권을 양도하는 자는 곧, 그의 주저(主著) 제목을 인용하자면, '예속으로 가는 길'에 놓일 것이다.

일반적인 인문주의자들의 해석에 따르면, 사유 재산권의 신성한 개념을 최초로 만들어낸 사람은 존 로크(John Locke)다. 그런데 로크가 주요한 기여자였던 것은 사실이지만 최초는 아니었다. 1690년에 『정부에 관한 두 논고』(Two Treatises of Government)가 출판되면서 생명과 자유 그리고 재산의 보호가 계몽된 정부의 첫 번째 기능으로 명시되었지만, 기본적인 시민권과 재산권은 이미 수세기 전부터 영국의 보통법에 내재되어 있었다. 더욱이 그것들의 기원은 고대 그리스 도시국가에 확고한 뿌리를 내리고 있었다.

재산권의 역사적 흔적

재산권의 기원은 시간 속에 묻혀 소실되었기 때문에, 그 이야기를 어디서부터 어떻게 시작할지는 자의적인 문제다. 대다수는 아니지만 많은 원시사회가, 특히 토지 소유권과 관련해서 재산권의 일정한 요소를 갖추고 있었음은 분명하다. 그러나 수렵-채취 사회들은 재산권을 유지하기 어려웠는데, 이는 그렇게 하는 데 비용이 들었기 때문이다. 한 부족이 수천 평방마일에 이르는 관할 영역을 순찰할 수는 없었다.

재산권을 지키는 데 성공했던 종족들은 그렇지 못한 종족들보다 훨씬 더 효율적이었을 것임이 틀림없다. 선사시대 말기에 더 나은 식량 원이었던 큰 포유동물들이 점점 더 희소해졌을 때, 자기 고장의 줄어드는 매머드 떼를 독점하고 주의 깊게 관리할 수 있었던 수렵 집단은 이웃 종족들에 비해 확실한 경쟁우위를 지녔을 것이다. 물론 선사시대 이야기이기 때문에 확실히 알 수는 없다.

선사시대 농경 공동체들에 대해서는 좀더 확실히 알 수 있다. 역사가들은 아주 오래된 토지 매매 기록에서 문자 이전 사회의 구성원들이 어떻게 재산을 양도했는지를 보여주는 상세한 내용을 발견했다. 예를 들어 창세기에서 아브라함은 이웃 히타이트의 에프론으로부터 얼마 전에 죽은 아내 사라를 묻을 땅을 산다. 처음에 에프론은 그 재산을 아브라함에게 조건 없이 선물로 주겠다고 한다. 하지만 아브라함은 돈을 내겠다고 고집한다. 그는 은을 달아 땅값을 지급하고 히타이트 마을의 다른 사람들이 보는 앞에서 그 매매를 공표한다.[3] 겉보기에 두 사람은 이웃간의 인심을 확인하는 것처럼 보이지만, 아브라함에게는 증인 입회 하에 땅값을 지급할 강력한 근본적인 동기가 있다. 그렇게 함으로써 그는 세 가지를 달성한다. 첫째로, 그는 영구불변한 자신의 재산권을 확립한다. 에프론은 그 땅의 양도를 철회할 수 없다. 둘째로, 다른 모든 이웃이 그 매매 현장에 있었다는 것은 아브라함 이외에 어느 누구도 그 땅에 대한 권리를 주장할 수 없다는 증거가 된다. 마지막으로, 돈을 지급함으로써 아브라함은 장래에 호의를 베풀어야 할 의무로부터 벗어난다. 마을 사람들이 증인이 된 재산 거래에 관한 유사한 기술들을 고대 세계에서 흔히 볼 수 있다.

역사의 매우 초기 단계에 있었던 이 예에서 우리는 효율적이고 효과적인 재산권의 본질을 확인할 수 있다. 첫째, 그러한 권리들은 명확하게 정의된다. 아브라함과 그의 자손들이 그 재산을 소유한다는 점에는 의심의 여지가 없다. 둘째, 그러한 권리들은 양도될 수 있다. 즉, 그것들은 자유롭게 사고 팔 수 있다. 그 이후 몇 천 년 동안 국가의 운명은 그러한 두 가지 조건을 얼마나 잘 충족시켰는가에 따라 결정되었다.

비옥한 초승달 지역(메소포타미아 문명)과 이집트의 고대 문명은 위계적이고 전체주의적인 사회 속에서 이룩되었다. 예를 들어 고대 역사를 무비판적으로 읽으면, 파라오가 이집트의 모든 토지를 소유했다는 결론에 이르게 된다. 이것은 진실이 아니다. 일부 토지는 사적으로 보유되었고, 오늘날의 역사가들은 평민 농부와 시민들의 재산권 범위가 어떠했는지에 관해 활발한 논쟁을 벌이고 있다.

'강들 사이의 땅'인 메소포타미아의 초기 인류 문명이 있던 자리는 대체로 오늘날의 이라크에 해당한다. 즉, 그곳은 티그리스 강과 유프라테스 강 사이에 있는 매우 평탄하고 뜨거우며 메마른 지역이었다. 집약적 농업은 정교한 관개기술을 필요로 한다. 이는 강력한 중앙집권 체제 하에서만 가능하다. 이에 근거해 역사가들은 이후에 나타난 메소포타미아 문명이 '수력 사회'였을 것이라고 말한다. 오랜 세기에 걸쳐 이 사회들은 거대한 수로를 건설했는데, 여기에는 아마도 수많은 노예 노동이 동원되었을 것이다. 이 거대한 토목공사 프로젝트는 아마 고도로 생산적인 경작과 높은 인구밀도를 낳았을 것이다.

초기 메소포타미아에서 아브라함과 에프론이 했던 것과 같은, 증인 입회 하의 당사자간 토지 매매방식은, 영구적으로 기록해 공공 기록보관소에 저장하는 매매로 대체되었다. 고고학자들은 기원전 2500년경의 토지 매매 기록을 담고 있는 정부 기록보관소를 발굴했다. 이것은 지금까지 발견된 가장 오래된 글자보다 약 5백 년 후의 것이었다.

대규모 농업이 약간 늦게 발달한 아일 계곡의 경우 토지 매매에 관한 기록은 기원전 2500년경부터 나타나기 시작한다. 그러나 이집트의 상형문자는 메소포타미아의 설형문자보다 간결하지 못해, 이집트에서의 재산 거래의 역사는 수메르와 바빌로니아의 경우보다 훨씬 덜 상세하다. 수메르와 바빌로니아의 경우 기원전 2100년으로 당시의 토지법과 거래에 관한 것이 돌기둥(stelae)에 새겨져 있다. 이런 기록은 기원전 1750년의 유명한 함무라비법전에서 정점에 달했다. 마지막으로, 고대 유대인들은 성서의 첫 번째 다섯 권(토라는 모세 5경을 말한다. 그 첫 번째 장은 기원전 1150년경에 쓰여졌다) 속에 고대 재산 거래에 관한 상세한 기록을 남겼다.

세 가지 역사적 자료원—수메르, 이집트, 이스라엘—은 모두 고대 세계에서 있었던 재산 거래에 관한 상세한 기록을 제공해주지만, 아쉽게도 전반적인 토지 보유구조는 보여주지 않는다. 수메르와 이집트의 신전들은 방대한 구획의 토지를 소유했지만, 사적인 토지 보유도 일반적이었다. 신전과 개인 소유 토지들의 상대적 중요성과 생산성은 알려져 있지 않으며, 사적 토지 소유가 종교적·세속적 권력자들의 탐욕으로부터 얼마나 보호될 수 있었는지도 알 수 없다.

십계명은 희미하게나마 이 문제에 관해 언급하고 있다. "네 이웃의 집을 탐내지 말라……" 기원전 2050년경 남부 메소포타미아에서 나타난 가장 전체주의적 정권이었던 우르 3세 시기의 수메르에서도 사유 가옥과 토지의 매매와 임대차에 관한 기록 및 왕이 개인들에게 토지와 집을 하사했다는 기록이 남아 있다.

유명한 '모세의 소송'(헤브루인 모세와 혼동하지 말 것)은 이집트의 재산권 절차를 아주 흥미롭게 보여준다. 기원전 1600년경에 파라오는 선장을 지냈던 모세의 조상에게 토지를 수여했다. 3세기쯤 후에 카이라는 이름의 한 부정한 관리가 왕의 사법, 곡창, 보고(寶庫)를 책임진 관리에게 뇌물을 주어 고대에 모세에게 하사되었던 토지를 착복하려고 했다. 모세는 지방정부 관청에 보관되어 있던 예전의 세금 기록을 제출함으로써 법정에서 이 위법행위를 바로잡을 수 있었다. 모세의 소송은 고대에 정부가 사적인 재산권을 보호했다는 놀라운 사례이며, 당시의 법률과 기록 시스템이 오랜 세기 동안 가족의 토지를 온전히 보존하기에 충분히 튼튼했다는 것을 보여준다.

시간이 지나면서 메소포타미아와 이스라엘에서 토지 매매에 대한 제한이 점차 완화되었다. 두 곳에서 부족원은 같은 부족에 속한 다른 사람의 토지 매매를 막을 수 있었다. 차차 공동체 토지 보유에서 개인적 소유로의 경향이 높아졌고, 기원전 500~700년경 토지는 자유롭게 매매되었다.

지형의 성격도 재산 소유권에 영향을 미쳤다. 한 가지 극단적인 경우가 남부 메소포타미아였다. 메마르고 평탄한 지형 때문에 대규모 관개가 필수적이었던 이곳에서는 소유권이 상대적으로 소수의 손에 집중되는 경향이 있었다. 반면에 이스라엘의 구릉성 지형에서는 대토지 소유에 대한 언급은 거의 나타나지 않고, 소토지 소유가 일반적이었다.

때때로 민중주의적 요소가 토지법에 혼란을 야기하기도 했다. 메소포타미아의 왕들은 즉위 초기에 대중의 지지를 얻기 위해 부채와 세금 청구권을 취소시키는 미스하룸(misharum)을 선포하곤 했다. 이것은 메소포타미아에서 높은 이자율을 야기하는 하나의 원인이 되었다. 대부자들은 미스하룸이 선포되면 자신들의 투자분이 한순간에 날아가버릴 위험이 있다고 생각했기 때문에 곡식의 대부에 대해서는 33과 1/3의 이자를, 은의 대부에 대해서는 20퍼센트의 이자율을 요구했다.

신명기(申命記)의 율법은 7년마다 모든 부채를 말소시킬 것을 요구했다.* 무엇보다도 가장 급진적이었던 것은, 50년마다 모든 재산이 원소유자에게 반환될 것을 요구한 레위기의 희년(Jubilee) 규정이었다.

그것들이 성서에 언급되고는 있지만, 이 규정들은 아마 사실과 다를 것이다. 만약 그것들이 법제화되었다면 고대 이스라엘의 토지시장을 불구화시켰을 것이다.[4]

잃어버린 최초의 민주주의

1995년 고전학자 빅터 데이비스 핸슨은 그의 저작 『다른 그리스인들』(The Other Greeks)에서 서구 민주주의의 기원이 페리클레스의 아테네보다 수세기 앞선 농업 사회에 있었다고 주장했다.[5] 핸슨은 이 고대 그리스 민주주의가 뿌리를 내린 것은 아티카 지역과 주변의 언덕 지방(아테네와 그 주변 지역)에서 강력한 개인 재산권이 형성되었기 때문이라는 이론을 정립했다. 핸슨의 이론은 비록 논쟁의 여지가 있지만, 재산권과 개인적 자유 사이의 결정적인 연관을 보여준다. 그래서 트로츠키나 하이에크처럼 매우 이질적인 사상가들이 공히 보여주었듯이, 이 연관은 고대 자체만큼이나 오래된 것이다.

핸슨의 가설은 미케네 시기(대략 기원전 1600~1200년)부터 시작된다. 이 문명의 붕괴는 농부와 통치자 및 재산 사이의 관계를 혁명적으로 변화시켰고, 이 변화의 영향은 오늘날까지 지속되고 있다. 미케네 사회는 많은 측면에서 메소포타미아 및 후기 봉건 유럽과 유사했다. 대규모 집단 보유 토지를 농노와 노예가 경작하고 소수의 귀족이 관리했다. 이 문명이 기원전 1200년경에 이유 모르게 붕괴되었을 때, 토지에 대한 통제권이 소수의 토지 엘리트에게 넘어갔다. 미케네 붕괴 이

---

* '안식일'이라는 용어의 기원.

후 나타난 혼돈 속에서 몇몇 모험적인 농부들은 저지대에 있던 일급지 대토지를 굽어보는 한계적 구릉지를 개간하기 시작했다(이것은 메소포 타미아인과 헤브루인 사이의 경작방식의 차이를 생각하게 한다). 이 '새로운 사람들'은 사유 토지를 자유롭게 경작한다는 독특한 야망과 혁신으로 자신이 차지한 토지의 열악한 질을 극복했다. 그들은 곧 기존 토지들에서보다 높은 산출을 거두었고 많은 측면에서 그것을 능가했다. 다른 모든 조건이 동일하다면, 자유농민은 봉건영지의 소유자들보다 경제적 우위가 높았다. 핸슨은 이렇게 쓰고 있다.

> 새로운 사상을 실행하고 기존의 방법을 발전시키며, 엄격한 감독에게서 배워 한 번 저지른 잘못은 두 번 반복하지 않고, 정부 계획에 의지하지 않고 생존 계획을 모색하려는 자유의지와 능력만큼 농업에 성공적인 요소는 없다고 나는 믿는다.…… 소작인, 농노, 계약제 하인, 차지인들은 나무나 포도 같은 주요 작물들에 효율적인 방식으로 투자할 수 없다. 자신들이 경작하는 토지에 대한 명확한 권리가 없다면 그들은 포도 재배와 수목 재배에 수반되는 상당한 위험을 감수하려 들지 않을 것이다.[6]

물론 이것은 새로운 생각이 아니다. 아리스토텔레스의 다음 구절을 생각해보라. "민주주의의 최상의 재료는 농업인구다. 인구의 다수가 농사나 축산으로 살아가는 곳에서는 민주주의를 형성하기가 그리 어렵지 않다."[7]

미케네 이후 초기의 이 농부들은 부유하지도 가난하지도 않은 최초의 '중산계급'이었다고도 할 수 있다. 커다란 역설은, 이 한계농지—에스차티아(eschatia)—의 가용성 때문에 민주주의와 그에 수반한 재산권의 존중이 그런 종류의 토지가 가장 풍부한 곳, 즉 아티카의 구릉지에서 발전하게 되었다는 점이다. 부자들은 에스차티아를 개간하여 경작할 필요가 없었고, 가난한 자들은 그렇게 할 경제적 여유가 없었다. 그리스 중에서도 마케도니아와 스파르타처럼 평탄하고 비옥한 저지대 토지의 혜택을 누린 곳들에서는 민주주의와 재산권, 개인적 자유가 발전할 수 없었다. 그리스 민주주의 세계에 대한 대립자이자 파괴자였던 알렉산더 대왕이 평탄하고 비옥한 북부 출신이었다는 것은 우연이 아니다.

우리는 또한 초기 그리스 소농들―게오르고스(geôrgos)―에게서 미국의 농장 문화와 매우 비슷한 프로테스탄트적 노동윤리의 선구적인 모습을 찾을 수 있다. 그리스의 소농들은 땅에서 허리가 휠 정도로 노동하는 것을 고귀하고 명예롭게 생각했다. 이런 생각은 과거에는 결코 일반적이지 않은 개념이었다. 보이오티아인 농부였던 헤시오도스(Hesiodos)는 『노동과 나날』(*Works and Days*)에서 토지에 대한 헌신의 가치를 다음과 같이 명확히 표현했다. "신과 인간 모두 게으른 자에게는 화를 낸다."[8]

전형적인 게오르고스는 최선을 다해 작물을 다양화했다. 그들은 포도, 곡물, 콩, 과실수, 가축 등 복합적인 경작을 했다. 그러나 장기적으로 자연력과 행운의 여신이 가장 다각화된 농장을 경영하던 가장 숙련된 자작농들까지도 파멸시켰다. 서구 문명에는 다행스럽게도, 소농의 경쟁자였던 그리스의 대토지 소유자는 현대 농업기업과 같은 기업적 위험관리기법을 갖고 있지 않아, 알렉산더의 정복이 고대 도시국가의 자율성을 휩쓸어버리기 전까지 농장 소유는 과도하게 집중되지 않았다.

상속받은 부와 권력이 언제나 지성과 노력을 압도했던 시대에, 미케

네 이후 짧은 기간 동안 지성과 노력이 부와 권력을 압도했던 것이다. 기원전 1100년경부터 시작된 그 시기는 그리스 농민에게 원시 자본주의적 기회를 열어주었고, 그들은 이 기회를 최대한 활용했다. 기원전 700년 그리스에는 평균 10에이커 크기의 농지를 소유한 소농민이 약 10만 명 있었다. 다분히 개인주의적이고 반전체주의적인 게오르고스는 자신들의 독립성을 명확히 표출했고, 이것은 오늘날 서구인의 생활에 깊이 뿌리박혔으며 문명 자체의 경과를 변화시켰다. 그들은 다음 세 가지를 통해 그것을 달성했다.

- 사유재산—가장 중요하게는 그들의 농장과 도구들 및 그 생산물—을 가치 있게 생각했다. 그들을 지나치게 이상화해서는 안 되겠기에 덧붙이는 말이지만, 그들은 노예 또한 소중하게 여겼다. 전형적인 게오르고스라면 노예 한두 명쯤은 소유했다. 노예는 고대 세계에, 특히 군사적 승리 직후에 풍부했다. 일반적으로 그리스는 인근 도시국가들을 정복하여 노예를 확보했다. 군사적 승리의 결과 노예 공급이 '과다'해져 평균 매매 가격이 수십 드라크마(오늘날 가치로는 약 1백 달러)로 떨어졌다. 평상시에 노예들은 보통 100~150드라크마 정도에 매매되었다.
- 평등주의를 소중히 여겼다. 크게 보면 서구 민주주의의 뿌리는 솔론이나 클레이스테네스, 페리클레스 같은 유명한 도시 정치가들이 아니라 이 무식하고 햇볕에 그을리고 남루한 옷을 입은 시골뜨기들에게 있다(위대한 그리스 철학자들에게는 더욱 없다. 이들 대부분은 심각하게 반민주적이었다). 기원전 6~7세기 그리스에서 유효한 개념은 토지 보유에 따라 투표권을 할당하는 금권정치(timocracy)였다. 그리스가 운이 좋았던 것은 토지 보유가 소규모였고 분산되어

있었다는 점이다. 6세기 말이 되면서 그리스 도시국가들 중 가장 급진적이었던 아테네는 투표권이 포함된 완전한 시민권을 토지를 소유하지 못한 도시 빈민에게까지 확장 부여했다.

- 군사적으로 자족적이었다. 같은 마을의 농부들은 자체적으로 장갑 보병단을 구성했다. 50명 또는 60명 단위로 편성된 이 병단은 각자 완전무장(창, 방패, 헬멧, 갑옷)을 갖추고 밀집대형을 이루어 앞을 가로막는 모든 것을 부수면서 진군하곤 했다.

이 세 가지 요소—재산권, 금권정치, 군사적 자족성—의 강력한 상호작용은 혁명적이었다. 게오르고스들은 농지, 입법기구, 밀집군이라는 기능적으로 유사한 세 가지 격자망으로 자기환경을 구성했다. 그들은 나름의 군사적 단위를 이루었기 때문에 이웃 국가들과 잠재적 참주들로부터 자신들의 재산권을 지킬 수 있었다. 그들의 군사적 자족성은 또 다른 좀더 미묘한 편익을 낳았다. 대부분의 전투는 낮에 일어났고, 비교적 조용했던 [기원전] 7세기와 6세기에는 전투가 10년 또는 20년에 한 번 꼴로 일어났다. 따라서 전쟁 비용은 그다지 많이 들지 않았다. 가장 큰 비용은 투구와 갑옷에서 발생했다. 그러나 이것을 마련하는 데에는 1백 드라크마(현재 가치로는 약 5백 달러) 정도밖에 들지 않았을 것이고 그나마 그 갑옷과 투구들은 대대로 물려졌을 것이다. 따라서 초기 그리스는 후속 국민국가들의 경제적 재난, 즉 군사비 지출을 충당하기 위한 높은 세금을 피할 수 있었다.

새로이 투표권을 만들어냄으로써 그들은 견고한 법적 틀도 확립했다. 이 법적 구조는 영국의 법률학자가 생명과 자유, 재산이라는 기본권들을 마음속에 그리기 수천 년 전에 이미 그런 기본권들을 보호해주었다. 마지막으로 게오르고스들의 높은 생산성 덕택에 행정적·종교적·군사적 엘리트들뿐만 아니라 평민 중 상당 비율이 경작 노동으로부터 완전히 자유로울 수 있었다. 이것은 아마 역사상 유례없는 일이었을 것이다. 그리스 사회의 이 정교하고 도시적인 측면은 후대의 서구 세계가 너무나 소중하게 여긴 것이었다. 오해를 피하기 위해 덧붙이자면, 후기 그리스의 코스모폴리탄적 사회는 금권정치적인 농업적 기반 없이는 결코 불가능했을 것이다. 서구 문명의 토대 자체─재산을 소유하고 양도 가능한 권리를 지닌 자유시민들의 문명─는 페리클레스의 아테네 절정기 수세기 이전에 번성했던 초기 도시국가에 기원을 두고 있다.

탈중앙집권적 그리스 도시국가들은 대외정복 전쟁을 위해서 자족적인 게오르고스를 군대로 모집할 수 없었다. 도시국가는 그들에게 과중한 세금을 부과할 수 없었고, 참주들도 그들을 강제할 수 없었다. 왜냐하면 도시국가들은 시민들의 상호 동의 없이는 대규모 군사력을 동원할 수 없었기 때문이다. 장갑보병은 완전히 자율적이었고, 지휘하는 '장군'도 일반적으로 밀집병단 안에서 평범한 위치를 차지했으며, 나머지 군사들과 함께 창과 방패를 휘둘렀다.

솔론의 통찰

아테네의 농장 크기는 평균적으로 약 10에이커에 불과했다. 왜 그렇게 균일하게 소규모였을까? 이는 의도된 것이었을 수 있다. 기원전 592년경에 부유한 상인 가문의 후예였던 솔론은 수석 집정관인 아르콘에 선출되었다. 그는 저당채무 행사와 그에 따른 시민 간의 분쟁을 방지하기 위해 많은 농민이 지고 있던 억압적인 부채를 대대적으로 무효화시켰다. 이는 이전에 메소포타미아와 이스라엘에서도 행해졌던 일이다.

비록 상세한 내용은 확실히 알려져 있지 않지만, 그리스에 대규모 농장이 없었던 이유 중 일부는 솔론에게서 기원했을 것이다. 기원전 8세기에 대부분의 다른 도시국가들과 마찬가지로 아테네는 대부분의 경작 가능한 토지를 수만 명의 개인 농부―장갑보병―들이 경작하는 아주 작은 구획의 땅들로 분할했다. 소크라테스는 농지 크기와 수확을 정확히 계산할 필요에서 기하학이 발명되었다고 했다. 이 소구획 제도는 신성한 제도가 되었고, 플라톤과 아리스토텔레스―다양한 그리스 국가들에 관한 1백여 편 이상의 정치평론을 쓴―를 포함한 후대의 보수적인 엘리트 철학자들도 그것을 존중했다.

아테네 민주주의 탄생의 결정적인 계기는 솔론이 평민 아테네인들의 회의체를 중심으로 사법제도를 조직한 것이었다. 이 사법제도는 당시 통치에 관계된 입법기구에 참여할 수 없었던 토지 없는 비시민들도 포함했다. 비록 솔론이 민주주의를 최초로 창안해낸 것은 아니지만, 그는 존속 비밀을 밝혀냈다. 그것은 국가권력과 독립된 사법제도였다. 그러한 사법기구가 평민들의 생명과 자유, 재산을 지켜주었다고 할 수 있다. 아테네 역사가 잘 보여주듯이 그러한 보호가 비록 완벽하다고는 할 수 없지만, 그 이전이나 이후의 어떤 것보다 훨씬 더 선진적이었다. 근대 재산권의 이 보루―법치와 법 앞에서의 평등―가 어디서 기원했는지 정확하게는 말할 수 없지만, 솔론의 사법개혁에서 그 기원을 찾더라도 과히 터무니없는 일은 아닐 것이다.

기원전 4세기에 일어난 새로운 형태의 고비용 전쟁―펠로폰네소스 전쟁(기원전 431~404년)―은 그리스의 광범위한 소규모 토지 소유 형태를 붕괴시켰다. 높은 세금이 대다수의 게오르고스를 토지로부터 점차적으로 분리시켰고 고대적 유형의 대규모 귀족적 영지가 부활했다. 기원전 2세기에는 수천 에이커에 이르는 농장들이 등장했다. 비시민과 노예가 경작하는 훨씬 덜 효율적인 이 농장은 이전 그리스 인구의 일부만을 부양할 수 있었다. 이 대규모 '기업적' 농장은 소규모 장갑보병 농장들에 비해 효율성이 훨씬 떨어졌기 때문에 전체 세수는 하락했다. 당국은 세금을 더욱 높이 올릴 수밖에 없었고, 이로 인해 더 많은 농민이 토지를 포기했으며, 사회적 악순환이 일어났다.

한 나라의 장기적 성공은 경제적 기회를 시민의 다수 또는 적어도 상당한 소수에게 여하히 확장할 수 있느냐에 달려 있다. 농업 사회에서 이것은 단 한 가지, 즉 토지 소유를 의미했다. 불행하게도 고대 사회에서는 토지의 양이 무한정하지 않았다. 토지가 소수의 손에 집중되는 대규모 토지 축적의 경향은 궁극적으로 그리스 도시국가들에는 치명적이었고, 이것은 로마 후기까지 계속되었다. 그래서 농업이 지배적인 나라에서 민주주의는 꺾이기 쉬운 꽃이다. 일단 재산 보유가 과도하게 집중되면, 불가피하게 정치적·경제적 안정이 사라진다.

고대 사회의 작은 한 구석에 지나지 않는 곳에서 발견되는 재산권의 짧은 개화에 관심을 기울여야 하는 이유는 무엇인가? 그것이 다음과 같은 세 가지를 말해주기 때문이다.

- 튼튼한 재산권은 독립적인 사법제도를 필요로 한다.
- 경제적으로 참정권을 지닌 시민이 사회의 생산성에 결정적으로 중요하다.
- 재산권 자체만으로는 역동적이고 지속적인 경제성장을 낳기에 충분하지 않다.

고대 그리스인들은 당시 기준으로 선진적이었지만 적절한 과학적 틀, 정교한 자본시장, 효율적인 수송과 통신을 갖추지 못했다. 이 네 가지 모든 요인의 결합을 통해 인류가 지속적인 번영의 축복을 누리기까지는 2천 년의 시간이 더 흘러야 했다.

로마의 재산권

기원전 500년경 국가 건설부터 기원전 60년 제1차 삼두정치(폼페이우스, 카이사르, 마르쿠스 리키니우스 크라수스)가 출현하기 전까지 로마는 1년마다 민회에서 선출된 두 명의 콘술(consul: 집정관)이 통치하던 공화국이었다. 위계상 프라이토르(praetor: 법무관)는 콘술 다음이었다. 최고 사법당국은 기원전 367년에 최초로 임명된 프라이토르 우르바누스(Praetor Urbanus)였다.

표면적으로 프라이토르는 법을 제정하지 못했다. 당시의 로마법은 12표법이었다. 이 법은 기원전 450년경에 제정되어 민회에서 통과된 상대적으로 사소한 규칙들에 의해 보완되었다. 그러나 실제로 프라이토르는 명예법*으로 알려진 사법 규칙들로 새로운 소인(訴因)을 만들어내거나 옛 소인을 폐지함으로써 새로운 법률을 해석하고 창출하기도 했다.

최초의 프라이토르는 사제들이었지만, 기원전 3세기에 이르러 종교와 무관한 법률 전통이 나타나기 시작했다. 이 새로운 체계를 통해 복

---

* 프라이토르 같은 정무관(政務官)은 명예를 갖는 자이기 때문에 이들의 고시에 의한 법률을 명예법(名譽法 jus honorarium)이라고 하고, 그들의 손을 거치지 않고 제정된 관습법을 시민법이라고 불렀다. ─역주

잡한 재산 규칙체계가 확립되었는데, 이것들 중 상당 부분은 오늘날 독자들이 보기에도 놀라울 정도로 계몽적이다. 예를 들어 여성의 재산은 결혼 이후에도 여전히 그녀의 통제 하에 있었고 이혼할 경우에도 온전히 그녀에게 반환되었다. 비록 지참금은 결혼 이후 남편의 재산이 되었지만, 이혼할 경우 아내에게 반환되었다. 여성 재산권에 있어 독특한 점은 여성이 토지나 노예의 매매 같은 공식적인 재산 거래를 할 때는 관재인 또는 후견인을 두어야 했다는 것이다.[9]

한편 로마법 중에는 현대인의 귀에 기괴하게 들리는 법도 있다. 가족 성원 중 나이가 가장 많은 남자―파터파밀리아스(paterfamilias: 가장)―는 다른 모든 가족원의 생살여탈권을 가졌다. 그가 살아 있는 동안 그의 아이들과 손자들은 재산을 소유할 수 없었다. 따라서 이론적으로는 50세인 콘술도 아버지가 생존해 있는 한 아버지에게 의존해 살아가야 했다. 그러나 실제로는 이것이 큰 문제가 안 되었다. 일반인들의 수명이 너무 짧았기 때문이다. 역사가들은 당시 40세 이상의 사람 중 아버지가 살아 있는 경우는 10퍼센트밖에 안 되었다고 추산하고 있다. 더 나아가 시간이 흐르면서 로마법은 이러한 제한을 늦추었다. 이러한 규정 완화는 처음에 전쟁으로 얻은 소득과 병사들의 약탈물에만 적용되었다가 나중에 훨씬 더 많은 정황에 적용되었다.

현대인들에게 가장 이상해 보일 만한 점은 의사, 교사, 사업가 같은 매우 존경받는 전문가들도 노예일 수 있었다는 사실이다. 달리 말해 로마 세계에서는 한 개인의 자기 자신을 소유할 재산권이 결코 당연하지 않았으며, 이는 심지어 사회에서 가장 성공한 사람들의 경우에도 마찬가지였다.

로마인들은 상업적 거래와 재산권에 대해 매우 엄격하고 상세하며 정교한 법률을 적용했다. 예를 들어 그들은 훔친 재산의 미묘한 점을 잘 이해했다. 법을 완화시키면 도둑질을 부추기게 되고 과도한 법 집행은 선의의 매매를 억제시키기 때문에 로마법은 소유(ownership)와 점유(possession)를 세심하게 구별했다. 양자는 필요할 경우 다른 것으로 판결될 수 있었다.

역사상 최초로 그 법은 간단한 물리적 인도(traditio: 전달)만으로 이루어지는 평범한 소규모 거래와 법률이 정한 형식적 문서를 통해 인도(mancipatio: 요식행위에 의한 인도)를 해야 하는, 특히 토지 같은 귀중품의 거래를 구분했다.

로마인은 자본시장에 관한 법률도 상당히 발전시켰다. 로마법은 대부자를 세심하게 구별했다. 일반적으로 이자가 생기는 은행예금은 소비대차(mutuum)로 불렸다. 여기서 예금은 이자를 수반했기 때문에 예금자는 은행 파산과 연관된 위험을 반드시 감수해야 했고 실제로 은행이 파산할 경우 은행 자산에 대한 청구권을 그리 강하게 주장할 수 없었다. 다른 한편 대부할 수 없는 예금은 은행 금고에 보관되었고 이자를 받을 수 없었지만(depositum: 임차), 은행이 파산할 경우에는 원소유자가 그것을 좀더 쉽게 회수할 수 있었다.

복잡한 법률에 의해 대부 안전장치가 마련되었다. 오늘날 사회에서는 대규모 대부는 실물자산(부동산), 즉 담보물로 보증된다. 주택 소유자가 모기지 채무를 이행하지 않으면 대부자는 그의 주택을 회수할 수 있다. 로마에서는 모든 보증이 인적인 것이었다. 더 나아가 그것은 거의 언제나 친구, 동료 또는 가족 성원에 의해 보증되었다. 채무를 이행하지 않을 경우, 보증을 선 사람들은 개인적으로 채무를 떠안았다. 특이한 점은 채권자들이 여러 명의 보증자들 중에서 오직 한 사람만을 겨냥했다는 점이다. 채권자들은 오직 한 사람의 보증인에게만 소송을 걸 수 있었고, 만약 여기서 성공하지 못하면 다른 보증인들에게는 소송을 걸 수 없었다. 그래서 채권자들은 각 보증인에 관한 상세한 정보를 수집하려고 했다. 오늘날의 세계에서 그런 식의 대출 보증 요구는 많은 인간 관계를 긴장시킬 것이고 거부될 공산이 크다. 그러나 로마에서 그 조항은 일상적인 사회적 의무에 관한 규정의 일부였다.

예상할 수 있듯이 고대 사회에서 채무불이행은 가혹하게 다루어졌다. 로마에서는 아무리 작은 채무여도 일단 이행하지 않으면 채무자의 모든 재산이 몰수되어 경매에서 산산조각나곤 했다. 극단적인 경우 채무를 이행할 때까지 채무자를 구금시키는 경우도 있었다. 이 관행은 19세기까지 서구 세계에서 끈질기게 지속되었다. 채무자 구금은 법률적 처방이었을 뿐만 아니라 단순히 정의를 지켜내는 것을 넘어서는 가혹한 처벌의 한 양식이기도 했다. 그것은 가혹하기는 했지만, 그리스의 관행보다는 개선된 것이었다. 그리스에서는 빌린 것을 갚지 않을 경우 노예로 전락시키는 처벌을 내렸다.

그러한 과격한 형태의 인적 보증에 대한 요구는 혁신을 크게 방해했다. 모든 새로운 모험사업은 실패의 상당한 가능성을 안고 있고, 유능한 기업가는 그러한 기업활동에 내재한 높은 위험을 기꺼이 받아들이곤 했다. 사업 실패로 재산을 잃는 것은 물론 절망적인 일이지만, 거래상의 자유를 잃는다는 것은 또 다른 좌절이다. 1500년 후 영국인들은 채무자 투옥을 폐지하고 유한책임회사를 만들어냄으로써 자본시장을 크게 개선시키고 세계적인 경제성장의 불을 당겼다.

로마의 치명적 결함

로마법은 상업적 게임 규칙을 모든 사람이 볼 수 있도록 낱낱이 정해놓아 법적으로 사업하기 쉬운 환경을 조성했다. 그러나 사회적·정치적 영역에서 그것은 실패했다. 시간이 흐르면서 그리스의 대의제는 점진적으로 확대되었다. 그러나 로마에서는 반대 방향으로 진행되었다. 기원전 200년에 노예와 전리품이 이탈리아로 물밀듯이 들어오면서 대외정복이 공화국의 경제적 추동력이 되었다. 이 유동성 러시가 소농들의 토지 박탈을 부추겼고, 이러한 토지들이 모여 거대한 플랜테이션이 생겨났다.

로마는 군대 징집을 연장함으로써 빈농들에게 과도한 '세금'을 부과했다. 부자들은 봉기, 무장하여 주인들에게 대항하지 않는 한 군역에 종사하지 않아도 되는 노예들과 함께 일을 함으로써 그 문제를 피해갔다. 기원전 133년 콘킬리움 플레비스라는 공화국의 평민회는 개혁을 시도했다. 평민회의 두 지도자 티베리우스와 가이우스 그락쿠스 형제는 국가 토지를 빈민들에게 분배할 것을 제안했다. 티베리우스는 원로원 귀족의 앞잡이에게 즉각 암살되었다. 12년 뒤 가이우스도 암살되었다. 기원전 45년 율리우스 카이사르가 공화국을 타도하고 독재체제를 수립하면서 공공의 이익을 위한 마지막 조각을 파괴했다. 이로써 로마의 사법적 독립성에 마침표가 찍혔다.

공화국의 붕괴 이후에는 황제가 법률을 제정했다. 황제들은 보통 법률 전문가의 도움을 받았지만 몇몇 황제, 특히 클라디우스와 셉티미우스 세베루스는 혼자서 법적인 소송을 처리하곤 했다. 물론 대부분의 법률적 문제에 황제는 개입하지 않았고, 각각 대규모 공무원 집단을 갖춘 별도의 관청이 청원을 다루었다. 규정을 아무리 정교하게 만들고 여러 법률기구를 둔다고 해도 결국 절대적 지배자였던 황제가 로마법을 더럽히곤 했다. 이런 점에서는 로마법도 추장이 법관과 배심원 역할을 동시에 했던 원시 부족의 법률과 별반 다르지 않았다.

공화국 시기 동안에도 법률가들은 심한 정치적 압력을 받았다. 프라이토르 자리는 사실상 콘술 직으로 가기 위해 거쳐야 했던 단계였고, 콘술 직 자체는 무소불위의 원로원 자리를 차지하기 위한 통로였다. 공화국 말기에는 여덟 명의 프라이토르가 두 개밖에 없는 콘술 직을 놓고 경쟁했다. 따라서 프라이토르는 강력한 적을 만들어내서는 안 되는 상황이었을 것이고, 이를 근거로 대부분의 역사가는 그들이 실제적인 사법적 독립성을 지녔을지 의심하고 있다. 더구나 연줄과 영향력을 갖지 못한 평범한 로마인의 시민권과 재산권은 더욱 불안정했을 것이다.

심지어 제정시대 동안에는 사법적 독립성의 외관마저 사라졌다. 황제는 원한다면 법률을 만들고 강제할 수 있었다. 이러한 환경은 일반 시민의 생명과 재산을 위험에 빠뜨렸고, 시민들은 혁신과 투자에 대한 동기를 별로 느낄 수 없었다.

로마의 시스템은 또 하나의 커다란 결함을 갖고 있었다. 정치적·시민적 권리가 재산권에 종속되어 있었고, 이것이 사회구조를 불안정하게 만들었다. 모든 사회에서 노예와 징병제도는 재산권의 확산을 좀먹는다. 값싸고 언제든지 가용한 노예는 대토지 경작을 용이하게 만들었다. 더 나쁜 것은, 로마가 대부분의 대토지 소유자들에게 세금을 면제해주었다는 것이다. 국가가 십여 년의 징집과 파멸적인 세금으로 자유시민을 처벌할 수 있고, 두 가지 모두를 면제받는 부유한 이웃에게 땅을 팔아버리는 것이 훨씬 더 쉬운 일이라면 구태여 가족 토지를 경작할 이유가 어디 있겠는가?

하지만 노예제도와 연장된 징집이 로마의 시스템에 너무나 깊이 뿌리를 내려 어느 누구도 그것을 문제시하지 못했다. 그리스인들도 노예제도를 인정했지만, 그들은 시민권과 정치적 권리를 향유할 수 있는 재산상의 문턱을 점진적으로 낮추었다. 펠로폰네소스 전쟁 시기에 대부분의 도시국가가 대다수의 원주민 남성 시민들에게 그 모든 특권과 더불어 완전한 시민권을 부여했다.

정복으로 살아가는 나라는 칼끝에서 사는 셈이다. 서기 3세기에 로마로 들어오던 전리품 흐름이 끊기자 퇴화된 농업 및 상업 부문에서 나오는 세금으로는 그 차이를 메울 수 없었다. 결국 서기 5세기에 서로마제국은 멸망했다.[10]

잉글랜드에서 보통법이 출현하다

재산권 개념은 문명 자체만큼이나, 아니 그보다 훨씬 더 오래되었다. 물론 개인들의 권리는 그렇지 않다. 고대 사회에서는 개인들의 권리가 소수의 그리스 도시국가들에서만 보호되었다. 고대 사회에서는 독립된 사법체계에 의해 지지되는 개인들의 권리라는 개념이 약했다. 그것은 그리스와 로마 공화정 때 잠깐 꽃피웠다가 제국시대와 제국의 붕괴 이후 암흑 속에서 완전히 사라졌다.

1600년에 개인적 권리와 재산권의 강력한 결합이 잉글랜드에서 완전히 꽃을 피웠다. 로크가 '자연법' 체계를 기술하기 훨씬 이전에 일어난 일이었다. 한편 미국인들은 그들 나름대로 토머스 제퍼슨이 '생명, 자유, 행복의 추구'에 대한 자명한 권리를 선언했던 일에 훨씬 더 큰 의의를 부여한다.

사실 1787년 제헌 논쟁에서 상정된 헌법안에 대해 반대하던 사람들은 그 법안이 대체적으로 '영국인의 권리'[11]라는 개인들의 자유를 충분히 보장하지 못한다고 비판했다. 반연방주의자들에 대한 양보로써 권리장전—제1차 수정헌법 10개조—이 헌법에 부가되었다. 수정헌법

제5조는 특히 적법절차, 즉 부당한 징발로부터의 보호를 보장했다. 나중에 수정헌법 제14조에서 추가적인 적법절차 보장이 덧붙여졌다.

근대의 경제적 번영의 기원은 두 번째 천 년이 시작된 직후 잉글랜드에서 일어난 재산권과 개인적 권리의 발전과 불가분하게 융합되어 있다. 이 말이 다른 곳에서 재산권이 독자적으로 발전한 적이 없다는 것을 뜻하지는 않는다. 특히 르네상스기 이탈리아와 그 이후에 네덜란드에서는 재산권이 독자적으로 상당히 발전했다. 하지만 그런 권리들이 세계 역사의 경로를 영구히 바꿔놓을 만큼 활력·계기·중요성을 얻게 된 것은 잉글랜드에서였다.

우리는 수정헌법 제5조와 14조의 관련 조항들이 어디서 유래했는지, 또 서구의 번영이 유래한 기원 자체도 추적할 수 있다. 그것은 두 번째 천년의 초기, 즉 존 왕이 그의 신하들은 물론 교황 이노켄티우스 3세와도 화해할 수 없게 되었던 사건으로 거슬러 올라갈 것이다. 중세 시기 동안 서구의 대다수 통치자들은 이론적으로 교황의 봉신이었다. 실제로 통치자는 왕국의 소유권을 로마에 양도하고, 세금—존 왕의 경우에는 연간 은 1천 마르크였다—을 바치는 조건으로 교회의 봉토로서 그것을 임차하는 식으로 왕국을 통치했다. 말하자면 그 시스템은 신성한 갈취 사슬이었다. 이러한 리베이트에 대한 대가로 왕은 교황에 의지하여 파문의 위협을 무기 삼아 반항하는 귀족들을 억누를 수 있었다. 게다가 교황은 왕을 영원한 불지옥의 저주로부터 보호도 해주었다.

그런데 존이 이 체제에서 발을 빼려 했고 이노켄티우스 3세는 1209년에 그를 파문했다. 그로부터 3년 후 바티칸은 그에게서 왕국도 몰수했다. 그 다음 해에 존은 교황의 요구에 굴복했다.

1214년 여름 노르망디를 회복하려는 전쟁에서 필립 아우구스투스(Philip Augustus)에게 완패당한 존은 추가 전투를 위한 자금이 절실해졌다. 그는 귀족들에게 압박을 가해 토지를 빼앗고, 직할지 차지농들에 대한 지대를 인상했으며 그들의 재산을 징발했다. 존의 실수는 그가 필수적인 절차—오늘날 적법절차로 불리는—를 거치지 않고 자의적으로 귀족들의 재산을 빼앗았다는 것이다. 더 나빴던 것은 법률과 처벌 조항을 마구 만들어내고 적절한 사전경고도 없이 소급 적용했다는 것이다. 또한 그는 교회의 토지까지 몰수하고 전쟁포로들을 교수형에 처했으며, 귀족들의 충성을 위해 그 자녀들을 인질로 잡았다.

존은 이미 귀족과 신민들 사이에서 무법적인 행동으로 악명을 얻고 있었다. 그러던 중 1214년 말 결국 그들은 존에 대항하여 일어났다. 로버트 피츠워터(Robert Fitzwater)의 지도 하에 그들은 런던을 점령하고 러니메드에서 왕에게 협상에 응하도록 강요했다. 1215년 6월 15일 두 당사자가 63개조의 긴 헌장에 서명함으로써 이 사건은 막을 내렸다. 처음에 귀족들의 헌장으로 불린 이 협정문은 그 이후에 대헌장, 오늘날에는 마그나카르타라고 불린다. 귀족들은 존이 그들의 재산을 몰수함으로써 영국의 암묵적인 행동규범—보통법—을 명백히 위반했다는 이유로 그에게 협정의 이행을 강요했다.

행복한 잉글랜드

존과 귀족들이 러니메드에서 만났을 때, 영국의 법률가는 모든 영국인—평민, 귀족, 더 나아가 이론적으로는 군주까지 포함하는—의 권리, 의무, 처벌을 통제하는 판례법의 확고한 기초를 마련했다. 보통법이라는 용어는 이 축적된 판례법을 가리킨다. 이 누적된 판례의 우위라는 면에서 보통법은 독특하다. 1600년까지 의회는 보통법의 전례가 없는 경우에 한해서 아주 드물게 입법을 했다. 그럴 경우에도 의회의 법령은 거의 언제나 기존 판례를 요약하고 간소화하는 역할을 했다. 의회는 보통법이 다루고 있지 않은 영역을 거의 건드리지 않았고 보통법과 모순되는 법률을 절대 통과시키지 않았다.

17세기의 유명한 법률가 에드워드 코크는 보통법이 성문법보다 뛰어나다고 말하곤 했다.[12] 영국에서 기원한 보통법은, 로마법에서 파생되어 유럽의 나머지 나라와 세계의 대다수 나라를 지배한 '시민법'과는 확연한 대조를 이룬다. 보통법과 시민법 사이의 차이는 이 책의 범위 밖이다. 폭넓게 일반화하면 보통법은 법적인 전례와, 사법부와 정부 영역 사이의 권력 분리를 강조한다. 반면에 시민법 제도는 훨씬 더 중앙집권적이고, 입법행위가 우위를 차지한다. 두 시스템 간의 결정적인 차이는 다음과 같은 점에 있다. 즉, 시민법을 채택한 국가에서 제도에 영향을 미치고자 하는 자들은 단지 입법가만 손에 넣으면 되지만, 보통법을 채택한 국가에서는 정부의 세 주요 영역 모두에 영향을 미쳐야 하고 따라서 제도에 영향을 미치기란 대단히 어려운 일이다.[13]

이전의 플랜태저넷 왕가와 노르만의 통치자들은 평민과 귀족들에게 그리 광범위한 권한을 부여하지 않았다. 마그나카르타는 그 극적 탄생 배경 때문에 이후 오랜 세기에 걸쳐 영국인들의 정신 속에 특별한 자리를 차지했다.

마그나카르타는 존 왕과 남작 귀족들 사이의 갈등에 대한 네 가지 해결책을 담고 있었다. 첫째, 그것은 존 왕이 잘못된 방법으로 취득한 모든 이득을 토해내도록 규정했다. 둘째, 존 왕이 도둑질과 납치 및 살인행위를 더 이상 못하도록 규정했다. 셋째, '영국인의 권리'를 성문화하고 그 권리를 모든 자유민에게 확장했다. 마지막으로 가장 중요한 것으로서, 그것은 그러한 권리들을 보장하는 데 필요한 절차를 상세히

기술했다.[14]

마그나카르타의 많은 부분이 오늘날의 눈으로 보면 자의적이고 애매하게 보일 것이다. 첫 번째와 마지막 장은 교회에 왕의 간섭으로부터의 자유를 약속해주었다. 제10장과 11장은 유대인 화폐 대부자들에게 이자를 지급하는 방법을 상세히 규정했다. 제54장은 남편의 죽음에 관련된 사건일 경우를 제외하고는 여성의 증언에 의해서는 아무도 체포할 수 없다고 선언했다.

미국인 독자들이 특히 공감할 만한 장은 제12장이다. 이 장은 납세와 의회 참여를 연계시켰다. 즉, 대의(代議) 없는 과세는 없다는 것이었다. 마그나카르타는 '귀족원'의 동의 없이는 새로운 세금이 부과될 수 없다는 것을 명시했다.

당연한 이야기지만, 많은 장—제17장에서 제61장까지—이 존이 가장 남용한 영역인 사법행정을 다루었다. 제20장은 부당한 벌금을 명시적으로 금지했다. 사람의 생계에 직접 필요한 도구들의 몰수도 명시적으로 금지했다. 어떤 벌금이 부당한지를 판단하는 기준은 무엇일까? 그것은 '국법', 즉 영국의 보통법이다. 제28장과 제31장은 특정한 재산에 대한 왕의 여러 자의적인 탈취를 금지시켰다.

역사상 처음으로 왕이 법 위에 있지 않은 것으로 간주되었다. 가장 결정적인 약속은 제39장에 담겨 있었다. 제39장은 다음과 같이 명시했다. 즉, 어떤 자유인도 "동등한 자격을 갖는 사람들의 합법적인 판결이나 국법에 의하지 않고서는 체포되거나 구금되거나 또는 그의 자유토지를 박탈당하거나 법의 보호를 받지 못하거나 또는 추방되거나 어떤 식으로든 위해를 입지 않아야 한다. 또 짐은 그를 적대시하지도 그에 대항하여 군대를 보내지도 않을 것이다."

더 나아가 이 보호규정은 단지 성직자와 백작, 남작에게만 아니라 모든 자유민에게 부여되었다. 달리 말해 왕은 어느 누구로부터도 그의 생명과 자유, 재산을 자의적으로 빼앗을 수 없었다. 코크, 로크, 제퍼슨보다 6세기 이전에 이미 마그나카르타는 적법절차를 요구했다.

또 다른 나쁜 소식이 왕을 기다리고 있었다. 제52장과 제53장은 존왕에게 마그나카르타 서명 이전에 부당하게 취득한 모든 재산을 원상복구시킬 것을 강제했다. 왕에게 무엇보다도 가장 짜증나는 일은 제61장의 규정에 따라 25인의 귀족위원회가 설립되어 왕의 부당한 행위를 감시하고 필요할 경우 왕의 행위를 무효화할 권한을 갖게 되었다는 것이다. 그 헌장은 자유무역에도 작은 영향을 미쳤다. 제41장과 제42장은 왕이 전시를 제외하고는 영국인과 외국 상인들의 여행과 교역을 방해하지 못하도록 규정했다.[15]

그리스 민주주의의 태평성대 이래 그렇게 많은 자유가 그렇게 많은 사람들에게 부여된 적이 없었다. 그러한 자유와 더불어 번영의 기회가 찾아왔다. 1215년 6월 15일 존 왕의 항복이 세계경제의 폭발적 성장을 위한 도화선이 되었다고 말하더라도 크리 큰 비약은 아닐 것이다.

반면 그리스에서의 개인적 자유의 개화는 단 4백 년간이었을 뿐이고 아테네 아고라에서 그리 멀리 떨어지지 않은 몇몇 골짜기에 제한되어 있었다. 로마제국의 법도 그러한 보호장치가 되어주진 못했다. 황제의 권력을 제한하려는 시도는 목숨을 걸어야 하는 일이었고, 성공 가능성도 그리 높지 않았다. 그 이후 유럽의 중세 국가들에서 통치자들의 권력을 제한하려는 시도들도 똑같이 헛된 시도에 그쳤다. 모든 실제적인 이유에서 마그나카르타는 개인들의 인격적 권리와 재산권의 폭발을 야기한 계기였고, 그 여파는 오늘날에도 전 지구적으로 반향을 일으키고 있다.

약 8세기가 흐른 오늘날에도 여전히 그 혁명의 영향을 받지 못한 지역이 광범위하게 남아 있다. 그러나 우리는 그것의 거침없는 진전을 여전히 확인할 수 있다. 프린스턴 대학의 정치학자 마이클 도일(Michael Doyle)은 대의민주주의, 사법권, 재산권(시장경제)이 존재한다는 의미로 규정되는 '자유민주주의'의 역사를 추적했다. 아래에 그러한 축복을 받은 나라들의 수가 표로 제시되어 있다. 1790년까지만 하더라도 그러한 나라는 영국, 미국, 스위스 세 나라에 불과했다. 표에서 볼 수 있듯이 지난 2백 년 동안, 파시즘의 출현으로 인해 잠시 중단된 시기를 제외하고는 그러한 나라들의 수는 극적으로 증가했다.*

연도	자유민주주의 국가들의 수
1790	3
1848	5
900	13
1919	25
1940	13
1960	36
1975	30
1990	61

* 프랜시스 후쿠야마(Francis Fukuyama)가 '자유민주주의'에 대해 좀더 훌륭한 정의를 내렸다. '자유'란 개인적 권리, 특히 재산권이 국가에 의해 보호된다는 것을 뜻한다. '민주주의'란 일국의 지도자가 다당제 선거에서 비밀 투표에 의해 모든 선거민으로부터 선출된다는 것을 뜻한다. 이 패러다임에 따르면, 19세기 영국은 자유주의적이기는 했지만 민주적이지는 않았다. 이란이슬람공화국은 민주적이기는 하지만 자유주의적이지는 않다. Francis Fukuyama, *The End of History and the Last Man*(New York: Avon Books, 1992), pp.42-44를 보라.

말할 필요도 없이 영국 자유민주주의의 꽃은 13세기 초 어느 봄날 러니메드에서 갑자기 만개한 것이 아니라 기존의 비옥한 토양에 씨앗을 뿌린 결과였다. 마그나카르타의 영속적인 중요성에 대해 데이비드 흄(David Hume)은 이렇게 말했다. "그날 이후 왕들의 방종한 예외적인 자유는, 적어도 귀족들에 대해서는 어느 정도 제한되었다. 사람들은 더 많은 재산의 안전을 보장받았고 더 많은 자유를 획득했다. 그리고 정부도 그러한 목적에 좀더 가까이 접근했다.……"16

믿을 수 없는 인물이었던 존은 그 협정을 존중할 의사가 당연히 없었고, 몇 개월 안에 왕당파의 반격이 시작되었다. 1215년 8월 24일에 그는 바티칸에 대한 때늦은 투자에 대한 배당금, 즉 그 헌장을 무효화하는 교황의 칙서를 받았다. 하지만 잉글랜드로서는 다행스럽게도 그 늙은 악당은 그로부터 1년이 채 안 되어 죽어버렸다. 그의 아들이자 계승자였던 헨리 3세는 섭정을 받았다. 이 허약한 어린 왕과 섭정은 귀족들과 타협했다. 그 섭정은 협박 하에 두 차례나 그 헌장을 승인했다. 헨리 3세가 정식으로 왕위에 즉위했을 때, 그는 특정한 의식을 거쳐 그 헌장을 다시 반포했다. 1225년에 그는 그 문서를 39개 장으로 간소화했다.

대부분의 학자는 헨리 3세의 1225년 헌장을 결정본으로 간주하고 있다. 헨리 3세와 그의 계승자인 에드워드 1세는 그것을 약 여섯 번이나 다시 승인했다. 의회 역시 그 이후 수세기 동안 십여 차례 이상 그것을 비준했다. 1225년도 문서의 제29장은 1215년 헌장의 제39장을 대체한 것이다. 이 장은 수없이 인용되는 유명한 문장으로, 아래의 것은 라틴어 원문으로 된 가장 일반적인 것이다.

자유민이라면 어느 누구도 동등한 자격을 가진 사람들의 법률적 판결이나 국법에 의하지 않고서는 체포되거나 투옥되거나 그의 토지나 자유 또는 자유로운 관습을 부당하게 빼앗겨서는 안 되며, 법의 보호를 받지 못하거나 추방되거나 다른 어떤 식으로든 위해를 당하지 않아야 할 것이다. 짐은 어느 누구도 배신하지 않을 것이고 어느 누구에게서도 정의나 권리를 부정하거나 유예시키지 않을 것이다.[17]

이것은 원래의 제39장에는 없었던, 훨씬 더 포괄적이고 강력한 권리 선언이다. 새로운 장은 옛 문서의 협소한 보호규정을 '자유'와 '관습'에 대한 보다 일반적인 보장으로 대체했다. 어느 누구도 '정의나 권리'를 부정당해서는 안 되었다. 사실 미국 헌법의 권리장전 상당 부분이 이 놀라운 구절로부터 유추된 것이라고도 할 수 있다. 새로운 장은 왕이 자유시민으로부터 권리를 자의적으로 빼앗지 못하도록 규정했다. 그 이후부터 모든 사람의 자유나 재산을 박탈하려면 적법절차를 밟아야 했다.

1215년과 1225년 헌장 모두 왕의 탐욕으로부터의 재산의 보호를 명확히 했다. 두 판본 모두의 수많은 장에서 왕이 옥수수나 마차 같은 사유재산을 징발하는 데 밟아야 할 정확한 절차와 비용이 상세히 규정되었다. 이것은 미국 수정헌법 제5조의 공공수용 조항의 기초가 되었다.

13세기의 법률가로서 영국 최초의 법 해설서 『잉글랜드의 법령과 보통법』(*The Statute and Common Law of England*)을 편찬한 헨리 브랙턴(Henry Bracton)은 마그나카르타의 혁명적인 의의를 최초로 인식했다. 왕이 처음으로 보통법의 지배를 명시적으로 받게 된 것이다. "왕은 어느 누구에게도 종속되지 않지만 신과 법률에는 복종해야 한다. 왜냐하면 그를 왕으로 만드는 것은 법률이기 때문이다." 자유농민에게는 물론 왕에게도 적용되는 법 앞에서의 평등이 인류 역사에서 최초로 모습을 드러내었다. 이 법이 판사와 의원들에게도 적용된다는 것은 두말할 나위가 없었다. 그리하여 재산권을 위한 또 하나의 기반이 확립되었다. 즉, 법률이 입법자에게 적용된다면, 그가 타인의 생명·자유·재산의 자의적인 탈취를 재가하리라고는 생각하기 어렵다. 왜냐하면 똑같은 일이 그에게도 일어날 수 있기 때문이다. 이를 일컬어 '입법 과정에 적용된 황금률'이라 한다.[18]

고대 그리스 이래 최초로 법률이 가장 비천한 농부에서부터 왕에 이르기까지 모든 자유민 남자를 동등하게 다루었다. 이것은 고대 로마와 중세의 상황과는 사뭇 달랐다. 로마와 중세의 법률은 사람들 사이에 여러 계급이 존재한다는 것을 인정했다. 고대 그리스의 일부와 잉글랜드에서만 사회계급의 수평화를 통해 법치 및 그와 더불어 재산권이 출현할 수 있었다. 영국의 정치가 처칠(Winston Churchill)이 한 말을 달리 표현하자면, 물론 그것은 전제의 종말도, 그 종말이 시작된 것도 아니었다. 그러나 1215년에 전제주의가 쇠퇴하기 시작할 조짐이 영어권 세계에서 희미하게 나타났다. 이것은 오늘날까지 전 지구적으로 느리게 더듬더듬 계속되는 과정이다.

그후 5백 년 동안 영국의 군주들이 대를 이어가며 정도는 달랐지만 정력적이고도 교활하게 재산권과 법치를 공격했다. 세대를 거듭하여 법률가·철학자·의원들이 자양분을 공급하고 옹호하지 않았다면, 재산권과 개인적 권리는 플랜태저넷, 랭커스터, 요크, 튜더, 스튜어트 등의 왕가들에 의해 압살되었을 것이다. 에드워드 코크와 존 로크는 그러한 옹호자들 중 특히 두드러지는 인물들이다.

에드워드 코크, 보통법의 수호자

러니메드 이후 영국인들은 마그나카르타—그리고 뒤이어 왕과 의회가 만들어낸 모든 헌장과 더불어—를 그들의 개인적 자유, 즉 영국인의 권리의 보루로 여기기 시작했다. 에드워드 코크 경은 1552년 노픽의 마일럼에서 이 전통을 이어받아 태어났다. 그는 케임브리지 대학에서 공부한 후 링컨스 인(Lincoln's Inn: 로스쿨에 해당함)에 들어갔다. 그의 경력은 화려했고, 법을 다루는 뛰어난 기술과 백과사전적 지식 덕택에 그는 어린 나이에 당대의 유명한 사건들을 다루게 되었다. 그는 급속히 당대의 가장 위대한 법률 전문가가 되었고, 하원 대변인을 포함한 최고위 사법 및 입법 직을 차지했다. 그는 탁월하고 대단히 성실했지만, 법정에서의 행동은 거침없었다. 법무장관으로서 그가 월터 롤리 경(Sir Walter Raleigh)을 반역 혐의로 기소했을 때, 그는 그 위대한 사람을 경멸조로 다루면서 "당신은 영국인의 얼굴을 하고 있지만, 심장에는 스페인인의 피가 흐르고 있군요"라는 악평 높은 말을 했다.

1606년에 그는 민사법원의 원장에 임명되고 후에는 왕좌법원의 수석 판사가 되었다. 이런 직책을 맡으면서 이룬 놀라운 업적을 통해 그는 사법적 독립성을 높이고 왕뿐만 아니라 의회에 대해서도 법원의 권력을 강화했다. 그의 판결과 의견은 대부분 행정, 입법, 사법 사이의 근대적인 권력 3분할의 기초를 이루었다.

튜더 왕조가 선호한 법적 수단은 추밀원이었다. 추밀원은 일반 법정이 따랐던 보통법에 반대하여 로마법 또는 '시민' 법 쪽을 선호했다. 로마법은 추밀원을 비롯한 튜더 왕가의 다른 기관들에게 군주의 신성한 권리를 추구할 유연성을 제공해주었다. 17세기에는 법원과 의회, 왕권 사이의, 즉 보통법을 따르는 법원과 로마 스타일의 왕권적 법원 사이

의 갈등이 정점에 달했다.[19]

코크의 최대 사법적 라이벌은 제임스 1세를 위해 법무장관을 한, 다름 아닌 프랜시스 베이컨 경이었다. 바로 여기에 코크가 왕의 권위에 사법적으로 도전한 유명한 이야기가 있다. 1606년에 리치필드의 주교는 제임스 1세가 그에게 성직록(주교의 봉급과 경비)을 수여했다고 주장하면서 소송을 제기했다. 왕은 그 사실을 부인했고 베이컨을 통해 왕 자신이 판사와 그 사건에 관해 개인적으로 협의할 수 있기 전까지 판결을 연기할 것을 요구했다. 오늘날의 법원이라면 그러한 요구를 충격적인 것으로 받아들이겠지만, 17세기에는 그것이 특별히 이상한 일이 아니었다. 코크는 그 요청을 거절했을 뿐만 아니라 글을 통해 왕의 요구가 불법이라는 점을 다른 판사들에게도 알렸다.

매우 불쾌해진 제임스 1세는 판사들을 집무실로 불러 판결을 취소하라고 요구했다. 코크의 동료들은 무릎을 꿇고 용서를 빌었다. 그러나 코크는 몸을 굽히지 않고 조용히 왕의 명을 따를 수 없다고 말했다. 왕이 재차 압력을 가하자 코크는 판사로서 자신의 직무를 수행할 것이라는 대답만 했다.

제임스 1세는 이에 대한 보복으로 코크를 판사직에서 해임했다. 그러나 그는 평민의 수호자로서 얻은 커다란 인기 덕택에 목숨은 건질 수 있었다. 코크는 의회로 복귀해서도 왕의 특권에 대항하며 의회의 권리를 계속 옹호했다. 수년이 지난 후 찰스 1세 치하에서 코크는 그의 보고서 중 많은 의견이 삭제당하는 모욕을 겪었다.*

그 시대에는 특별한 일이 아니었던 이 에피소드는 상징적이었다. 고대 그리스인들은 재산권의 보호가 독립된 사법부의 임무라고 최초로 인식했다. 유럽 역사상 처음으로 판사들이 왕의 권력에 정면으로 맞선 것이다. 코크가 제임스 1세 앞에 굴복하기를 거부했을 때 이것을 염두에 두었을지도 모른다. 그 이전 시기였다면 그러한 대역죄는 죽음을 초래할 만한 일이었을 것이다. 그러나 코크는 17세기가 밝아오던 시점에서 왕이 절대권력을 오래 전에 잃어버렸다는 것을 정확히 계산하고 있었다.

기억에 남는 코크의 업적은 그가 정부와 사법부에서 일했던 1600~1615년 사이에 쓴 유명한 『영국법 제요』(*Institutes of the Laws of England*) 4부작이다. 그 책은 특히 식민지 미국에서 강력한 영향력을 발휘했다. 『제요』는 식민지에서 법률 교육의 핵심을 이루었고, 코크의 사상은 미국을 건국한 이들의 머릿속에 깊이 스며들었다. 한 주석가는 코크의 실수조차 보통법이었다고 경탄에 찬 글을 남겼다.[20]

『제요』는 마그나카르타를 보통법의 신성한 기초로 간주했다. 1225년 판을 더 선호했던 코크는 그 문서에 대해 이렇게 썼다. 그것은 "대헌장 또는 마그나카르타라고 한다. 그것의 길이나 크기 때문이 아니라……그 안에 담긴 문제의 크고도 무거운 중요성의 측면에서 그렇다. 간단히 말해 그것은 왕국의 모든 기초적인 법률의 근본을 이룬다."[21]

코크의 특별한 통찰력은 일반인들이 왕에게뿐 아니라 의회로부터도 보호될 필요가 있다는 인식에 있었다. 그 보호의 보루는 물론 보통법, 즉 "…… 신민이 그 자신의 복지와 땅, 소득, 그리고 그의 아내와 자녀, 그의 신체와 명예, 생명까지 안전하게 지키기 위해 지니는 가장 훌륭

---

* 국왕과의 대립이 있은 지 15년 후인 1631년 찰스 1세는 코크의 출판행위를 저지하려고 했다. 그 이유는 "그는 사람들 사이에서 너무나 위대한 현인으로 간주되고 있고, 그런 정도의 권위를 지닌 것이라면 응당 그러하듯이 그가 쓰거나 말하는 모든 것이 사람들을 오도하고 있기" 때문이었다. William Holdsworth, *Some Makers of English Law*(Cambridge: Cambridge University Press, 1966), pp.116-118을 보라.

하고 가장 일반적인 생득권"[22]이었다.

마그나카르타의 다양한 판본에 평민들의 권리에 대해 분명한 표현이 드러나 있지는 않지만, 코크는 그 헌장이 남작을 비롯한 귀족들과 성직자들뿐만 아니라 모든 자유민 남자들의 권리도 보장한다고 확신했다. 그는 1225년 헌장의 제29장을 보통법의 요체로 간주했다. 그는 그것이 아홉 개의 '분야'를 담고 있다고 기술했다. 이것들은 각각 다음다섯 가지 행위, 즉 투옥 · 재산의 몰수 · 법률자문의 부정 · 추방 · 사형을 수반하는 모든 사건에서 적법절차가 지켜져야 한다는 것을 보증했다. 더 나아가 제29장은 어떤 상황에서도 국왕이 다음 네 가지 것, 즉 판결을 선고하거나 직접 처벌하는 행위 · 인간의 권리를 파는 행위 · 재판을 부정하는 행위 · 특정인에게 특수한 권리를 부여하는 행위를 금지시켰다.

러니메드에서 서명된 원래의 1215년 헌장에는 남작들의 위원회가 왕을 감독할 권한을 부여하는 장—제61장—이 포함되어 있었지만, 헨리 3세의 1225년 헌장에는 그것이 빠졌다는 점을 언급할 필요가 있다. 코크가 『제요』를 썼을 때 사법부는 오래 전부터 국왕을 감독해왔다. 1628년에 코크는 의회에서 "마그나카르타는 그 자체도 특권을 주장하지 못하는 그러한 것이다"[23]라고 말했다.

코크의 판결과 의견은 영국뿐만 아니라 미국의 법률에 깊숙이 침투해 있다. 오늘날 이것들은 쉽게 읽히지 않는다. 그러나 그의 의견 중 많은 것이 오늘날의 세계와 직접 관련되어 있다.[24]

토머스 보넘(Thomas Bonham) 박사의 사건은 코크의 법률 솜씨를 보여준 전형적인 사건이었다. 보넘은 런던에서 병원을 개업한 의사였다. 헨리 8세는 런던에 있는 의과대학에게 런던에서 의사 면허장을 발급할 권한을 부여하고 의회가 이것을 승인했다. 비록 보넘은 유능한 의사였지만, 불행하게도 그는 케임브리지에서 훈련을 받았다. 런던의 의과대학은 독점적 권력을 행사했고 보넘을 배제했다. 그런 다음 그 대학은 보넘에게 벌금을 부과하고 투옥시켰다.

1610년에 보넘은 부당한 투옥에 맞서 런던의 의과대학을 상대로 소송을 제기했다. 당시 그 재판을 맡은 코크는 그 사건에 대해 보넘에게 승소판결을 내렸다. 코크는, 자격 없는 개업의로부터 공중을 보호하기 위해 의사 면허를 발급할 의무가 대학에 있다는 것은 인정하지만, 이 경우 유능한 의사임이 분명한 보넘에게서 생계활동의 본질적인 자유를 부당하게 박탈한 것이라는 판결을 내렸다. 그러한 판결을 통해 코크는 애덤 스미스보다 거의 2백 년 전에, 셔먼 반독점법보다는 3백 년 전에 독점권에 의해 방해받지 않는 자유시장도 본질적 권리라는 것을 역설했다. 판결문에서 코크는 "일반적으로 모든 독점체는 대헌장에 반한다. 왜냐하면 신민의 자유(liberty and freedom)뿐만 아니라 영국의 법에도 반하기 때문이다"[25]라고 썼다.

런던 의과대학은 길드의 지위로 자신의 독점체적 행위를 은폐하려고 했다. 중세 길드는 외관상 전문 직업인의 높은 자질을 보증하는 얼굴을 하고 있었지만, 실제로는 교역이나 직업에 대한 자유로운 진입을 가로막고 가격을 높게 유지하는 카르텔이었다. 보통법에서는 한 명의 판매자가 독점체를 형성하는 경우를 위법이라고 명시했는데, 길드는 다수의 판매자로 구성되어 있었고 따라서 보통법의 독점 금지 조항의 적용을 받지 않았다. 왕은 종종 보통법 안의 이 길드 구멍(1624년에 그것을 성문화한 의회의 규칙)을 이용하여 독점권을 남발했고, 이 허구적 편의 장치는 거의 19세기까지 잉글랜드에서 경쟁과 경제발전을 저해했다.[26] 코크는 또한 그 대학에 10파운드의 벌금을 부과하면서 보통법의 공평한 판결의 원칙도 위배했다고 말했다. 그는 어떤 사법당국도 그 자신의 이해관계가 걸려 있는 문제와 관련된 재판을 주재해서는 안 된다고 판결했다.

코크는 마치 오늘날의 법률가처럼 "문제는 결과가 아니라 과정이다"라고 말했다. 많은 판례법에서 가장 중요시되는 것은 내용적인 것과 대립되는 의미에서 절차적인 것이었다. 그는, 의회가 그 대학에 의사들에게 벌금을 부과하고 의사들을 투옥할 권한을 부여하면서 보통법의 적법절차 규정을 위배했다고 주장했다. 코크는 왕과 의회에 대한 사법부의 우위를 역설했다. 코크의 이러한 도전은 한동안 효력을 발휘했지만, 1688년 명예혁명에서 의회가 승리를 거둔 이후 상황이 역전되었다. 스튜어트 왕가에 맞서 승리를 거둔 의회는 새롭게 얻은 권력을 법원에 나눠주려고 하지 않았다. 오늘날까지 영국 의회는 법원에 대해 우위를 차지하고 있다. 사법부의 우위가 가장 깊게 뿌리를 내린 곳은 코크를 공경하는, 잉글랜드의 식민지 미국에서였다.

흔히 사법부의 우위가 잘 작동하려면 명시적이고 강력한 성문헌법의 뒷받침이 있어야 한다고 하는데, 미국에는 그런 헌법이 있지만 영국에는 없다(미국 헌법에 사법부의 우위가 명시되어 있지는 않지만, 최초의 대법원장이었던 '존 마셜 사건'의 부산물로서 사법부의 우위가 확립되었다). 헌법적 권력분립의 궁극적인 기원이 어디에 있든, 그것의 필수 요소를 지탱하는 철학적 기초를 미국에 전해준 것은 코크였다.

오늘날 우리가 그렇게 숭배하는 개인적 권리와 재산권 사이의 관계는 17세기 초 잉글랜드에서 확립되었다. 현대적인 관점에서 보면, 보통법의 힘에 의해 지탱되는 이 권리에 대한 코크의 주장은 굉장히 진보적인 것으로 보인다. 그러나 17세기의 많은 학자들은 반대의 결론을 내렸다. 당시 재발견·재해석된 로마법에 기반하여 새롭게 중앙집권화된 절대주의 민족국가들이 근대화하는 유럽의 얼굴로 나타났다. 이와는 대조적으로 잉글랜드는 후진적인 것으로 간주되었고, 중세 사법제도의 뒤범벅으로부터 수세기 동안 누적되어 온 판례법인, 코크의 케케묵은 보통법은 더할 나위 없이 낡은 것으로 보였다.*

17세기는 보통법을 기반으로 코크가 왕의 특권을 무력화시킨 일로 시작해, 파멸적인 내전을 거쳐 영국 의회가 우위를 확립한 것으로 끝났다. 비록 코크의 사법적 우위가 내전과 1688년 의회의 승리에 대한 희생양이 되기는 했지만, 왕권을 하락시킴으로써 얻은 유익한 결실이 사라지지는 않았다.

다음 세기에는 존 로크와 미국 식민지인들이 사법부와 의회 권력의 축복을 나머지 세계 전체로 확산시켰다. 국가 권력을 세 부문─행정, 사법, 입법─사이에 분할하고 제한하는 연속적인 과정은 다시 자유와 재산에 대한 개인들의 권리를 고양시켰다.

17세기 중반 내전기에 영국인의 재산은 인류 역사상 이전 그 어느 때보다도 안전했다. 그러나 다른 세 가지 요인이 미비했기 때문에 잉글랜드는 번영을 누릴 수 없었다. 다음 2백 년에 걸쳐 잉글랜드는 이 다른 세 가지 요인을 획득했고, 19세기에 증기 엔진과 전신이 발명되면서 번영의 정점에 달했다. 그 시점에 잉글랜드와 그 식민지들은 재산권 측면에서의 유리한 점에 기반하여 이전 세대는 전혀 상상도 못해 본 번영을 이루었다.

---

* 코크의 시대에 보통법 법원은 왕의 추밀원, 형평법원, 해사법원과 우위권을 다투었다. 추밀원은 왕이 직접 운영하고 왕에게 직접 응답했다. 다른 두 법원은 주로 상업적 분쟁을 다루었다. 추밀원의 가장 유명한 기관은 성실청으로서, 이것은 종교재판소와 고문도구들을 함께 사용했다. 세 경쟁 법원들에 대해 승리를 거둔 이후 보통법 법원은 선례로서 그들의 많은 판례법을 채택했다. Holdworth, pp.111-113, 131-132를 보라

존 로크, '근본적인 재산법'

에드워드 코크가 시민적 자유와 재산권의 초석을 놓은 장인적 석공이었다면, 존 로크는 그러한 권리의 정당성과 미덕을 고답적인 법원을 넘어 넓은 세계를 향해 웅변적으로 옹호한 장식 조각가였다.

코크가 죽은 직후인 1632년에 태어난 로크는 의회가 스튜어트 왕가와 사생결단의 투쟁을 전개한 영국 내전의 소용돌이 속에서 성장했다. 퓨리턴이었던 그의 아버지는 아들을 가정에서 교육받게 했고, 의회 측 군대에 가담했다. 젊은 시절 로크는 "내가 무언가를 알아가기 시작할 때부터 지금까지 나는 계속되는 격랑 속에 있었다"[27]고 썼다. 그의 경력은 옥스퍼드 대학 시절부터 가까운 친구였고 후에는 샤프츠버리 백작이 된 앤서니 애슐리 쿠퍼(Anthony Ashley Cooper)의 삶과 불가분하게 결부되어 있었다. 이 부유한 백작은 로크의 후원자가 되었고, 로크는 그의 믿음직한 고문이 되었다.

후에 샤프츠버리는 의회 측에 서서 내전에 깊숙이 가담하게 되었다. 두 사람 모두 내전의 다양한 국면마다 해외로 도피했다. 샤프츠버리가 1675년 영향력을 상실한 이후 로크는 프랑스에서 시간을 보내다가 런던과 옥스퍼드로 돌아와 거기서 그의 '자연법'과 재산권 이론을 명확히 밝힌, 미완의 『정부에 관한 두 논고』의 대부분을 저술했다. 1681년에 샤프츠버리는 찰스 2세에 대항한 '커벨' 정부에 가담한 혐의로 투옥되었다가 석방되었다. 그 이후 그는 안전과 건강 문제로 1682년 초에 네덜란드로 피신했다가 이듬해 사망했다.

샤프츠버리가 죽은 다음 로크는 옥스퍼드에 체류했지만, 왕이 계속 자신을 주시하고 있다는 것을 크게 두려워했다. 실제로 독순가(讀脣家)들이 대학 강단에서 이루어진 그의 사적인 대화들을 정기적으로 감시했다. 샤프츠버리와 마찬가지로 로크도 결국 네덜란드로 피신했다. 1688년 명예혁명에서 의회가 최종적으로 승리를 거두자 로크는 영웅이 되어 잉글랜드로 돌아왔다. 하지만 그는 왕의 권력을 계속 두려워한 나머지 죽을 때까지 『두 논고』의 저자임을 부정했다.[28]

로크는 1680년경에 로버트 필머(Robert Filmer) 경의 『가부장론』(Patriarcha)에 대한 반박문을 쓰고자 『두 논고』 집필에 착수했다. 그것은 1690년에 최종적으로 출판되었다. 필머의 논문은 보통법과 재산권 모두 신성한 왕권에서 유래한다는 사상에 입각하여 절대군주의 정당성을 옹호하고 아첨하는 에세이였다. 『두 논고』에서 로크는 자연 상태에서 삶은 "고독하고 가난하며 불결하고 야만적이며 부족하다"는 홉스의 견해에 동의했다. 필연적으로 인간은 스스로를 보호하기 위해 정부를 구성한다. 그러나 홉스가 전능한 전체주의적 국가 '리바이어던'을 해답으로 제시한 반면, 로크는 재산의 보호를 일차적 목표로 한 자비로운 국가를 제시했다(공평하게 말하자면, 홉스는 왕의 신성한 권리를 부정하고 보통 인간의 권리로부터 정부의 정당성을 도출했다). 더 나아가 로크의 자연법에 따르면, 국가의 정당성은 전적으로 그 의무를 다할 능력에 있었다. 만약 국가가 그 임무를 다하지 못하면 그것은 대체될 수 있었다. "입법가들이 인민의 재산을 빼앗고 파괴하고자 한다면 언제든지……그들은 인민과 전쟁 상태에 빠질 것이고, 따라서 인민은 더 이상 복종하지 않게 될 것이다."[29]

로크의 『두 논고』가 잉글랜드에서는 1688년 이후의 정서를 반영했다면, 미국 식민자들에게 그것은 감미로운 음악이었다. 그들은 자신들의 반란을 정당화하기 위해 『두 논고』를 전폭적으로 수용했다. 실제로 『두 논고』의 두 번째 논문의 상당 부분은 다음의 구절을 포함하여, 「독립선언문」에 거의 그대로 받아들여졌다.

입증된 바와 같이, 인간은 다른 사람들과 또는 세상의 많은 사람들과 동등하게 완전한 자유를 누리고 자연법의 모든 권리와 특권을 무제한적으로 향유할 자격을 갖고 태어났다. 그뿐만 아니라 인간은 본성상 그의 재산—그의 생명, 자유, 토지—을 보존할 힘도 갖고 있다.……[30]

이것과 「인권선언」의 유명한 세 번째 단락을 비교해보자. "우리는 모든 사람이 평등하게 태어났고, 창조주로부터 양도할 수 없는 특정한 권리들을 부여받았으며, 그러한 권리들에는 생명과 자유, 행복의 추구 같은 것들이 포함된다는 이 진실을 자명한 것으로 간주한다."

제퍼슨의 말에서는 우리 귀에 좀더 익숙한 표현으로 바뀌어 있지만, 내용의 긴밀한 유사성을 고려하면, 오늘날의 표절법이 1776년경에는 존재하지 않았다는 것이 다행한 일이다. 또한 제퍼슨이 로크의 '토지 재산'(estate)을 좀더 모호한 '행복의 추구'*라는 단어로 바꾸어 표현한 점에도 주목하라. 콜롬비아 대학교의 역사가 찰스 비어드(Charles Beard)는 1913년에 『헌법에 대한 경제적 해석』(*Economic Interpretation of the Constitution*)에서 헌법 기초자들의 경제적 이해관계를 강조함으로써 큰 반향을 불러일으켰다. 로크는 재산권에 관심이 고착되어 있었고 미국 건국의 아버지들에게 너무나 큰 영향을 미쳤기 때문에, 미국 혁명 자체의 기원을 재산에 대한 관심에서 찾을 수도 있다. 예를 들어 두 번째 논문에서 그는 시민에 대한 국가의 정당한 과세권을 전개했으

---

* '행복의 추구'라는 말도 제퍼슨이 만들어낸 말이 아니다. 버지니아 인권선언의 초기 초안에서 조지 메이슨(George Mason)은 분명히 편집자의 요구에 따라 "재산의 취득과 소유라는 수단에 의한, 행복과 안전의 추구와 획득이라는 수단에 의한 생명과 자유의 향유"에 대해 썼다. David Greenberg, "Debunking America's Enduring Myths," *New York Times*, 29 June 2003을 보라.

면서도, 세금을 부과하는 자가 '시민의 동의 없이' 그렇게 한다면, "그는 근본적인 재산법을 위반하는 셈"[31]이라고 경고했다.

로크는 개인적 자유와 재산권에 대한 논의를 '자연법'이라는 용어로 표현했다. 그렇게 하면서 그는 보통법의 놀라운 경제적 잠재력을 어느 누구 못지않게 명확히 인식했다. 인간 사회는 아무리 작고 원시적일지라도 수용할 만한 관습, 행위 그리고 결국은 재산을 통치하는 규칙을 자연스럽게 발전시킨다. 그러한 고대의 율법이 영국 보통법의 근원적인 원천이자 힘이다. 법학자 브루노 로니(Bruno Leoni)는 "로마인과 영국인들은 모두 법률이 제정되기보다는 발견되어야 할 어떤 것이고, 사회에는 자신의 의지를 곧바로 국법으로 만들 만큼 힘 있는 사람은 없다고 생각했다"[32]고 쓰고 있다. 같은 맥락에서 페루의 경제학자 에르난도 데 소토(Hernando de Soto)는 『자본의 미스터리』(*The Mystery of Capital*)라는 탁월한 책에서 사람들은 포고에 의해 선포된 법에는 복종하지 않을 것이고, 성공적인 법률구조는 사회의 문화와 역사에 뿌리를 두어야 한다고 지적했다. 달리 말해 재산법은 쉽게 인정되고 전체 대중에게 받아들여질 수 있어야 한다.[33]

영국의 보통법만큼 시민의 역사적 지혜를 그렇게 잘 구체화하면서 동시에 개인적 자유와 재산을 보호하는 법률 시스템은 없다. 그 법이 효력을 미치는 곳에서는 국가의 부도 번창한다.

보이지 않는 재산의 보호

재산은 유형의 것에 한정되지 않는다. 지적인 재산도 있을 수 있다. 1730년경부터 기술혁신이 유례없이 폭발적으로 이루어졌다. 그것은 오늘날까지 계속되고 있으며, 그 상당 부분은 특허법의 탄생 덕택이다. 경제학자 더글러스 노스는 발명은 사적인 편익뿐만 아니라 공적인 편익을 낳는다고 지적한다. 즉, 발명은 발명가에게뿐 아니라 사회에도 이익이 된다.[34] 만약 법률이 발명가에게 충분한 보상이 돌아가도록 보장해주지 않는다면, 그는 발명하지 않을 것이다. 사회는 발명가에게 충분한 보상을 해줌으로써 스스로도 보상을 받게 된다. 정상적인 사람이라면 다른 사람이 아무런 처벌도 받지 않고 자신이 발명한 것의 과실을 차지하는 상황에서 발명에 관련된 엄청난 양의 자본·시간·노력을 들이려 하지 않을 것이다. 근대 이전의 중국은 상황이 훨씬 더 열악했다. 중국에서 황제는 인쇄술과 종이, 환어음 같은 새로운 발명을 재빨리 전유할 수 있었을 뿐만 아니라 그 발명가들을 죽음으로 내몰 수도 있었다.[35]

'지적 재산'이라 함은 다음 세 가지를 의미한다. 발명(특허권)과 저작물(저작권) 그리고 상표권이 그것이다. 여기에서 우리는 경제적으로 가장 중요한 특허법을 주로 논의할 것이다.

이 세 가지 유형의 지적 재산권은 모두 그 소유자들에게 그들의 발명품, 저작물, 상표 사용에 대한 독점권을 부여한다. 다른 모든 재산과 마찬가지로 이 독점권은 양도할 수 있다. 즉, 그것을 자유롭게 다른 사람에게 팔 수 있다. 불행하게도 독점체들은 그 안에 오래되고 지저분한 역사를 담고 있다. 근대 초기까지 통치자들은 종종 일정한 수입을 대가로 친한 사람들과 길드, 개인 상인들에게 독점권을 수여했다.

제8장에서 우리는 중세와 근대 초기 시기 동안 독점권 부여가 특히 스페인과 프랑스에서 국가 세입의 대들보였고, 그 관행이 혁신을 저해하고 경쟁을 방해했다는 것을 살펴볼 것이다. 더 나아가 그러한 정부인가 독점체들을 상대로 법을 집행하고 규제조치를 실시하는 데는 많

은 비용과 거대한 관료기구가 필요했다는 것도 알게 될 것이다. 또한 제7장에서는 네덜란드와 잉글랜드에서 경제성장이 최초로 시작된 이유가 그곳 정부들이 독점 관행을 폐기하고 그 대신에 국가 세입의 주요 원천으로서 물품세를 개발한 것이었다는 점을 보여줄 것이다.

여기서 특허법의 주요 역설이 등장한다. 발명자에 대한 과소보호는 창조와 생산에 대한 동기를 약화시키는 반면 과도한 보호는 경쟁을 방해하고 상업을 억압한다. 이 사실은 무역과 상업에 대한 특허권 보호의 결정적인 중요성이 부각된 르네상스기 이탈리아에서 최초로 인식되었다. 플로렌스는 1421년에 최초로 필리포 브루넬레스키(Filippo Brunelleschi)에게 문서화된 특허권을 부여했다. 플로렌스 대성당 돔을 설계한 유명한 건축가였던 그는 아르노에서 플로렌스까지 대리석과 기타 건축자재를 옮겨올 목적으로 만든 거대한 배의 설계와 사용에 대한 특허권을 부여받았다.* 베네치아 상원이 다음과 같은 내용의 첫 번째 특허법을 통과시킨 1474년에 비로소 특허 보호의 일정한 진전이 이루어졌다.

> 우리에게는 교묘한 장치를 발명하고 발견하는 데 재능 있는, 위대한 천재성을 지닌 사람들이 있다. 그리고 우리 도시의 장대함과 미덕에 이끌려 다양한 곳에서 매일같이 그런 사람들이 더 많이 오고 있다. 이제 그러한 사람들이 발견한 장치들과 작품들을 위해, 그것들을 본 다른 사람들이 그것들을 만들어 발명자의 명예를 빼앗아가지 못하도록

---

* 바달론(Badalone: 바다를 가는 괴물)이라는 그 배는 성공을 거두지 못했다. 돔의 건축에 쓰일 흰색 대리석 화물을 실은 채 그 배는 아르노에서 침몰했다. Bruce W. Bugbee, *Genesis of American Patent and Copyright Law*(Washington D. C.: Public Affairs Press, 1967), pp.17-19를 보라.

하는 규정이 만들어진다면, 더 많은 사람들이 그들의 천재성을 활용하고 우리 공화국에 대단히 유용하고 이로운 장치들을 발견하고 만들어 낼 것이다.[36]

그 법률의 규정에 따라 발명가들은 공화국의 종합복지국에 특허권을 신청하게 되었다. 발명가가 자신이 만들어낸 장치가 독창적이고 적절하게 기능한다는 것을 복지국에 입증하면, 그 관청은 10년 동안 특허를 보호해주었다. 모방자들은 모조품을 파괴하고 1백 듀카트(오늘날 가치로는 약 4천 달러)의 벌금을 물어야 했다. 당시로서는 획기적이라 할 수 있던 이 법은 특허 시스템의 사회적 가치, 부를 창출할 인센티브, 좀더 결정적으로는 독창적인 장치들에만 한시적으로 독점권을 부여하는 것의 중요성을 인정했다.

독점 및 특허와 관련한 영국의 초기 경험은 이탈리아에서만큼 유익하지는 않았다. 국왕은 종종 가치 있는 프로젝트들에 독점권을 부여했다. 14세기와 15세기에 플랑드르의 양모 및 직물 장인을 영국으로 끌어들이기 위해 그들에게 독점권을 부여했다. 그러나 동시에 국왕은 종종 이윤의 일부를 거두는 대가로 궁정 내 총신들에게도 독점권을 부여했다. 이 왕의 칙령들은 '특허증'으로 알려졌는데, '특허'라는 말은 그 증서가 봉인되어 있지 않다는, 즉 공개되어 있다는 것을 의미했다.* 영국의 이 초기 절차들은 명백히 베니스의 것보다 열등했다. 왜냐하면 베니스는 공공기관이 특허권을 발급했던 반면, 영국에서는 왕이 자의

---

* 14세기 영국에서 국왕이 특허권을 부여할 때 특허증서를 다른 사람이 볼 수 있도록 개봉된 상태로 수여하였으므로 개봉된 문서, 즉 'Letters Patent' 또는 'Letters Open'이라 했다. 그 후 Open이라는 뜻의 Patent가 특허라는 의미로 사용되게 되었다. ─역주

적으로 그것을 부여했기 때문이다. 특히 엘리자베스 1세는 자신의 이익을 위해 특허장을 남용했다. 엘리자베스의 총신 중 한 명이었던 월터 롤리 경은 심지어 와인 술집에 대한 독점권도 부여받았다.

엘리자베스 재위 초기인 1571년에 이 관행에 대해 의회가 처음으로 반발하고 나섰다.[37] 이러한 반대에도 불구하고 엘리자베스는 계속 소금, 초석, 윤활유 생산을 포함한 많은 전통적인 가공업들에 특허장을 발급했다. 1597년에 불황이 닥쳤을 때 대중의 소득은 줄었는데도 독점적 생산물들에 대해 높은 가격을 지불해야 했고, 결국 이 관행에 대한 대중의 분노가 폭발했다. 그리하여 그해 왕좌법원은 독점이 보통법에 반한다는 판결을 내렸다. 1601년에 엘리자베스는 한 발짝 물러서서 이전에 그녀가 부여했던 많은 특허장을 회수했다. 그로부터 단 5년 만에 엘리자베스의 계승자인 제임스 1세에 대한 코크의 유명한 반발―이 장의 앞에서 다루어진―이 일어난 것은 결코 우연이 아니다. 16세기 말 잉글랜드에서는 법치가 왕의 신성한 통치를 완전히 가렸고 따라서 내전이 일어나기 임박한 상황이었다.

더욱 많은 법률적 도전이 이어졌다. 가장 유명한 것은, 다르시와 알렌 사이의 소송이었다. 이 소송에서 법원은 엘리자베스가 그녀의 궁내관이었던 다르시에게 (놀이)카드 판매 독점권을 부여한 것은 보통법에 위배된다는 판결을 내렸다.[38]

법원은 '새로운 발명 프로젝트'에 대한 독점권을 지지했다. 그것은 "국내 상품 가격을 높이고 무역을 방해하거나 기타 불편한 일을 초래함으로써 국가에 해악을 끼치지도 법률에 위배되지도 않는다"[39]는 것이었다. 1615년에 입스위치(Ipswich) 직물 노동자 사건에서 법원은 제임스 1세가 부여한 특수한 독점권이 제한된 시기 동안 유효하고 새로운 발명에 적용되었기 때문에 합법적이라고 판결했다.

특허 보호를 위한 두 가지 요건―참신성과 제한된 유효기간―은 오늘날 우리에게도 여전히 유효하고 서구 모든 국가의 특허법의 철학적 기초를 이룬다. 1624년에 의회는 누적된 판례법을 독점법으로 집대성하면서, 이러한 두 기준을 충족시키는 것을 제외한 모든 독점을 불법화했다.

그러나 그 판례법과 독점법은 영국의 특허절차와 관련된 근본적인 문제를 해결하지 못했다. 군주들은 여전히 독점권을 부여하면서 특허절차를 악용했다. 심지어 영국 내전 중에는 특허가 사소한 문제로 전락했다. 더 나아가 그 절차는 대단히 거추장스러웠다. 발명가들은 특허를 받기 위해 열 개의 사무소들을 방문하고 당시로서는 상당한 금액인 거의 1백 파운드의 수수료를 물어야 했다. 1852년에 비로소 영국의 특허제도에서 왕의 개입이 종말을 고했다.

독립 초기부터 미국의 특허절차는 모국의 것에 기반해 있었다. 미국혁명 이전에 아메리카 대륙의 대다수 영국 식민지들은 정교한 특허절차를 갖추고 있었고, 많은 경우 영국의 경우보다 훨씬 더 간소하고 효율적이었다. 1781년 영국의 패배 이후 신생 미국은 모국으로부터 특허법의 전범을 도입했다.

연방헌법에 따라 미국정부의 업무영역은 전쟁과 대외관계 임무에 국한되었고, 특허를 포함한 상업활동에 대한 규제와 과세는 개별 주(州)의 임무가 되었다. 그러나 이 분권적 시스템의 비효율성이 곧 드러났다. 예를 들어 어떤 사람이 펜실베이니아에서 어떤 장치에 대한 특허를 취득할 경우에도 그 장치가 뉴욕에서 복제될 수 있었고, 여기서 복제자는 그것에 대한 특허권을 또 취득할 수 있었다. 따라서 수많은 주에서 통제를 벗어나 연쇄적으로 복제와 소송의 값비싼 악순환이 시작될 수 있었다.

건국의 아버지들은 지적 재산의 중요성을 민감하게 생각했고, 헌법의 수석 기초자였던 제임스 매디슨도 마찬가지였다. 그는 버지니아 주 의회에서 특허 문제를 다룬 폭넓은 경험을 바탕으로 13개 사법 관할권으로 분할된 특허 시스템의 취약성을 잘 알고 있었다. 매디슨은 북부 산업가들의 강력한 지원을 받아 헌법 제1조에 다음 구절을 삽입했다. "의회는 저자와 발명가들에게 그들의 저작물과 발견물에 대한 배타적인 권리를 제한된 시기 동안 보장해줌으로써 과학과 유용한 예술의 진보를 촉진할 …… 권한을 가져야 한다.……"

헌법과 강력한 연방정부 일반에 불만이었던 제퍼슨은 이 조항에 반대했다. 1788년 10월에 제퍼슨에게 보낸 저 유명한 답장에서 매디슨은 다음과 같은 논리를 전개했다.

> 독점체에 관해 말하자면, 그것들은 당연히 정부의 가장 큰 골칫거리 중의 하나임이 틀림없습니다. 그러나 문필저작과 천재적인 발견에 대한 촉진책으로서 그것들이 완전히 폐기되어야 할 정도로 무가치한 것입니까? 모든 경우에 그 특권이 수여될 때 정해진 가격으로 특권을 말소할 권리를 공중에게 남겨주는 것으로 충분하지 않을까요? 다른 대부분의 경우에서보다 우리 정부 안에서 이러한 남용의 위험이 훨씬 더 적지는 않겠습니까? 독점이라는 것은 소수에 대한 다수의 희생입니다. 소수에게 권력이 있는 곳에서는 그들이 그들의 편파적인 이익과 부패에 다수를 희생시키기 마련입니다. 권력이 우리와 마찬가지로 소수가 아닌 다수에게 있다면, 소수가 터무니없이 너무 큰 혜택을 누릴 위험은 훨씬 더 적을 것입니다. 소수가 다수에게 불필요하게 희생당할 것이라는 사실이 훨씬 더 우려할 만한 일입니다.[40]

1789년 3월 4일 새로운 헌법의 규정에 따라 소집된 제1차 의회에서는 사활적인 입법 및 재정 이슈가 회기를 다 차지했고, 포괄적인 지적 재산 관련 입법은 뒤로 밀려났다. 그러나 곧 작가와 발명가들은 그들의 책과 고안물들에 보호 장치를 마련해줄 '사적인 입법' 통로를 추구했다. 제1차 의회 소집일로부터 5주가 채 지나지 않아 사우스캐롤라이나의 토머스 터커(Thomas Tucker)는 그의 유권자였던 데이비드 램지(David Ramsay)라는 의사를 대신하여 그의 『미국 혁명의 역사』(History of the American Revolution, 1789)라는 저작을 위해 이 법안의 제1차 초안을 제출했다. 이를 계기로 하원과 상원에 저작권과 특허 보호를 위한 그러한 사적인 요청이 물밀듯이 제기되기 시작했다. 곧 의회는 특허 및 저작권 관련 입법의 필요성을 인식하고 입법에 착수했다.

하원과 상원에서의 상당한 입법 논쟁을 거친 후 1790년 4월 10일 조지 워싱턴(George Washington)은 미국의 첫 번째 특허법에 서명했다. 그 규정들은 오늘날의 독자들에게는 환상적으로 보인다. 그 시스템은 국무장관에서 시작되었고, 그는 국방장관 및 법무장관과 공동으로 결정을 내렸다. 그 법률의 핵심은, 각각의 특허 신청에 대해 오직 장점이 있는지의 여부만을 놓고 고위 관료들이 각자 독립적으로 판단을 내리는 공평한 메커니즘인 하나의 시스템을 창출했다는 것이다. 그것은 잉글랜드의 거추장스럽고 왕에 기반한 절차보다 시간적으로 상당히 앞선 것이었다.

특허법 행정이 초대 국무장관이었던 토머스 제퍼슨의 임무가 되었다는 것은 실로 기이한 아이러니였다. 제퍼슨은 특히 중앙정부의 개입과, 중앙집권화된 특허절차에 반대했지만, 그 역시 열렬한 발명가였고 따라서 첫 번째 특허 검사관으로서는 독특한 자격을 갖춘 셈이었다. 그는 이 과업에 흥미를 가지고 능숙하게 적응했다.

그 새로운 시스템은 효율적이었을 뿐만 아니라 비용도 대단히 적게 들었다. 1791년 어느 날 제퍼슨은 하루만에 열네 건의 특허장을 발급했다. 여기에는 각각 평균 4~5달러의 비용밖에 들지 않았는데, 이것은 영국에서 부과되었던 왕의 특전세와는 선명한 대조를 이룬다.

1802년에 제퍼슨은 이번에는 대통령으로서 매디슨이 이끌던 국무성의 별도 특허국의 설립을 감독했다. 그 이후 수십 년 동안 그 시스템은 과도하게 활용되었다. 즉, 1835년에 특허국은 9천 건 이상의 특허장을 발급했는데, 사기와 이중발급이 횡행했다. 1836년에 의회는 전문가들의 보좌―당시로서는 혁명적인 개념―를 받는 특허국장 제도를 만들어 더욱 엄격한 검사절차를 제도화했다. 이 새로운 시스템은 곧 미국의 많은 유명한 산업기업들―콜트의 리볼버, 오티스의 엘리베이터, 이스트먼의 카메라 회사―의 탄생에 상당한 기여를 했다.

영국은 곧 자국이 특허 경주에서 미국에 뒤지고 있다는 것을 깨닫고

〈그림 2-1〉 1800~1870년간 연도별 수여된 특허 건수

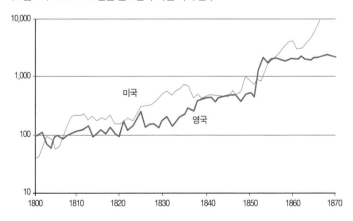

출처: 미국 특허 및 상표국의 하이라바야시와의 개인적인 대화를 통해 얻은 데이터와 Allan Gomme, *Patents of Invention*(London: Longmans Green, 1946).

결국 1852년에 그들의 3백 년 된 시스템을 개혁했다. 〈그림 2-1〉에 표현된, 19세기에 미국과 영국에서 폭발적으로 증가한 특허 부여 건수는 두 나라의 부의 증대를 반영한다. 이 그래프에서 미국의 창조적 에너지가 영국의 그것을 근소하게 앞지르고 있는데, 바로 여기에 이미 혁명적 자손국가에 비한 모국의 쇠퇴의 조짐이 나타나 있다.

영국과 미국의 특허기구들에 의해 제공된 보호 시스템은 사적인 재산 소유권 개념과, 그와 더불어 부를 창출하려는 개인의 동기를 극적으로 진전시켰다. 19세기에 나타난 새로운 번영의 물질적 표현물들이랄 수 있는 공장, 증기선, 철도, 전신이 새로운 법률 시스템에 힘입어 조성된 거대한 이윤 기회에 이끌린 사람들에 의해 창출되었다는 것도 우연이 아닐 것이다.

공유지의 비극

1968년에 캘리포니아 대학교의 인류생태학자 가렛 하딩(Garrett Hardin)이 과학전문주간지 『사이언스』(Science)에 「공유지의 비극」(The Tragedy of the Commons)이라는 글을 발표했다. 여기서 그는 원시 목동들 사이에 존재했을 재산권의 장점을 설명했다.* 그는 목동들이 소 떼에게 풀을 뜯길 수 있는 공유 목초지를 상상해보라고 했다. 그 땅은 일정한 수의 소 떼만 부양할 수 있다. 전쟁, 기근, 질병이 소 떼와 목동의

---

* Garrett Hardin, "The Tragedy of the Commons," *Science* 162(1968): pp.1243-1248. 원래 하딩은 이 글을 환경주의적 입장에서 인구통제와 전 지구적 자원관리를 호소하기 위해 썼다. 그러나 역설적이게도 그것은 자유주의 경제학의 강령으로서 영속적인 영향을 미쳤다.

수를 이 수준 이하로 일정하게 유지할 경우에만 문제가 생기지 않을 것이다. 그러나 결국 사회가 안정되고 좋아짐에 따라 기르는 소 떼 수가 증가하고, 이 증가는 공유지의 수용 능력을 초과한다. 그러면 공유지는 곧 오염되고 황폐화된다.

하딩은 목초지가 공동으로 점유되는 한 이 비극은 불가피하다는 점을 인식했다. 개별 목동은 공유지에 가축을 추가로 방목함으로써 더 큰 이익을 얻을 수 있지만, 그 추가 가축이 야기하는 토지의 추가적 악화로부터 목동이 직접적으로 입게 되는 피해는 적다. 그 때문에 그들은 다른 사람들에게 미치는 손해는 생각하지 않고 가능한 한 많은 가축을 방목하려 들 것이다. 하딩은 이 문제에 대한 유일한 해결책은 "재산권이나 형식적으로 그와 유사한 어떤 것의 마련"[41]이라고 결론지었다.

고대와 현대 농업에 있어 하딩의 결론이 지니는 상관성은 명확하다. 그 글이 발표된 이후 '공유지의 비극'은 다른 많은 분야에 적용되었다. 예를 들어 그것은 의료보호 위기와 특히 깊은 관련이 있다. 즉, 비용에 둔감한 환자들이 의료 공유재를 '남용'함으로써 만인을 위한 의료보호의 가용성과 질이 하락하는 결과가 초래된다.

상식적으로든 공유재의 논리가 가르쳐주는 바에 의해서든, 본인 소유의 토지에서 일하는 목동이나 농부는 타인이 소유하거나 공동으로 소유하는 땅에서 일하는 경우보다 생산성이 훨씬 더 클 것이라는 점은 분명하다. 모든 사회가 재산권에 관련된 경찰, 법률, 관습을 확보하기 위해 의식적으로 노력할 필요는 없다. 공동체들 간의 관습과 규칙의 편차에 따라 개인 소유권을 더 많이 강조하는 공동체도 있을 것이고 덜 강조하는 공동체도 있기 마련이다.

역사를 통틀어, 그리고 다른 모든 조건이 동일한 경우, 재산권을 특히 강조했던 농업 사회는 그렇지 않은 이웃에 비해 경쟁적 우위를 지넀다. 이런 사회는 산출량이 더욱 높았기 때문에 인구가 더욱 빠르게 증가했고 군대도 더욱 효과적으로 발전했다. 좀더 미묘한 측면까지 이야기하자면, 잘사는 사회들이 전쟁에 돌입할 경우, 그것은 자신의 토지와 생산물을 지키기 위한 전쟁이었고, 따라서 그들의 시민-병사들은 사기가 훨씬 더 높았다.

이것은 정확히 고대 그리스와 냉전기에 일어났던 일이다. 물론 냉전의 결과는 군사적이 아닌 경제적 전장에서 판결이 났지만 말이다. 20세기 각국의 번영과 공산주의의 역사를 대충 살펴보더라도 무엇이 문제였는지 분명히 드러난다. 즉, 재산권이 문제였던 것이다.

사실 재산권은 그 어느 때보다 오늘날 더욱 중요하다. 현대 세계에서 안전한 재산권은 부국과 빈국, 번영을 두고 벌이는 경쟁의 승자와 패자를 가르는 모든 것이다. 예를 들어 공산주의 세계에서 번영을 위한 다른 세 가지 기초—과학적 합리성, 풍부한 자본, 현대적인 수송과 통신—는 튼튼한 편이었다. 전후 동유럽 국가의 정부들은 무자비한 경제적 실험 과정에서 국민들로부터 재산권과 개인적 자유를 빼앗았고, 이것이 파멸적인 결과를 초래했던 것이다.

역시 기억해야 할 것은 재산권의 의미가 과거 몇 세기 동안 극적으로 변했다는 사실이다. 1800년경 이전까지만 해도 재산이라는 것은 곧 토지를 일컬었다. 우리가 보았듯이, 당시에 인간이 제대로 활용할 수 있는 것은 토지밖에 없었다. 이런 사정 때문에 그리스 도시국가와 로마제국 같은 고대 농업 사회들이 불안정해진 것이다. 토지가 점점 더 희소해지고 비싸짐에 따라 소수만이 그것을 소유할 수 있었다. 이로 인해 그 사회 복리적으로 이해관계가 걸린 토지 소유 시민의 기반이 협소해졌다. 한 나라가 번영하려면 그 시민 중 상당 비율이 재산 소유자가 되어 그 나라의 정치 과정에 개인적 이해관계를 반영할 수 있어야 한다. 즉 '이해관계자 효과'(stakeholder effect)다. 근대 이전 세계에서는 토지가 고갈되면 이해관계자 층이 얇어졌고, 따라서 그 나라의 운명도 얼마 남지 않게 되었다.

반면에 산업 사회와 탈산업 사회에서의 농업 집중은 불안정성을 야기하지 않는다. 예를 들어 미국에서는 대공황 이후 개인 농장의 수가 눈에 띄게 줄어들었고 농장의 규모는 커졌다. 미국 통계국이 자료 수집을 시작한 1870년부터 1935년까지 농장의 평균 규모는 155에이커였다. 1987년에 이는 세 배 증가하여 462에이커가 되었다. 또한 1900년에는 미국인 중 9퍼센트가 농장을 소유했던 반면, 오늘날 그 수는 1퍼센트가 채 안 된다. 그러나 지금 미국의 민주적 제도가 1세기 전보다 불안정해졌다고 주장할 사람은 별로 없다. 그 이유는 단순명료하다. 탈산업 사회에서는 시민들을 이해관계자에 편입시키기 위해 더 이상 토지를 공급할 필요가 없다. 무한정한 비실물재산과 자본의 소유가 그 목적을 훌륭히 충족시켜주기 때문이다. 현대의 자본 소유는 고작 20만 에이커의 경작 가능한 토지가 25만 명의 인구에게 가용했던 고대 아티카에서 달성되었던 것보다 훨씬 더 광범위한 인구를 만족시킬 수 있다. 토지 소유는 유한하지만 자본 소유는 무한하다.

현대 서구의 시스템은 대개 영국의 보통법에서 파생되었다. 이 보통법은 과거 수천 년에 걸쳐 고통을 딛고 서서히 축적되었고, 영국의 식민지 정책의 칼끝에 의해, 그리고 미국의 혁명적 이상주의의 날개를 타고 전 세계로 확산되었다. 공산주의가 붕괴한 지금 현대 세계의 번영의 원천으로서 재산권과 개인적 권리가 첫 번째 조건이라는 사실에 의문을 제기할 사람은 거의 없을 것이다.

제3장

과학적 합리주의의 등장과 확산

지혜는, 원칙적으로 그리스인들에게서 유래했지만,
유년기의 지식과 같고, 어린이의 고유한 성질을 지니고 있다.
그것은 말할 수 있지만 생산하지는 못한다.

— 프랜시스 베이컨, 『신기관』

      매일 전 세계 수천 명의 사람들이 나사(NA-SA) 웹사이트에 들어와 국제우주정거장의 현지 모습을 볼 수 있는 작은 소프트웨어 프로그램을 다운받는다. 북위 60도와 남위 60도 사이의 지구상 거의 모든 곳에서 한 달에 몇 번, 해 진 직후나 해 뜨기 직전에 정거장의 육중한 판넬에 반사된 햇빛이 별들을 통과하면서 만들어내는 궤적이 어두운 하늘을 아름답게 꾸미곤 한다.

  지금은 일반 개인용 컴퓨터에서도 쉽게 처리할 수 있는 천체 계산이 3백 년 전에는 세계에서 가장 위대한 수학자가 계산한다 해도 수백 시간 동안 머리를 쥐어짜내야 했다. 17세기 말에 갓 탄생한 이 천체 계산이라는 과학은 대중을 놀라게 하기에 충분했다.

  1687년 뉴턴의 『수학적 원리』(*Principia Mathematica*)가 출판되고

그 책이 담고 있던 예측이 놀랍게도 증명되면서 천체역학(천체 운동에 관한 연구)의 발전이 정점에 달했고 이는 서양 사상의 결정적인 전환을 알리는 전조가 되었다. 새로운 과학 또한 근대적 번영의 탄생기에 중요한 사건 중 하나였다.

근대 서구를 정의하는 하나의 상수가 있다면, 그것은 과학적 진보를 향한 거침없는 전진이다. 자연계에 대한 관측적·실험적·이론적 연구를 홀대하던 시기가 있었는지는 알기 어렵다. 그러나 17세기 이전의 지적 정황만큼은 그러했다.

4백 년 전까지 자연은 무서운 존재였고, 인간은 이해할 수 없는 힘들―질병, 가뭄, 홍수, 지진, 화재―의 무력한 희생자일 뿐이었다. 사람들은 혜성이나 일식 같은 특이한 일들에 두려움을 느꼈고, 그것들에 미신적이고 종교적인 의미를 부여했다. 실제로 코페르니쿠스와 케플러(Johannes Kepler)를 비롯한 근대 천문학의 많은 선구자들은 점성술적 예측으로 생계를 꾸려가곤 했는데, 당시 통치자와 농민들은 일상적인 판단에 이런 점성술을 종종 활용했다.

인류는 신념체계를 만들어냄으로써 무지와 두려움에 맞서 싸웠고, 훗날 문명은 이를 다시 조직적인 종교로 확장시켰다. 유대교, 기독교, 이슬람교가 성공한 것은, 그것들이 인류에게 닥친 재난들을 만족스럽게 설명해주었기 때문이기도 하지만 다른 한편으로 훨씬 더 나은 내세를 약속하며 당장 비참하게 살아가는 사람들에게 위안을 주었기 때문이기도 하다. 그러나 불행하게도 아주 최근까지도 종교들―특히 매우 위계적인 성직제도를 갖고 있는 종교들―은 각자 서로 다른 세계관을 거의 허용하지 않고 있다.

경제적인 측면에서 보자면 몇 백 년 전까지도 대부분의 종교는 독점체로서 기능했고, 전형적으로 독점적인 행위들을 했다. 즉, 신도들에게 현세에서의 인정과 내세에서의 구원을 주는 대가로 그들로부터 금과 재산, 지위를 받았다. 현대의 경제학자들은 이것을 '지대추구행위'(rent-seeking behavior)*라고 부른다. 고대와 중세 서구와 중동에서 조직된 종교들은 연구와 이견을 금지하는 정태적인 신념체계로 경화되었다. 이 신념체계들이 현세에서의 정신적 삶에는 큰 도움이 되었겠지만 물질적 측면은 빈곤화시켰다.

이 장은 로마 교회의 지적인 독점의 해체를 다룬다. 이 해체는 당시 많은 사람들이 진리로 여기던 방법론—아리스토텔레스 시대로까지 거슬러 올라가는—의 위상을 실추시키지 않고서는 불가능한 일이었다. 1550년 이후 두 세기 만에 이 독점은 천체역학을 연구하던 일군의 용기 있는 자연철학자들에 의해 최종적으로 붕괴되었다.

많은 독자들이 경제사를 다루는 책에서 이러한 점을 강조한다는 것을 이상하게 생각할 것이다. 그러나 근본적으로 경제학의 역사는 곧 기술의 역사다. 즉, 결국 근대의 번영은 발명을 기반으로 이루어진 것이다. 경제성장은 생산성 증대와 사실상 같은 말이고, 생산성 증대는 거의 전적으로 기술진보의 결과물이다. 스위치 하나로 수천 마력의 힘을 제어하거나 마우스 클릭만으로 전 세계인과 실시간으로 소통하는 노동자는 그렇지 못한 노동자보다 말할 수 없을 정도로 훨씬 더 생산적일 것이고, 따라서 더 부유해질 수밖에 없다.

약 3세기 전 기술혁신의 속도는 극적으로 가속화되었다. 1700년 이전에 결정적인 기계를 발명하는 횟수는 손에 꼽을 정도로 적었다. 꼽

---

* 사회의 영적인 믿음의 강도와 조직적인 종교들이 행하는 독점적 행위의 정도 사이의 역의 상관관계에 대한 흥미로운 논의에 대해서는 Gary S. Becker and G. N. Becker, *The Economics of Life*(New York: McGraw-Hill, 1997), pp.15-17을 보라.

아봐야 풍차와 수차, 인쇄기 정도가 될 것이다. 이와는 대조적으로 1700년 이후에는 발명품이 날마다 급류처럼 쏟아져 나왔고, 그에 따라 인류도 부를 급속히 축적했다.

이러한 혁신의 분출에 자극을 가한 것은 서구인이 자연 세계를 관찰하고 그것을 이해하려는 방식에서 일어난 혁명이었다. 서구인과 서구 문화가 이 과학적 합리주의의 탄생에 의해 정의된다고 해도 과장이 아니다. 이러한 혁명을 위해서는 과학―당시에는 자연철학이라 불렸다―과 교회적 뿌리가 철저히 분리되어야 할 필요가 있었다. 인류가 번영을 이룰 수 있게 된 것은 세속적인 것으로부터 영적인 것을 분리시키고, "성령의 뜻은 우리에게 하늘이 어떻게 움직이는지에 관해서가 아니라 인간이 어떻게 하늘에 도달할 것인지에 관해 가르치는 것이다"[1] 라는 갈릴레오의 신조를 채택한 때부터였다.

우주에 대한 지대한 관심

지난 세기에 출현한 인공 조명으로 인해 우리가 밤하늘을 제대로 올려다보는 일은 눈에 띄게 줄었다. 하지만 옥외 조명이 없는 사회에서는 밤 동안에 하늘 말고는 볼 수 있는 다른 것이 없었고, 밤마다 일어나는 별들의 움직임이 근대 이전 세계에서 일몰 이후의 생활을 지배했다. 근대 초기에는 물리와 화학, 의학의 과학적 측면을 연구했던 지식인들이 매우 소수였던 반면, 많은 사람들이 천체에서 벌어지는 일을 예측하는 데 관심을 쏟았다.

이처럼 당시에는 하늘에 대한 사람들의 관심이 컸기 때문에, 새로운 천문학 이론의 가정이 증명되면, 이것은 즉각적·공개적으로, 거의 보편적으로 실증될 수 있었다. 이는 1700년경, 핼리(Edmund Halley)와 뉴턴이 예측한 혜성과 일식의 경우 특히 그랬다. 이후로 인간은 하늘의 신비를 더 이상 신과 자연에게 맡겨두려 하지 않았다. 인간은 이제 더 이상 자신이 이해하지 못하는 힘에 사로잡히지 않게 되었다. 새로운 과학은 유럽의 지성을 서구 기독교의 질곡으로부터 해방시켰다. 기독교는 종교개혁과 계몽주의에 의해 이미 많이 약화되어 있었다.

이론과 다르게 움직이는 천체들

오늘날 우리는 종종 중세의 지적인 틀을 그 창시자의 이름을 기려 '아리스토텔레스적'이라 부른다. 아리스토텔레스의 업적은 막대하다. 그리스 도시국가의 정치구조에 관한 무수한 에세이들뿐만 아니라 서구 사상의 한쪽 기초를 이루는 삼단논법 추론과 수사학체계는 실로 대단하다.

역사가 시작된 이래 인간은 하늘이 어떻게 생겼는지에 대해 호기심을 느껴왔다. 인간은 밤하늘을 올려다보면서 별들이 북극성을 중심으로 창공을 가로질러 움직인다는 것을 알았다. 그러나 별들 사이의 상대적 위치는 고정되어 있어 우리에게 친숙한 별자리를 만들어내는 것으로 보였다. 아주 초기의 문명들도 이런 현상을 알고 있었다. 고대인들에게 개별 별들과 그것들이 만들어내는 별자리들은 지구를 중심으로 한 완전한 구체(球體) 안에 붙어 있는 것으로 보였다. 하루에 한 번씩 이 구체는 고정된 지구를 중심으로 회전했다. 즉, 당시의 관점에 따르면 우주는 지구를 중심으로 이루어져 있었다. 하지만 아폴로니오스(Apollonios)와 아리스타르코스(Aristarchos)를 포함하여, 그리스 세계

〈그림 3-1〉 1982년 황도상의 화성의 경로

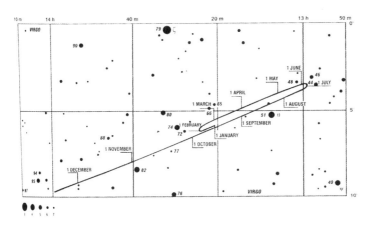

출처: Ivar Ekeland, *Mathematics and the Unexpected*(Chicago: Univ. of Chicago Press, 1990), p.5에서 출판사의 동의를 얻어 수정, 재가공함.

에서 아리스토텔레스와 대략 같은 시기의 일부 철학자들은 태양이 천체의 중심에 있다는 태양 중심 체계에 관한 생각을 품고 있었다.

지구 중심적 우주관이 지닌 한 가지 문제점은 일곱 천체*가 그 고정된 체계를 꼬불꼬불 통과하는 것으로 보였다는 점이다. 달은 하루에 한 번씩 별들과 별자리들의 고정된 배경을 뒤로 하여 움직였고, 태양도 비슷한 움직임을 보였다. 그것까지는 명확했다. 이해할 수 없었던 것은 수성, 금성, 화성, 목성, 토성이라는 다른 다섯 천체의 움직임이었다. 다섯 개 모두 해와 달과 같은 경로―황도(黃道)―를 따랐지만, 그것들의 움직임은 불규칙했다. 화성이 특히 그러했는데, 그 움직임 속에서 종종 고리 모양을 그리며 후진하는 모습이 관찰되었다. 〈그림 3-1〉이

---

* 고대부터 인류에게 알려진 7개의 천체, 즉 태양 · 달 · 수성 · 금성 · 화성 · 목성 · 토성 ―역주

〈그림 3-2〉 프톨레마이오스 모델의 단순화된 그림

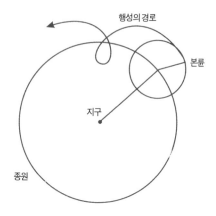

그것인데, 이것은 1982년 붉은 행성(화성)이 하늘에서 움직이는 모습을 좌표로 나타낸 것이다. 그리스 천문학자들은 아폴로니오스와 아리스타르코스가 내놓은 태양 중심 체계를 기각했는데, 사실 이는 타당한 결정이었다. 왜냐하면 그들이 제시한 체계를 따르는 행성의 움직임과 실제 관측 사이에 10도 이상의 차이가 있었기 때문이다.[2] 그 부정확성의 원인은 간단했다. 태양 중심 모델은 행성들이 완전한 원을 그리며 움직인다고 가정했지만, 실제 행성 궤도는 타원형이기 때문이다.

서기 2세기에 클라우디오스 프톨레마이오스(Klaudios Ptolemaeus)라는 알렉산드리아의 천문학자가 이 부정확성의 대부분을 정정한 독창적인 체계를 발견했다. 〈그림 3-2〉가 그것이다. 일곱 천체 각각은 한 번이 아니라 두 번의 순환운동으로 지구 둘레를 회전했다. 지구 둘레를 도는 큰 주원―종원(從圓)이라 불리는―과 주원상의 한 점을 중심으로 회전하는 작은 본륜(本輪)이 그것이었다.

프톨레마이오스, 아폴로니오스, 아리스타르코스의 체계를 오늘날의 과학자들은 '모델'이라고 부른다. 즉, 자연현상에 대한 단순화되고 추상적인 설명방식 말이다. 이들의 모델은 일곱 천체가 별자리들을 가로질러 어떻게 움직이는지를 설명하고 있었다. 과학의 역사가 가르쳐주는 바에 따르면, 전부 다는 아닐지라도 대부분의 모델은 그것들이 자연 세계를 아무리 성공적으로 설명한다 하더라도 결국에는 결함을 드러낸다. 그런 경우 그것들은 보다 나은 다른 모델로 교체된다. 이 모델들의 공식화, 검증, 확증 또는 기각이 과학적 진보를 낳는다.

재현 가능한 단 하나의 관찰이나 실험만으로도 가장 인정받는 기존의 이론을 논박할 수 있다. 이론적 모델의 공식화와 경험적 관찰로 이론을 검증하는 과정을 중요시하는 것이 서구인의 가장 중요한 특징이다. 따라서 어떤 의미에서는 사회가 얼마나 '서구화'되었는지는 그 사회들의 신념체계가 이러한 종류의 엄격함에 얼마나 개방되어 있는지의 정도로 측정할 수 있다.

과학적 모델로서 프톨레마이오스의 모델은 큰 성공을 거두었다. 그 시대의 관찰적·계산적 능력의 한계 속에서도 프톨레마이오스 체계는 행성 운동을 거의 완벽하게 예측했다.* 프톨레마이오스 모델의 논박할 수 없는 장점은, 천문학자들이 새로운 관찰 결과에 맞도록 주기와 본륜의 크기와 시점을 끊임없이 만들어낼 수 있었다는 점에 있었다. 그러나 무엇보다 결정적이었던 것은 프톨레마이오스 체계가 원형 궤도의 태양 중심 체계보다 육안 관찰에 더 잘 맞아떨어졌다는 점이다. 그 시대의 거의 모든 관찰자들은 프톨레마이오스 모델이 다른 것들보다

---

* 육안으로는 태양과 달은 본륜을 갖고 있지 않은 것으로 보인다. 그러나 그들 주기의 계절적 가속과 감속을 설명하기 위해서는 매우 작은 본륜이 필요했다. 그 본륜들은 너무 작아서 그 행성들이 보이는 후진 운동이 보이지 않았다.

직관적으로 훨씬 더 설득력 있다고 생각했다.

그러나 프톨레마이오스 모델의 진짜 문제는 그것이 불완전했다—모든 모델은 불완전하다—는 데 있지 않다. 진정한 문제는 그것이 만들어진 이래 1천 년 동안 교회가 그것을 채택하고 그것에 신성한 권위를 부여했다는 점에 있었다. 그것에 반하는 모델을 제안하는 것은 현세에서나 내세에서나 목숨을 거는 일이나 마찬가지였다.

천문학자들은 그 이후 수세기에 걸쳐 더 많은 데이터를 축적해가면서 아리스토텔레스/프톨레마이오스 체계가 더 복잡하고 많은 관찰 결과들을 설명할 수 있어야 한다고 생각했다. 이러한 요구는 결국 그 모델을 압도했다. 1650년에 티코 브라헤(Tyco Brahe)의 덴마크 천문대와 갈릴레오의 망원경에서 쏟아져나온 발견들에 따르면, 55개 이상의 프톨레마이오스적 동심원형 구체 중에서 지구가 가장 안쪽에 있어야 했다(가장 바깥 구체는 대략 '원동자'로 번역되는 '종동천'이라 불렸다. 이 구체의 움직임이 내부 구체들로 연속적으로, 마지막에는 지구로 전달되었다*). 기존의 지구 중심 우주 체계의 불합리성이 점점 더 명백해지면서 결국 그 체계는 자신의 무게를 못 이기고 무너져내렸다.[4]

과학적 합리주의를 이끈 사람들

1600년경 이후 통찰력 있는 관찰자들에게 프톨레마이오스 모델은 과학적으로 불완전해 보였다. 서구의 자연철학자들은 주변 세계를 보

---

* 중세 동안 대부분의 교양인들은 세계가 평평하지 않다는 것을 알고 있었다. 아리스토텔레스 체계는 구체(球體)의 지구라는 가정 하에서만 이해될 수 있었다.

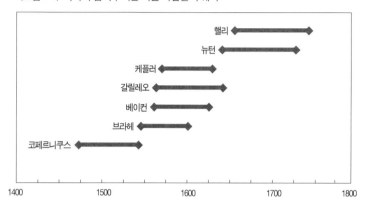

〈그림 3-3〉 과학적 합리주의를 이끈 사람들의 궤적

는 사고방식을 극적으로 변화시키지 않을 수 없었다. 〈그림 3-3〉은 이 이야기의 주역들의 수명을 보여주고 있으며 그들을 역사적 맥락 속에 나열하고 있다.

지구가 태양 둘레를 돈다는 태양 중심적 이론을 내세운 코페르니쿠스는 당시의 교착 상태를 깨뜨리고 과학의 혁명을 격발시킨 인물로, 그림 〈3-3〉의 가장 선두에 위치한다. 다음으로 세 명의 탁월한 과학자들—브라헤, 케플러, 갈릴레오—은 코페르니쿠스의 이론을 더욱 진전시켰고, 관찰적 · 이론적 측면에서 놀라운 과학적 진보를 이루어냈다. 한편 그들과 동시대를 살았던 프랜시스 베이컨 경은 천체를 집중적으로 연구하지는 않았다. 대신 그는 평범한 실험 과학자이자 법률가이며 경제학자였고, 서구의 기존 지적 틀에 내제된 결함을 탁월하게 진단하고 새로운 과학적 방법을 명확히 제시했다.

이 범상치 않은 5인조의 맹아적인 작업이 있은 지 1세기 후, 아이작 뉴턴과 에드먼드 핼리는 우주 비밀의 빗장을 벗김으로써 서구 세계를 놀라게 했다. 모든 현세적 지식의 수호자였던 교회는 갑자기 그리고 공개적으로 그 권좌를 빼앗겼다. 그후 서구 시민들은 여전히 종교에 기대어 내세의 비밀을 풀어보고자 했을 수는 있지만, 이제 더 이상 종교가 현세의 메커니즘을 설명할 수 있다고는 믿지 않게 되었다.

코페르니쿠스, 새롭지만 더 낫지는 않은 모델

미코와이 코페르니크, 또는 오늘날 알려진 대로 코페르니쿠스는 1473년에 프러시아가 지배하던 폴란드에서 태어났다. 부유한 부모 밑에서 태어난 그는 알프스 이북과 이남 모두—폴란드의 크라코프와 로마 및 파도바—에서 교육을 받았다. 사실 그가 태양 중심 체계를 처음으로 제기한 것은 아니다. 그것은 거의 2천 년 전에 이미 그리스의 아리스타르코스가 제안했던 것이다. 그리스인들은 지구가 둥글다는 가정도 했다. 콜럼버스보다 거의 1700년 전에 이미 고대인들은 이 놀라운 결론에 도달했을 뿐만 아니라 지구의 지름 계산도 제노바의 대양선 선장(콜럼버스)이 한 추산보다 훨씬 더 정확히 해냈다.

1500년경에 많은 총명한 관찰자들은 프톨레마이오스 체계에 대해 의혹을 품기 시작했다. 코페르니쿠스도 그들 중 한 명으로 그는 파도바에서 프톨레마이오스 모델의 몇 가지 심각한 결함을 폭로한 도메니코 노바라(Domenico Novara)라는 사람을 만났다. 코페르니쿠스는 폴란드로 돌아와 몇 년 동안 의사 일을 하다가 그 시대의 원시적인 도구로 하늘을 관찰하기 위해 폴란드의 프라우엔부르크에 정착했다. 태양 중심 모델을 점점 더 확신하게 된 그는 『천구의 회전에 관하여』(*De Revolutionibus Orbium Coelestium*)에서 태양 중심적 우주론을 지지하는 자신의 논증을 전개했다. 이 책은 1530년에 완성되었지만, 1547년 그가 죽기 직전까지 출판되지 않았다.

오늘날의 믿음과는 반대로 코페르니쿠스 모델은 결함투성이였을 뿐만 아니라 그리 많은 주의를 끌지도 못했다. 우선 그 책은 저자가 죽은 이후에야 비로소, 그것도 라틴어로 출판되었다. 라틴어를 이해하는 사람은 성직자와 상업 엘리트밖에 없었기 때문에 그의 모델은 교회를 크게 위협하지 않았다. 더욱이 코페르니쿠스는 책이 출판되기 전에 죽었기 때문에 종교재판의 대상조차 되지 않았다. 코페르니쿠스의 동료였던 안드레아스 오시안더(Andreas Osiander)는 그의 안전을 염려하여 익명의 서문에서 그 책의 주장은 순전히 가설일 뿐이라고 선언했다. 그는 지구가 실제로는 태양 둘레를 돌지 않지만, 그러한 가설이 천체계산을 좀더 정확히 할 수 있을 것으로 생각한다고 썼다.

코페르니쿠스 모델은 프톨레마이오스 모델보다 행성들의 운동을 훨씬 더 잘 설명했는데, 특히 수성과 금성이 모두 지구 궤도 안쪽에 있었기 때문에 각각 태양으로부터 28도와 48도 이상을 결코 벗어나지 않는다는 사실이 그러했다.

결국 코페르니쿠스의 우주 모델도 프톨레마이오스의 것과 마찬가지로 결함이 있었다. 나중에 케플러가 발견했듯이, 이 두 모델의 문제는 실제 행성들의 궤도가 타원형인데 반해 완벽한 원형으로 되어 있었고 이 때문에 본륜이 필요하다는 점에 있었다. 사실 코페르니쿠스 체계는 세 개의 궤도 및 본륜 세트를 필요로 했다.[6,7] 게다가 더 큰 문제점은 각 천구가 그 안팎의 이웃 천구들과 밀접하게 접해 있고 따라서 전체 우주는 전적으로 천구들 두께의 합과 같다는 프톨레마이오스적 개념을 받아들였다는 점이다. 그는 광대한 빈 공간이 존재할 수 있다는 것을 이해하지 못했다. 우주 속 빈 공간의 개념은 1세기도 훨씬 더 지나 영국인 토머스 디게스(Thomas Digges)가 제시했다.[8]

오늘날 우리는 아리스토텔레스적인 지구 중심적 체계와 단절했다는 점에서 코페르니쿠스 체계를 우러러보지만, 그것은 프톨레마이오스 체계보다 훨씬 더 복잡했다. 사실 코페르니쿠스 체계는 너무나 복잡하여 대부분의 천문학 역사책들은 그것을 상세하게 다루지 않는다. 궁극적으로 두 모델 모두 같은 맹점을 지니고 있었다. 두 체계 모두 너무나 유연했기 때문에 거의 모든 데이터를 수용할 수 있었고 따라서 어떤 데이터로도 그 모델을 반증하기가 사실상 불가능했다. 어떤 과학적 모델이 가치를 지니려면 '반증될 수 있어야' 한다. 즉, 그 모델과 부합하지 않는 증거들을 쉽게 떠올릴 수 있어야 한다. 그런데 두 모델 모두 반증이 불가능했다. 모든 데이터가 그 모델들의 주기와 본륜들에 잘 맞아떨어졌기 때문이다.

반증 가능성의 수용은 현대 서구 사회를 〔다른 세계와〕 구별짓는 결정적으로 중요한 태도다. 서구 사회와 전통적인 비서구 사회를 가르는 기준은, 알렌 블룸(Allen Bloom) 같은 상아탑 속 잔소리꾼들이 미화하고 강조하는 그리스 · 로마 문화가 남긴 유산과 그에 대한 애정만이 아니라 반증받기를 꺼리지 않는 지식의 양이기도 하다. 진실로 대부분의 선진적 서구 사회에는 아직까지도 많은 종교적 믿음들이 불가침의 영역으로 남아 있다. 심지어 일부 과학자들 사이에서도 그렇다. 그러나 대부분의 경우에 현대 서구는 거의 모든 것에 관해 자신의 생각을 전개하고 바꿀 수 있다. 전근대 사회에서는 이것이 거의 불가능했다. 존 케인스(John Maynard Keynes)의 유명한 말 속에 이런 서구 특유의 관점이 잘 나타난다. 하지만 사실 그 출처나 사실 여부는 확실치 않다. 케인스 경의 한 동료가 케인스에게 그의 학설이 이전의 것과 모순된다고 지적했을 때 그 위대한 경제학자는 이렇게 대답했다고 한다. "만일 내 견해가 명백한 오류라는 사실을 누군가가 나에게 충분히 납득시킨다면 나는 주저없이 내 생각을 바꿀 것이네. 당신은 어떻게 하겠는가?"* 이 관점은 대부분의 중세 유럽인에게는 생각하기 어려운 것이었고, 오늘날의 많은 전통 사회들에서도 여전히 그렇다.

17세기 이전에 프톨레마이오스 체계는 물론 코페르니쿠스 체계도 반증 가능하지 않았다. 온전히 한 세기가 지나서야 비로소 망원경이라는 혁명적인 도구를 통해 두 체계의 오류를 입증할 수 있었다. 프톨레마이오스의 체계만큼이나 복잡하지만 그보다는 직관적 설득력이 훨씬 떨어졌던 코페르니쿠스 체계는 지적 연구에 대한 교회의 지배에 큰 도전을 제기하지 못했다. 오히려 교황 레오 10세는 코페르니쿠스를 존경하고 지원했으며, 율리우스력과 관련된, 당시의 가장 긴급한 천문학적인 이슈에 대해 그에게 자문을 구하기도 했다.**

하지만 마르틴 루터는 교황과 달리 그 폴란드 천문학자를 숭배하지 않았다. 루터는 코페르니쿠스 저작의 출판을 억압하고 그의 처형을 주장했다. 그런데 알프스 이남에서 이탈리아의 천문학자 지오다노 브루노가 '태양 중심적 우주론이 단순히 가설에 불과하다'는 『천구의 회전에 관하여』 서문의 글을 무시했다. 그는 코페르니쿠스의 태양 중심 체계를 사실로 받아들였고, 더구나 라틴어도 아닌 이탈리아어로 그것을 소개했다. 제1장에서 우리가 보았듯이, 브루노는 그 때문에 이단 혐의

* 사실 그는 그런 말을 한 적이 결코 없다. 도널드 모그리지(토론토 대학교) 및 로버트 스키들스키 경(영국 워릭 대학교)과의 개인적 의견교환.

** 율리우스 카이사르의 재위 때 만들어진 율리우스력은 1년의 길이를 365와 1/4일 ─ 친숙한 365일 더하기 윤년체계 ─ 로 가정했다. 불행하게도 실제의 태양년은 10분 더 짧았다. 1500년에 그 달력은 정확히 10일만큼의 계절적 차이를 드러냈다. 이것은 중세의 관찰자들에게도 명백한 불일치였다. 코페르니쿠스는 달력이 고정될 수 있기 위해서는 우주론적 이슈들이 정리되어야 한다고 교황에게 재치 있게 제안했다. James E. McClellan Ⅲ, and Harold Dorn, *Science and Technology in World History*(Baltimore : John Hopkins Univ. Press, 1999), p.208.

로 화형을 당했고 그가 코페르니쿠스의 저작과 연루되었다는 이유로 그 저작은 결국 가톨릭교회로부터 정당성을 부정당했다(브루노는 태양도 고정된 별이라는 것을 최초로 제시한 최초의 천문학자였던 것 같다).[9]

당시에 『천구의 회전에 관하여』의 영향력은 전혀 위협적이지 않았다. 그러나 그 저작은 과학적 연구에 대한 교회의 독점에 최초로 실질적인 타격을 입혔고, 잉글랜드에서 가장 훌륭한 열매를 맺었다. 잉글랜드는 프로테스탄티즘을 따른 덕에 태양 중심적 이론의 수용을 금지하는 종교적 제한에서 벗어날 수 있었다.

프랜시스 베이컨, 최초의 서구인

영국을 빛낸 많은 천재들 중에서도 프랜시스 베이컨은 단연 돋보인다. 왕족의 집안에서 태어난 그는 국새상서였던 니콜라스 베이컨 경의 아들이었으며, 엘리자베스의 재무장관이자 가장 신임 받는 자문역이었던 벌리 경의 사촌이었다. 1573년에 그는 열두 살의 이른 나이에 케임브리지 대학에 입학했다.

교수들은 베이컨의 재능을 일찍부터 알아보았지만, 그는 대학교의 불모에 가까운 지적 분위기에 급속히 싫증을 느꼈다. 중세 말기 세계의 다른 곳들과 마찬가지로 케임브리지 대학도 몇 세기 동안 변화된 것이 거의 없었다. 엘리자베스 시대 고등교육의 대들보는 여전히 아리스토텔레스였다. 모든 교육 시스템이 플리니우스(Plinius)와 키케로(Cicero) 같은 고대 학자들의 것으로 채워져 있다면 어떨지 상상해보라. 이러한 현실은 18세기 이전까지도 가장 똑똑한 어린 학생들이 직면한 사실이었다(개념적으로 그것은 오늘날 이슬람 세계 중에서 선진적이지 않은 곳들에서 제공되는 커리큘럼과 크게 다르지 않았다).

베이컨은 '논쟁'을 준비하는 데 대부분의 시간을 보냈는데, 이 논쟁이란 삼단논법을 통한 다른 학생들과의 경쟁이었다. 그는 남는 시간에는 코페르니쿠스, 갈릴레오, 뉴턴에 의해 곧 타파될 운명이었던 복잡하기 이를 데 없는 아리스토텔레스적 우주를 연구했다.[10]

베이컨의 시대에 젊은 학자들은 오직 하나의 연구 분야, 즉 신학에만 전념해야 했다. 그로부터 1세기 후 존 로크가 옥스퍼드 대학에 들어갔을 때에도 60명의 상급생 중 한 명은 도덕철학을, 두 명은 각각 법률과 의학을, 나머지 55명은 신학을 전공했다.[11]

베이컨은 그런 빈약한 커리큘럼에 진저리를 쳤다. 3년 후인 1576년 그는 아버지의 족적을 따라 법률을 공부하기 위해 그레이스 인*에 들어갔다. 그로부터 얼마 지나지 않아 그의 아버지가 유산을 별로 남기지 않은 채 세상을 뜨자 궁핍해진 그 젊은이는 친척(특히 그의 유명한 삼촌)과 왕족의 도움을 받아야 했다.

케임브리지 대학에서 베이컨에게 주어진 커리큘럼을 이해하기 위해서는 고대 그리스의 지적인 틀을 고려해야 한다. 2천 년 전에 이루어진 기하학의 발명은 놀라운 업적이었다. 예수 탄생 이전에 지구의 형태와 거의 정확한 지름을 계산한 것은 인류 최대의 역작 반열에 든다. 하지만 그 이후 시대의 후진성―암흑시대―으로 1500년이 넘는 기간 동안 그 지식들은 소실되었다.

여러 측면에서 고대인들은 매우 불리했다. 영(零) 개념이 아직 발명되지 않았고, 매우 불편한 알파벳식 셈체계에 의존해야 했으며, 이것

---

*the Inner Temple, the Middle Temple, Lincoln's Inn 등과 더불어 런던의 4개 법학원 중의 하나 ―역주

을 로마인들이 물려받았다. 그러나 그리스·로마시대의 지식 탐구가 지녔던 가장 실질적인 결함은 두 시대 사람들 모두 오늘날 과학적 방법이라고 불리는 것을 조금도 누리지 못했다는 점에 있었다.

그리스와 로마인들은 오늘날 귀납적 추론이라고 불리는 것—관찰 결과들을 수집·종합하여 모델과 이론을 만들어내는 것—으로부터 세계가 어떻게 작동하는지를 배우지 못했다. 오히려 당시의 고대인들은 이른바 제1원리—결코 의문시되지 않고 참인 것으로 가정되며 이후의 모든 추론의 기초로서 사용되는 사실들—라는 것으로부터 자연법칙과 우주의 생김새를 판단하는 연역적 기법을 사용하여 자연 세계의 움직임을 설명했다. 이 인위적 계율들은 필연적으로 원하던 결론으로 이어졌는데, 이것은 가정된 사실과 공리들로부터 수학 공식들이 도출되는 것과 상당히 유사한 방식이다.[12]

이 공리들이란 무엇인가? 1세기 전에 코페르니쿠스가 마주쳤던 프톨레마이오스/아리스토텔레스적 체계와 같은 것이다. 간단히 말해, 그 공리들은 결함이 너무 심각해 과학적 진보의 가능성을 가로막는 신념 체계를 이루었다. 더 나쁜 것은, 이 체계가 우주에 관해 알 수 있는 모든 것이 최소한 이론적으로는 이미 알려져 있다고 가정했다는 점이다. 1천 년이 넘는 기간 동안 자연 세계를 이해하는 서구인들의 접근방법은 '시도하지 말라'라는 말로 요약될 수 있었다. 이 그릇되고 자기 억제적이며 자기 만족적인 체계는, 브루노와 갈릴레오가 경험했듯이 어떠한 이견도 허용하지 않았다. 아리스토텔레스적 우주는 확실히 연구를 자극하지 않았다. 그것은 창조적 사고는 물론 세계에 대한 우리 지식의 실질적인 진보도 허용하지 않았고, 궁극적으로는 평범한 사람들의 처지 개선도 허용하지 않았다. 네덜란드의 위대한 역사가 요한 호이징가(Johan Huizinga)는 이렇게 기술했다. "사회의 의도되고 지속적인 개혁과 개선에 관한 사상은 존재하지 않았다. 제도 일반은 잠재적으로 좋을 수도 나쁠 수도 있는 것으로 간주되었다. 신에 의해 정해졌기 때문에 그 제도들은 본래 훌륭하지만, 인간의 죄악이 그것들을 더럽히는 것일 뿐이다.……"[13]

1천 년 동안이나 아무런 실질적인 사회적·지적·과학적 진보도 없었다는 것이 16세기의 평범한 유럽인에게는 그리 문제시되지 않았다. 일반적으로 인간의 상태는 고정된 것으로 간주되었기 때문이다. 베이컨의 놀라운 천재성은 다음 세 가지를 인식했다는 데 있었다. 1)실제로 문제가 존재했고, 중세인의 상태는 결코 '자연적'이지 않았다는 점, 2)연역적 체계는 결함이 있다는 것, 3)자연 세계에 대한 지식은 지속적으로 증진될 수 있고, 그와 더불어 인류의 복지도 나아질 수 있다는 점을 베이컨은 알았다. 인간의 운명을 개선하기 위해서는 낡은 아리스토텔레스적 체계를 '귀납적' 체계, 즉 선입견 없이 사실이 먼저 수집되고 그런 다음 분석되는 체계로 대체할 필요가 있을 것이다.

베이컨은 인간의 상태를 개선할 또 다른 방법—유용한 지식을 습득하는 것—이 있다는 것을 보여주었다. 실로 지식은 힘이었다. 1603년과 1620년 사이에 그는 연속적인 초고들을 완성했는데, 이것이 그의 위대한 지적 무기인 『신기관』(*The New Organon*)이었다.

『신기관』의 제1권은 '나는 고발한다'라는 조금 장황한 제목이 붙어 있는데, 여기서 그는 '과학에 커다란 모욕을 안겨준' 자들을 호되게 꾸짖었다. "왜냐하면 그들은 신념을 강요함으로써 연구를 지나치게 억제하고 중단시켰기 때문이다.……" 베이컨에 따르면, 문제는 간단했다. 실험적 데이터로부터 유리된 불모적 이론화는 실제 세계를 설명해낼 수 없었다. 왜냐하면 "자연은 논증보다 수십, 수백 배나 더 미묘하기 때문"이다.

더 나아가 관찰 도구에도 심각한 결함이 있었을 뿐더러 대다수 일반인들은 몇 가지 종류의 오류 또는 '우상'에 사로잡혀 있었다.

- 종족의 우상. 베이컨은 종족을 인류 자체로 정의했다. 이 우상은 모든 사람에게 공통된, 사람들이 세계를 보는 방식이다. 이는 세계에 대한 우리의 인식을 왜곡시키는 '잘못된 거울'이다. 한마디로 인간 본성이다.
- 동굴의 우상. 개별 인간들이 물질 세계를 인지하는 상이한 방식들이 존재한다. 여기서 그는 플라톤의 동굴 이야기를 되살려내고 있다. 한 아메리칸인디언이 큰 그림자를 보면 그것을 버팔로라고 생각하겠지만, 오스트레일리아 원주민은 캥거루라고 생각할 것이다. 이것은 "어떤 사람에게는 신성한 소가 다른 사람에게는 빅맥에 불과하다"는 속담의 17세기 판이다.
- 시장의 우상. 이것은 "사람들이 서로 교제하면서 만들어내는"[14] 생각이다. 여기서 베이컨은 시대에 따라 세계의 의미가 변한다는 것을 말하고 있다. 마녀라는 단어의 영향력은 17세기와 오늘날 전혀 다르다. 간단히 말해 유행이다.
- 극장의 우상. 이 가장 흥미로운 우상은 '수용된 체계'의 결과로서, "비실제적이고 연극적인 방식을 따라 그들 스스로 만들어낸 세계를 재현하는 수많은 무대연극에 다름 아니다."[15] 아리스토텔레스적 체계가 그의 주된 목표물이었겠지만, 베이컨은 종교를 우회적으로 다루고 있다.
- 그는 인간 본성의 이 결함을 우상의 지위로까지 끌어올리지 않았지만, 사람들이 "세계에는 실제로 발견되는 것 이상의 질서와 정규성이 존재한다고 가정하는"[16] 성향을 갖고 있다는 현대 행태심리

학의 개념을 3세기 앞서 탁월하게 예시했다. 인간이란 아무것도 존재하지 않는 곳에서도 관련성을 찾아내고 음모를 추측하는 본성을 지닌, 패턴을 추구하는 영장류다.

『신기관』 제2권에서 베이컨은 자신의 새로운 귀납적 추론 방법을 개괄했다. 무엇보다도 그는 가능한 한 가장 객관적인 수단으로―좀더 바람직하게는, 개인적 오해를 범하기 쉬운 인간의 감각을 배제하고―자연을 관찰하고 측정할 필요가 있다고 썼다. 모든 과학자들은 다른 관찰자들의 손에서도 동일한 결과가 나오는 방법과 장치를 사용할 필요가 있었다.

베이컨은 또한 한 사람이 모든 진리를 알 수는 없는 법이라고 확신했다. 모든 진리는 전지자의 몫이었다. 뒤에서 보겠지만, 뉴턴의 탁월한 발견에도 어느 정도 타인의 도움이 필요했다. 제2권의 나머지 부분은 있을 수 있는 모든 연구 영역을 머리가 멍멍해질 정도로 열거하고, 과학적 진보가 현상의 직접적 관찰에서부터 저위의 공리들, 중위의 공리들을 거쳐 그리고 마지막으로 주요하고 포괄적인 최종 공리로 어떻게 나아가야 하는지를 지루하게 기술하고 있다.

물론 과학적 방법이 실제로 이렇게 작동하지는 않았다. 제2권에서 베이컨이 기술한 방법을 정확히 파악할 수 없었던 과학계는 비주류 공리든 주류 공리든 우선 재빨리 가설을 세우고, 경험적 검증으로 직접 나아가는 것이 훨씬 더 경제적이라고 결론지었다.

베이컨은 말년에 부유한 여자와 결혼하여 부를 얻었다. 그가 대법관이 된 것도 그에게 상당한 금전적 보상을 주었다. 결국 수뢰혐의로 기소되어 자리에서 물러나야 했지만, 그 빌미가 되었던 사건은 동료들도 흔히 저지르던 그런 정도의 것이었다. 1626년 베이컨이 죽은 직후 제자들은 '자연 지식의 증진을 위한 런던왕립협회'(지금은 간단히 왕립협회라고 불리는)를 설립하여 그의 사상을 제도화시켰고, 이 협회는 1662년 찰스 2세로부터 칙허를 받았다. 신과학, 또는 당시 표현대로 '철학'을 촉진하는 일에 매진했던 왕립협회는 신조와 배경을 불문하고 모든 사람을 받아들였다. 그 협회의 초기 역사가 중 한 명의 말대로, 그것은 "신학과 국사(國事)의 문제를 제외한……새로운 철학"[17]에만 관심이 있었다. 후에 아이작 뉴턴은 "종교와 철학은 구별되어야 한다. 우리는 철학에 신의 계시를 끌어들이지 말아야 하고 종교에 철학적 의견을 개입시키지도 말아야 한다"[18]고 말했다. 비록 이 제한이 오늘날의 독자들에게는 고매한 것으로 보일 수 있겠지만, 그들에게는 실질적이고 절실한 것이었다. 협회원들은 당시의 종교적 분쟁의 영향을 피하고 싶어했다. 특히 퀘이커교도의 도취와 비국교도의 비난을 멀리 하려고 했다.

그러나 베이컨과 왕립협회 회원들이 비종교적이었다고 생각하는 것은 잘못일 것이다. 그들은 오직 한 사람에게 충성을 했고, 자연의 모든 것 속에서 신의 손을 발견하려고 했다. 협회의 회원들은 천체의 물리적 법칙에 관한 뉴턴과 핼리의 발견이 빙산의 일각에 불과하다는 사실을 잘 알고 있었다. 특히 인체의 신비를 비롯해 거의 모든 자연현상에 대해서 무지 상태라는 것을 자각했다. 확실히 인간 자신은 그렇게 놀라운 기계를 설계하고 만들어낼 수 없었다. 전지자만이 그런 솜씨를 발휘할 수 있었다. 하찮은 집파리의 겹눈도 현미경으로 보면 하나의 불가사의였다. 대략 1만 4천 개의 별도 단위 또는 '진주들'로 이루어진 그것에 감동받아 로버트 훅(Robert Hooke)은 이렇게 선언했다. "고래나 코끼리의 눈에 못지않게 이 모든 진주들 각각에도 신기한 장치와 구조가 있을 수 있으며, 전지자의 명령은 모든 것들의 존재를 이처럼 쉽게 야기할 수 있다.……"[19]

현미경 덕택에 인류는 이전에는 상상할 수도 없었고 창조주에 대한 외경심만 더하게 했을 뿐인 생명 형태—원생동물, 작은 다세포 생물—의 우주를 들여다볼 수 있게 되었다. 실험주의자로서 기체의 활동을 지배하는 법칙을 발견한 로버트 보일(Robert Boyle)은 자신과 동료 자연철학자들을 '자연의 사제'로 보았다. 그래서 보일은 안식일에만 신성한 실험을 했다.

종교와 과학은 서서히 분리되기 시작했고, 이는 양자 모두에게 지속적으로 이익이 되었다. 과학은 '무엇'과 '어떻게'에만 관심이 있었다. 종교는 '누구'와 '왜'라는 질문의 범위를 벗어나지 않았다. 훨씬 뒤에는 정부와 종교도 역시 서로 분리되어 경제적 번영의 폭발을 위한 길을 닦는 데 도움이 되었다.

티코 브라헤, 관측의 명인

베이컨이 방법적 측면에서 성실한 관찰과 측정을 강조했지만 사실이는 한 세대 전에 덴마크의 유명한 천문학자 티코 브라헤가 이미 실천하고 있던 일이었다. 1546년 스웨덴 남서부(당시는 덴마크 통치 하에 있었다)의 매우 부유한 귀족 집안에서 태어난 그는 1560년 젊은 나이에 태양 일식을 관찰한 직후 하늘의 신비를 탐구하는 데 일생을 바치기로 결심했다. 그는 독일 로스토크 대학교에 다닐 당시 결투로 코를 잃고 평생 동안 금속으로 만든 인공 코를 착용했다. 그는 법률과 화학을 배웠지만 비밀리에 천문학을 연구했고, 1571년 고국으로 돌아왔을 때, 그의 삼촌은 가족 명의로 된 성에 그를 위한 작은 천문대를 만들어 주었다.

브라헤는 행운아였다. 1572년 11월 11일 그는 카시오페이아 별자리에서 '새로운 별'(지금은 초신성으로 불린다)을 발견했다. 그는 다음 해『신성에 대하여』(De Nova Stella)라는 책자에 그 관찰 결과를 발표했고 1574년에는 코펜하겐에서 왕에게 강의를 했다. 그는 여행을 시작하면서 스위스 바젤에 정착하고 싶다는 뜻을 많은 사람들에게 알렸다. 이것이 덴마크 왕에게서 칙허를 받아내려는 책략이었는지는 알 수 없지만, 이 국보급 인물을 잃고 싶지 않았던 프레데리크 2세는 1576년에 코펜하겐과 스웨덴 사이 해협에 있는 벤 섬을 그에게 하사하고 그곳에 우라니엔보리라는 천문대를 마련해주었다. 또한 프레데리크 2세는 브라헤의 충성심을 굳히기 위해 그에게 적지 않은 봉급과 기타 왕실 재산을 하사했다.

브라헤의 천재성은 관측 기술에 있었다. 그 시대의 관찰자 대부분이 단속적으로만 행성을 관찰했던 반면, 그는 햇빛과 구름이 가리지 않는 한 행성의 위치를 지속적으로 기록했다. 우라니엔보리에 있던 관측 도구들, 즉 정밀 측정 십자선으로 조준된 사분의와 육분의는 당시 최상품이었다.

아이러니하게도 브라헤의 위대한 이론적 업적은, 장비가 아무리 정밀하고 과학자가 아무리 정확하게 관찰한다 해도 측정 결과는 절대로 정확할 수 없다는 점을 인식했다는 것이었다. 모든 실험은 오차를 수반하기 마련이고 이 오차 자체가 수치화되어야 한다. 브라헤는 오차를 세밀히 측정했고, 이것을 관찰 결과에 반영시킴으로써 더욱 정확한 관찰 결과를 얻어냈다.[20]

브라헤는 행성 운동의 이론을 정식화하려고 했지만 처참히 실패했고, 수성과 금성은 태양 둘레를 돌지만 다른 행성들은 여전히 지구 둘레를 돈다고 주장했다. 브라헤는 종교적 미신에 구속된 최후의 위대한 르네상스 과학자였을 것이다. 브라헤는 성서를 글자 그대로 해석하면서 지구가 정지해 있다는 단언*을 진리로 받아들였다. 프레데리크 2세가 죽은 이후 그의 계승자는 브라헤에게 덜 호의적이었고 그는 결국 남은 여생을 프라하에서 보내기로 했다. 여기서도 행운의 여신은 그의 편이었다. 케플러라는 젊고 유능한 조수를 만났으니 말이다.

브라헤는 다음 세대의 천문학자들에게 최고급 천체 관측 결과라는 방대한 보물을 남겨주었다. 이것이 없었더라면 천체의 움직임은 수세기 동안 밝혀지지 않았을 것이다.

케플러, 실제와 닮아가는 우주

스승이었던 브라헤와는 달리 젊은 케플러에게는 행운의 여신이 미소를 보내지 않았다. 그는 1571년에 조산아로 태어났으며, 그의 부모는 모두 심한 인격 장애가 있었던 듯하다. 그의 어머니는 교육수준이 낮았고 제멋대로였으며, 그의 아버지는 가정생활에 적응하지 못해 케플러가 태어난 지 얼마 지나지 않아 덴마크에 대한 스페인 알바 공의 잔혹한 전쟁에 자원했다. 네 살 때 케플러는 천연두에 걸렸는데, 그 이후 그의 시력이 심하게 약해졌고 손은 불구가 되었다. 이러한 장애를 염두에 둔 그의 부모는 케플러를 신학교에 보내 성직자의 길을 가게 하려고 했다.[21]

다행스럽게도 신학교 선생님들은 그의 수학적 재능을 알아보았다.

---

* "주께서 하늘에서 판결을 선포하시매 땅이 두려워 잠잠하였나니." (시편 76장 8절)

나중에 그는 통속적인 점성력을 만드는 일자리를 잡았다. 케플러는 프톨레마이오스의 체계가 그의 계산과 심하게 어긋난다는 것을 알게 되었고, 우주를 하나로 통합시킬 수 있는 원리가 분명히 존재할 거라고 결론지었다. 그는 코페르니쿠스의 태양 중심적 가설을 접하면서 천체 운동의 복잡성을 해명하는 일에 착수했다. 그의 초기 학문적 이력은 남부 독일 튀빙겐이라는 대학 도시를 중심으로 하고 있었는데, 그 지역 특유의 종교적 분쟁에 시달려야 했다. 결국 그는 1600년 브라헤의 조수로 프라하에서 도피처를 찾았다. 몇 년 후 스승의 갑작스러운 죽음으로 그는 유럽 최대 천문대의 우두머리가 되었다. 이 덕택에 케플러는 연구를 계속할 수 있는 재원을 얻었을 뿐만 아니라 브라헤에게서 귀중한 관찰 결과물도 물려받았다.

초기 그리스의 천문학자들이 아폴로니오스와 아리스타르코스의 태양 중심 체계의 원 궤도를 기각했었다는 점을 기억하라. 그들의 예측은 10도 이상 벗어났고, 그것은 고대인들이 육안으로도 확인할 수 있을 만큼 명백한 오차였다. 그 이후 결국 예측의 부정확성이 덜했다는 이유로 프톨레마이오스 체계가 받아들여졌다. 이것은 1천 년 이상이나 자리를 지켰지만, 브라헤의 측정은 약 0.1도 오차범위 내에서 정확했다. 그의 데이터는 프톨레마이오스의 모델이 지니는 결함을 적나라하게 보여주었지만, 프톨레마이오스 모델은 그러한 정확한 관찰 결과를 수용할 수 없었다.[22] 케플러는, 천체의 움직임을 더 정확히 설명하고자 한다면 이전의 모든 천문학 모델이 가정해온 원형 궤도를 과감히 떨쳐버려야 한다는 사실을 알았는데, 이 점이 바로 케플러의 뛰어난 재능이라고 할 수 있다.

케플러는 특히 화성의 궤도에 흥미를 느꼈다. 화성의 궤도는 관찰 가능한 행성 중에서 가장 특이했고, 브라헤의 데이터에서도 그 행성이 정원형 궤도를 그리고 있지 않다는 것이 명백히 드러났다.* 케플러는 이전의 두 체계에서 원형 궤도들에 씌어져 있던 본륜을 폐기하고 그것들을 타원 궤도로 대체했다. 그에게 제기된 도전은 그러한 배열의 궤도 주기를 찾아내는 일이었다. 케플러는 한 타원 궤도상에서 행성의 속도는 태양으로부터의 거리에 따라 달라질 것이라고 결론내렸다. 그후 그는 행성 운동의 수학적 모델들을 방법적으로 검토하는 일에 착수했다.

비록 화성 궤도의 미스터리를 밝혀내는 일이 쉽지는 않았지만 케플러의 수학적 재능과 브라헤의 관측 결과가 합쳐져 성과를 거둘 수 있었다. 케플러에게는 브라헤가 갖지 못한 장점이 있었다. 즉, 케플러는 베이컨의 관찰에 기반한 체계를 믿었다. 반면 브라헤가 당대에 가장 능숙한 관찰자였던 것은 사실이지만, 대부분의 동시대인들과 마찬가지로 아리스토텔레스/프톨레마이오스 체계의 도덕적 권위를 끝까지 수용했다. 케플러는 달랐다. 그는 거의 10년 동안 화성에 관한 브라헤의 수치들과 씨름했다. 그 수치들은 코페르니쿠스 모델과 맞아 떨어지지도 않았을 뿐더러 그것을 수정하려는 브라헤의 최상의 모델과도 맞지 않았다. 결국 그는 두 모델 모두 폐기되어야 한다고 추론했다.[23] 케플러는 그의 스승과는 달리 불가침의 신성한 이론은 있을 수 없다고 생각했다. 현대 서구에 사는 우리는 데이터와 모순되더라도 폐기하지 못할 만큼 신성한 과학적 모델이나 신념체계는 존재하지 않는다는 것을 당연하게 여긴다. 이것은 기본적으로 서구 사회와 비서구 사회를

---

*비록 화성의 궤도가 고대인들에게 알려진 다섯 개의 행성 중에서 가장 불규칙하지만, 실제 그 타원형의 정도는 미미하다. 그것의 장축은 단축보다 1퍼센트도 더 길지 않다. 그러나 태양이 그 타원의 초점들 중의 한 곳에 위치해 있기 때문에 그것은 중심으로부터 약 9도 벗어나 있으며, 이 때문에 화성의 운동의 불규칙성이 더욱 두드러져 보인다.

가르는 기준이다. 케플러는 현대인에게는 너무나도 당연한 근본적인 이 경험적 틀을 채택한 최초의 자연철학자들 중 한 명이었다. 이론이 신뢰할 만한 데이터와 충돌한다면 그 이론은 폐기되어야 한다.

케플러는 숙련된 수학자였기 때문에 대안적 모델을 어렵지 않게 떠올릴 수 있었다. 그는 십여 개의 모델을 이리저리 시험해본 끝에 브라헤의 데이터에 완벽하게 들어맞는, 행성 운동의 세 가지 법칙에 도달했다. 이 법칙들은 태양을 중심으로 한 행성들의 궤도의 형태, 거리, 속도 사이의 관계를 설명하고 있다.* 케플러 역시도 어쩌면 어느 모델이 더 훌륭하게 맞아떨어질지에 관한 선입견을 갖고 있었을지도 모르지만, 이 법칙에 있어 그의 편견은 문제가 되지 않았다. 결국 그는 데이터와 가장 잘 맞아떨어지는 모델을 도출해낸 것이다.

케플러가 행성 운동의 법칙을 발견하기는 했지만, 그 이유까지는 설명하지 못했다. 예를 들어 그의 세 번째 법칙은 태양에 더 가까운 행성들이 더 멀리 떨어져 있는 것들보다 훨씬 더 빨리 움직이고 주기도 짧다는 것이다. 그는 이것이 왜 그런지 알 수 없었고, 지구를 중심으로 한 달의 회전이 태양을 중심으로 한 행성들의 것과 똑같은 법칙을 따르지 않는 이유를 설명할 수 없었다.

코페르니쿠스와 마찬가지로 케플러의 연구도 그가 살아 있는 동안

---

* 그 세 가지 법칙은 다음과 같다. 1)모든 행성은 타원형을 그리며 움직인다. 타원에는 두 개의 원점이 있다. 태양은 그중의 한 곳에 위치한다. 2)태양으로부터 행성의 거리와 그 궤도 주기 사이의 관계는 2제곱 대 3제곱이다(거리의 3제곱은 궤도주기의 2제곱에 비례한다). 예를 들어 명왕성은 수성보다 태양으로부터 약 1백 배 더 멀리 떨어져 있다. 그러므로 명왕성의 1년은 1천 배 더 길다. 3)태양에 가까운 행성일수록 더 빨리 움직인다. 특정한 시간 동안 행성이 이동해 지나간 면적은 일정하다. 이를 시각적으로 가장 쉽게 확인해볼 수 있는 것은 혜성이다. 아주 먼 거리에서는 이 시간 동안 혜성에 의해 경계표시된 '원형조각'은 길고 얇지만, 그것이 태양에 가까워질수록 그 조각은 짧고 두꺼워진다. 정해진 달 동안 그 '원형조각'의 면적은 동일하다.

에는 그다지 영향력이 없었다. 오늘날에는 케플러의 세 법칙을 가리켜 그의 영예로운 업적이라고 쉽게 말하지만, 동시대인들은 그의 천재성을 알아보지 못했다. 그 세 가지 법칙은 태양과 행성들 사이의 교차되는 자성 인력과 반발력, 천구들의 음악에 관한 종종 신비화된 추측의 혼돈 속에 파묻혀 숨겨졌다. 망원경의 도움으로 관찰천문학을 더욱 발전시키는 일은 갈릴레오에게, 천체의 운동에 대한 인간의 이해를 완성시키는 과업은 뉴턴과 핼리에게 남겨졌다. 그들은 과학적 연구를 종교적 도그마에서 해방시켰고, 그 과정에서 그들은 번영을 가로막던 또 하나의 장애물을 제거했다.

갈릴레오, 교회의 위상을 떨어뜨리다

르네상스가 이탈리아에서 시작된 것은 우연이 아니었다. 1453년 투르크제국이 콘스탄티노플을 함락시키면서 비잔틴의 보물과 공예품들이 서구로 마구 밀려 들어왔다. 그중 단연 돋보였던 것은 고대 그리스의 완벽한 필사본 장서였다. 이때 지리적으로 가까웠다는 이유만으로 이탈리아 학자들은 서유럽에서 최초로 이 귀중한 것들을 검토할 수 있었고, 이것이 헬레니즘 예술과 문학, 건축에 대한 식어 있던 관심을 다시 불러일으켰다. 그러나 이탈리아가 해체의 문명을 코앞에 둔 비잔틴 제국과 지리적으로 가까웠다는 사실은 축복인 동시에 저주였다. 교회가 광범위한 창조성의 여지를 허락한 예술, 특히 조각과 회화에서 가장 큰 진보가 이루어졌다는 사실은 엄연한 축복이다. 하지만 불행하게도 과학 분야에서는 교회 교리의 억압적인 힘이 진지한 연구를 가로막았다. 이 장을 수놓은 모든 위대한 인물 중 오직 한 사람만이 생애의 대부분을 알프스 남부에서 보냈다. 그가 바로 갈릴레오 갈릴레이다. 그는 1564년에 교회와 과학 간 분쟁의 진원지였던 플로렌스에서 태어났다.

갈릴레오의 아버지인 빈센치오 갈릴레이는 토스카나 귀족 가문의 몰락한 후예였다. 오늘날의 많은 부모가 여전히 그러하듯이, 빈센치오는 가족의 사회적 계층 상승이 아들의 직업(갈릴레오는 처음에 피사 대학 의학부에 입학했다)에 달려 있다고 생각했다. 하지만 그 자신이 타고난 수학자였던 빈센치오는 수에 대한 아들의 재능을 알아보자마자, 만일 갈릴레오가 수의 오묘함을 접하게 되면 의학에 대한 관심을 잃어버릴 것이라고 생각했다. 빈센치오의 판단은 정확했다. 그 지역 대공의 저택에서 어린 갈릴레오는 수학 수업을 우연히 듣게 되었고 수학의 지적인 매력에 도취되었다.

결국 그는 피사에서 급료가 낮은 수학 강사직을 얻었고, 여기서 그는 기울어진 탑에서 물체를 낙하시키는 실험을 통해 세인의 관심을 끌기 시작했다. 그 자리에서 갈릴레오는 떨어지는 물체의 속도가 그 무게에 비례한다는 아리스토텔레스의 법칙이 틀렸다는 것을 입증했다. 하지만 어리석은 것을 그냥 지나치지 못하던 갈릴레오는 코시모 드 메디치의 아들이 고안해낸 항구(港口) 청소 기계를 비판하는 바람에 대공의 노여움을 샀고, 곧바로 플로렌스의 집으로 돌아와야 했다.

이후에 그는 당시 베니스의 통치를 받던 파도바에서 수학 교수에 임명되었다. 이곳에서의 생활은 아주 순탄했다. 엄청난 수의 청중들을 대상으로 강의를 했고, 최초의 밀폐 유리공 온도계를 발명하는 쾌거도 거두었다.

그러던 중 1608년에 네덜란드의 요하네스 리페르스헤이(Johannes Lippershey)라는 안경제작자가 망원경을 발명하여 네덜란드에서 특허를 신청했다. 이듬해 이 발명 소식이 이탈리아에도 전해졌다. 갈릴레오는 몇 시간 동안 광학의 원리에 대해 깊이 생각한 끝에 스스로 망원경을 설계하고 개량하여 32배의 확대력을 지닌 망원경을 만들었다. 이것은 네덜란드인이 만든 것보다 훨씬 더 뛰어난 것이었다. 갈릴레오는 이 망원경을 수백 개 만들어 전 유럽에 판매했다. 훗날 그가 이 렌즈를 통해 본 것으로 인해 그는 거의 죽을 뻔했다.

　망원경의 영향력은 가히 충격적이었다. 천문학자들은 은하수가 수많은 별들로 이루어져 있다는 것을 밝혀냈고 달에도 산이 있다는 것을 발견했으며, 달의 인광이 지구에 반사된 태양의 빛이라는 사실도 알아냈다. 망원경은 행성들이 구체라는 것을 보여주었지만, 아무리 확대해도 별들은 여전히 반짝거리는 점으로밖에 보이지 않았다. 망원경은 많은 수의 '새로운' 별들을 찾아냈다. 플레이아데스성단에서만 40개 이상의 별이 발견되었다. 이전에 알려진 별의 개수가 일곱 개에 지나지 않았다는 점을 고려하면 이것은 놀라운 발견이었다. 태양의 흑점이 확인되었고 토성에서는 '삼중형태'가 관찰되었다. 토성의 삼중형태는 나중에 네덜란드의 탁월한 천문학자이자 수학자였던 크리스티안 호이겐스(Christian Huygens)에 의해 고리인 것으로 밝혀졌다.

　이러한 관찰들은 목성이 자체적으로 위성을 갖고 있다는 갈릴레오의 발견에 비하면 아무것도 아니었다. 갈릴레오의 렌즈를 통해 하늘을 본 사람들 모두 이 새로운 천체가 또 다른 천체 둘레를 회전하는 것을 확인할 수 있었다. 이것은 프톨레마이오스적 우주와는 완전히 모순되는 관점이었다. 설상가상으로 갈릴레오는 금성의 위상(位相)들이 프톨레마이오스 모델이 예측했던 것과는 완전히 다르다는 것을 알았다. 행성들이 규칙적인 운동을 한다는 발견이 주는 한 가지 희망은, 그것들이 어떤 식으로든 아주 정확한 '천문학적 시계'로 사용될 수 있고, 따라서 '경도의 계산'이라는 당시의 커다란 항해 문제를 해결할 수도 있다는 것이었다.

파도바 대학은 갈릴레오를 붙잡기 위해 상당한 금전적 조건을 제시했지만, 그는 플로렌스의 부유한 후원자를 따라 고향으로 돌아왔고, 목성에서 새로 발견된 위성들은 '메디치의 별'로 다시 명명되었다.[24] 그러나 갈릴레오가 플로렌스로 돌아온 것은 끔찍한 실수였다.

갈릴레오가 파도바 대학에 재직하던 1605년, 교회로부터 오랫동안 독립적이었던 베니스와 교황 파울루스 5세 사이에 종교분쟁이 일어났다. 분쟁의 원인은 사소했다. 그 분쟁은 베니스의 두 성직자가 유혹과 상해를 시도한 혐의로 기소된 데서 비롯되었다. 베니스는 민간 법정에서 그들을 재판하길 원했지만, 교황은 성직자들에 대한 판결은 오직 교회만이 내릴 수 있다고 주장했다. 두 사람이 로마로 인도되지 않자 교황은 베니스 공화국 전체를 파문하는 '성무금지령'을 반포했다. 베니스는 로마의 요구에 따르길 거부하고 성무금지령을 무시한 채 대중에게 축원을 계속했다.

교황의 조치가 허세라고 판단한 공화국은 그에 도전했다. 다행히 신의 손은 베니스 공화국을 쓰러뜨리지 않았고 공화국의 대담함은 로마의 무능함을 전 세계에 폭로할 수 있었다. 결국 교황 측의 양보로 이 사건은 일단락지어졌다.[25] 당시 파도바는 베니스의 보호 하에 있었는데, 덕분에 파도바 대학은 세계에서 가장 자유롭게 학문을 연구할 수 있는 공간이었다. 이와 대조적으로 플로렌스를 장악했던 메디치가는 그들의 부와 힘이 상당 정도 교황의 도움에 달려 있다는 것을 알고 있었다. 결과적으로 갈릴레오에게 메디치가의 보호막은 파도바 대학의 것에 비해 너무 취약했다.

코페르니쿠스의 경우 성서에 위배되는 부분은 단지 가설이었을 뿐이라고 대충 얼버무릴 수 있었지만, 갈릴레오의 발견은 교회의 교의에 심각한 도전이 되었다. 갈등은 불가피했다. 뇌관에 불이 붙은 상황에서 갈릴레오의 불 같은 성미는 사태를 더욱 악화시켰다.

교회와 갈릴레오 사이의 논쟁은 다음과 같이 진행되었다. 대공녀 크리스티나(그의 후원자였던 메디치가의 코시모 2세의 어머니)에게 보낸 편지에서 갈릴레오는 특유의 지적 박력이 넘치는 투로 코페르니쿠스 체계가 실제로는 성서와 합치한다고 주장했다. 교회의 성직자들은 태양 중심 체계에 대한 갈릴레오의 지지를 좀처럼 받아들일 수 없었다. 더구나 무례한 신출내기로부터 성서를 이런저런 식으로 해석해야 한다는 이야기를 듣는다는 것은 훨씬 더 불쾌한 일이었다. 1615년 초에 바티칸은 갈릴레오를 로마로 소환했고 그 문제를 종교재판에 회부했다.

처음에는 갈릴레오에게 사태가 그리 나쁘게 돌아가지 않았다. 소추자는 로베르토 벨라르미네(Robert Bellarmine) 추기경으로, 이 사람은 추기경단에서 가장 영향력 있는 인물이었고 갈릴레오와는 개인적으로 친분이 있는 사이였다. 심문관들은 갈릴레오를 처벌까지 하지는 않았다. 그들은 단지 코페르니쿠스의『천구의 회전에 관하여』를 교재로 강의하는 것을 중지시켰을 뿐이다. 이때까지만 해도 갈릴레오의 문제는 단지 '이론적'인 차원에 불과했기 때문이다. 심문관들은 갈릴레오에게 금지된 교리를 '숙지하고 그것을 가르치거나 지지하지' 말 것을 명령했다. 갈릴레오는 그러겠노라고 말했다. 그 대가로 벨라르미네는 종교재판소가 그를 어떤 식으로든 비난 또는 처벌하지 않겠다는 증서를 주었다.

갈릴레오는 플로렌스로 돌아가 7년 동안 침묵하며 지냈다. 그러던 중 추기경단에서 갈릴레오의 가장 강력한 후원자였던 마페오 바르베리니(Maffeo Barberini)가 1624년에 교황으로 선출되자 갈릴레오는 기쁜 마음으로 로마를 방문했다. 추기경에게서 직접 환영을 받았고 새

교황—지금은 우르바누스 8세로 불리는—과는 적어도 여섯 차례 이상 개인적인 만남을 가졌다. 그때마다 갈릴레오는 1615년의 금지조치를 철회시켜달라고 했지만 교황은 매번 거절했다.

그 사이 갈릴레오가 아무런 낌새도 느끼지 못했다는 것은 참으로 불가해한 일이다. 갈릴레오는 로마를 방문한 1624년 이후 교황이 실제로는 금지명령의 철회를 지지한다고 확신했다. 게다가 좋은 의도에서 이루어진 친구들의 노력은 이러한 착각을 더욱 굳게 했다. 일례로 1630년에 토마소 캄파넬라(Tommaso Campanella)라는 수도승이 갈릴레오에게 교황이 그 금지명령에 대해 불만스러워하더라는 내용의 편지를 썼다. 이것은 갈릴레오가 자신이 옳았다는 확신을 갖게 하기에 더할 나위 없이 충분했다. 그는 『두 개의 주된 우주 체계에 관한 대화』(*Dialogo dei due massimi sistemi del mondo*)를 저술하기 시작했다. 여기서 두 체계란 아리스토텔레스적인 우주와 코페르니쿠스적인 우주를 가리킨다.

그 대화에는 세 명의 인물이 등장했다. 첫 번째 인물은 살비아티라는 이름의 환자이면서 방법론을 가르치는 교사다. 이 사람은 갈릴레오 자신을 대변했다. 다음으로 사그레도라는 지적이고 감수성도 풍부한 친구이자 조언가가 등장한다. 마지막으로 심플리치오라는 백치 스콜라학자가 등장한다. 표면상 갈릴레오는 심플리치오라는 이름을 아리스토텔레스의 후기 해석자 중 한 사람에게서 따온 듯하지만, 그 단어의 역할은 너무나 분명했다. 그 효과를 극대화하기 위해 『대화』는 라틴어가 아닌 이탈리아어로 씌어졌고, 그 자체로 우주에 관한 프톨레마이오스 모델을 논박하는 증거, 즉 지금은 새로운 망원경을 통해 모두에게 보이는 금성의 위상을 보란 듯이 내보였다.[26] 더욱 불리했던 것은, 갈릴레오가 심플리치오라는 인물의 당대 모델로 염두에 둔 사람이 다름 아닌 교황이라는 소문이 널리 퍼졌다는 점이었다.

1632년 1월에 출판된 『대화』는 즉각 열광적 반응을 불러일으켰다. 그해 8월 교회는 그 책의 판매를 금지시켰고, 10월에는 갈릴레오를 다시 종교재판소에 소환했다. 그는 노환을 핑계로 출두를 미루다가 결국 1633년 2월 로마에 도착했고, 종교재판소의 임시수용소와 친구의 집을 번갈아 다녀야 했다. 그러던 와중에 그 늙은 천문학자는 고문도구들을 보게 되었다. 결국 6월에 최종적으로 재판소에 출두했을 때, 자신은 태양 중심설을 실제로 믿은 적이 결코 없다고 진술했다. 그는 공개적으로 자신의 주장을 철회했고 곧이어 "이단혐의가 상당히 짙다"(곧바로 화형을 당하게 되어 있던 이단 자체보다는 한 단계 아래)는 유죄판결과 함께 '유해하지 않은 속죄' 처분을 받았다. 전해져 내려오는 말에 따르면, 갈릴레오는 시에나의 연금소로 가기 위해 마차에서 내리던 중 "그래도 그것은 돈다!"("Eppur si Muove!", 즉 지구는 태양 둘레를 돈다)라고 외쳤다고 한다. 그가 이렇게 외쳤다는 이야기는 130년이 지난 후에야 처음으로 일반에게 알려졌는데, 그 일화는 꾸며낸 것일 가능성이 크다.[27]

교회는 상처투성인 채 승리를 거뒀다. 갈릴레오는 비록 전투에서는 졌지만 전쟁에서는 이겼다. 일찍이 베니스가 교회의 신학적 무능을 폭로했듯이, 갈릴레오의 재판은 교회 교리의 핵심에 이론적 진실성이 결여되어 있다는 사실을 만천하에 알렸다. 오랫동안 이어진 그 분쟁에서 교회의 명예는 엄청나게 실추되었다. 교회는 이제 다시는 의미 있는 과학적 진보를 가로막지 못할 것이었다. 갈릴레오의 재판 역시 번영으로 가는 길목에 놓여 있던 거대한 장애물을 치우는 데 일조했다.

갈릴레오는 만년에 시력을 완전히 잃은 후에도 연구를 계속했고 그의 연구는 뉴턴이 태어난 해이자 그가 세상을 뜬 해인 1642년까지 계속되었다. 그의 업적은 놀라운 것이었지만, 결함이 전혀 없지는 않았다. 그는 중첩된 본륜을 지닌 완전 원형 궤도에 관한 코페르니쿠스적 관념을 인정하면서 케플러의 타원 궤도 이론을 부정했다. 그는 중력의 본성까지는 파악해내지 못한 채, 지구를 태양의 궤도상에 붙잡아두는 커다란 힘이 달을 지구에, 그리고 목성의 달을 목성에 붙잡아두는 힘과 동일할 것이라고 희미하게 인식했을 뿐이다. 브라헤와 마찬가지로 갈릴레오의 탁월한 힘은 관찰과 역학에 능숙하다는 데 있었다. 천체 운동의 마지막 비밀을 벗기기 위해서는 갈릴레오의 실제적이고 관찰적인 재능에 기반한, 아이작 뉴턴의 비할 데 없는 천재성이 있어야 했다.

뉴턴, 실제 모습을 드러낸 우주

아이작 뉴턴과 에드먼드 핼리의 삶과 이력은 함께 고려해야 그 진면목을 가장 잘 볼 수 있다. 1642년에 태어난 뉴턴은 핼리보다 16세 위였지만, 그 두 사람은 동일한 지적 환경 속에서 과학의 시대를 맞이했고, 그 시대의 자연의 신비 중에서 가장 중요한 것을 함께 밝혀냈다. 그것은 단지 행성들만이 아니라 모든 천체의 운동을 지배하는 법칙이었다. 그 두 사람 중 천재성이 훨씬 더 탁월했던 쪽은 뉴턴이었는데, 그의 수학적 능력은 너무나 압도적으로 뛰어난 나머지 오늘날의 수학자들조차 그가 그렇게 많은 것을 어떻게 그렇게 빨리 이루어낼 수 있었는지 놀라워할 정도다. 한편 뉴턴은 인성도 평범하지는 않아서 심기증 증세가 있었고 유머가 전혀 없었으며 독단적이었다. 또한 그는 수줍음을 많이 타고 변덕스러웠다. 반면에 핼리에 대해서는 모든 사람들이 매력적이고 관대하며 트인 사람으로 기술했다. 그의 천재성은 뉴턴만큼 뛰어나지는 않았지만 기초과학의 영역을 넘나드는 폭넓은 지식을 갖고 있었다.

뉴턴은 불운한 소년시절을 보냈다. 그의 어머니는 그가 잉글랜드 동부 링컨셔의 울즈소프에서 병약한 조산아로 태어나기 세 달 전에 과부가 되었다. 경제사정으로 나이 많은 남자와 재혼하지 않을 수 없었던 그녀는 어린 아이작을 외할머니에게 맡겼다. 그의 천재성을 처음으로 알아본 사람이 누구인지는 알려져 있지 않지만―그가 다니던 학교의 교장이나 그의 삼촌이었을 것이다―기적적으로 아이작 뉴턴은 1661년에 '부 장학생'―장학생보다 한 단계 아래로서, 허드렛일을 하면서 학비를 벌었다―자격으로 케임브리지 대학교 트리니티 칼리지에 입학했다.

뉴턴의 초등학교 시절에 대해서도 알려진 것은 별로 없지만, 케임브리지 초기 시절에 대해서는 더욱 알려져 있지 않다. 1664년경 언젠가 그는 수학과 자연 세계에 대해 다른 사람들에게서 배울 수 있는 것보다 자신이 알고 있는 것이 훨씬 더 많다고 생각한 듯하다. 그 시점부터 뉴턴은 스스로 새로운 영역을 개척해야 했을 것이다.

그 당시 잉글랜드의 아리스토텔레스적인 교육체계에 최초의 균열이 나타났는데, 이것이 뉴턴에게는 커다란 행운이었다. 트리니티 칼리지는 답답한 고대 교수법을 버린 최초의 대학이었다.[28] 한 세대 전에 르네 데카르트(René Descartes)는 궤도역학 문제를 해결하는 데 필수적이었던 해석기하학을 발명했다. 뉴턴이 트리니티에 입학했을 때, 그곳은 잉글랜드에서 데카르트 수학을 자유롭게 가르쳤던 유일한 교육기관이었다.

1665년 6월 흑사병이 크게 번지자 케임브리지 대학은 휴교를 하게 되었고, 뉴턴은 울즈소프의 집으로 돌아갔다. 그는 이듬해 잠깐 동안 케임브리지로 복귀했다가 돌아온 다음 1667년 4월까지 울즈소프에 머물렀다. 울즈소프에서의 18개월 동안 그는 대부분의 시간을 사색과 실험으로 보냈는데, 그의 위대한 업적의 대부분은 이때 싹트게 되었다.

그는 먼저 오랫동안 궁금했던 한 가지 문제와 씨름하기 시작했다. 달을 궤도상에 붙잡아두는 힘이 나무에서 사과를 떨어뜨릴 수도 있을까? 그는 그럴 수 있다고 결론지었다. 그 힘이 바로 중력이다(그리고 뉴턴이 정원에서 사과가 떨어지는 것을 보고 이 질문을 했다는 것은 사실이다. 그러나 이 에피소드에 관해 권위 있는 설명은 없으며 따라서 그것의 진위 여부는 골치 아픈 문제다).

그는 곧 해석기하학이 이 계산을 처리하기에 충분하지 않다는 것을 깨닫고 미적분법을 발명했다. 그러나 불행하게도 뉴턴은 예전에도 종종 그랬듯이 방심한 상태에서 계산 착오를 일으켰다. 자기 도서관이 없었던 그는 잘못된 지구 반지름(지구 중심으로부터 사과나무까지의 거리) 값을 사용했고 달의 운동에 대한 관찰에 기반하여 중력의 힘에 관한 부정확한 추정치를 얻었다. 이 실수에 가로막혀 그는 천체 운동을 이해할 수 없었고 그 잘못된 계산을 서랍에 처박아두고는 다른 문제, 즉 운동의 세 가지 법칙과 수열에 관한 혁신적인 작업으로 넘어갔다. 이런 업적만으로 충분하지 않다는 듯이 그는 프리즘을 사용하여 빛의 색체 구성을 추론함으로써 근대 광학을 창안해냈다.

천재가 손을 내밀다

1658년에 부유한 상인의 아들로 태어난 에드먼드 핼리는 아버지의 도움으로 런던 북부에 있는 세인트 폴 학교에서 최고의 교육을 받았다. 젊은 핼리는 천문학에서 탁월한 재능을 발휘했고 1673년에는 옥스

퍼드 대학에 들어갔다. 그때 그는 자신만의 훌륭한 천문대를 채우기에 충분한 천문 장비를 얻었다.[29]

뉴턴이 울즈소프에 체류한 이후 거의 20년 동안 행성 운동과 중력의 문제는 계속 과학자들을 당혹케 했다. 뉴턴과 핼리 시대의 가장 탁월한 동시대인인 로버트 훅(현미경의 창시자, 나중에 뉴턴과 극심한 적대관계에 빠진다)과 유명한 건축가 크리스토퍼 렌(Christopher Wren)도 그 문제에 사로잡혀 있었다. 훅, 핼리, 렌은 모두 중력의 본성을 직관적으로는 알았지만, 그것의 존재를 증명하는 수학적 문제는 이 위대한 사람들에게도 너무나 감당하기 어려운 주제였다. 1680년대에 뉴턴의 수학적 천재성은 널리 알려져 있었지만 불행하게도 훅과 뉴턴 사이의 적대가 이미 상당히 굳어진 상태였다. 훅은 자신이 그 문제에 대한 수학적 해답을 갖고 있다고 주장했지만 그것을 핼리나 뉴턴에게는 보여주려고 하지 않았다. 훅을 믿지 않았던 핼리는 케임브리지로 가 뉴턴에게 조언을 구했다.

핼리는 뉴턴의 중력 이론에 대해 알고 있었다. 그것은, 행성은 그 질량에 비례하고 태양과의 거리의 제곱에 반비례하는 힘으로 태양에 이끌린다는 것이었다. 핼리는 뉴턴에게 그러한 힘의 작용을 받는 행성의 궤도는 어떤 모양인지를 물었다. 뉴턴은 지체 없이 타원형일 것이라고 대답했다. 핼리는 이 대답에 말문이 막혔다. 그 시대의 모든 과학자들과 마찬가지로 그 역시 모든 궤도는 원형이어야 한다는 아리스토텔레스적 관념에 사로잡혀 있었다. 핼리는 뉴턴에게 그것을 어떻게 알았냐고 물었다. 뉴턴은 20년 전 울즈소프에 있을 때 이미 그것을 대충 알게 되었다고 대답했다. 전해진 바에 따르면 그때 뉴턴은 그의 책상 서랍을 비우면서 예전의 잘못된 계산을 찾아냈는데 거기에서 핼리는 지구의 반지름이 잘못되었다는 것을 발견했고 그것을 정정해 정확한 방정식을 찾아냈다고 한다. 그때 학자들은 전 유럽이 천체 운동에 관한 해답을 찾고 있었는데 뉴턴이 그것을 잃어버렸다는 농담을 했다.

즉각 천체 운동의 진정한 본성이 드러났다. 핼리는 뉴턴에게 그의 저작 『자연철학의 수학적 원리』(*Philosophiae Naturalis Principia Mathematica*)를 발표하라고 촉구했고 인쇄 비용까지 댔다(이때 뉴턴과 적대 관계였던 훅이 뉴턴을 표절혐의로 고소했다. 외교적 성향의 핼리가 두 사람을 화해시키려고 했지만 실패했다. 그 원한 관계는 1703년 훅이 죽고 나서야 해소되었다. 바로 이때 뉴턴은 훅의 후임으로 왕립협회 회장직을 맡았다).[30]

마치 무언가에 홀린 듯 유럽은 이전에는 상상도 못했던 일들이 일어나는 과정을 지켜보았다. 기존의 천문학적 예측들이 차례차례 밝혀졌다. 하늘조차 도와주는 것 같았다. 새로운 과학의 힘을 입증해준 것으로서 1715년 4월 22일 런던을 정확히 가로질러 지나간 개기일식보다 더 훌륭한 것은 없었다. 핼리는 일식의 경로에 관한 '사전'과 '사후' 지도를 발표했다. 일식이 일어나기 약 2주 전에 인쇄된 그의 첫 번째 지도(〈그림 3-4〉)는 일식의 예상 경로를 나타낸 것이다. 이 지도에는 두 가지 목적이 있었다. 첫째로 무엇보다도 수세기 만에 잉글랜드에서 최초로 나타난 개기일식이 신의 노여움 때문이 아니라는 점을 확신시켜 줌으로써 시민들의 두려움을 떨쳐버릴 수 있게 돕는 것이었다.

갑작스러운 암흑으로 인해 태양 주변의 별들이 대낮에 보이는 경우에도 사람들은 전혀 놀라지 않을 것이다. 그러나 적절한 정보가 주어지지 않을 경우 사람들은 그것을 불길한 것으로 간주하고 신이 지켜주는 주권자인 조지 왕과 그의 정부에 나쁜 일이 일어날 것임을 미리 알려주는 조짐으로 해석할 것이다. 이것[지도]으로 그들은 거기에는 자연적인 것 이상의 무엇도 존재하지 않음을, 태양과 달의 운동의 필연적

인 결과 이상의 것이 존재하지 않음을 알게 될 것이다.……[31]

두 번째로 핼리는 일식 지도를 통해 남부 잉글랜드 관찰자들에게 개기일식의 경로와 지속기간—태양이 달에 완전히 가려지는 시간—을 측정하도록 유도하고자 했다. 핼리는 십여 개의 보고서를 받았고, 이로부터 자신의 예측이 얼마나 정확했는지 판단할 수 있었다.

이 관찰을 통해 두 번째 지도(〈그림 3-5〉)가 만들어졌는데, 첫 번째 지도와 거의 동일했다. 방향과 실제 경로의 폭에서 약간의 오차가 생긴 것 말고는 그의 예측은 거의 완벽했다.[32] 더불어 두 번째 지도에는 1724년으로 예상되는 다음 번 일식의 경로도 나와 있다. 〈그림 3-5〉의 지도에서 북서에서 남동 방향으로 지나가는 경로가 그것이다.

일식의 경로에 대한 핼리의 정확한 예측은 사람들을 전율시켰다. 그것은 "관찰하고 가설을 수립하며 검증한다"는 베이컨의 귀납적 방법의 승리를 상징적으로 보여준 최후의 일격이었다. 18세기 중반에 그 새로운 과학은 아리스토텔레스적인 연역적 체계를 완전히 극복했고, 이와 더불어 과학계에서 교회의 영향력도 시들었다.

하지만 과학과 종교의 완전한 분리에는 최소한 한 세기가 더 걸렸다. 그 시대의 모든 사람과 마찬가지로 핼리와 뉴턴은 독실한 신자로서 전지자가 천체 운동의 법칙을 예정해두었다고 믿었다. 더 나아가 두 사람 모두 성서의 진실을 믿었다. 예를 들어 핼리는 노아의 대홍수가 지구와 혜성의 근접에 의해 야기되었을 수 있다고 생각했다. 뉴턴은 이에 동의하지 않았고 다른 종류의 행성 충돌이 원인이었다고 믿었다. 1700년대에 뉴턴에 이어 루카스 석좌 수학 교수가 된 윌리엄 위스턴(William Whiston)은 천문학적 현상들과 성서적 사건 사이의 관련성을 주제로 런던에서 많은 청중들에게 강의했다. 뉴턴조차 중세적 미신

〈그림 3-4〉 1715년 일식의 경로에 관한 핼리의 예측

출처: 하버드 대학교 휴턴도서관의 허락을 받아 게재함.

〈그림 3-5〉 1715년 일식의 실제 경로

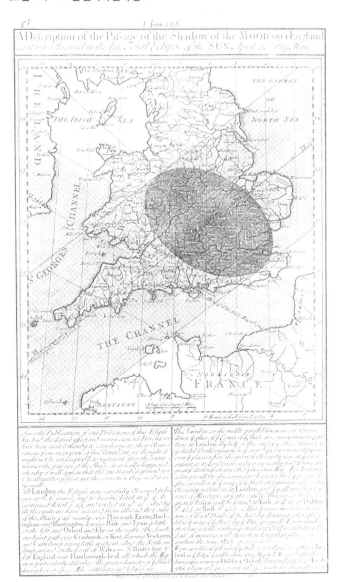

출처: 하버드 대학교 휴턴도서관의 허락을 받아 게재함.

의 손아귀에서 완전히 벗어나지 못했다. 그의 직업적 생활과 저작의 대부분은 연금술과 관련되어 있으며, 존 로크 및 로버트 보일 등을 포함한 과학적 계몽주의의 다른 많은 선각자들과도 연금술의 비밀에 관해 활발한 서신교환을 했다.[33]

에드먼드 핼리, 번영을 촉진한 위대한 과학자

에드먼드 핼리의 업적 및 그와 관련된 결과물은, 뉴턴과 공동으로 한 연구와는 독립적으로, 그 자체로 놀랍다. 1682년에 핼리는 그의 이름이 붙은 혜성을 발견했고, 그것의 타원 궤도가 76년의 주기라는 것을 계산해냈다. 1531년과 1607년 유럽과 아시아에 나타났던 것은 똑같은 혜성이었다. 그는 목성과 토성의 인력의 영향으로 생긴 약간의 지체까지 고려하여 1758년 크리스마스 때 그것이 다시 나타날 것이라고 예측했다. 예측된 시점에 그는 이미 오래 전에 죽고 없을 것이기에 그는 후대의 천문학자들에게 그 예측을 잊지 말라고 당부했다.

그는 걱정할 필요가 없었다. 태고적부터 사람들은 혜성에 종교적이고 역사적인 의미를 부여해왔다. 예를 들어 핼리 혜성은 1066년 헤이스팅스 전투 7개월 전에도 나타났었다. 그것은 노르만 왕의 잉글랜드 정복에 관한 설화를 수놓아 그린 장엄한 바이외 태피스트리(Bayeux Tapestry)에도 들어갔다. 1758년 혜성의 예정된 도래는 새로운 과학적 방법에 대한 대중의 믿음을 굳힌 또 하나의 초석이었다.[34]

핼리는 여유시간에 독일 브레슬로 시의 사망자 통계를 수집하여 최초의 보험계리표를 작성했다. 이 표는 다가올 새로운 보험 산업에 필수적인 것이었다. 왕립천문학자로서 그는 경도위원회의 직권위원이 되었다. 이때 그는 정확한 해상크로노미터를 찾고 있던 존 해리슨에게 절실하게 필요했던 용기와 충고, 지원을 해주었다.

이 모든 것도 한 사람이 일생 동안 이루기 벅찬 업적이었지만 여기에서 그치지 않고 핼리는 유럽의 신대륙 발견 착수에도 기여했다. 그는 지구와 태양 사이의 거리를 좀더 정확히 측정하기 위해 1761년과 1769년(그가 죽은 지 20년 되는 해) 사이 금성의 경로 관찰을 위해 태평양에 탐험대를 파견할 것을 제안했다. 제임스 쿡(James Cook) 선장이 이 항해를 이끌었고, 이 과정에서 그는 유럽인으로서는 최초로 오스트레일리아와 하와이 제도를 포함하여 태평양의 많은 곳들을 방문했다. 핼리는 번영의 네 가지 기초 중에서 세 가지—과학적 합리주의, 자본시장, 수송체계—발전에 핵심적인 역할을 한 인물로, 우리 이야기에서 중심적 인물로 설정한다고 해도 큰 무리가 아닐 것이다.

모든 영역을 파고드는 합리주의

새로운 과학적 방법으로 이루어진 눈부신 진보에도 불구하고 이 혁명이 세계의 부를 거대하게 증진시키기 시작하려면 두 세기가 더 흘러야 했다. 1850년 이전에 과학자들은 산업체에서 일하는 경우가 드물었고, 대부분의 발명은 토머스 에디슨(Thomas Edison)과 존 스미턴(John Smeaton) 같은 재능 있는 수공업자나 발명가들에 의해 이루어졌다. 존 스미턴은 로마의 멸망 이후 잊혀졌던 시멘트를 재발견한 인물이다. 19세기의 철강업은 원광석의 품질과 최종 제품 사이의 관계를 지속적으로 모니터하기 위해 정규직 연구자들을 갖춘 근대적인 산업과학 연구소를 활용한 최초의 경우였다. 철강왕 앤드류 카네기(Andrew Carnegie)는 자신의 연구실을 통해 경쟁우위를 얻을 수 있었다. 그는 이렇게 말했다. "우리가 화학에서 도움을 받기 시작한 지 몇 년이 지난 다음 경쟁자들은 화학자를 고용할 여유가 없었다고 말했다. 만약 당시 그들이 진실을 알았다면, 그들은 그것이 필수적인 것이라는 점도 알았을 것이다."[36] 충분한 연구인력과 재원을 갖춘 시설이 대규모 제조기업의 특징이 된 것은 20세기에 들어서도 시간이 한참 흐른 후였다.

코페르니쿠스 이래 정확히 얼마나 많은 것이 바뀌었는지는 폴란드 출신의 위대한 천문학자에 대한 루터의 다음과 같은 비난 속에 가장 잘 요약되어 있다. "그 어리석은 자가 천문과학 전체를 전복시킬 것이다."[36] 루터의 세계에서 기성의 지혜를 전복시키는 것은 죽을 죄였다. 3세기 만에 그런 행위가 보통 사람에게도 부와 명예를 안겨줄 수 있는 일이 되었다. 출처가 불분명한 어떤 이야기에서 나폴레옹이 천문학자 조제프 라그랑주(Joseph lagrange)에게 뉴턴 같은 사람이 하나 더 있었으면 어떻겠느냐고 물었을 때 라그랑주가 한 대답은 그 시대를 요약해 보여준다. "안 됩니다, 각하! 발견될 우주는 하나밖에 없습니다."

인류가 천체에 몰두해온 결과 컴퓨터 키보드 몇 번만 두드리면 인공위성이 그리는 궤도의 경로를 계산할 수 있게 되었다. 결정적으로 중요한 진보는 17세기 동안 일어나 인간과 그 주변 환경 사이의 관계를 혁명적으로 변화시켰다. 영국의 과학자와 수공업자들은 보통법에 의해 저작권과 재산권을 보호받았을 뿐만 아니라 이제는 혁신을 위한 적절한 지적 도구들도 갖게 되었다.

다음 두 세기에 걸쳐 발전하는 자본시장이 그들의 노력에 자금을 대고, 다가오는 근대적인 동력과 수송, 통신이 그들의 기기들을 전국과 전 세계로 퍼뜨릴 것이며, 첫 번째 부의 파도를 만들어낼 것이다.

제4장

자본시장의 활성화

단적으로 말해 시장 자본주의에 있어 자본은 필수 요소다. 자본은 기업을 운영하기 위한 재정적 수단이다. 크든 작든 기업이 재화와 서비스를 생산하기 위해서는 장비와 원재료를 구입해야 한다. 이것은 태고적부터 농부들이 작물을 수확해 팔기 이전에 종자와 도구를 마련하기 위해 돈을 빌렸던 것과 똑같은 행위다. 사업체가 자본을 사용해 수입을 얻기까지 시간적으로 오래 지연되는 경우가 자주 있다. 순수한 농업 사회에서도 포도를 재배하는 경우처럼 파종에서 수확까지 수십 년이 걸릴 수도 있다.

산업 사회에서는 자본 지출과 수입 사이의 오랜 시간적 괴리가 매우 일반적인 일이고, 따라서 소요되는 돈의 양도 엄청나게 불었다. 오늘날 서구 경제에서 수입의 상당 부분은 이전 세대에는 존재하지 않았던 발명품에서 발생하며, 거의 모든 수입이 한 세기 이전에는 존재하지 않았던 발명에서 비롯된다. 이러한 생산물들을 시장에 내다 파는 데도 자본, 그것도 엄청난 양의 자본이 필요하다. 1900년과 1950년 사이의 시기를 생각해보자. 1950년에 경제를 지배한 자동차, 항공기, 가전품 산업은 1900년에는 존재하지 않았다. 1900년에 있었던 것은 이 발명품들을 일반 시민에게 제공하리라 꿈만 꾸었던 발명가와 기업가들뿐이었다.

서구 사회의 번영의 압도적인 부분이 어느 특정한 시점에 극소수 천재들의 머릿속에서 비롯되었다는 것은 소박한 진리다. 그들의 생각을 경제적 실제로 전화시키기 위해서는 막대한 양의 자본이 필요하고, 그 자본은 투자자들이 굳게 신뢰하는 튼튼한 금융 시스템에 의해서만 공급될 수 있다.

1879년 토머스 에디슨이 백열전구를 발명한 것은 현대 자본주의가 어떻게 작동하는지 생생하게 보여주는 적절한 사례다〔흔히 오해하듯이 에디슨이 전기 자체를 발명한 것은 아니다. 그보다 2년 전에 파벨 야블로치코프(Pavel Jablochkov)라는 러시아 전기 기술자가 아크등으로 파리의 대로를 밝혔다〕. 에디슨은 부자였지만 자기 자본으로는 단 몇 개의 전구밖에 만들어낼 수 없었다. 대규모 시장을 상대로 전구를 생산하기 위해서는 커다란 공장을 짓고 수천 명의 훈련된 노동자를 고용하며 대량의 원재료를 사야 한다. 이것은 나라에서 가장 큰 부자라도 혼자서는 할 수 없는 일이었다. 더욱 심각한 문제는 전력이 안정적으로 공급되지 않으면 전구는 전혀 쓸모가 없었다는 점이다. 전구를 최초로 팔고자 하는 사람은 발전소와 전기를 배급할 송전망을 먼저 갖추어야 했다. 이제 갑자기 에디슨의 야망을 실현시키기 위한 모험적 사업에 자본을 댈 투자자가 희소 상품이 되었다.

1800년대 말 미국에서 대규모 기업이 필요로 하던 자본 투자의 가장 두드러진 원천은 존 피어폰트 모건이었다. 그러나 모건의 개인적 재산도 에디슨의 발명품을 상업화하기 위해 설립된 회사인 에디슨 일렉트릭 라이트 사(Edison Electric Light Company)의 주식을 인수할 수 있을 만큼 충분히 크지 않았다〔존 록펠러(John D. Rockefeller)는 1913년 모건이 죽으면서 8천만 달러의 재산을 남겼다는 말을 듣고는 "생각해보면 그는 부자도 아니었어"[1]라는 유명한 말을 했다〕.

그러나 모건가(家)는 그 자체의 직접적인 자산보다 훨씬 많은 자금을 공급할 수 있었다. 20세기로 넘어가던 시점에 미국 은행업계에 있어 모건의 힘은 너무나 컸기 때문에 그는 은행 연합군을 신디케이트로 조직해 거대한 양의 자본을 공급할 수 있었다. 경제사가들은 1837년 제2차 유나이티드스테이츠은행(The Bank of the United States)에 대한 설립인가서가 만료된 때부터 1913년 연방준비제도가 창설—우연이지만, 모건이 태어나고 죽은 해와 정확히 일치한다—되기까지 미국에는 중앙은행이 존재하지 않았다는 점을 자주 지적한다. 상당한 기간 동안 모건은 미국의 실제적인 중앙은행으로서 기능했고, 어떤 경우에는 미국 재무성에 구제금융을 제공하기도 했다.

모건은 당시 미국이 가장 선진적인 공업국이 되는 데 기반이 되었던 철도, 공공시설, 철강 산업 등을 일으키는 데 필요한 수억 달러의 자금 흐름을 쉽게 조절해줄 수 있는 유일한 인물이었다. 또한 그는 신기술에 대한 투자가 대부분 실패할 것이라는 점을 알고 있었다. 오늘날의 인터넷 및 신기술 투자자들이 다시 한 번 확인했듯이 말이다. 이것은 모건의 시대에도 이미 새로운 일이 아니었다. 잉글랜드에서도 기술 투자의 역사는 사기와 재난, 손실로 점철되어왔다. 이런 역사는 1600년대의 잠수회사*로부터 시작해 1700년대의 운하회사를 거쳐 1840년대의 철도 버블에서 정점에 달했다. 그래서 모건은 확립된 기술들에만 금융을 제공했다.

에디슨의 경우는 예외였다. 전기광이었던 모건은 뉴욕 시 매디슨 가 219번지에 있던 자신의 저택 뒷마당에 기괴하게 생기고 소음이 심한 발전기를 설치하게 했다. 집의 전기 배선들이 화재를 일으키는 경우가 빈번했고, 어떤 때에는 그로 인해 그의 책상이 부서지기도 했다. 그는 맨해튼 최초의 대규모 발전소 건설에도 자금을 대주면서, 월스트리트 23번가에 있던 모건은행 사무소에 전력을 공급케 했다. 언론에 그 시설을 자랑스럽게 공개했을 때, 그는 발전소가 예산을 2백 퍼센트나 초과해 운영되고 있다는 사실을 조심스럽게 숨겼다.

모건/에디슨 이야기는 또한 자본시장이 담당했던 건설적인 역할도 잘 드러낸다. 모건과 투자은행가 헨리 빌라드(Henry Villard)는 1880년대에 에디슨의 초기 벤처사업 투자를 도왔고, 그 이후에는 원래의 에디슨 일렉트릭 라이트 사를 에디슨 제너럴 일렉트릭(Edison General Electric)에 합병시켰다. 1890년대 초 모건과 그의 동료에게 에디슨은 천재적인 발명가였을지는 모르지만 사업가로서는 형편없었다는 점이 분명해졌다. 당시 전기시장에서는 직류와 교류 발전기와 기기들이 시장의 표준으로 채택되는 것을 놓고 서로 경쟁하고 있었다. 직류가 낮은 전압에서 작동한다는 이유로 에디슨은 교류 시스템보다 직류를 더 선호했다. 그러나 불행하게도 직류전기는 장거리 송전에는 적합하지 않았고, 따라서 그것의 시장 잠재력도 제한적이었다. 경쟁사인 톰슨-

---

* 1690년대 영국 주식시장에서는 침몰한 보물을 찾을 목적으로 설립된 회사들의 주식에 대한 열광적인 붐이 일어났다. 이것은 역사상 최초의 주식 투기 붐이었다. Edward Chancellor, *Devil Take the Hindmost*(New York: Penguin, 1999), pp.36-38을 보라.

휴스턴(Thomson-Houston)은 두 종류의 전기 모두를 생산하는 발전소를 운영했다. 1883년에 장거리 고압 교류전기를 현지에 맞게 감압시킬 수 있는 변압기가 잉글랜드에서 특허로 등록되었다. 그로부터 몇 년 후 조지 웨스팅하우스(George Westinghouse)는 그것의 미국 내 사용권을 취득했고 톰슨–휴스턴은 그것을 활용해 에디슨이 점유하고 있던 시장을 잠식했다.

모건과 동료들은 에디슨 제너럴 일렉트릭의 파산을 저지할 유일한 방법이 톰슨–휴스턴과의 합병이라고 곧바로 파악했다. 그리하여 그 두 회사는 제너럴 일렉트릭(General Electric, 이하 GE)이라는 새로운 이름으로 합병되었다. GE는 1890년대의 불황기 내내 자본을 계속 필요로 했고, 그 이후 한 세기 동안 미국의 전기시장을 장악한 거대 기업이 되었다. 에디슨은 원래 성격대로 합병 직후 울컥하는 일시적 기분에 사로잡혀 통합회사에 대한 자기 지분을 매각하여 그 수익금을 장래의 발명에 쏟아 부었다. 나중에 그가 GE 주식을 계속 보유했을 경우 가치가 얼마나 되었을지를 들었을 때, 그는 이렇게 대답했다고 한다. "글쎄, 그건 모두 사라졌지. 하지만 만일 그랬다면 그 돈을 쓰느라 정신이 없었을 거야."[2] 이 이야기가 남기는 교훈은, 그 이전과 이후 세대의 벤처 자본가들과 마찬가지로 에디슨 일렉트릭의 투자자들은 자금 공급은 물론 기업 발전의 결정적인 국면에서 핵심적인 운영방침도 제공했다는 점이다.

이 이야기에서 존 피어폰트 모건의 역할이 보여주듯이, 투자자들의 역할은 단지 자본 공급에 그치는 것이 아니다. 그들은 그것에 수반되는 위험도 인수한다. 사실 많은 경우에 투자자들은 투자한 돈을 잃는다. 최근의 닷컴 기업의 실패가 쓰디쓴 교훈으로 보여주었듯이, 새로운 기업과 벤처사업의 압도적 다수는 실패한다. 에디슨 일렉트릭/제너

럴 일렉트릭, 제너럴 모터스(General Motors), 마이크로소프트
(Microsoft) 같은 몇몇 성공적인 기업들의 예에서만이 새로운 기업에
대한 투자가 수익성 있는 일로 보인다. 이러한 의미에서 새로운 기업
에 대한 자본 투자는 복권과 흡사해 보인다. 수백만 명이 복권을 사지
만, 당첨되는 것은 운 좋은 단 몇 사람에 지나지 않는다. 우리의 자본
지향적 사회에서 공적·사적 자본이 언제라도 가용하다는 사실은 그
자체로 혁신과 발명을 위한 강력한 인센티브가 된다.

에디슨, 모건, 빌라드가 행한 금융활동은 19세기 말 자본시장의 정
점을 이루는 것이었다. 이 장에서는 고대에 나타난 금융 시스템과 중
세 말기와 근대 초기에 걸친 그 시스템의 발전에 관한 이야기가 전개
된다. 기본적으로 이것은 비용, 위험, 정보라는 세 가지 요인에 관한
이야기다.

자본의 비용

모든 사업에는 돈이 든다. 다른 모든 상품과 마찬가지로 돈에도 비
용이 있다. 이자율이 그것이다. 봄에 씨앗과 쟁기를 사기 위해 돈을 빌
렸던 농부는 나중에 그 돈을 갚으면서 거기에 이자를 붙여주어야 한
다. 이자율이 높으면 돈이 '비싸다'고 하고, 이자율이 낮으면 돈이 '싸
다'고 한다. 싼 돈은 사업 투자를 활성화시키고 비싼 돈은 그것을 둔화
시킨다. 이자율이 너무 높이 올라가면, 농부들은 파종을 포기하고 사
업가들은 상업활동을 연기한다.

돈의 비용을 정하는 많은 요인 중에서 가장 근본적인 것은 수요와
공급의 균형이다. 대부자는 많은데 차입자가 적으면 이자율이 낮아지

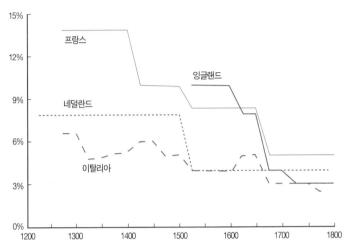

〈그림 4-1〉 유럽의 이자율, 1200~1800

출처: Homer and Sylla, *A History of Interest Rates*, pp.137-138에서 얻은 데이터

고 반대로 대부자는 적고 차입자가 많으면 이자율이 높아진다. 〈그림 4-1〉은 1200년에서 1800년 사이 잉글랜드, 네덜란드, 이탈리아, 프랑스에서의 이자율 하락을 보여주고 있다. 점진적으로 이자율이 하락했던 데는 여러 이유가 있었다. 그중 가장 중요한 이유는 투자자본 공급의 증가였다. 즉, 빌려줄 수 있는 돈이 많아졌던 것이다. 이 자본 비용의 하락은 사업활동의 증대와 성장을 낳았다.

아주 옛날부터 경제학자들은 이자율의 중요성을 잘 이해했다. 영국 동인도회사의 총독이었던 조시아 차일드 경(Sir Josiah Child)은 1668년에 "오늘날 모든 나라들 간 빈부의 차이는 돈에 대한 이자로 그 나라들이 기존에 지급해왔고 현재 지급하고 있는 것에 정확히 비례한다"[3]고 지적했다. 차일드가 보기에 그 관계는 수학적으로 아주 정확했다. 만약 이자를 지급할 여유가 한정되어 있다면, 이자율이 6퍼센트일 경우보다 3퍼센트일 때 두 배나 더 많은 자본을 쓸 수 있다. 역사가 토머스 애쉬턴(T.S. Ashton)은 이렇게 말했다.

> 18세기 중반에 경제발전이 가속화된 단 한 가지 이유를 찾는다면(물론 한 가지 이유만 찾는다면 잘못된 일이겠지만), 우리는 낮은 이자율에 주목해야 한다. 산업혁명기에 깊게 파고들어간 광산들, 견고하게 지어진 공장들, 잘 건설된 운하와 회사들은 모두 비교적 저렴한 자본의 산물들이었다.[4]

개인들에게 주어지는 대부와 정부와 기업들이 발행하는 채권에 대한 자본 비용 개념은 이해하기 쉽다. 그 비용은 단순히 관련된 대부나 채권에 대한 이자율이다. 투자자들 중에는 소유지분(회사의 주식)에 자본 비용을 어떻게 적용하는지에 대해 잘 이해하지 못하는 사람들이 많은데, 그 지분에도 자본 비용이 적용된다. 한 주의 가격, 즉 회사의 소득에 대한 한 주의 권리는 '주당가격'으로 표현된다는 개념에서 시작해보자. 다음으로 이 표현을 뒤집어, '달러당 주식'—공장, 장비, 노동을 구매하는 데 필요한 1달러의 투자자본에 대해 회사가 투자자들에게 지급해야 할 소유권의 양—에 대해 생각해보자.

주가가 높으면 주식자본—회사가 지분을 팔아 얻는 돈—의 비용은 낮으며, 회사들은 투자자본과의 교환으로 투자자들에게 새로운 주식을 기꺼이 발행할 것이다. 이것은 최근의 인터넷/기술 붐 동안 일어났던 일이다. 이때 새로운 기업들은 무척이나 비싼 주식을 대중에게 마음껏 팔았다.

반대로 주가가 낮으면 자본 비용이 높다. 이럴 경우 회사들은 융자에 대한 대가로 외부자들에게 소유권 중 많은 지분을 양도해야 하고 투자는 지체될 것이다. 1980년대에 있었던 일이다. 당시 주가가 너무 낮아서 실제로 기업 경영자들은 대중으로부터 그들의 기존 주식을 환매하기 위해 정크본드라는 형태로 돈을 빌려야 했다.

1990년대 말에 그랬듯이, 때때로 기업들은 채권 매각이나 차입보다는 주식 매각을 통해 자본을 더 싸게 조달할 수 있다. 반대의 경우가 타당한 때도 있다. 그러나 자본의 원천이 어디든 자본은 언제나 비용을 수반한다. 그 비용은 얼마나 많은 사업이 수행될지, 부가 얼마나 빨리 증가할지를 결정한다.

자본의 위험

단순한 수요와 공급이 이야기의 전부가 아니다. 벤처기업의 위험 정도도 그 자본의 가격에 결정적인 역할을 한다. 신용도가 높은 차입자에 대한 대부는 신용도가 낮은 차입자에 대한 경우보다 이자율이 훨씬 더 낮다. 미국 재무성 채권은 트럼프 카지노〔같은 민간기업이〕 채권보다 훨씬 채권수익률이 낮다. 국내 정세가 불안하거나 대외적인 군사적 위협이 있을 때에는 국채를 포함한 모든 채권의 위험도가 높아지고 따라서 이자율도 상승한다. 제1장에서 언급했듯이, 한 나라의 이자율은 그 나라의 경제적·사회적·군사적 상황을 가리키는 지표로서 '체온표'라고도 생각될 수 있다.[5]

위험은 가중되거나 엷어질 수 있다. 성공할 확률이 5분의 1인 사업 기회가 있다고 가정해보자. 투자하거나 차입해야 할 금액이 10만 달러이고, 사업에 성공한다면 1백만 달러를 거머쥔다고 하자(즉, 90만 달러의 이윤을 얻는다). 이 정도면 매력적인 사업이 아닐 수 없다. 하지만 실패할 확률이 80퍼센트나 된다는 점도 인식해야 한다. 이것은 10만 달러 전체를 잃을 수도 있는 시나리오다. 90만 달러의 이윤을 올릴 20퍼센트의 확률과 10만 달러를 잃을 80퍼센트의 확률이 동시에 존재하기 때문에, 이 투자의 기대수익은 10만 달러라고 할 수 있다. 즉, '평균적으로' 당신이 손에 쥐게 되는 돈은 투자금액의 두 배가 될 것이다.* 물론 평균적인 수익을 얻지 못하는 경우를 제외하고 말이다. 큰 손실을 볼 수도 있고 더 큰 이익을 얻을 수도 있다.

그렇게 양호한 기대수익으로도 사람들은 그 기회를 추구하는 데 주저할 수 있다. 10만 달러가 어렵게 모은 돈이거나 빌린 거라면, 그 돈을 잃거나 빚지는 데 따르는 고통은 90만 달러의 이익이 주는 즐거움보다 훨씬 더 클 것이다. 더구나 근대 이전의 유럽에 살고 있다고 상상해볼 때, 채무불이행은 채무자에게 곧 감옥행을 의미하며, 고대 그리스에서는 채권자의 노예가 되는 것을 뜻한다.

이는 매우 중대한 위험으로, 근대 이전에는 그러한 위험을 감수하려는 사람이 매우 적었다. 19세기에 영국의 금융가들은 실제로 채무불이행에 대한 가혹한 처벌이 투자를 가로막는다는 것을 알았고, 하원은 파산법을 제정했다. 채무자의 투옥 위험을 제거하자 투자활동이 폭발적으로 증가했다.

근대 이전에 채무불이행으로 개인적인 파산을 겪을 위험이 있었던 사람들은 기업가들만이 아니었다. 비교적 최근까지도 회사의 주주들도 그런 위험에 노출되어 있었다. 회사의 지분 일부를 가졌다는 이유만으로 회사의 모든 의무 불이행에 대해 가혹한 처벌을 받을 수 있다면, 그

---

*계산하자면 이렇다. 90만 달러 × 0.2 + (-) 10만 달러 × 0.8 = 10만 달러

지분을 매입하여 회사에 자본을 공급하려는 사람은 적을 수밖에 없다. 이 문제에 대한 해결책은 근대적인 유한책임회사였고, 19세기에 회사의 채권자들로부터 주주들을 보호하는 입법이 이루어졌다. 우리는 이 장의 뒤에서 이러한 발전을 좀더 탐구할 것이다.

앞의 예로 돌아가서, 10만 달러를 잃을 모든 위험을 혼자서 지지 않고, 신디케이트를 통해 여러 사람이 그 위험을 공동으로 진다고 가정해보자. 즉, 한 개인이 다른 많은 투자자들과 그 위험을 공유하는 것이다. 주주가 1백 명이라고 하면, 회사가 파산할 경우에는 각자 1천 달러의 손실만을 입고 성공할 경우에는 9천 달러의 이익을 얻는다. 위험을 분산시킴으로써 더 많은 투자자들이 투자를 하게 될 것이다.

마지막으로 어떤 개인투자자가 자신의 위험을 더욱더 많은 수의 신디케이트 협약들 사이에 분산시킬 수 있다고 생각해보자. 이 경우 그 개인의 전체적인 실패 확률은 더욱 떨어지는데, 이는 그 개인이 돈을 잃으려면 상기 투자의 90퍼센트가 실패해야 할 것이기 때문이다. 벤처의 수가 많으면 많을수록, 돈을 잃을 확률은 더욱더 낮을 것이다. 〈그림 4-2〉는 이 예에서 돈을 버는 것 또는 수지균형을 이루는 것으로 정의되는, 성공의 확률이 투자 가능한 벤처 수의 증가에 따라 어떻게 더 높아지는지 보여준다. 단지 네 곳의 벤처에 투자하면, 성공 확률은 50퍼센트가 조금 넘을 뿐이지만, 열여덟 개의 벤처에 투자하면 성공 확률은 90퍼센트로 높아진다.*

여러 다른 신디케이트화된 벤처의 지분을 매입할 수 있다면 성공의

---

* 이 그림의 특이한 계단형 성격은 이 예에만 적용되는 작위적인 것이다. 벤처 수가 열 개라면 한 곳에서만 성공하면 돈을 잃지 않을 것이고, 벤처 수가 열한 개라면, 두 곳에서 성공해야 하는 바, 성공 확률이 훨씬 더 낮다.

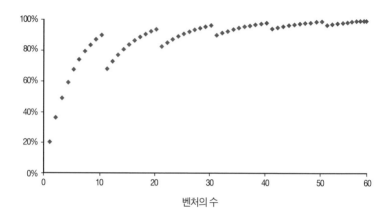

〈그림 4-2〉 다각화 증대에 따른 성공 확률 변화

벤처의 수

확률은 그만큼 더 커지고, 따라서 자금이 필요한 사업에 대한 자본 공급 의사도 훨씬 더 증가할 것이다. 17세기에 합자회사가 출현한 것은 이러한 두 가지 필요성 모두―위험의 공동화와 분산, 이에 따른 신규 벤처에 대한 투자자본 양의 증가―에 대한 해답이었다.

정보와 자본

자본이 아무리 싸고 풍부하더라도 거래를 위해서는 주식과 채권을 팔려고 하는 기업들과 그것을 사려는 투자자들을 연계시켜줄 시장이 필요하다. 시장은 차입자와 대부자를 일치시켜야 하는데, 이것은 간단한 일이 아니다. 자본시장은 잡화품 시장, 중고차 시장이나 다이아몬드 시장과 흡사한 행태를 보인다. 구매자와 판매자들이 흥정하고 정보를 교환하는 사이 시장에서는 적정한 가격이 형성된다.

시장이 이 목표―구매자와 판매자의 일치 및 가격 형성―를 얼마나 효율적으로 달성할지는 경우에 따라 다르다. 효율적인 시장이란 구매자와 판매자가 거의 동일한 가격으로 자유롭고 공개적으로 대량의 거래를 행하는 시장을 말한다. 주유소는 효율적인 시장의 훌륭한 예다. 고객은 매일 승용차로 출퇴근하는 것만으로도 표준 무연가솔린의 적정한 시장가치에 관한 훌륭한 정보를 얻을 수 있다. 비효율적인 시장이란 동일하지 않은 재화들의 거래가 대개는 대중이 볼 수 없는 곳에서 드문드문 일어나는 시장을 말한다. 주택 판매 같은 것이 그런 시장이다.

　17세기 이전에 대부분의 유럽에서 자본시장은 특히 비효율적이었다. 이 시장에서 차입자와 대부자는 입소문을 통해서나 아니면 우연히 서로 조건이 맞았다. 심지어 두 당사자가 같은 도시에 사는 경우에도 그러했다. 결과적으로 자본의 사용자와 공급자 모두 자본의 진짜 비용을 쉽게 확인할 수 없었다. 그리고 그 불확실성 때문에 양측 모두 거래하기를 주저했다. 그 결과 자본의 극히 일부만이 기업으로 흘러 들어갔다.

　중세 유럽에서는 자본시장뿐만 아니라 거의 모든 상품시장이 비효율적이기를 넘어 사실상 존재하지 않았다고 해도 결코 과장이 아니다. 오늘날 적정가격이란 '시장을 청산하는' 가격, 즉 엄청나게 많은 수의 구매자와 판매자를 유인하여 동시에 거래할 수 있도록 하는 가격이다. 1400년경 이전에 시장은 '적정' 가격을 정하지 못했다. 대신에 자의적인 도덕적 시스템이 지배했다. 유럽의 역사가 나탄 로젠버그(Nathan Rosenberg)와 버드젤(L.E. Birdzell)은 이렇게 말했다. "그 시스템의 이데올로기는 '정의로운 가격,' '정의로운 임금'이라는 구절 속에 요약되어 있다. 가격과 임금은 가치에 대한 도덕적 판단을 나타냈다. 수요와 공급은 도덕적으로 상관성이 없었다."[6] 더 나아가 로젠버그와 버드젤에 따르면, 식량 공급이 급격히 하락하는 기근 때에만 가격이 상승했다. 이러한 메커니즘은 대중의 분노를 오늘날 '자유 시장경제'라 부르는 개념 쪽으로 돌리는 기능을 주로 했다.

오래 전부터 경제학자들은 가능한 한 많은 구매자와 판매자를 같은 시간대에 같은 장소에 불러 모을 때 시장이 가장 효율적으로 작동한다는 것을 알고 있었다. 중세의 유명한 견본시(見本市)—이것들 중 일부는 오늘날까지 존속한다—가 이러한 기능을 했다. 많은 나라에서 (그리고 뉴욕의 웨스트 47번가 다이아몬드 지구의 밀집 영세 상가와 같은 미국의 몇몇 도시에서도) 푸주간이나 보석가게가 같은 거리에 조밀하게 군집을 이루고 있는 모습을 본 적이 있을 것이다. 전화와 신문이 없는 세상에서는 군집이 구매자와 판매자 모두에게 가격정보의 흐름을 극대화해주고 전체 거래량을 증대시킨다. 17세기에 네덜란드인들은 많은 금융거래소를 암스테르담의 몇몇 블록 안에 위치시킴으로써 이런 현상을 극적으로 활용했다.

네덜란드로서는 불행한 일이지만, 지리적 근접성은 단지 그런 정도의 효과밖에 없다. 오늘날의 복잡한 경제에서 구매자와 판매자들이 다수의 재화와 금융상품을 매매하기 위해 상이한 거리와 도시로 여행해야 한다는 것은 매우 비효율적이다. 19세기 중반에 전신이 발명되고 대서양 횡단 케이블이 깔리면서 이 문제가 해결되고 자본시장을 철저히 변혁시켰다. 자본뿐만 아니라 다른 모든 재화의 소비자와 공급자는 이제 더 이상 얼굴을 마주할 필요도 없고 심지어 같은 대륙에 거주할 필요도 없다. 시장의 참여자들이 적정가격을 알아내기가 점점 더 용이해지면서 자본 흐름은 기하급수적으로 증가했으며, 거래는 시작되자마자 거의 순식간에 이루어졌다.

자본시장의 고대적 뿌리

비옥한 초승달 지역에서 역사가 시작된 이래 자본시장은 인간 활동의 본원적인 일부였다. 아니 그것은 그보다 몇 천 년 이전에 시작되었을 수도 있다. 제2장에서 보았듯이, 함무라비법전은 이자율 상한을 은의 대부에 대해서는 20퍼센트로, 일차적인 교환수단이었던 곡물의 대부에 대해서는 33퍼센트로 정하면서 자본시장 거래에 간섭했다. 여기서 우리는 위험과 수익 사이의 연관을 찾아볼 수 있다. 곡물은 작황이 나빠지면 없어져버리기 때문에 곡물의 대부는 은을 대부하는 경우보다 대부자에게 위험이 훨씬 더 컸다. 이 추가 위험 때문에 더 높은 이자율이 부과되었던 것이다.

소아시아의 리디아인들이 기원전 7세기에 각인된 주화를 발명하기 이전에, 고대인들은 당시 중앙은행 역할을 했던 신전에 상징적인 예금을 하기 위해 계량된 은 알갱이와 막대를 사용했다.[7] 현대의 투자자들은 채권—고정된 이자와 원금을 지급받는 대부와 채권—과 주식—또는 사업체의 이익 중 일부를 수취하는 주식 또는 지분합자—을 모두 다루는 자본시장에 익숙해 있다. 현대 세계에서는 주식(equity)이란 종종 보통주식(common stock)의 지분(share)을 의미한다. 이런 제도—합자회사—는 로마와 중세 프랑스에서 처음 나타났지만, 널리 확산된 것은 17세기 네덜란드에서 그것이 대중화되면서부터였다. 고대에는 단순 합작—한 당사자가 이윤의 일부를 받는 대가로 기업의 운영자에게 자본을 공급하는 것—이 더 널리 사용되었다.[8]

가장 오래된 역사시대부터 매우 최근까지 어떤 유형의 것이든 주식 발행에 의한 자본 조달은 사실상 거의 사용되지 않았다. 주식보다는 부채가 자금 조달 수단으로서 더 선호되었다. 주식 발행에 의한 자금 조달의 문제점은 쉽게 이해할 수 있다. 경제학자들은 이 문제를 '정보의 비대칭성'이라 부른다. 사업을 운영하는 사람—운영자 측 파트너—은 투자자들 몰래 이윤(과 손실)을 쉽게 숨길 수 있는 반면, 투자자들이 자신의 정당한 몫을 사취당하지 않도록 그 제도를 감시하는 데는 시간이 많이 걸릴 뿐더러 비용도 많이 소요된다. 최근의 기업 회계 부정 사건이 보여주듯이, 그러한 문제는 오늘날의 투자자들에게도 여전히 실제적인 골칫거리다. 또 오늘날에는 그런 문제가 훨씬 더 큰 규모로 발생한다.

부채에 의한 자금 조달, 즉 차입자의 재산적·인적 담보 제공으로 보증되고 이자와 더불어 상환되는 단순 대부는 훨씬 덜 복잡하고 훨씬 더 직접적이며, 투자자가 감시하기 훨씬 더 쉽다. 차입자와 대부자 모두 정해진 날짜에 정해진 액수가 지급될 것이라고 기대하고 있기 때문이다. 모기지의 경우 특히 매력적인데, 채무불이행 시 대부자가 차입자의 부동산을 그 대가로 처분할 수 있기 때문이다.

고대 세계에서는 주식 발행에 의한 자금 조달과 관련된 정보 및 집행비용이 감당할 수 없을 정도였다. 이런 이유에서 20세기 이전까지 기업활동에 자금을 대기 위한 수단으로서 부채—대부와 채권 발행—가 주식 발행보다 훨씬 더 일반적으로 사용되었다.*

투자자의 관점에서 볼 때 함무라비법전도 부채에 의한 조달을 더 나은 자본 공급 수단으로 규정하고 있다. 왜냐하면 차입자는 대부자에게 자신의 땅, 집, 노예, 아내, 심지어 아이들도 담보물로 제공할 수 있었

---

* 근대 이전에 주식보다는 부채가 선호된 것에 대한 다른 설명도 있다. 근대 이전에 기대수명의 불확실성 때문에 사람들은 주식 소유의 먼 회수기간을 기꺼이 수용하지 않았다. 주식 소유의 위험이 훨씬 더 높다는 점도 마찬가지로 기능했다.

기 때문이다. 그러나 그렇게 매우 효과적인 담보 제공도 결점이 있었다. 삶에서 가장 소중한 것을 잃을 수 있다는 것 때문에 사람들은 위험을 떠안으려 하지 않았다.

화폐의 출현

오늘날에는 믿을 수 있는 화폐가 흔하다보니, 리디아인들이 호박금(금과 은의 합금) 조각을 각인해 최초로 주화를 만들기 전까지 세계가 화폐 없이 어떻게 살았는지 생각하기조차 어려울 정도다.

열 개의 상이한 상품만 교역되는 원시 경제를 생각해보자. 주화가 없기 때문에 교역자들은 서로 대응하는 두 상품을 물물교환해야 했다. 소한 마리와 면사 여섯 포, 마차 한 대분의 땔감과 두 가마의 곡물 등등, 열 개의 상이한 상품으로 만들 수 있는 서로 다른 조합은 45가지다.[*8] 더욱 곤란한 점은, 누군가로부터 가령 면사를 구매하려는 사람은 상대방이 필요로 할 무언가를 갖고 있어야 했다는 점이다. 주화는 교환과정을 단순화한다. 주화가 있으면, 열 개의 가격만 있으면 되고, 구매자는 자신의 욕망을 다른 누군가의 욕망과 일치시키기 위해 더 이상 애쓰지 않아도 된다. 경제학 용어집에는 금화와 은화가 '교환의 매개'로 되어 있다. 인류가 그렇게 오랫동안 화폐 없이 살았다는 것이 놀랍다.[9]

위험을 관리하는 또 다른 방법인 보험은 '모험대차'(冒險貸借)**라는 형태로 그리스인이 처음으로 고안해냈다. 이것은 교역 항해를 위한

---

*n가지 상이한 상품들의 가능한 쌍의 수에 관한 공식은 $n(n-1)/2$이다.

자금 조달에 활용되었다. 만약 배가 침몰하면 그 대부는 청산되었다. 그것은 대부와 함께 제공된 보험증서라고도 할 수 있다. 암묵적인 보험 조항으로 인해 사실상 이 자본은 비싼 편이었다. 평화시의 이자율은 22.5퍼센트, 전시에는 30퍼센트였다. 근대 이전 시대의 정보의 희소성이 이러한 특이한 구조의 대부를 만들어냈다. 보험 조항이 없을 경우에는 배가 소실되면 대부자는 차입자의 다른 자산에서 대가를 찾아야 했다. 이는 다시 개별 하주 모두의 재정 능력을 판단해야 하는 불가능한 과제를 수반했다. 모험대차의 고유한 부분으로서 균일한 '보험할증금'을 일괄 포함시켜 그것과 함께 처리되도록 하는 것이 훨씬 더 쉬운 일이었다.

따라서 인류 역사의 아주 초기 단계에도 자본시장의 근본적인 통용물인 정보의 문제가 존재했던 셈이다. 차입자의 능력, 동업자의 성실성, 작황, 지배적인 이자율, 그밖의 수많은 여건들이 양호하다면 대부자는 기꺼이 돈을 빌려줄 것이고 차입자도 돈을 빌리는 데 주저하지 않을 것이다. 다른 모든 조건이 동일하다면 경제는 잘 돌아간다. 그러나 근대 이전 세계에서 정보는 매우 비쌌거나 아예 존재하지도 않았다. 이것이 매우 높은 이자율의 부채를 통한 자금 조달 환경을 조성했고 경제성장을 저해했다.

** 고대 중세에 이탈리아 해항도시에서 흔히 이루어지던 관습적인 상거래. 해상대차(海上貸借)라고도 한다. 해상무역을 할 때 선주 또는 하주가 선박 또는 적하를 저당하여 대금업자들로부터 자금을 차입하고, 항해 중에 해난에 의하여 실패한 경우에는 그 자금을 반환할 의무가 면제되며, 항해가 무사히 끝난 경우에는 원금에 고율의 이자를 첨부하여 반환하는 제도이다. ─역주

로마의 자본시장

로마는 상황이 달랐다. 로마의 상대적인 사회적 안정성 덕에 1세기 초 이자율은 대략 4퍼센트대로 낮았다. 그러나 불행하게도 제국의 주요 수입원은 전리품이었다. 2세기 들어 정복이 쇠잔해지면서, 로마는 거의 항상 재정 위기를 겪었다. 로마정부는 토지에 대한 과세에 재정을 의존했고, 세금을 샅샅이 거두기 위해 세금 징수 일을 민간인 업자들에게 청부했다. 아이러니하게도 로마의 사업가들은 세금 징수를 목적으로 기록상 최초의 합자회사를 만들어 그들의 주식을 카스토르 신전에서 거래했다.

착취적인 세율은 로마의 농부들을 무자비하게 압박했다. 이전 시기에는 쉽게 극복되었던 작황 부진과 경제침체가 농부들을 더욱 압박했고 급기야 토지까지 포기하게 만들었다. 이는 다시 농촌 인구를 감소시켰으며 근대 이전 사회들에서 소득의 주된 원천이었던 농업을 황폐화시켰다. 로마의 멸망을 야기한 주된 문제는 재정적인 것이었다. 팍스 로마나의 낮은 이자율로는 상업보다 정복에 기반한 경제의 부정적 효과를 상쇄시키기에는 충분하지 않았다.[10]

견본시의 활약

중세 초기의 경제와 자본시장은 교회의 고리대 금지라는 족쇄에 매여 있었고, 로마시대보다 훨씬 더 심각한 기능부진 상태에 있었다. 자본 흐름은 거의 중단되었지만, 밝은 측면도 일부 있었다. 초기의 가장 극적인 진보는 견본시였다. 이것은 곧 1년 중 가장 중요한 상업 행사가 되었다. 지방 통치자들은 견본시에 참여하는 외국 상인들을 보호해주었고, 시골의 경우 거의 무법천지나 다름없던 시대에 이 조치는 작지 않은 특권이었다.

견본시는 청산 시스템을 발전시킴으로써 금·은 주화의 희소성이라는 중세 상업의 가장 큰 문제를 해결했다. 각 상인이 구매와 판매 내역을 장부에 기록해 그 장부를 관리에게 제출하면, 관리는 상쇄되는 교환 내역을 상계처리했다. 예를 들어 한 상인이 1,500플로린 어치의 재화를 구매하고 1,400플로린 어치의 재화를 판매했다면, 그의 부채는 1백 플로린의 차액만 지급하면 청산되었다.[11]

신용은 상업이라는 바퀴의 윤활유 역할을 한다. 윤활유가 없으면 기계는 원활하게 돌아가지 않는다. 견본시의 청산 시스템은 신용의 한 형태를 창출하여 교역을 자극했다. 후대의 유럽인들은 이 초기 견본시의 신용 메커니즘을 훨씬 더 강력한 금융 수단으로 발전시켰다.

유럽 전역에서 상업활동이 재개되면서 교회도 점차 이자 지급 금지에 대한 예외적인 조치들을 취했다. 대부된 화폐가 빌려주지 않았을 경우 수익성 있게 사용될 수 있는 돈이었다면, 교회법은 대부에 대한 이자를 허용했다. 예를 들어 만약 대부자가 대부자금을 늘리기 위해 재산을 팔아야 했다면, 대부자는 차입자에게 이자를 부과할 수 있었다. 왜냐하면 매각된 토지는 팔지 않았을 경우 대부자에게 소득을 낳아주었을 것이기 때문이다. 국가에 의해 강제된 대부도 이자를 지급받을 수 있었다. 국가 대부 관행이 확산됨에 따라 교회의 고리대 금지는 존속하기가 점점 더 어려워졌다.

5세기에 게르만족이 이탈리아 반도 전역을 유린하면서 점점 더 많은 난민이 아드리아 해 북서쪽 끝 산호초 속에 은폐된 작은 섬에서 피난처를 찾았다. 452년에 훈족의 아틸라가 아드리아 해의 곳에 위치한 고대 로마의 요새도시 아퀼레이아를 정복하면서 섬으로 몰려든 난민의 흐름이 급속해졌다. 로마의 멸망 이후 찾아온 혼란 속에서 고트족과 동로마제국―콘스탄티노플이 이끌던―이 이 지역을 번갈아가며 지배했다.

연속된 혼돈 속에서 외부의 아무런 도움 없이 스스로를 방어해야 했던 산호초 마을들은 단호한 독립성을 보이지 않을 수 없었다. 처음에 최대 주거지는 아퀼레이아 남쪽 그라도였는데, 여기서 난민들은 느슨한 마을 연맹을 조직했다. 지도력이 점차 남서쪽 리알토의 섬으로 이동했고, 이곳에서 베니스 시가 건설되었다. 콘스탄티노플의 지배 하에 있던 초기에 베니스는 비잔틴 황제 레오 3세가 모든 상징과 종교적 이미지의 파괴를 명령하자 726년에 반란을 일으켰다. 그 젊은 도시는 오르조를 사령관이자 지도자로 선출했고, 오르조는 둑스(dux)라는 명칭의 지도자 자리에 처음으로 올랐다. 이 명칭은 나중에 도제(doge)로 바뀌었고 그 이후 117명에게 계승되었다. 베니스는 유럽에서 금융적 혁신의 가장 풍부한 원천이자 교회에 대항한 이데올로기적 저항의 가장 강력한 보루가 되었다.[12]

베니스에 격랑 같은 역사를 남긴 연이은 전쟁을 지원하기 위한 국가 대부는 베니스 자본시장의 중요한 특징이었다. 13세기에 공화국은 가장 부유한 시민들에게 대부를 요구함으로써 다량의 자금을 조성하고 있었다. 프레스티티(Prestiti)라 불리던 이 대부는 만기가 없었고 영구적인 이자를 낳았다. 프레스티티가 발행된 다음에는 그 소지자들은 그 것을 국내와 해외 자본시장에서 (대개는 원래 베니스 재무부에 지급된 것보다 훨씬 싼 가격으로) 팔 수 있었다. 이 매매에 관한 3세기 분량의 기록이 남아 있는데, 여기서 경제사가들은 유럽에서 한때 가장 중요했던 자본시장의 이자율에 관한 거의 연속적인 상(像)을 얻을 수 있다.

베니스는 군사 강국이자 해상상업 거인으로 급속히 성장했고, 그 이후 5백 년 동안 지중해 동부를 지배했다. 그 뒤 플로렌스, 밀라노, 피사, 제노바 같은 다른 이탈리아 도시들도 베니스의 전례를 따랐다. 하지만 거의 모든 도시국가는 결함 있는 로마의 상법 시스템을 계승했고, 이것이 대규모 상업기업을 위축시켰다. 로마법은 회사 또는 사업단체(societas)의 모든 동업자가 그 부채에 개인적으로 책임질 것을 강제했다. 채무불이행은 개인의 모든 재산의 박탈, 또는 극단적인 경우에는 동업자와 그 가족의 노예화로 이어졌기 때문에, 사업단체들은 보통 그 성원을 가족 그룹에 한정시켰고 이 혈연적 유대가 어느 정도 신뢰를 보장했다.

그러나 상업이 믿을 수 있는 가족 성원들에 국한되었을 때에도 실패에 대한 극단적인 처벌이 상업과 경제적 진보의 진정한 토대인 신중한 위험 인수를 억제했다. 최초의 거대 상업기업이 플로렌스의 메디치가로 대표되는, 가족적으로 운영된 상업은행의 형태로 출현한 것도 결코 우연이 아니다. 다시 말해 가족구조는 한 개의 나쁜 사과가 나무 전체를 망칠 확률을 줄여주었고, 은행업은 그 특성상 예금자들로부터의 손쉬운 자본 유입이라는 유리한 조건을 지닌 사업이었다.

무역에 활용된 환어음

1500년경 이후 환어음이 유럽 상업의 혈맥이 되었다. 환어음이란 간단히 말해 채무자가 보통 다른 나라에 있는 채권자에게 제공하는 약속어음 증서였다. 비록 그 기원은 알 수 없지만, 역사가 시작된 때부터 비옥한 초승달 지역에서는 환어음이 이미 일반적으로 사용되고 있었다.

은과 보리를 통화로 사용한 바빌로니아의 상인들은 아시리아로 사업차 떠나기 전에 아시리아 통화로 표시된 환어음을 취득했다.[13]

그리스인도 환어음을 광범위하게 사용했지만, 환어음 사용을 완전히 개화시킨 것은 르네상스 이전 이탈리아의 은행이었다. 환어음이 어떻게 쓰였는지 이해하기 위해 플로렌스의 실크 상인을 예로 들어 이야기해보자. 이 상인은 베니스 실크 수출업자의 도크에 방금 도착한 원료의 선적을 위해 5백 듀카트를 지급하고자 한다. 그 플로렌스 상인이 당장 손에 5백 듀카트를 들고 있지 않으면 돈을 빌려야 한다. 이때 그는 그 베니스 수출업자에게 환어음─실제로는 지급증서(IOU)─을 발행한다.

여기까지는 문제가 없다. 그런데 그 베니스 사람은 왜 잘 알지도 못하는 플로렌스인이 발행한 지급증서를 받아들여야 하는가? 1500년경에 앤트워프의 상인들은 놀라운 생각을 해냈다. 이 어음을 양도할 수 있는 것으로 만들었던 것이다. 즉, 이 어음은 원래의 채권자 이외의 다른 사람들에게 양도할 수 있었다.[14] 이러한 진보는 이탈리아에서 대대적인 환영을 받았다. 플로렌스의 상인이 발행한 이 양도 가능한 환어음은 이제 우리의 베니스 실크 도매업자의 손에서 현금으로 기능한다.

실제로는 도매상인인 그 베니스의 수출업자는 이 어음을 그 지방 은행으로 가져가 현금으로 바꿀 수 있다. 물론 그는 그 증서에 적힌 5백 듀카트 전액을 경화로 받지는 못할 것이다. 은행은 그보다 좀더 적은 액수를 지급할 것이다. 5백 듀카트보다 얼마나 적은 액수를 경화로 받을지는 세 가지 기준에 달려 있다. 플로렌스 실크 상인의 신용, 어음의 만기일, 거래 장소가 그것이다. 어음의 만기일이 짧을수록, 채무자의 신용도가 높을수록, 변제 장소가 은행과 가까울수록 그 어음의 가치는 더 높아진다.

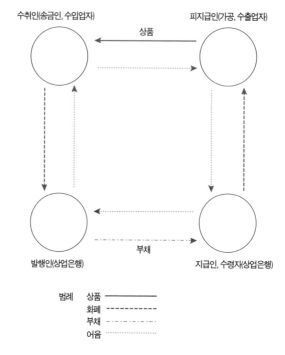

〈그림 4-3〉 환어음의 흐름

수취인(송금인, 수입업자)　　　　　피지급인(가공, 수출업자)

상품

발행인(상업은행)　　　　　지급인, 수령자(상업은행)

부채

범례　상품 ───────
　　　화폐 ─ ─ ─ ─ ─
　　　부채 ─·─·─·─·
　　　어음 ·············

출처 : Larry Neal, *The Rise of Financial Capitalism*, p.6(닐 교수와 케임브리지대학출판사의 허락을 받고).

　　수출업자와의 거래를 정산할 때 베니스 은행은 그 어음을 '할인' 한다고 했다. 이러한 예는 비교적 단순한 경우이다. 어음이 최대 7개월에 걸친, 상이한 두 가지 통화로 거래되는 경우가 훨씬 더 많았다. 이 경우 어음에는 두 통화 사이의 환율, 발행과 지급 사이의 시간을 결합시키는 데 필요한 이자 부분도 포함했다.[15] 17세기 동안 암스테르담과 런던 사이에 세계에서 가장 활발한 상업 통로가 개설되었다. 〈그림 4-3〉은 어음의 흐름이 두 도시 간의 재화, 부채, 현금의 흐름과 어떻게 연관되었는지를 보여준다.

네덜란드 금융의 출현

15세기 말에 자본 흐름은 점차 북쪽의 한자 도시들—독일의 브레멘과 함부르크 주변 지역—로 이동했다. 거기서 푸거가(家)는 광산업을 통해 큰 돈을 벌었고 화폐 대부를 통해 더 큰 돈을 벌었다. 그들은 수많은 전쟁과 해외 탐험에 자금을 지원했다. 가장 두드러진 것은 마젤란(Ferdinand Magellan)의 세계일주 항해였다. 15세기와 16세기에 푸거가에 빚지지 않은 통치자들은 별로 없었다. 바티칸은 유럽에서 군사적으로 가장 호전적인 국가였고 푸거가는 바티칸의 최대 채권자였다. 그 시점에 교회는 고리대 금지를 더 이상 고집할 수 없었다. 1517년에 제5차 라테라노공의회는 이자부 대부에 대한 대부분의 금지 조항을 폐지했다

15세기와 16세기 동안 북유럽의 금융 중심은 한자 도시들로부터 앤트워프로 이동했다. 1576년에 스페인민주주의 국가대가 앤트워프를 점령하자 새로운 네덜란드 연맹의 중심이었던 암스테르담이 주도적인 금융적 역할을 떠맡게 되었다. 네덜란드 자본의 가장 왕성한 소비자는 16세기와 17세기의 상당 기간 동안 스페인에 대항하여 격렬한 독립전쟁을 치른 네덜란드민주주의 국가대였다.

네덜란드 금융만의 특징은 모든 사람을 참여시켰다는 것이다. 얼마간의 추가 길더를 지닌 사람이라면 모두, 오늘날 일부 사람들이 저축을 머니마켓펀드(MMF)나 뮤추얼펀드에 투자하듯이, 정부가 발행하는 채권들을 매입했을 것이다. 네덜란드의 주들과 도시들은 세 종류의 국공채를 발행했다. 오블리가티엔(Obligatien: 단기채권)은 '무기명채권'으로서, 이것을 소지한 자들은 언제든지 은행이나 거래소에서 현금으로 매각할 수 있었다. 로스렌텐(Losrenten)은 종신연금으로서, 베니스

의 프레스티티와 유사했다. 무기명채권과는 달리 이 채권의 소지자들은 공적인 원장에 자기 이름을 등록하고 정기 이자를 받았다. 이 증권은 제2차 시장에서 매매될 수 있었고, 그 소지자가 죽으면 상속되었다. 마지막으로 레이프렌텐(lijfrenten)이 있는데, 이것은 소지자가 죽으면 지급이 중단된다는 점을 제외하고는 로스렌텐과 비슷했다.

네덜란드인들은 '무기한'이라는 단어를 가볍게 생각하지 않았다. 1624년 엘스켄 요리스도흐터(Elsken Jorisdochter)라는 한 여인이 제방 수리에 자금을 대기 위해 발행된 이자율 6.25퍼센트짜리 채권에 1,200 플로린을 투자했다. 그녀는 비과세였던 그것(오늘날의 지방채와 비슷함)을 자손들에게 물려주었다. 1세기 후 이자율이 떨어지자 네덜란드정부는 그 채권의 이자율을 2.5퍼센트로 낮추기 위해 협상했다. 1938년 그 채권은 뉴욕 증권거래소의 손에 들어왔고, 1957년 그 거래소는 위트레흐트에서 이자 지급을 위해 그것을 제시했다.[16]

레이프렌텐은 소지자의 사망과 더불어 이자 지급이 종결되기 때문에 수익률이 좀더 높았다. 그것의 처음 이자율은 16.67퍼센트였다. 레이프렌텐의 16.67퍼센트의 이자율과 로스렌텐의 8.33퍼센트의 이자율 사이의 차이는 당시 유럽인의 수명에 관해 많은 것을 함축하고 있다. 당시 네덜란드 금융시장이 선진적이기는 했지만, 구입자의 나이에 따라 레이프렌텐의 이율을 변경시킬 수 있을 정도로 정교하지는 않았다. 1609년에 이 이자율들은 각각 12.5퍼센트와 6.25퍼센트로 떨어졌다. 1647년 스페인과의 적대가 종식되고 그 이듬해 스페인이 네덜란드의 독립을 승인한 것이 이자율에 긍정적인 영향을 미쳤다. 공화국의 생존이 확실해졌을 뿐만 아니라 공화국의 자본 수요도 크게 줄어들었다. 1655년 정부는 4퍼센트의 이자율로 차입할 수 있었는데, 이것은 로마 제국의 절정기 이래 유럽에서는 결코 나타나지 않았던 낮은 금리였다.

네덜란드 금융의 마지막 커다란 진전이 1671년에 일어났다. 이 해에 네덜란드의 그랜드 펜시오나리스(grand pensionary: 수석 행정관)이자 개인적으로는 뛰어난 수학자였던 요한 드 위트(Johan de Witt)가 금융에 파스칼의 새로운 확률이론을 적용했다. 위트는 구매자의 연령이 레이프렌텐에 적용되는 이자를 규정한다는 공식에 도달했다.[17] 위트가 권력을 차지했다는 사실 자체는 네덜란드인들이 가장 훌륭하고 똑똑한 사람들이 정부 고위직에 오르는 것의 중요성을 인식했다는 것을 보여준다.*

낮은 이자율 덕택에 그러지 않아도 약동적이었던 네덜란드 상업과 더불어 북유럽의 상업이 큰 힘을 얻었다. 오늘날의 설명에 따르면, 신용이 높은 네덜란드 시민들은 주정부나 시정부와 마찬가지로 낮은 이자율로 차입할 수 있었다. 그 당시의 첨단 기술들—배수 및 매립 프로젝트, 운하 건설, 갱도 굴착, 조선—도 대개는 값싼 자본 덕택에 가능했다. 주택과 재산, 농장을 구입하고자 했던 일반 시민들도 혜택을 입었다. 가장 중요한 것은, 낮은 이자율로 대부가 가능했기 때문에 상인들이 재고를 대규모로 유지할 수 있었다는 점이다. 암스테르담을 비롯한 네덜란드의 교역 도시들은 무엇이든 언제든지 구할 수 있는 곳으로 알려지게 되었다.

네덜란드인들은 화폐를 효율적으로 거래했고, 그 덕택에 암스테르담은 유럽의 금융 중심지가 되었다. 1613년 17세기 판 '월스트리트저널'이라 할 수 있는 『프라이스 쿠란트』(Price Courant)는 일주일에 두

---

* 불행하게도 드 위트는 권력의 자리에 오르긴 했지만 행복한 결말을 맞지는 않았다. 1672년 프랑스의 네덜란드 침공 동안 그의 명백한 실패에 대한 보복으로, 그는 총에 맞고 목매달려 죽었고, 성난 대중이 그의 시체를 난도질했다. Poitras, p.190을 보라.

번씩 환율을 발표했다. 1700년에는 십여 개 통화의 환율 시세가 정기적으로 발표되었고, 추가로 열다섯 개 통화에 대해서도 시세가 꽤 자주 발표되었다. 예를 들어 잉글랜드가 18세기 중반에 독일의 7년전쟁 참여에 자금을 공급했을 때, 잉글랜드의 환어음은 암스테르담을 통해 결제되었다. 북해 건너 존 캐스팅(John Casting)이라는 영국인이 1697년에 『코스 오브 더 익스체인지』(Course of the Exchange)를 발간하기 시작했다. 이것은 일주일에 두 번씩 외국환율뿐만 아니라 52개의 주식, 정부 연금, 환어음의 가격을 고시했다.

『프라이스 쿠란트』와 캐스팅의 인쇄물은 가장 효과적인 금융적 윤활유, 즉 정보를 제공했다. 이러한 중요한 요소 없이는 투자자들이 자본을 제공하지 않을 것은 물론이고 자본주의 자체가 멈추어 설 것이다. 암스테르담에서는 세계에서 유례없을 정도로 금융 서비스가 고도로 집중되었다. 시 청사로부터 몇 블록 안에 큰 보험사와 중개 및 교역 회사들의 사무소뿐만 아니라 환은행(Wisselbank), 뵈르스(Beurs: 주식거래소), 코렌뵈르스(Korenbeurs: 상품거래소) 같은 것들도 있었다. 전신이 탄생하기 이전 모든 것이 느렸던 시대에 네덜란드의 주요 금융기관들이 물리적으로 근접해 있었다는 것은 그들에게 외국의 경쟁자들로서는 극복할 수 없는 우위를 가져다주었다.* 심지어 현대에도 특정한 지점에서 그러한 지리적 우위는 자체 동력에 의해 더욱 공고해진다. 특정한 영역의 전문가들이 같은 장소에 더욱더 많이, 마치 중력의 작용에 의한 것처럼 이끌려 들어오기 때문이다. 할리우드, 실리콘밸리, 맨해튼이 오

---

* 런던과 암스테르담에서 부두 부근에 있던 커피집이 비공식적 증권거래소 역할을 했다. 그곳에서 커피가 부두에 도착하는 즉시 카페인에 찌든 중개인은 정보에 따라 행동할 수 있었다. 커피와 초기 자본시장 사이의 상호작용에 관한 흥미로운 사실적 설명에 대해서는 데이비드 리스의 *The Coffee Trader*(New York: Random House, 2003)를 보라.

늘날의 영화, 전자, 금융 무대에서 장악력을 잃기 전까지는 오랫동안 그와 같은 집적이익을 누렸다.

해상보험, 퇴직연금, 연부금, 선물, 옵션, 초국적 증권상장, 뮤추얼 펀드 등을 포함한 많은 금융혁신이 17세기와 18세기 네덜란드에서 기원했다는 것은 전혀 우연이 아니다. 가장 중요한 진보는 근대적인 투자은행의 탄생이었다. 역사상 최초로 대부의 위험이 수천 명의 투자자들 사이에 잘게 쪼개졌고, 이들은 투자은행가들이 파는 많은 종류의 채권에 재산을 나누어 투자함으로써 투자 위험을 줄일 수 있게 되었다. 투자 위험이 줄어들자 투자 의지도 증가했고, 이것은 다시 이자율을 더욱더 낮추었다.

네덜란드인들의 해외투자욕은 게걸스럽다고도 할 정도였다. 경제사가 얀 드 브리스(Jan de Vries)는 1800년도 네덜란드의 해외투자가 네덜란드의 연 GDP의 두 배인 약 15억 길더에 달했다고 추산했다. 비교를 위해 말하자면, 오늘날 미국의 해외투자는 미국 GDP의 절반에도 미치지 못한다. 어떤 시대든 자본은 경제가 성숙하고 과잉의 부가 존재하는 나라에서 그것을 필요로 하는 나라로 흐른다. 17세기에 잉글랜드가 정치적·경제적 후진국에서 세계적 강국으로 부상하는 동안, 대규모 자본이 암스테르담에서 런던으로 흘러 들어갔다. 19세기에는 고도로 발전된 영국 경제가 당시 발전도상국이었던 미국에 자본을 공급했다. 또한 20세기에는 미국이 발전도상 세계를 위한 자본의 주요 원천이 되었다. 이러한 전환은 계속된다.

네덜란드 금융의 몰락

1770년 이후 네덜란드의 금융시장은 점차 약해진다. 그 이유는 복합적이지만, 그중 두 가지 이유가 유독 눈에 띈다. 첫째로, 암스테르담은 어떤 종류의 강제력 있는 중앙은행이나 투자자 대중을 보호할 책임을 진 규제기관―나중에 영국과 미국에서 발전된―도 두지 않았다. 두번째로, 북해 건너편에서 서서히 부상하던 금융적·군사적 초강국―아이러니하게도 이 거인이 탄생하는 데에는 네덜란드의 자본이 큰 기여를 했다―의 힘이 네덜란드를 압도했다.

불행하게도 네덜란드는 투자은행이 개인투자자들을 수탈하곤 하는 현대 금융의 또 다른 추세의 첨단에 있었다. 18세기 말 외국의 전쟁채권―많은 경우 어느 쪽이 승리하든 불이행될 것이 뻔했다―은 안전한 4퍼센트짜리 국내물보다 약간 더 높은 수익을 보장했다. 하지만 순진한 소액 투자가들에게 그 거래는 그 채권에 내재된 채무불이행의 위험 때문에 투자금을 모두 잃을 수 있는 것이었다. 1990년대 말 정직하지 못한 투자은행들이 순진한 대중에게 가짜 인터넷 주식을 권유한 것도 1800년도의 네덜란드 일반 투자자들에게는 전혀 놀라운 일이 아니었을 것이다.

잉글랜드와 미국의 부채

17세기에 네덜란드는 세계 교역과 금융의 거인으로 우뚝 섰지만, 잉글랜드에게 있어 17세기는 그리 유익하지 못했다. 세기의 전반기에 의회와 사법부는 스튜어트가의 제임스 1세 및 찰스 1세와 끊임없이 분쟁에 휘말렸다. 이 분쟁은 1645년 내스비에서 의회군이 왕당파들을 격파하고 1649년 찰스가 참수되는 사건으로 정점에 달했다. 이런 일련의 사건은 잉글랜드 경제를 황폐화시켰다.

　분쟁이 일어나기 전에도 영국의 국가재정은 무너지기 일보 직전이었다. 오늘날의 독자들은 믿기 어렵겠지만, 유럽의 다른 대부분의 군주들과 마찬가지로 영국의 국왕에게도 재정적 원천이 풍부하지는 않았다. 앞에서 보았듯이, 국왕의 주된 수입원은 국유지의 매각이나 임대, 수입 및 수출품에 대한 관세, 독점권의 판매 등이었다. 이것들 모두가 교역과 기업활동을 저해하는 행위들이었다.[20] 다른 모든 곳의 왕족들과 마찬가지로 영국의 군주들은 엄청난 비용이 소요되는 모험적 군사행위를 위해 많은 부채를 졌다. 그들은 종종 그에 대해 채무불이행을 선언했고, 현직 주권자에게 빚 독촉을 하기란 어려운 일이었기 때문에 이자율은 계속 높은 상태를 유지했다. 1660년 스튜어트 왕가가 복위한 이래 잉글랜드의 부채는 너무나 크게 늘어나 채무를 이행하기가 점점 더 어려워졌다. 그 결과 영국 역사상 가장 유명한 채무불이행 사건이 일어났다. 1672년에 일어난 재정중단 사건(Stop of the Exchequer)이 그것이다. 이때 찰스 2세는 그에게 신용을 제공했던 대부분의 은행을 파산시켰다.[21]

　1688년의 명예혁명으로 거의 1세기를 끌어온 내전이 종식되고, 영국은 스타드호우데르 빌렘 3세를 초대해 오라녜 공 윌리엄이라는 이름으로 영국 왕위를 차지하게 했다.* 빌렘/윌리엄은 혼자서 잉글랜드에 오지 않았다. 세계의 금융 중심지로서 암스테르담의 시대가 얼마

---

* 스타드호우데르란 15~18세기에 북해 연안의 저지대를 다스린 행정관을 일컫는 네덜란드의 독특한 제도로, 지명되거나 계승된다. —역주

남지 않았다는 것을 감지한 바링스와 호프가(家)를 포함한 네덜란드 금융 엘리트들이 그를 따라 북해를 건너왔다. 종교재판을 피해 스페인에서 포르투갈로, 포르투갈에서 네덜란드로 이주했던 암스테르담의 포르투갈계 유대인들이 집단으로 런던에 정착했다. 경제학자 데이비드 리카도(David Ricardo)의 아버지인 에이브러햄 리카도(Abraham Ricardo)는 포르투갈계 유대인 이민자 중에서 가장 유명한 사람이었을 것이다.

그들과 더불어 네덜란드의 사상도 들어왔다. 영국인들은 열광적으로 '네덜란드 금융'을 모방했고, 17세기의 파괴적인 내란 이후 몇 십 년 만에 영국의 자본시장은 네덜란드의 자본시장을 압도할 정도로 성장했다. 당연히 영국의 기성 금융가들과 신참자들 사이에 마찰이 일어났다. 영국의 작가 다니엘 디포(Daniel Defoe)는 이에 대한 불만을 시로 표현했다.

> 우리는 왕에게 불만이 많다네.
> 왕은 이방인, 독일인, 위그노파, 네덜란드인들에게
> 너무나 많이 의존해.
> 그리고 영국인 고문관들과는
> 국사를 거의 의논하지 않아.[22]

명예혁명 이후 잉글랜드의 금융 상황이 급속히 호전되었다. 첫째로, 이전에 왕들이 주로 의존했던 단기 대부는 네덜란드식 장기 국채로 대체되었다. 이 채권은 물품세에 기반하여 이자와 원금을 지급했다. 다음으로 영국 재무성은 금융계와 협력하여 어떤 채권이 투자자 대중에게 가장 인기 있게 수용되는지(따라서 어떤 것이 이자율이 가장 낮은지) 측정하기 위해 다양한 종류의 채권을 발행하는 실험을 하기 시작했다. 의회의 우위가 신뢰를 회복시켰다. 성공한 사업가들은 하원에 영향력을 발휘했고, 의원들도 정부의 채무불이행으로부터 타격을 받을 수 있었기 때문에 의회는 그러한 일이 일어나도록 놓아두지 않으려 했다. 결국 1714년에 재무장관 헨리 펠햄(Henry Pelham)은 헷갈릴 정도로 많은 국채들을 한 계열의 채권들로 통합했다. 가장 유명한 것이 콘솔 공채(consols)로서, 이것은 베니스의 프레스티티 및 네덜란드의 로스렌텐처럼 만기가 없고 영구히 이자를 지급하는 채권이었다. 이 채권은 지금도 런던에서 거래된다.[23]

비록 국가 차입이 언뜻 보기에는 상업대부와 무관해 보이지만, 튼튼한 국채시장은 실제로 대부업에는 필수적이다. 여기에는 두 가지 이유가 있다.

- 정부는 일반적으로 신용도가 매우 높고 국채는 너무나 큰 규모로 거래되기 때문에 가격을 정하고 판매하기가 제일 쉽다. 상업자본의 가격 설정과 판매 메커니즘도 국채 및 어음의 경우와 똑같기 때문에, 상업대부시장이 원활히 기능하기 위해서는 성공적인 국채시장이 반드시 존재해야 한다. 근대 이전의 발전도상 경제에서 국채는 기업가들에게 자본을 공급하기 위한 '훈련기구'로 기능했다.
- 국채는 필수적인 기표(基標), 즉 '무위험' 투자의 기표 역할을 한다. 활발하게 거래되는 국채와 어음은 사업가와 기업가들에게 가장 안전한 기업들이 요구하는 수익률에 대한 지속적인 척도를 제공해준다. 이것이 '기준선'이 되어 이 선에 '위험할증'—대부 위험 때문에 요구되는 추가 이자—이 추가될 수 있다. 예를 들어 펠햄이 채권 통합을 추진하던 시기에 콘솔 공채의 수익률은 3퍼센트

였다. 이것은 1699년 이후 영국에서 신용도가 가장 높은 차입자들에게 부과할 수 있는 가장 낮은 이자율이었다. 이에 비추어 볼 때 어느 정도 위험이 있는 상업 벤처라면 6퍼센트의 이자를 지급해야 했을 것이고, 투기적인 벤처라면 이자율이 10퍼센트 이상이었을 것이다. 이렇듯 쉽게 관찰될 수 있는 무위험률(국채의 수익률)이 있으면 기업가들에게 제공되는 대부의 가격을 정하기가 쉬워진다.

먼저 튼튼한 국채시장을 확립하는 것이 얼마나 중요한지는 내전기 동안 미국에서 아주 선명하게 드러났다. 1862년에 링컨의 재무장관 샐먼 체이스(Salmon P. Chase)가 5억 달러어치의 전쟁채권을 발행하는 데 실패했을 때, 그는 금융가 제이 쿡(Jay Cooke)에게 전화를 걸어 도와달라고 했다. 이 유명한 필라델피아 투자은행가는 전신을 이용해 2,500명의 판매요원을 동원하여 그 채권을 대중에게 직접 판매했다. 쿡은 1865년에는 훨씬 더 큰 액수의 채권을 발행했고, 1870년 초에는 같은 기법을 사용해 펜실베이니아 철도 사업의 자본금을 조성했다. 그의 기법은 과업을 두 작업 그룹에 나누어 할당하는 것이었다. 첫 번째 그룹은 인수자들이었다. 이들은 회사의 부채를 할인하여 매입하고, 판매가 안 될 경우 다량의 판매 불가능한 증권을 떠맡는 위험을 졌다. 두 번째 그룹은 많은 수의 유통업자들이었다. 이들은 채권을 대중에게 직접 판매하는 역할을 했다. 이런 식으로 신생 국가의 방대한 자본 수요가 충족되었다.[24]

합자회사의 출현

17세기에 북해를 건너 런던으로 수출된 모든 금융장치들 중에서 이후의 경제발전에 가장 장기적인 영향을 미친 것은 합자회사이다. 대중이 그 주식을 소유한 거대 다국적기업들의 충만한 영향은 사실상 오늘날의 생활방식을 규정한다. 사실, 발전된 세계에서의 생활과 발전되지 않은 곳에서의 생활을 가르는 한 가지 특징은 일반 시민들과 이 거물들 사이에 일상적인 상호작용이 얼마나 많이 일어나는가 하는 것이다. 거대한 다국적기업들이 일으키는 강력한 정치적 정서를 차치해둔다면, 이 기업들이 지배하는 경제들이 그렇지 않은 경제들에 비해 훨씬 더 안정적이고 번영한다는 점에는 의문의 여지가 없다(뒤에서 우리는 현대의 기업국가들 속에서 사람들이 더 행복한지 여부의 문제를 다룰 것이다).

이 거대 조직들이 현대의 상업에 왜 그렇게 깊숙이 스며들어 있는가? 그 이유는 이 장의 앞에서 언급된 위험의 공동화 및 다변화와 관계가 있다. 사업 위험을 수천 개로 잘게 쪼개면 투자자들의 위험 부담 의사가 늘어난다. 개인 출자금을 낮추면 잠재적 투자자의 층이 확대된다. 게다가 많은 상이한 기업들의 주식을 매입할 수 있으면, 개인 투자자들의 위험도가 더욱 낮아지고 투자자들의 자본 제공 의사는 더욱 높아진다.

더욱이 현대의 공개기업들은 유한책임회사다. 즉, 주주들은 회사의 채무에 개인적으로는 책임을 지지 않는다. 주주는 오직 자기 투자분만 잃는다. 그 기업의 채권자들은 주주의 개인 재산을 몰수할 수 없다. 유한책임이 존재하지 않는 세계, 즉 모든 사업 파트너와 일반 주주들이 다른 사람들의 행동에 모든 책임을 지는 세계, 또 사업 실패가 개인의 투옥 또는 심지어 노예화를 낳을 수 있는 세계에서는 비인격적인 대기업은 존재할 수 없다. 이런 상황에서는 그리 규모가 크지 않다 하더라도 생존 가능한 유일한 사업구조는 믿을 수 있는 가족 집단으로 이루어진 구조밖에 없다.

신뢰라는 점을 넘어서면, 대규모 사업체의 장기적 발전에 가족은 결코 적합하지 않다. 상업에서 성공하기 위해서는 지성과 지도력, 비전이 있어야 한다. 이 세 가지 자질을 모두 갖춘 경영자를 일반인들 사이에서 찾기도 매우 어려운 일인데, 더구나 한 가족 안에서 세대를 거쳐 그러한 재능을 가진 사람이 나온다는 것은 사실상 불가능하다.

대기업을 경영하는 능력은 매우 가치 있는 재능이지만, 18세기와 19세기에 공장을 세우기 위해서는 훨씬 더 희소한 재능이 필요했다. 즉, 수백, 수천 명의 피고용 노동력―각자 고도로 전문화된 과업을 수행하는―을 효율적으로 기능하는 유기체로 조형할 능력 말이다. 공장이 출현하기 이전에 이 능력은 최상위 군 장교들에게만 있었다.[25] 거대 기업의 중간관리자 급에서 필요한 재능을 지닌 많은 사람을 양성한다는 과제는 단일한 가족 안에서는 결코 달성될 수 없다. 금융적 성공은 후대로 가면서 가족 성원들 사이에 야망과 절약을 부식시키는 경향이 있기 때문이다. 즉, 부자는 삼대를 못간다.

유한책임은 대중이 기업 소유권에 건전하게 참여하기 위한 거의 절대적인 요건이다. 그것 없이는 대중은 성장하는 회사들에게 주식자본을 결코 제공하지 않을 것이다. 1720년 거품방지법(Bubble Act)은 의회의 승인을 받지 않은 어떤 기업체도 여섯 명 이상의 파트너를 둘 수 없고 이 파트너들 각자는 전체 기업 채무에 대해 '마지막 한 푼까지' 책임을 진다고 규정했다.[26] 그러한 환경에서는 크고 활력 있는 사업이 번창하지 못한다.

합자회사가 조건 없는 축복인 것은 아니다. 주식을 별로 또는 전혀 소유하지 않은 회사 경영자들의 이해관계는 주가와 배당금이 올라가기만을 바라는 주주들의 이해와는 매우 다를 수 있다. 오늘날의 경제학자들은 그러한 비효율성을 '대리인 비용'이라 부른다. 가장 극단적인 형태로는 월드컴(Worldcom), 엔론(Enron), 아델피아(Adelpia) 같은 데서 일어났듯이, 경영자가 회사를 약탈하는 철면피한 짓을 하는 경우다. 좀더 미묘하게는 경영자들이 비용을 늘리고 회사의 자본을 수익보다는 개인적인 제국 건설이라는 이해관계에 따라 투자하는 경우다. 타임워너(Time Warner)와 AOL의 합병이 전형적인 예이다. 그러한 기업 부정의 파렴치한 행위에 대응하여 주주들은 이론적으로 투표권을 행사하여 능력 없고 사욕에 빠진 경영자를 몰아냄으로써 이러한 대리인 비용을 제한할 수 있다. 그러나 그러한 일은 응당 그래야 할 만큼 자주 일어나지는 않는다.

그리하여 현대의 합자·유한책임 기업은 앞서 상술한 메커니즘을 통해 투자 위험을 극적으로 낮춘다. 앞서 말한 것 외에도 그런 기업은 주식은 소유하고 있지만 실질적인 통제권은 갖고 있지 않은, 점점 더 싫증을 느끼고 나태해지는 창업주 가족 상속자들 대신 배고프고 비계 끼지 않은 '새로운 사람들'에게 지도력을 넘겨줌으로써 생산성을 증대시킨다.

그러한 시스템은 1688년 명예혁명 이후 완성된 형태로 나타나지는 않았다. 오늘날 시장 근본주의 율법사들의 정통 견해와는 반대로, 주식투자 문화가 활력 있게 발전하려면 주주들이 '정보 비대칭성'에 의해 손해를 입지 않도록, 즉 그들이 회사 경영자들에게 속지 않도록 개입할 강력한 정부 규제기관이 필요하다. 최근의 회계부정 사건은 합자회사가 출현한 지 벌써 4세기가 지났지만 아직도 그것이 완성되지 않았다는 점을 선명하게 보여준다. 주주와 정부 모두 사업체들을 적극적으로 정찰해야 한다.

역사 속에서 합자회사의 기원은 확인하기 어렵다. 세금을 징수하고 제국에 식량을 공급하기 위해 조직된 로마의 회사들은 최소한 가끔씩이라도 주식을 거래했다. 서기 1150년경 남프랑스의 바자클에 있던 3백 년 된 물레방아의 소유권이 지분으로 분할되었다. 1400년 이래 그 회사의 지분가격에 관한 거의 연속된 기록이 여전히 남아 있다. 1946년 자본시장을 올바로 이해하지 못할 뿐더러 역사적 감각도 지니지 못했던 프랑스정부가 그것을 국유화하기 전까지 그 방앗간은 파리 증권거래소에서 거래되었다.[27]

초기의 합자회사들은 독점권의 보호를 받던 취약한 사업이었다. 영국 국왕이 세운 그러한 회사의 초기 예는 1248년에 전국의 양모 교역을 통제하기 위해 세운 런던 전매소였다. 1357년 에드워드 3세는 전매소로부터 프랑스 군사원정에 대한 자금을 지원받는 대가로 그것에 다른 양모 생산자들로부터 수출관세를 징수할 권한을 부여했다. 그 전매소는 에드워드에게 추가 대부를 제공하는 데 동의했다. 그 회사는 칼레에 근거를 두고 활동했고, 왕에 대한 대부와 양모 독점의 교환관계는 1558년 칼레가 프랑스에 함락되기 전까지 두 세기 동안 지속되었다.[28]

논쟁의 여지는 있지만, 최초의 근대적인 합자회사는 네덜란드 동인도회사와 잉글랜드 동인도회사였다. 1609년 네덜란드회사 또는 VOC(Vereenigte Ost-Indische Compagnie : 합자동인도회사)는, 저지국(低地國) 원주민과 경제사가들이 알고 있듯이, 영구배당주식 발행을 통해 거대한 액수의 자본을 조성한 최초의 회사였다. 학자들의 추산에 따르면, 18세기 초 그 회사의 주식가치는 약 650만 플로린으로서 총 2천 주의 주당 가격은 3천 플로린이었다.* 주당 약 22퍼센트의 배당금이 지급되어 한 세기 동안 주주들은 엄청난 수익률을 올렸다.[29] VOC 주식의 특별히 높은 수익률은 두 가지 위험을 반영했다. 첫째로는 새롭고 극히 모험적인 장거리 교역사업의 고유한 위험과, 둘째로는 새로운 합자회사 자체를 둘러싼 불확실성이었다. 언제나 높은 수익은 그 나름의 단점이 있다. 그러한 수익이 투자가들에게는 큰 혜택이었겠지만, 그렇게 높은 자본 비용은 그것을 필요로 하는 회사에게 재앙이었다. 주주들에게 연 22퍼센트의 연불금 지급을 지탱하기 위해서라도 그 모험사업은 반드시 성공해야 했다!

17세기 잉글랜드의 자본시장은 북해 건너편 상대국에 비해 훨씬 덜 발전되어 있었다. 영국 동인도회사(EIC)의 역사가 최초의 합자회사들이 직면한 문제들을 아주 잘 보여준다. EIC는 잉글랜드, 인도, 인도네시아 군도를 포괄하는 향료와 직물의 삼각무역이라는 매우 위험한 사업을 수행했다. 일반적으로 그 회사는 스페인 은화를 사용하여 인도 면화를 구매했고, 이 면화로 인도네시아에서 후추·육두구·정향을 매입했다. 이것들은 다시 런던으로 수송되어 거기서 은화를 받고 판매되었다. 중국 및 기타 동남아시아 항구들과의 설탕, 커피, 차, 인디고, 실크 무역이 기본적인 삼각무역 루트를 보완했다.[30]

이 무역의 거대한 수익성은 그것이 직면한 거대한 위험에 의해 상쇄되었다. 상업의 정상적인 부침—향신료 부족과 더불어 자바에서의 면화 가격 상승은 파멸적인 영향을 미칠 수 있었다—을 제외하고라도 항해 자체가 위난으로 가득 차 있었다. 현지 해적들, 매우 비우호적인 네덜란드, 포르투갈, 인도민주주의 국가대의 습격은 말할 것도 없었

---

* 오늘날 화폐 가치로는 대략 1억 4천만 달러. Neal, p.17을 보라.

고, 질병과 난파로 인한 승무원들의 끔찍한 사망률은 익히 알려진 사실이었다. 배가 흔적도 없이 사라지는 것도 이례적인 일이 아니었다.

각 항해는 계절풍의 영향을 중심적으로 고려하면서 일정이 짜여진 16개월의 힘든 작업이었다. 그와 관련하여 자본을 조달하는 것은 비교적 단순한 일이었다. 각 항해마다 열두 척의 배와 은화로 된 초기 비용을 갖추기 위해서는 엄청난 양의 돈이 필요했다. 모든 일이 순조롭게 돌아간다면 16개월 후에는 이 배들이 동방으로부터 향료와 기타 상품들을 가득 싣고 템스 강을 거슬러 올라올 것이다. 수요는 높았고 공급은 부족했기 때문에 이 상품들은 가격이 높았고, 따라서 거대한 이윤을 가져다주었다.

VOC와 EIC는 이 무역이 너무 위험하기 때문에 사업 영역을 아시아로 한정하고 유럽으로는 최종품—금과 은 정화—만 싣고 돌아오는 것이 훨씬 더 나을 것이라고 재빨리 판단했다. 여기에는 두 가지 장점이 있었다. 첫째, 대부분의 교역을 인도양에 한정시킨 것은 종종 희망봉을 돌아가는 루트에 수반된 재보(財寶)와 인명의 살인적인 비용을 줄여주었다. 둘째로, 아시아 현지 안에서 완결된 교역체계를 갖춤으로써 향료와 직물에 대한 지급을 위해 유럽에서 정화를 실어올 필요가 없게 되었다. 이것은 국부를 금과 은 보유량과 동일시했던 그 시대의 중상주의 정신과도 부합했다.

그 회사의 처녀항해는 1601년에 이루어졌다. 네덜란드 회사들은 정교한 자본시장으로부터 자본을 자유롭게 공급받을 수 있었던 데 반해, 그 시기 영국의 자본시장은 초보 상태였다. 1601년 영국인들은 네덜란드 자본에 별로 접근할 수 없었고, 네덜란드인들은 어떤 경우에든 VOC의 경쟁자에게는 자본을 제공하려고 하지 않았다. 장기 자본을 구할 수 없었던 EIC는 처녀항해에 대한 지분을 팔 수밖에 없었다. 일반적으로 각 항해에는 약 5만 파운드의 자본이 필요했는데, 그 지분은 5백 주로 분할되어 주당 1백 파운드에 판매되었다. 16개월 후 상품을 실은 배가 런던에 도착하면, 회사는 그 상품을 창고에 저장했다가 조금씩 경매로 매각했다. 한꺼번에 매각하면 시장을 갑자기 포화시켜 가격을 하락시킬 수 있었기 때문이다. 이런 식으로 이듬해 또는 그 이상에 걸쳐 수익금이 주주들에게 분배되었다. 이 주기적인 경매는 런던의 정규적인 상업 행사가 되었다. 나중에 이 경매는 또 다른 좀더 중요한 목적에 기여했다. 이 경매에는 많은 수의 주주들이 참여했기 때문에 회사의 주식을 매매할 수 있을 만큼 어느 정도 효율적인 시장으로 진화했다.

이 개별적으로 자본이 조달된 거의 모든 항해는 주주들에게 높은 수익을 안겨주었다. 손실은 오직 한 차례 일어났다. 1611년의 제10차 항해는 1백 파운드에 팔린 각 주당 248파운드의 수익을 가져다주었다. 이것은 그 당시 자본시장의 고유한 특징을 보여준다. 투자자들의 고수익은 회사에게는 높은 자본 비용을 의미한다. EIC라면 낮은 이자율의 값싼 차입으로 자금을 조달하여 스스로 거대한 이윤을 챙기는 쪽을 더 선호했을 것이다. 불행하게도 17세기 초 런던에서는 값싼 자본을 구할 수 없었고, 매우 투기적인 모험사업의 경우 더욱 그러했다. EIC가 상품들을 안정적으로 공급할 능력을 보이자 그 회사의 자본 비용이 하락했고, 그 회사는 높지 않은 이자율로 단기채권을 성공적으로 발행하기 시작했다.

원래의 합자회사들은 독점회사들이었을 뿐만 아니라 부채시장이라는 또 다른 경로를 통해서도 정부와 결부되어 있었다. 잉글랜드은행이 가장 훌륭한 사례다. 그 이름이 함축하는 바와는 달리, 그 은행은 1946년 노동당정부가 국유화하기 전까지 사적인 합자회사였다(같은 해에 프랑스정부는 바자클 물레방아를 국유화했다.)

명예혁명 이후 잉글랜드은행은 설립된 지 얼마 안 된 허약한 조직이었다. 1697년 잉글랜드은행은 인그레이프먼트(engraftment: 접붙임)라는 금융 기법을 선구적으로 개발했다. 잉글랜드은행은 국채를 매입하기 시작했는데, 사실 이것은 국채와 어음을 보유했던 민간인들이 그것을 잉글랜드은행의 주식과 교환했다는 것을 의미했다. 이 국채는 주주들에게 일정한 소득 흐름을 제공했고, 추가 차입을 위한 담보가 되었다. 또 이 국채로부터 잉글랜드은행은 장래 정부의 차입 수요를 알 수 있었는데, 이것은 매우 가치 있는 정보였다.

EIC도 유사한 인그레이프먼트 작업을 수행했다. 1711년에 상당액의 정부 부채를 떠안는 조건으로 남아메리카 무역 독점권을 부여받은 남해회사도 인그레이프먼트를 채택했다. 이 독점은 남아메리카 대륙이 스페인과 포르투갈의 수중에 들어감에 따라 결국 무가치해졌다.[31] 1719년에 훨씬 더 큰 규모의 남해회사 인그레이프먼트도 저 유명한 남해버블로 이어졌다. 남해회사의 남아메리카 무역 독점에 강한 인상을 받은 순진한 투자자들은 자신들이 갖고 있던 국채를 천정부지로 치솟던 남해회사 주식으로 바꾸었다. 결국 그 거품이 터졌을 때, 수천 명의 주주들이 재산을 잃었다. 당시 조폐국 국장이었던 아이작 뉴턴 경도 피해자 중 한 사람이었다. 그는 "나는 천체의 운동을 계산할 수 있지만, 사람들의 광기에 대해서는 도저히 모르겠다"고 말했다.*

영국정부도 남해회사와 EIC를 포함한 해외 무역회사의 주주들을 보

---

* 남해회사 주식은 그 회사가 보유한 국채들로터 약 5파운드의 이자수입을 낳았다. 지배적인 이자율이 3퍼센트였던 상황에서 이것은 약 150파운드에 상당하는 주식가치를 함축했다. 이 가치는 약 1천 파운드에 달했던 버블 기의 고점으로부터 하락한 가격폭에 정확히 일치했다. Chancellor, pp.69, 93을 보라.

호했다. 1662년 최초로 회사들에 유한책임의 지위가 부여되었다. 이것은 채권자보다는 주주에게 유리한 조치였다. 주주와 채권자 모두의 권리에 민감했던 의회는 이 무역회사들이 보유한 인그레이프먼트 국채가 회사가 파산했을 때 채권자들을 보호하기에 충분하다는 결론을 내렸다. 대부분의 기업이 인그레이프먼트 국채를 보유하지 않았기 때문에 의회는 1856년까지는 유한책임 지위를 무역회사 이상의 기업들로 확대하지 않았다. 1856년에 기업법이 제정됨으로써 최종적으로 유한책임 지위가 대부분의 기업 주주들에게도 확대되었다. 유한책임 보호는 미국에서 더 일찍 나타났다. 그것은 독립 직후 많은 기업들에 부여되었다. 1830년대 미국의 사실상 모든 공기업이 유한책임의 보호를 받았다.[32]

화폐의 본성에 관한 탁월한 관찰인 『얼어붙은 욕망』(*Frozen Desire*)에서 영국 작가 제임스 버캔(James Buchan)은 유한책임 지위에 의해 보호되지 않는 주주에게 닥칠 파멸적인 결과를 감동적으로 기록하고 있다. 버캔은 오랜 작가 집안 출신으로, 존 버캔(John Buchan)이 그의 고조할아버지다. 존 버캔의 불행은 그가 글래스고 시 은행의 지분을 소유했다는 것이었다. 1878년에 그 은행이 일련의 경영 사기로 파산했을 때, 은행은 예금자들에게 6백만 파운드 이상을 빚지고 있었다. 법에 따르면 존 버캔은 2,700파운드를 책임져야 했다. 이 액수는 그의 순재산과 거의 비슷한 규모였고, 그의 주식 가치보다는 훨씬 더 컸다. 법원은 회사법이 그의 사건에는 적용되지 않는다고 판결했다. 그는 몇 년 후 파산하고 정신까지 극도로 피폐해진 상태에서 죽었다.[33]

합자회사에 관한 이 짧은 역사도 효율적인 자본시장을 건설하고 유지하는 데 국가의 역할이 얼마나 중요한지를 다시 한 번 선명하게 보여준다. 17세기의 잉글랜드에 독점적 보호, 국채의 인그레이프먼트화,

그리고 무역회사들의 경우에는 유한책임 주식 보유 등이 없었다면 당시의 위험한 모험사업에 자본을 공급할 투자자들은 별로 없었을 것이다. 이 세 가지 중에서 앞의 두 가지는 사라지고 없으나, 세 번째 것은 여전히 남아 있다. 최근 시장의 역사를 돌이켜보면 다음 두 가지 점에 대해 더욱 확신하게 된다. 첫째, 경제적 자연 상태에서 회사의 경영자들은 주주들을 속일 것이다. 둘째, 정부가 증권업을 강력하게 규제, 감독하지 않으면, 투자자들은 주식자본을 확대하려 들지 않을 것이다.

17세기에 시작되어 18세기에 본격화된 영국 자본시장의 발전은, 영국 자본이 빈 의회 이후의 커다란 산업적 확장을 위한 자금 조달에 대응한 19세기에 완전히 결실을 맺었다. 와트(James Watt)와 볼턴(Mathew Voulton)의 증기 엔진은 제조와 수송의 혁명적 변화를 추진한 힘이 되었고, 그 시대의 기적들—운하, 철도, 증기 동력을 이용한 공장들—은 거대한 양의 자본을 집어삼켰다. 영국 직물 공장들에서 동력 직기들의 수는 1813년과 1850년 사이에 1백 배 증가했고, 철강 생산은 1806년과 1873년 사이에 30배 이상 증가했다.[34] 영국의 자본은 영국의 철도, 공장, 운하뿐만 아니라 유럽의 나머지, 심지어는 매우 급속히 발전하고 있었지만 현금이 부족했던 당시의 식민지들에도 사용되었다.

영국의 완숙한 자본시장

남해회사 사건(1719-1721) 이후 의회만이 여섯 명 이상의 소유주를 지닌 회사에 설립인가를 내줄 수 있었다. 의회는 또한 시장의 유동성과 효율성을 높여준 공매(空賣)*와 옵션 거래**, 투기 매매를 금지했다. 1820년 이후 일련의 법률을 통해 의회는 1720년에 제정된 거품방지법의 제한들을 점차 제거하고 합자회사의 구성을 단순화하고, 유한책임 보호의 우산을 확대했다. 다른 입법들도 교역과 상업에 도움이 되었다. 1846년에 의회는 최종적으로 곡물법을 폐지했다. 이 법은 4세기 동안 곡물 수출과 수입을 규제하고 그것에 과세함으로써 국내 생산자들을 보호하고 소비자들을 갈취해왔었다.

19세기에는 또한 채무자 투옥도 폐지되었는데, 이것은 경제사가들이 거의 보편적으로 간과해왔던 점이다. 잉글랜드에서 1869년의 채무자법은 이 목표를 거의 달성했다(그 법은 채무자가 분명히 지급할 자금을 갖고 있다는 점이 법정에서 입증되면 채무자의 투옥을 여전히 인정했다). 거의 동시에 미국의 모든 개별 주와 서유럽의 많은 나라가 유사한 규정을 통과시켰다. 채무불이행에 대한 투옥의 폐지는 기업가들의 위험 인수를 고무시켰다.

19세기 말 잉글랜드는 지구상에서 투자자본의 가장 중요한 원천이 되었다. 세계에서 매우 재능 있는 사업가와 발명가들이 자금 조달을 위해 런던에 모여들었고, 잉글랜드 경제는 전 지구적인 발전소가 되었다. 저널리스트이자 경제학자인 월터 베이지헛(Walter Bagehot)의 『롬바르드 가(街)』(Lombard Street)라는 책이 그 시기 영국 화폐시장을 매우 흥미진진하게 기술했다. 1873년에 출판된 이 책의 제목은 롬바르디의 초기 이탈리아 은행가의 이름에서 따온 것이다.

롬바르드 가에 대한 가장 간략하고 진실에 가장 가까운 기술은 그것이 전 세계적으로 유례없이 탁월하게 경제적 힘과 정교함을 결합시켰다는 점이다.…… 롬바르드가 다른 어느 나라보다 훨씬 더 많은 즉각 지급 가능하고 처분 가능한 현금을 보유하고 있다는 점은 모든 사람이 인정한다. 그러나 잉글랜드가 세계의 다른 어느 곳보다 얼마나 더 많은 즉시불 잔고—모든 사람에게, 모든 용도에 대부될 수 있는 유동성 대부기금—를 갖고 있는지 알고 있는 사람은 별로 없다.[35]

베이지헛은 1873년 초 주요 금융 센터들에서 가용한 것으로 알려진 예금의 양을 목록으로 제시했다.[36]

런던	1억 2,000만 파운드
파리	1,300만 파운드
뉴욕	4,000만 파운드
독일제국	800만 파운드

19세기 영국의 경제적·군사적 지배의 이유를 찾고자 하는 사람들은 더 멀리 나아갈 필요도 없다. 영국의 기업가들은 자신들이 선택한 모든 상업적 사상을 자유롭게 추구했다. 누구든 신용만 충분하면 시장은 그에게 그의 계획을 실현시키는 데 필요한 충분한 자본을 아낌없이 제공할 것이다. 베이지헛의 비길 데 없이 훌륭한 기술에서 "모든 사람에게, 모든 용도에 대부될 수 있는" 것은 자본이었다.

위의 수치에서 드러나는 가장 두드러진 특징은 당시 영국 경제가 프랑스에 비해 28퍼센트밖에 더 크지 않았음에도 불구하고 런던과 파리 화폐시장의 규모는 아홉 배의 차이가 있었다는 점이다. 사실 이 수치는 더 큰 진짜 차이를 충분히 반영하고 있지 못하다. 영국에서는 런던 밖에서도 화폐시장이 활성화되어 있었던 데 반해, 프랑스의 시골들에서는 자본 흐름이 무시할 만한 수준이었다. 프랑스(와 독일)의 자본시장의 규모는 왜 그렇게 작았을까? 베이지헛에 따르면, 그 이유는 문화적이고 역사적인 데 있었다.

> 물론 은행가들이 보유한 예금이 화폐시장의 원천을 재는 엄밀하게 정확한 척도는 아니다. 반대로 은행 밖에서는, 프랑스와 독일을 비롯한 모든 비은행국들이 은행업이 발전한 잉글랜드와 스코틀랜드보다 훨씬 더 많은 현금을 갖고 있다. 그러나 그 현금은 이른바 '화폐시장 화폐'가 아니었다. 그것은 누군가가 취득할 수 있는 돈이 아니었다. 거대한 재난이 닥쳤을 경우나 공채가 발행될 경우가 아니면 프랑스인들이 꼭꼭 숨겨둔 곳으로부터 그 거대하게 축장된 재보는 결코 세상에 드러나지 않을 것이다.[37]

달리 말해 금융기관을 믿지 못했던 프랑스인과 독일인들은 남는 프랑화와 마르크화를 기업들에게 투자하는 대신 매트리스 밑에 고이 모셔두었다. 따라서 프랑스나 독일 기업가들이 영국의 기업가들보다 열등하거나 열심히 일하지 않았던 것은 아니다. 단지 그들에게는 가용자본이 적었을 뿐이다. 이야기의 주제로 다시 돌아가자면, 베이지헛은 영국의 큰 금융기관들에 이렇게 자본이 집중된 것은 다음과 같은 이유에서 영국의 독특한 장점이었다고 지적하고 있다.

> 1백만 파운드가 은행가의 손에 있으면 더 큰 힘을 발휘한다. 그는 원하는 곳에 그것을 대부할 수 있고, 차입자는 그 은행가가 그 돈을 갖고

있다는 것을 알거나 믿기 때문에 그에게 온다. 그러나 같은 액수가 나라 전역에서 열 명 또는 오십 명의 손에 분산되어 있다면, 그것은 전혀 힘을 발휘하지 못한다. 어느 누구도 그 돈을 찾을 수 없고 누구에게 물어보아야 할지도 모르기 때문이다.[38]

베이지헛은 이에 대해 "이전에 다른 어느 나라도 누려본 적 없는 사치"라고 적극 환영했다. 그는 더 나아가 자본의 손쉬운 가용성이 19세기 동안 풍족한 귀족(이들 중 많은 사람이 한두 세대 이전에는 천한 소시민들이었다)을 몰아낸 '천한 소시민 군중'에게 기회가 되었다는 점을 지적했다. "영국 상업의 거칠고 저속한 구조는 그 생명력의 비밀이다. 왜냐하면 그것은 '변화의 성향'을 담고 있고, 이 성향은 다시 동물의 왕국에서와 마찬가지로 사회에서도 진보의 원리이기 때문이다."[39] 그 '새로운' 소시민들은 혁신을 이루었을 뿐만 아니라 기득권을 차지한 상인들보다 훨씬 더 싼 값으로 제품을 공급하여 대중에게 혁신의 과실을 가져다주었다. 간단히 말해, 가용자본의 풍부함은 일련의 항구적인 기술적·상업적 혁신의 흐름, 즉 경제성장 자체를 낳았다. 사실 자본은 '장님'이다. 19세기 이전에는 차입자와 대부자가 서로 개인적으로 알아야 했다. 반면 베이지헛의 새로운 시스템은 익명이었다. 최초로, 점점 더 복잡하고 효율적인 중개물들이 자본의 소비자와 공급자를 분리시켰다. 이것은 산업화가 재화의 생산자와 소비자를 점점 더 분리시켰던 것과 마찬가지 경우였다.

그러면 왜 네덜란드인·영국인·미국인들은 화폐시장에서 이자를 얻기 위해 그들의 저축을 은행으로 가져간 반면, 프랑스인·독일인·인도인·터키인들은 그러지 않았는가? 베이지헛은 이 주제에 대해 침묵하고 있다. 이 질문에 답하기 위해서는 근대 이전 각국의 통치 시스템의 역사를 이해해야 한다.

제2장에서 우리는 오스만제국에서 자본시장과 재산권의 부재로 인해 알리 파샤가 자신의 부를 신체적으로 가까운 곳에 보관해야만 했던 사정을 이야기한 적이 있다. 오스만제국과 르네상스 이전 시기의 거의 모든 곳, 아니 오늘날의 많은 비서구 나라들에서도 일어나는 부패를 실감할 수 있는 대목이다. 개인 재산이 보호되지 않는 곳에는 혁신을 위한 인센티브도 존재하지 않는다. 그러한 미개한 곳에서는 발명가의 가슴을 설레게 하는 경우가 있다 하더라도 그것을 개발해 시장에 내놓을 자본이 존재하지 않을 것이다. 나라의 모든 자본이 매트리스 아래 깔려 있거나 보석과 장식물의 형태이거나 또는 황제의 개인 금고 속에 보관되어 있기 때문이다.

이슬람교의 이자 금지조치도 오스만제국의 불리한 점을 가중시켰다. 이자가 없으면 대부도 없고, 대부가 없으면 투자도 없다. 알리 파샤가 최후를 맞이한 레판토 해전이 벌어진 당시 유럽에서는 이 금지조치의 상당 부분이 사라지고 없었다. 이슬람 세계에서는 그렇지 않았다. 서구와 대비된 이슬람 세계의 보잘 것 없는 경제적 모습은 대개는 재산권과 자본시장의 원시적 상태로 인한 것이었다. 우리가 알고 있듯이, 1856년에 유럽인들이 오스만제국에 최초의 은행을 설립하기 전까지 그곳에 사유재산과 자본시장, 은행업은 존재하지 않았다.

오스만제국에 대한 역사의 판결은 레판토 해전의 가장 유명한 참여자였던 세르반테스의 다음과 같은 말 속에 가장 잘 요약될 것이다. "그간 투르크를 이길 자는 아무도 없을 것이라는 잘못된 믿음을 모든 세계가 알게 되었다."[40] 오스만제국만이 그러한 운명을 맞은 것은 아니다. 겉으로는 불가침한 것으로 보였던 다른 국가들—금방 떠오르는 나라는 17세기의 스페인과 20세기의 소련이다—도 결국 자유시민과 효과적인 시장의 부재로 인해 사멸해갔다는 점에서 세르반테스의 말은 시대를 거듭하여 반향을 불러일으킨다.

.

제5장

수송과 통신의 발달

말하지 않는 며느리

수년 전 다기능 플랫폼이라는 이름의 이상하게 생긴 장치가 서부 아프리카 마을들에서 유행하기 시작했다. 스위스의 한 보조 노동자가 발명한 이 장치는 10마력의 가솔린 엔진을 다양한 장치—깔때기, 분쇄기, 혼합기, 피스톤—에 결합시킨 것이었다. 마을의 여성들은 단체로 이 기계를 구입해 사용했고, 그러는 곳마다 생활이 혁명적으로 바뀌었다. 예를 들어 마을의 어떤 여자는 현지 통화로 약 25센트의 비용으로 그 기계를 10분간 빌려 15파운드의 땅콩을 갈아 땅콩버터를 만들 수 있었다. 이전에 그 일을 마치려면 하루 종일 허리가 휘도록 일해야 했다. 그러한 육체노동은 전통적으로 가족 중에서 지위가 제일 낮은 여성의 몫이었기 때문에, 마을 사람들은 그 장치에 '말하지 않는 며느리'(daughter-in-law who doesn't speak)라는 별명을 붙였다.

기계가 주는 편익은 헤아릴 수 없을 정도로 컸다. 땅콩 수확량이 많은 농가들은 시장에 내다 팔 땅콩버터의 양을 엄청나게 늘릴 수 있었다. 한편 끝없이 이어지는 힘든 노동에서 해방된 젊은 여성들은 학교에 다닐 시간과 금전적 여유를 누릴 수 있었다. 또한 나이든 여자들은 사업을 확대하고 새로운 작물을 심을 시간을 확보하게 되었다.

사람들은 그 기계로 발전기를 가동시켰고 거기서 조명을 위한 전기를 얻었다. 그 덕택에 해가 지고 나서도 가게에서 물건을 팔 수 있었고 한밤중에 태어나는 아가들도 안전할 수 있게 되었다. 그 기계들과 별로 관계가 없던 남자들도 기뻐했다. 한 남편은 이렇게 말했다. "내 아내는 이제 더 이상 예전만큼 피곤해하지 않고, 손도 훨씬 더 부드러워졌다. 너무 좋다."[1]

이 장치에 관한 하나의 예만으로도 19세기 서구인들의 일상생활을 휩쓴 획기적인 변화를 이해할 수 있을 것이다. 또한 이를 통해 우리는 이전 어느 때도 아닌 바로 19세기에 경제가 급격히 성장한 본질적인 이유를 분명히 이해할 수 있다. 오늘날과 같은 번영을 가져다준 다른 세 가지 기초—재산권, 과학적 합리주의, 효율적인 자본시장—는 영어권 세계와 유럽 대륙의 많은 곳에서 이미 확보되어 있었다. 기업가들이 그때까지 확보하지 못했던 나머지 것은 수송, 효율적인 통신, 제조활동을 위한 믿을 만한 동력이었다. 이때 증기 엔진과 전신이 근대 서구 경제성장의 마지막 요소를 제공했고, 수천 년 동안 이어져온 사람들의 생활방식을 순식간에 완전히 바꾸어놓았다.

동력의 중요성

콩을 기르든 쇳물을 붓든 정교한 전자회로를 조립하든 무언가를 생산하기 위해서는 동력이 필요하다. 많으면 많을수록 더 좋다. 소를 갖지 못한 농부는 소를 가진 농부에게 뒤진다. 트랙터를 가진 농부는 기계동력 산출물로써 소를 모는 경쟁자를 묻어버린다.

1000년경까지 농업, 공업, 토목, 군사 등 거의 모든 노동이 인간의 근육을 통해 이루어졌다. 하지만 우리 인간의 힘은 한심할 정도로 작다. 하지만 신체 조건이 탁월한 사람의 경우 긴 시간 동안 피로감을 느끼지 않으면서 약 10분의 1마력의 힘을 발생시킬 수 있다. 매우 짧은 시간 동안에는 그것을 2분의 1마력까지 끌어올릴 수 있지만, 몇 초만 지나면 다리가 쑤셔오고 폐가 터져버릴 것 같이 느껴질 것이다.

고대인들, 특히 그리스인들은 나사·도르래·지렛대를 이용하여 많은 독창적인 장치들을 만들어냈고, 이것들을 통해 그들은 인간의 보잘것없는 산출력을 최대한 활용할 수 있었다. 그러나 근대 이전에 엄청난 규모의 일을 해내기 위해서는 일차적으로 역사가들이 은유적으로 '사회적 장치'라고 부르는 것을 활용했다. 즉, 많은 수의 노동자들을 징발해 신전·피라미드·운하·수로 등을 건설했다.

독창적인 장치들과 집합된 인간 노동이 할 수 있는 일은 그저 그런 정도였다. 힘의 유일한 원천이 인간 근육인 한, 농업과 제조업에서의 어떤 지속 가능한 성장도 불가능했다. 유럽의 정부들은 악명 높은 부역(corvee)—도로 건설에 동원된 비자발적 노동—을 19세기 중반까지 폐지하지 않았다.[2]

고대인들은 인간의 신체적 힘을 보완하기 위해 역축(役畜)을 사용했다. 아래 표는 동력계로 측정된, 오늘날 인간과 다양한 역축들의 연

속마력 양을 요약한 것이다.[3]

	연속마력
인간과 기계 펌프	0.06
인간과 크랭크	0.08
당나귀	0.20
노새	0.39
황소	0.52
짐수레 말	0.79

　고대 세계에서도 동물의 힘이 사용되기는 했지만 비싸고 비효율적이었다. 고전 및 중세에는 인간과 길들여진 동물들 모두 크기가 오늘날보다 작았다. 수천 년 전에는 역축들이 오늘날에 비해 3분의 1밖에 안 되는 힘을 생산했을 것이다. 그리스와 로마인들은 이 말을 속도가 필요한 가벼운 일에 아껴서 사용했다. 더욱이 마구가 조악했고 발굽 보호대가 없었기 때문에 고대인들은 말의 힘을 충분히 이용하지 못했고, 전통적인 멍에는 빨리 달리는 동물들을 억눌렀다.[4] 20세기가 되어서야 비로소 농부들은 효과적인 마구를 사용했다.

물레방아에서 뿜어져 나오는 부

　인간의 힘도 비효율적으로 쓰였다. 고대 세계의 사람들은 더 작고 덜 튼튼했을 뿐만 아니라, 재산권 없는 농민이나 노예들이 대부분의 일을 했기 때문에 노동을 위한 인센티브도 매우 취약했다. 경제사가들

의 추산에 따르면, 노예들의 생산성은 같은 일을 하는 자유민의 절반에 지나지 않았다.[5]

동력 생산에서 이루어진 최초의 실질적인 진보는 물레방아였다. 최초의, 효율성이 가장 떨어지는 유형의 물레방아—이른바 노리아(noria)—가 기원전 150년경 헬레니즘 후기 그리스에서 등장했다(〈그림 5-1〉). 역사를 통틀어 물레방아의 주요 역할은 곡식을 가는 것이었다. 물레방아에 대한 고대인들의 다음과 같은 유쾌한 서술 속에 현대 서부 아프리카의 '말하지 않는 며느리'를 일컫는 듯한 분위기가 명확히 느껴진다. "방앗간에서 일하는 너희 여자들은 곡식 갈기를 멈추고, 수탉의 홰치는 소리가 새벽을 알려도 늦도록 자는구나."[6] 이 이름 없는 연대기 작가의 열렬한 관심에도 불구하고 이 새로운 장치는 그리스와 로마에서 그리 많이 사용되지는 않았다. 설계가 원시적이었고, 거기서 생성되는 동력도 얼마 되지 않았기 때문이다.

이후 2천 년 동안 서유럽에서는 물레방아의 설계에 많은 변화가 있었고 1500년경 〈그림 5-2〉와 같은, 우리에게 친숙한 기어 있는 상사식* 물레방아가 등장했다. 이전의 기어 없는 물레방아는 급류에서만 추진되었지만, 기어를 장착한 물레방아는 느리게 흐르는 강과 냇물에서도 작동했다. 건설자는 시냇물을 막아 그 장치의 상부에서 물의 흐름을 파악해 강물의 힘을 가장 효율적으로 이용했다.

단 몇 마력을 발생시키는 작은 물레방아도 사람 여러 명을 합친 것만큼의 일을 할 수 있었다. 두 명의 일꾼이 붙어서 일하는 '당나귀 방

---

* 옛날의 수차는 수평형과 수직형이 있는데, 수평형에는 물을 수차바퀴 둘레의 상부에서 물받이판에 낙하시키는 상사식(上射式) 수차, 가슴부에서 낙하시키는 중사식 수차, 하부에서 유동력을 작용시키는 하사식 수차의 세 종류가 있다. —역주

<그림 5-1> 노리아

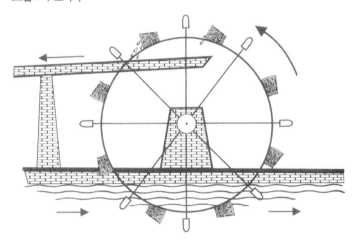

<그림 5-2> 상사식 수차

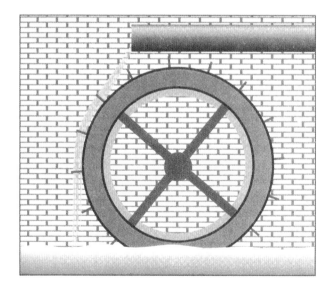

아 가 시간당 10파운드의 곡식을 갈 수 있었던 데 비해 하사식으로 설계된 초기의 원시적인 물레방아는 시간당 4백 파운드의 곡식을 갈 수 있었다.[7] 이것은 3마력에 해당하는 힘이었다. 중세에 방아들은 옥수수와 밀을 갈았을 뿐만 아니라 주조소와 제재소에 동력을 공급하고 원광석을 분쇄하는 데에도 사용되었다.

1086년도 둠스데이 토지대장(Domesday Book)에는 잉글랜드 남부에서 약 150만 명의 인구를 위해 5,624대의 수차가 사용되었다고 기록되어 있다. 각 수차는 5마력, 즉 일인당 0.02마력을 생산했다. 인류가 물리적 한계를 극복할 가능성이 그제서야 생겨난 것이다. 물레방아는 19세기 들어서도 한참 동안 서구인들의 생활에서 변함없는 위치를 차지하고 있었다. 런던 브리지의 상사식 물레방아는 1822년까지 런던에 상수도를 공급했다.[8]

풍력의 이용

인간은 태곳적부터 배를 운행하는 데 바람을 이용했지만, 비교적 최근까지도 기계적인 일에 풍력 에너지가 이용되지 않았다. 10세기에 페르시아인들이 최초로 그것을 산업적 목적에 이용했다. 풍차는 두 가지 고유한 단점이 있었다. 첫째로 가장 두드러진 것으로서, 풍차에는 매일 일정한 양의 동력을 안정적으로 공급하지 못했다. 둘째로 풍차는 바람과 직렬로 배치되어야 했다. 초기의 '기둥식' 풍차는 거추장스럽게 일체형으로 설계되었다. 그 풍차가 작동하기 위해서는 그 육중한 장치 전체가 움직여야 했다. 나중에는 꼭대기에서만 돌아가는 포탑형 풍차가 네덜란드에서 널리 사용되었다. 그러던 중 1745년에 에드먼드 리

(Edmund Lee)는 풍차의 날개를 자동적으로 배열하는 부채꼴 꼬리와 커다란 수직키를 발명했다. 이것은 오늘날 미국의 농장들에서도 쉽게 볼 수 있는 고정장치다.

비록 풍차가 생산성 향상에 도움이 되기는 했지만, 대부분의 과업에서 인간의 힘을 대체하지는 못했다. 그것은 평균적으로 10마력의 힘을 생산했고, 따라서 수차에 비해 크게 진보된 것은 아니었다. 17세기 네덜란드에서 약 8천 개의 그러한 장치가 1백만 명이 훨씬 넘는 인구를 위해 바닷물을 퍼내는 데 주로 사용되었다. 그 장치의 인구 일인당 동력 생산량은 약 10분의 1마력으로, 이것은 둠스데이 시기* 잉글랜드의 경우에 비해 다섯 배 더 높은 수치였다.

자연의 변덕성 때문에 수차와 풍차가 사용될 수 있는 장소와 시간이 제한되었다. 근대 이전의 가장 강력한 수차는 루이 14세의 마를리 수차로서, 이것은 베르사유의 분수를 가동시키는 데 사용되었고, 75마력의 동력을 생산했다고 한다.[9] 서구의 경제적 이륙이 일어나고서야 비로소 장소와 날씨에 상관없이 동력을 공급할 수 있는 기술이 발전되었다.

증기 엔진 발명

고대인들은 끓는 물이 물리적인 일을 할 수 있다는 것을 알았다. 기원전 100년경에 알렉산드리아의 헤로(Hero)는 두 개의 증기 동력 장치 그림을 그렸다. 첫 번째 것은, 〈그림 5-3〉과 같이 회전축 위에 둥근 용

---

* 잉글랜드에서 징세를 목적으로 전국적인 토지조사가 실시되고 그 결과 둠스데이 북이라는 토지대장이 만들어진 시기(1086년경) ―역주

기가 탑재된 것이었다. 이것이 유명한 헤로의 엔진이다. 가열되면 원구에 접한 방향으로 나 있는 구멍에서 증기가 배출되어 그 힘으로 용기가 회전했다.

고대의 두 번째 증기 엔진은 알렉산드리아에서 신전의 문을 여닫는데 사용된 루브 골드버그(Rube Goldberg) 장치*였다. 증기에 의해 커다란 용기 안에 있던 물이 작은 물통으로 흘러가고 이것은 다시 중력의 힘에 의해 떨어지며, 이렇게 떨어지는 물이 도르래와 지주로 이루어진 복잡한 시스템을 경유하여 문의 움직임에 동력을 공급했다.

헤로의 『공기역학』(Pneumatica)에 기술된 두 장치는 존재했을 수도 아니었을 수도 있다. 존재했다 하더라도 그것들은 유용한 작업에는 쓰일 수 없는, 기껏해야 실험용 장난감에 지나지 않았을 것이다. 17세기 말까지 증기는 거의 실용화되지 않았다. 그 당시 가장 긴급한 토목상의 문제는 석탄광에서 물을 퍼내는 일이었다. 수세기 동안 광부들은 깊이가 30피트 이상 되는 곳에서는 물을 퍼낼 수 없다고 생각했다. 이러한 한계로 인해 깊은 석탄광층을 효율적으로 활용할 수 없었다. 코시모 드 메디치의 기술자들이 심층배수 문제를 해결하려고 하다가 실패하자 갈릴레오에게 도움을 청했다. 갈릴레오는 그 문제를 그의 탁월한 조수였던 에반겔리스타 토리첼리(Evangelista Torricelli)에게 넘겼다. 토리첼리는 효과적인 펌프를 만들어내지는 못했지만, 그 과정에서 훨씬 더 소중한 것을 발견했다. 30피트라는 한계는 대기압력 때문이었다. 평방인치당 14파운드 이상의 거대한 저항력을 발휘하는 그 압력은 정확히 30피트 높이의 물기둥이 행사하는 압력과 같았다.

---

* 아주 단순한 과제를 해결하기 위해 만들어진 복잡한 기계를 가리키는 것으로서, 이런 장치를 소재로 한 풍자적 만화를 그린 미국 만화가의 이름을 따서 지어졌다. —역주

　1654년 독일의 과학자 오토 폰 게리케(Otto von Guericke)는 기발한 실험을 통해 공기의 잠재적 힘을 보여주었다. 그는 지름 20인치짜리 금속 반구 두 개를 합친 다음 그 사이에 있던 공기를 빼냈다. 그 결과 생겨난 진공 상태는 너무나 강력해 각 반구의 고리를 커다란 말에 매달아 그 말들을 반대방향으로 달리게 해보아도 두 반구가 떨어지지 않을 정도였다.

　과학자들은 진공의 힘을 이용하면 거대한 양의 힘을 얻을 수 있다는 것을 재빨리 깨달았다. 크리스티안 호이겐스는 실린더 안에서 화약을 연소시켜 부분적 진공을 만들어내는 최초의 시도를 했다. 뜨거운 가스가 밸브로 빠져나가면서 그 주위의 공기도 함께 빠져나갔다. 냉각하면 밸브가 닫히고 그에 따라 부분적인 진공 상태가 생겨났다. 이 방법은 시연해 보이는 데는 유용했지만, 기계적 펌핑을 통해 진공을 만드는 것보다는 그리 효율적이지 않았다(이 장치는 최초의 내연기관이라고도 할 수 있다).

호이겐스의 조수였던 드니 파팽(Denis Papin)은 증기를 통해 좀더 효과적으로 진공을 만들어낼 수 있을 것이라는 이론을 세웠다.

> 열에 의해 수증기로 전화되는 소량의 물이 공기와 같은 탄성을 갖고 있지만, 그에 수반하여 일어나는 냉각작용으로 인해 다시 물로 전화되며, 따라서 앞서 말한 탄력성의 흔적이 남지 않기 때문에, 나는 안에 물을 담을 수 있는 기계를 만들어 그리 강하지 않은 열을 가하면 큰 비용을 들이지 않고도 화약으로는 결코 얻을 수 없는 완전한 진공을 만들 수 있다는 결론을 내렸다.[10]

이 결정적인 말을 휘갈겨 쓴 후 곧바로 파팽은 최초의 피스톤 증기엔진 운전 모델을 만들었다. 실린더 안 소량의 물이 끓으면 이것이 피스톤을 밀어올렸다. 행정의 꼭대기에서 불이 제거되고 갈고리가 피스톤을 그 위치에 고정시켰다. 그런 다음 그 장치는 냉각되었다. 증기가 응축되면 그에 따라 진공이 창출되었다. 충분히 냉각되면 갈고리가 풀어져 피스톤이 강력하게 아래로 내려갔다. 엄격히 말해 이 장치는 증기 엔진이라기보다는 진공 엔진이었다. 파팽의 증기 피스톤은 압력을 받은 증기의 힘에 의해서가 아니라 증기가 물로 응축될 때―물과 증기 밀도의 비율이 약 1,200 대 1 정도로―창출되는 거의 완전 진공에 의해 가동되었다.

증기기관이 실생활에 활용되다

헤로 및 호이겐스의 엔진과 마찬가지로 파팽의 엔진은 너무 거추장스럽고 느려서 실제적 목적으로는 사용될 수 없었다. 그러나 그로부터 얼마 지나지 않아 다른 사람들이 그의 고안물을 경제적으로 유용한 장치로 정교하게 만들었다. 17세기에 우스터 후작(Marquis of Worcester)과 토머스 세이버리(Thomas Savery) 모두 증기 작동 펌프를 설계했다. 물론 그 후작이 실제로 엔진을 만들었는지는 분명하지 않다. 세이버리는 운전 모델을 만들었지만, 이것으로 상업적인 성공을 거두지는 못했다. 그렇지만 일부 역사가들은 세이버리가 실제로 작동하는 증기 엔진을 최초로 만들었다고 인정했다. 그들의 기술적, 상업적 성과보다 훨씬 더 중요한 것은 세이버리와 우스터 모두 그들의 장치에 대해 특허권을 취득했다는 것이다. 세이버리는 햄튼 궁정에서 왕에게 그의 장치를 시연해 보인 후 특허권을 취득했다.

17세기 말 발명가들은 수지맞는 산업독점을 초초하게 기대하면서 기술혁신에 박차를 가했다. 물론 과학혁명의 지도적 인물들은 높은 교육을 받았고, 많은 사람들이 부유한 귀족 출신이었지만, 산업혁명기의 위대한 기술자와 발명가들은 예외없이 교육받지 못한 장인들로서 주로 상업적 이득의 전망에 따라 움직였다. 세이버리와 동시대인이었던 토머스 뉴커먼(Thomas Newcomen)이 전형적인 예이다. 뉴커먼은 사회적으로 지위가 낮았음에도 불구하고 파팽과 우스터 후작의 작업에 관해 당시의 위대한 과학자였던 로버트 훅과 편지를 주고받았다. 뉴커먼은 이전의 엔진들이 실패한 것은 실린더의 냉각이 외부의 대기에서 느리게 이루어졌기 때문이라는 것을 알았다. 그는 찬 물을 안으로 주입하여 실린더를 냉각시키는 엔진을 설계했다. 하지만 세이버리의 특허가 너무 광범위하게 작성되어 뉴커먼이 생각할 수 있었던 거의 모든 설계를 포괄했기 때문에 뉴커먼은 세이버리와 힘을 합치지 않을 수 없었다.

그들의 최초의 장치에 관한 역사적 기록은 거의 존재하지 않지만, 1712년 언젠가 우스터셔 더들리의 석탄광에서 세계 최초의 작동하는 '대기압' 증기 엔진이 광산의 심층부에서 물을 퍼내기 시작했다. 여기서 핵심어는 '대기압'이라는 단어다. 〈그림 5-4〉에 그려진 뉴커먼의 엔진은 파팽의 것과 마찬가지로 순환하는 대기압력에 의해서만 작동했다. 정지해 있을 때, 피스톤은 차가운 실린더의 꼭대기에 위치했다. 보일러에서 증발하는 수증기가 〈그림 5-4〉의 왼쪽 밸브를 통해 실린더 안으로 주입되어 차가운 공기를 대체했다. 이제 실린더가 증기로 가득 차고 그 안의 피스톤이 꼭대기 행정에 위치한 상태에서 이번에는 그림의 오른쪽 밸브로부터 차가운 물이 실린더 안으로 주입되었다. 이것이 증기를 응축시켜 거의 완벽한 진공을 만들어냈다. 이 진공이 강력한 힘으로 피스톤을 아래로 끌어당기면, 여기서 발생된 힘이 펌핑 메커니즘 쪽으로 전달되었다. 그러면 다시 증기가 실린더 안으로 주입되고 피스톤이 서서히 올라갔다. 차가운 물이 다시 주입되면서 새로운 주기가 시작되었다. 그리하여 엔진은 순전히 대기압력에 의해 작동했다. 피스톤은 생증기(生蒸氣)에 의해서가 아니라 그 수증기가 응축될 때 발생하는 진공에 의해 구동되었다.

뉴커먼의 기관은 주 구동 빔의 움직임에 따라 작동하는 자동 개폐 밸브 시스템을 포함하고 있었다. 그 기계는 1분당 12회 순환했고 약 5.5마력을 생산했다. 수차나 풍차보다 훨씬 더 강력하지는 않았지만, 그것은 시간과 장소에 구애받지 않고 작동했다. 이제 인류는 자연의 변덕에서 독립하여 마음대로 동력을 사용할 수 있었다. 혁신과 정교화에 보상을 제공한 새로운 특허 법률은 발명자들로 하여금 최초의 원시적인 설계를 넘어 훨씬 더 멀리 나아가도록 자극했다. 몇 십 년 만에 뉴커먼의 엔진은 75마력에 이르는 동력을 생산했다.

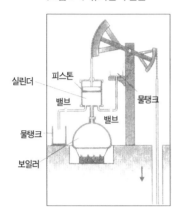

〈그림 5-4〉 뉴커먼의 엔진

실린더　피스톤
밸브　　　물탱크
밸브
물탱크
보일러

〈그림 5-5〉 와트의 엔진

피스톤
콘덴서
펌프 쪽

출처: 뉴커먼 협회의 허가를 받아 재현함.

뉴커먼의 엔진은 세계경제성장의 윤곽을 영원히 변화시킬, 제조활동과 수송에서의 혁명의 진앙지였다. 그러나 그것은 경제적으로는 가망성이 별로 없었다. 실린더 전체가 교대로 가열되고 냉각될 필요가 있었던 설계는 고유한 결함이 있었고, 그 엔진이 대기작용에 기반해 있었기 때문에 그것의 힘은 피스톤 표면 평방인치당 14.7파운드로 제한되었다. 또한 그 엔진은 엄청난 양의 석탄을 소비했기 때문에 석탄이 풍부한 지역에서 탄광의 물을 퍼내는 데에만 사용될 수 있었다. 더욱 나쁜 것은, 그 엔진이 하향 행정에서만 동력을 생산했기 때문에 바퀴와 외륜을 구동하는 데에는 적절하지 않았다는 점이다. 그것은 한 역사가의 말대로 '유망한 괴물'[12]이었다.

제한적이기는 했지만 뉴커먼의 엔진은 여전히 첨단기술이었고, 따라서 그의 발명 이후 두 세대 이상 동안 그리 많이 사용되지 않았다. 증기엔진에 관한 1769년도 연감에는 67대만이 등록되어 있다.[13] 기술적으로는 결함이 있었지만, 엔진의 근본적인 개념은 적절했고 이후 세대의 장인들이 그것의 힘과 연료효율을 점차 개선했다.

그런 장인들 중에 제임스 와트라는 사람이 있었다. 1736년 스코틀랜드의 가난한 상인 집안에서 태어난 그는 어려운 가정사정 때문에 장사의 길로 나서지 않을 수 없었다. 19세에 와트는 런던을 여행하여 거기서 '철학적 도구'―오늘날 과학 기구라 불리는 것―를 만드는 법을 배웠다. 그는 글래스고로 돌아와 자기 사업체를 세우려 했으나, 그곳 길드들이 그를 받아주지 않았다. 다행히 기계를 다루는 그의 타고난 재능을 알아본 글래스고 대학교가 그에게 장비를 만들고 수리하는 일자리를 주었다.

새로운 일자리에서 그는 스코틀랜드의 탁월한 과학자들과 만날 수 있었고 이들로부터 증기의 물리학을 배울 수 있었다. 1764년에 그는 대학교에 설치되어 있던 시범적인 뉴커먼 엔진을 수리할 운명적인 기회를 맞이했다. 와트는 즉각 그 엔진의 비효율성이 실린더의 가열과 냉각의 반복 때문이라는 것을 깨달았다. 어떤 식으로든 뜨거운 상태를 계속 유지하면 훨씬 더 적은 양의 석탄이 소요될 것으로 예상되었다. 그 이후 얼마 되지 않아, 지금은 전설처럼 되어버린 이야기지만, 글래스고 초원을 거닐던 중에 갑자기 생각이 떠올랐다. 만약 증기가 실린더 밖에서 응축될 수 있다면, 실린더 자체는 주기 전체를 통해 뜨거운 상태를 유지할 수 있고, 따라서 연료를 크게 줄일 수 있을 것이었다. 다음 날 그는 실험실로 돌아와 작은 청동 의료용 주사기를 사용하여 외부 응축기의 실용성을 보여주었다. 이 결정적으로 중요한, 와트가 설계한 외부 응축기가 〈그림 5-5〉에 나와 있다.

와트가 그 장치를 생산하려고 했을 때, 그는 한 세기 후에 토머스 에디슨을 곤란하게 만든 것과 똑같은 문제에 부딪혔다. 와트에게 발명

자체도 어려운 일이었지만, 그의 엔진을 대량으로 생산할 숙련된 작업자를 구하기는 더욱 어려웠다. 그러나 가장 어려운 일은 그 엔진을 다량으로 제작하는 데 소요되는 충분한 자금을 조달하는 것이었다. 처음에 와트는 존 로벅(John Roebuck)이라는 동료 발명가와 공동으로 작업했지만, 피스톤-실린더 엔진에 소요되는 거대한 자본 때문에, 특히 대단히 값비싼 정밀가공 때문에 그들은 파산하지 않을 수 없었다.

파산한 데다가 생계도 유지해야 했던 와트는 토목기사 일자리를 찾았다. 그러나 10년 후인 1774년에 와트는 두 번씩이나 큰 행운을 얻었다. 런던에서 일상적인 사업을 하던 중 그는 그의 작업에 관심이 있던 버밍햄의 산업가 매튜 볼턴을 만났다. 또한 같은 해 포 제조업자 존 윌킨슨(John Wilkinson)이 피스톤-실린더 엔진에 요구되는 정밀 허용치를 충족하는 포신 내강 가공술을 완성했다. 몇 달 만에 와트와 볼턴은 윌킨슨의 정밀부품을 사용하여 산업적 규모의 엔진을 제작했다. 이 엔진 중 첫 번째 것은 윌킨슨이 공급했던 실린더에 대한 대가로 그의 용광로를 환풍시키는 데 사용되었다.[14]

철강 기술과 증기 기술 사이의 상호작용은 '시너지' 개념이 훌륭하게 적용된 사례였다. 증기는 철강의 양과 품질을 개선시켰다. 더욱 양질의 철강은 실린더의 더욱 높은 피로강도뿐만 아니라 더욱 정밀한 가공을 가능하게 했고, 이것은 다시 더욱 효율적인 증기력을 낳았다.

하원도 협력해주었다. 1774년 시점에서 와트의 원래 특허권은 시한이 7년밖에 남지 않았다. 수익성 있는 볼턴-와트 엔진을 만들기에는 충분하지 않은 시간이었다. 이때 의회는 특허권 보호 기한을 25년 더 연장해주었다. 그 연장된 특허 기간이 끝났을 때 496개의 장치가 잉글랜드에서 칙칙거리는 소리를 내며 광산의 펌프와 용광로, 공장들에 동력을 공급했다.

볼턴-와트 엔진에 의해 창출된 산업적 기회가 혁신의 배출구를 열었다. 와트는 공장과 수송 시설에 결정적으로 중요한 회전식 출력을 생산할 수 있고 단순히 대기압(마이너스) 하에서뿐만 아니라 증기압(플러스) 하에서도 작동하는 엔진을 설계했다. 그러나 와트는 1기압 이상의 증기를 사용하는 것에는 신중한 태도를 취했다. 광산 기술자 리처드 트레비식(Richard Trevithick)은 그렇게 하지 않았다. 볼턴과 와트에게 주어진 의회의 특허시한이 만료된 지 2년 후인 1802년에 그는 평균적인 대기압보다 열 배나 더 높은 평방인치당 145파운드에서 작동하는 엔진에 대해 특허를 취득했다.

19세기가 끝날 즈음에 인류는 근육 · 물 · 바람에 구속된 오랜 한계에서 결정적으로 벗어났다. 공장기계나 공기석탄해머는 1인이 가동할 경우에도 이전의 장치들에 비해 수십 또는 1백 배나 더 많은 양을 생산할 수 있었다. 배들은 이제 더 이상 자연의 변덕에 의존하지 않았다. 더욱 중요한 것은, 풍부한 기계 에너지를 창출할 새로 발견된 능력이 이전에는 상상할 수 없었을 정도의 발명들을 자극할 것이라는 점이었다. 이 발명들 중 두 가지, 즉 철도 기관차와 발전기는 곧 일상생활 자체를 변혁시킬 것이었고, 그 과정에서 전 지구적 번영에 관한 마지막 수수께끼가 밝혀졌다.

열악한 수송 체계

아무리 풍부한 소비재도 한 장소에서 다른 장소로 효과적으로 이동되지 못하면 별로 가치가 없다. 옷, 식품, 전기기기 등이 아무리 효율적으로 생산된다 하더라도 사용자들에게 값싸고 신속하게 수송될 수 없다면, 그것들은 여전히 사용할 수 없을 정도로 값비쌀 것이다.

산업혁명의 전반기 동안의 사정이 정확히 그러했다. 1821년 말 영국의 작가 레이 헌트(Leigh Hunt)와 그의 가족들이 이탈리아 여행을 떠났을 때 날씨가 너무 사나워 그들은 두 달이 지나서도 영국 해안을 벗어나지 못했고, 이듬해 7월이 되어서야 비로소 그들은 이탈리아의 리보르노에 도착했다.[15]

같은 기간 동안 육로 여행이 바닷길보다 더 안전하고 안락했을 테지만, 그리 큰 차이가 있었던 것은 아니다. 1820년 말경 잉글랜드에서는 노상강도가 여전히 일상적인 일이었다. 대륙에서는 사정이 훨씬 더 나빴다. 프랑스의 상선들은 무장경호원들을 거의 항상 승선시켜야 했고, 이탈리아의 간선도로에서는 살인이 드문 일이 아니었다. 증기 기관차가 출현하기 전까지 대륙을 여행하는 사람들은 일상적으로 소형 무기를 휴대했다.

설상가상으로 도로 상태도 매우 좋지 않았다. 대부분의 도로가 커다란 바퀴자국이 난 진흙길이었다. 울퉁불퉁한 표면 때문에 속도를 낼수 없고 불편했을 뿐만 아니라 매우 위험했다. 마차는 속도가 느린데도 자주 전복되어 승객들이 치명상을 입기 쉬웠다. 1820년경에 비로소 존 매캐덤(John L. McAdam)이 잘게 부순 돌로 포장(매캐덤 포장)하면 도로가 평탄하고 바퀴자국에도 견딜 수 있다는 것을 발견하여 도로건설 기법을 변혁시켰다.

바다 여행은 육로 여행보다 위험하기는 했지만, 증기 동력이 발명되기 전까지는 심지어 직선 육상 경로를 이용할 수 있는 경우에도 바다여행이 육로 여행보다 훨씬 더 저렴했다. 수십 년 후 철도 여행이 나타난 이후에도 런던과 에든버러 사이에는 육로를 통하는 것보다 바다를통하는 쪽이 훨씬 더 저렴했다.

〈그림 5-6〉 1800년 뉴욕에서 출발한 여행 시간

인디애나 준주

프랑스령 루이지애나

북서 오하이오 강 준주

뱅센

켄터키

내슈빌

테네시

남오하이오 강 준주

미시시피 준주

뉴올리언스

뉴욕

뉴햄프셔

올버니

보스턴

이어리 운하(1825)

코네티컷

로드아일랜드

1주일

5일

3일

2일

1일

펜실베이니아

뉴욕

피츠버그

랭커스터
롤게이트

필라델피아

국도(1820)

매릴랜드

워싱턴 D.C.

2주

버지니아

리치먼드

3주

노스캐롤라이나

윌밍턴

사우스캐롤라이나

찰스턴

조지아

스페인령 플로리다

미시시피 강

1800년의 여행 속도

뉴욕 시로부터의 여행 시간

도로

이어리 운하

증기선

출처: John F. Stover, ed., *The Routledge Historical Atlas of the American Railroads*(London: Routledge, 1999), p.11에서 출판사의 허락을 받고 재구성함.

애팔레치아 산맥이 내륙 여행의 넘을 수 없는 장벽이었던 신세계에서도 상황이 유사했다. 이것은 〈그림 5-6〉에 표시된 여행 시간에서 아주 선명하게 드러난다. 배를 타고 해안선을 따라 500마일을 여행하는 데 일주일이 걸린다면, 육지에서 같은 거리를 가는 데에는 3주가 걸렸을 것이다.

운하의 발달

그러나 18세기 수송에 전혀 진보가 없었던 것은 아니다. 고대 이래 통치자들은 느리지만 값싼 내륙 해운을 제공하기 위해 운하를 건설했다. 증기 기술의 출현으로 인해 연료 수요가 크게 증가했다. 멀고 접근하기 어려운 광산들로부터 엄청난 양의 석탄을 옮기는 일은 작은 문제가 아니었다. 1767년 브리지워터(Bridgewater) 공이 워슬리에 있는 그의 광산과 30마일 떨어진 렁컨에 위치한 직물 공장 사이에 운하를 건설하는 아이디어를 생각해냈다. 그 운하는 놀라운 성공을 거두었고, 오늘날까지 이용되고 있다. 20년 만에 영국인들은 1천 마일 이상의 운하를 건설했다.[16]

그러나 이것은 19세기 초 미국에서 일어난 운하 건설 시대와 비교하면 아무것도 아니었다. 산업혁명 이전 시기만 해도 자본이 만성적으로 부족했기 때문에 식민자들은 엄청난 양의 초기 자본이 들어가는 운하 건설을 그리 선호하지 않았다. 그러나 1820년대에 서서히 확장하던 미국 경제가 자본 흐름을 유례없이 증가시키기 시작했고, 사업가들은 대량 수송을 위한 방대한 내륙 운하 시스템을 꿈꾸기 시작했다. 1825년에 이어리 운하가 완성되어 그 꿈이 실현되기 시작했음을 알렸다. 그 시대에 가장 큰 건설 프로젝트 중의 하나였던 이어리 운하에 대해 역사가 조지 테일러(George Taylor)는 '신념의 행동'이라 했다. 올버니로부터 서쪽의 방대한 황무지로 이어진 364마일의 인공 수로를 부르는 명칭으로서 이것보다 더 적절한 것이 과연 있을까?

운하 이야기는 서사적이었다. 연방정부는 그 계획이 무모하고 지원을 받기 어려울 것이라고 생각했다. 이 때문에 그 계획은 지방정치인, 즉 뉴욕 주지사 드 위트 클린턴(De Witt Clinton)에게 맡겨졌다. 그는 뉴욕 주가 그 운하의 자금 조달에 필요한 거대한 액수의 채권 발행을 보증하겠다고 약속했다. 오늘날 자유주의자들은 저개발국(19세기 초의 미국과 같은)에서는 민간기업들에게 대부해줄 의사가 있는 사람들이 별로 없다는 점을 잊어버린다. 많은 경우에 적정한 이율로 자본을 끌어들일 능력이 있는 주체는 국가밖에 없다.

전장(全長)이 다 완성되기도 전에 이미 이어리 운하는 엄청난 재정적 성공을 거두었다. 나중에는 철도와 경쟁하게 되었지만, 그 운하의 수송 톤수는 1880년 비로소 정점에 달했다.[17] 이어리 운하의 가장 두드러진 유산은 뉴욕이라는 거대 도시였다. 그 운하가 생기기 이전에 고담(뉴욕의 별칭)은 보스턴과 필라델피아, 나중의 워싱턴 D.C.보다도 중요하지 않은 도시였다. 이어리 운하 덕택에 뉴욕은 중서부에서 오는 방대한 농산물의 집산지가 되었다. 이 농산물은 이어리 운하를 통해 허드슨 강으로 수송되고 다시 뉴욕의 부두로 수송되어 여기서 최종 목적지, 즉 미국 동부의 다른 지역이나 유럽으로 가기 위해 선적되었다.

운하는 성공적이기는 했지만, 혁명적인 개선이라고 할 수는 없었다. 우선 운하는 내륙의 비교적 평탄한 구간에서만 유용했다. 이어리 운하의 최대 표고는 650피트였다. 또 운하에서는 속도를 낼 수도 없었다. 수송에서 실질적인 변화가 나타나기 위해서는 증기가 바다와 내륙 운송에 적용될 때를 기다려야 했다.

대양 횡단에 증기기관이 활용되다

세계의 대양들에서 돛은 증기 엔진에 쉽게 굴복하지 않았다. 마르키 쥬프루아 다방(Marquis Jouffroy d' Abbans)이 1787년에 최초의 외륜 증기선을 건조한 이후 거의 1세기 동안 돛배는 이런 종류의 배와 당당히 경쟁했다. 사실 경쟁 압력은 돛배들의 기술 개선을 자극했고, 그 결과 돛배 기술에서도 증기 엔진에서 일어난 진보에 거의 맞먹을 정도로 극적인 개선이 이루어졌다. 19세기 중반의 쾌속범선은 수천 톤의 짐을 싣고도 20노트의 속도로 운항할 수 있었다. 19세기 말이 되어서야 비로소 증기선은 세계 해상 화물량의 대다수를 차지하게 되었다.[18]

증기 엔진과 배의 결합은 상당한 어려움을 야기했다. 초기의 가분수형 엔진은 배를 불안정하게 했고, 엄청난 양의 석탄을 먹어치웠다. 강이나 해안 증기선들의 경우에는 빈번한 연료 보충이 아무런 문제가 안 되었지만, 대양 수송의 경우는 이야기가 달랐다. 최초의 대서양 횡단 증기선의 하나인 브리티시 퀸은 5백 톤의 화물과 750톤의 석탄을 실었다.[19] 즉각 원정에 나설 경우도 있던 해군 함정들은 처음에는 신기술을 꺼렸다. 당시 최대의 배는 거대한 철선 그레이트이스턴이었다. 1858년에 진수된 이 배는 노와 돛 프로펠러로 추진되었고, 길이가 692피트, 배수량이 2만 2,500톤이었다. 결국 빈번하고 값비싼 석탄 보충 문제가 그 배의 상업적 운명을 결정했다.

증기 동력이 최종적으로 실용화된 것은 고압 선박 엔진과 스크루프로펠러가 완성됨으로써였다. 트레비식의 원래 고압 엔진 설계는 너무

비싸고 실제적 용도에는 안전하지 않은 것으로 드러났지만, 1870년에 평방인치당 150파운드까지의 압력이 정규적으로 사용되었다. 세기의 전환기에 석유 터빈이 출현하기 직전에 영국 해군의 표준적인 밥콕/윌슨 증기 보일러는 평방인치당 250파운드를 발생시킬 수 있었다.

한 가지 가격, 한 가지 임금

증기 덕택에 선적물량이 증가하자 잉글랜드와 아메리카 사이에 세 가지 근본적인 경제적 투입물—토지, 노동, 자본—시장이 '균형'에 도달할 가능성이 매우 높아졌다. 노동자와 상품이 쉽게 이동하지 않는 세계에서는 나라들 사이에, 심지어는 인접한 도시들 사이에서도 상품과 임금의 커다란 차이가 나타날 것이다. 그러면 땅값이 불균등해지고, 더 나아가 효율적인 통신이 없는 경우에는 장소마다 투자 수익도 천차만별일 것이다.

적절한 대양 수송 수단이 없는 상황에서 가격의 그러한 불균등성이 1870년 이전의 세계경제 상태였다. 토지가 잉글랜드에서는 희박하고 아메리카에는 풍부했기 때문에 땅값과 식품 가격이 영국에서 훨씬 더 높았다. 다른 한편, 노동은 잉글랜드에서는 풍부했고 아메리카에서는 희소했기 때문에 영국 노동자들에게 지급되는 임금은 미국 노동자들의 경우에 비해 훨씬 낮았다. 그래서 미국에 비해 임금은 낮고 가격은 높았던 잉글랜드에서는 노동자들의 소득이 훨씬 더 적었다(자본의 경우도 사정은 마찬가지였다. 미국에서보다 잉글랜드에서 자본이 훨씬 더 풍부했기 때문에 수익률도 미국에서보다 잉글랜드에서 훨씬 더 낮았다).

증기 수송의 출현이 미국과 잉글랜드 사이의 가격과 임금 수준을 평준화시켰다. 1870년 쇠고기 가격은 신시내티에서보다 런던에서 93퍼센트 더 높았다. 그러나 1913년 그 차이는 18퍼센트에 불과했다. 20년 사이에 지대는 미국에서 171퍼센트 상승한데 비해 잉글랜드에서는 50퍼센트 하락했다. 이와 마찬가지로 영국에서 땅값도 극적으로 하락했다.

상품가격, 지가, 임대료가 두 나라 사이에 균형에 도달했을 뿐만 아니라 실질 임금도 균형을 이루었다. 이것은 단순히 아메리카의 값싼 식료품 덕택에 일어난 결과는 아니었다. 그것은 영국 노동자들이 이민 갈 능력을 증대시켜 영국 노동시장을 긴장하게 만든 결과이기도 했다. 마지막으로 더 나은 정보와 수송 덕택에 더 수익성 있는 해외투자 대안을 찾을 수 있었기 때문에 영국 자본의 수익도 개선되었다.* 오늘날 우리가 '지구경제'에 관해 말할 때, 우리가 의미하는 것은 임금, 상품 가격, 공산품 가격이 나라들 사이에 수렴되는 경향을 보이는 그러한 세계이다. 19세기 후반에 증기 엔진이 다량의 상품과 인구를 세계의 대양을 가로질러 이동시키는 와중에 이러한 방향으로 나아가는 거대한 진전이 이루어졌다.

---

* 상품가격의 수렴은 세 가지 근본적인 경제적 투입물─토지, 노동, 자본─가격의 수렴도 낳는다는 이론은 헥셔-오린 모델로 알려져 있다. 제1차 세계대전 이후 이 두 명의 스웨덴 경제학자가 처음 정식화한 이것은 그 이후 현대 경제학자들에 의해 확증되어왔다. 이 이론은 그간 사람들의 큰 주목을 받지는 않았지만, 점점 더 통합되고 있는 지구경제에 적지 않은 중요성이 있다. Kevin H. O'Rourke and Jeffiey G. Williamson, "Late Nineteenth-Century Anglo-American Factor-Price Convergence: Were Heckscher and Ohlin Right?," *Journal of Political Economy*, 54(Dec. 1994), pp.892-916을 보라.

세계 최초로 달리는 기차

증기의 육상운송 정복은 훨씬 더 빠르고 광범위했다. 발명가들은 즉각 그것을 차량에 적용하려고 시도했다. 이것은 쉽지 않은 과제였다. 육상 차량은 엔진을 탑재할 공간이 배보다 작았기 때문이다. 1801년에 리처드 트레비식이 결국 그의 초기 고압 기계로 차량을 가동시키는 데 성공했다. 1804년에 그는 웨일스에 있는 페니대런 주조소와 인근의 운하 사이 10마일 구간의 광차(鑛車)를 운행했다. 이 차는 10톤의 쇠와 70명의 사람을 싣고 시간당 5마일의 속도로 갈 수 있었다. 1808년 그는 유스턴 광장 부근에서 런던 시민들에게 5실링짜리 탈 것을 제공했다.

철도 기관차의 미켈란젤로는 조지 스티븐슨(George Stephenson)이었다. 1781년 탄광지대에서 가난하게 태어난 그는 탄광 부근에서 자라 '엔진 맨'(engine man)의 아들이 되었다. 증기의 조화에 매료된 그도 탄광의 펌프를 운영하는 기술자가 되었다. 곧이어 그는 그 장치를 설계한 로버트 호손(Robert Hawthorne)을 만나 의견을 나누게 되었다.

스티븐슨의 재능은 곧 영국정부의 관심을 끌었다. 당시 석탄 생산은 나폴레옹 전쟁을 수행하는 데 결정적인 부분이었다. 당시 30세였던 스티븐슨은 뉴캐슬에서 펌프를 운영하고 있었다. 스티븐슨은 문맹이었지만 아들 로버트를 교육시킬 여유는 있었고, 곧 아들이 아버지에게 읽고 쓰는 법과 수학, 과학을 가르쳐주었다.

탄광지대는 철도 기관차의 발전을 위한 완벽한 배양소였다. 수세기 동안 독일과 잉글랜드에서 탄차가 목재 레일 위에서 운행되었다. 1700년대 목재 레일은 점차 철 레일로 전환되었고, 수갱(垂坑) 엔진이 값비싸고 육중한 짐마차 말을 대체하는 것이 불가피했다. 그러한 전환의 상당한 부분이 스티븐슨의 역할로 떨어졌다.

실제적인 레일 엔진 발전을 위한 직접적인 촉진제는 나폴레옹 전쟁의 결과로써 나타난 마초 비용의 상승과 그에 수반된 석탄 가격의 상승이었다. 스티븐슨의 최초 설계안은 동력이 너무 약해 그것을 움직이기 위해서는 종종 튼튼한 사람들이 밀어야 했다. 1814년 대중에게 신기한 탈 것을 제공해준 블루처 기관차도 마찬가지였다. 스티븐슨과 그의 아들 로버트는 그들의 엔진을 끊임없이 개선하여 매번 더욱 강력한 엔진을 만들어냈다. 그들의 가장 유명한 창조물인 '로켓'은 시간당 30마일 이상의 속도를 낼 수 있었고 영국 대중의 상상력을 사로잡았다. 여배우 파니 켐블(Fanny Kemble)의 반응이 전형적이었다. 로켓을 처음 타고 나서 그녀는 이렇게 말했다.

> …… 흥흥거리는 작은 동물 같은 게, 꼭 찰싹 때리고 싶은 기분이 들었다. 그것은 시속 35마일의 빠른 속도로 출발했다. 새가 나는 것보다 더 빨랐다. 허공을 가로지르는 기분이 어떤 것인지 생각하기 어려울 것이다. 말할 수 없이 부드러운 움직임이었다. 그 안에서 나는 읽고 쓸 수도 있었다. 사실 나는 서서 보닛 끈을 풀고 내 앞으로 다가오는 공기를 들이마셨다. 익숙하지는 않았지만, 불안하거나 무서운 느낌은 전혀 들지 않았다.[20]

1821년 의회가 한 사업가 컨소시엄에 달링턴에서 스톡턴온티스에 이르는 철도노선 운영권을 허가해주었다. 달링턴에 있던 탄광지대는 오지라는 입지 여건 때문에 발전이 낙후되어 있었다. 철도 레일과 증기가 있으면 곧 해결될 문제였다. 그 노선은 3년 뒤 완공되자마자 곧바로 돈을 벌었다. 곧이어 맨체스터와 리버풀을 잇는 훨씬 더 큰 프로젝트가 추진되었다. 항구를 낀 산업중심지를 연계하는 이 노선은 특히 야심적인 사업이었다. 엔지니어들은 경사지에 선로를 깔고 터널을 뚫기 위해 엄청난 양의 흙을 옮기고 거대한 고가교를 건설해야 했을 것이다. 스티븐슨은 무거운 짐을 싣고 평균 시속 14마일 이상의 속도로 60마일을 갈 수 있었던 로켓 호로 엔진 경쟁에서 승리를 거두었다.

그 노선은 1830년 9월 15일 개통되었다. 그런데 최초의 철도 사망사고 때문에 개통식은 엉망이 되었다. 철도광이었던 윌리엄 허스키슨(William Huskisson) 의원이 로켓 호에 치인 것이다. 이 사건에서 철도가 현대의 생활을 혁명적으로 변화시켰다는 점이 분명해졌다. 10년이 지나자 잉글랜드에서 2천 마일의 노선이 운영되고 있었다. 속도와 안락함이 조금씩밖에 개선되지 않았던 증기선과는 달리 철도는 여행 자체의 성격을 변화시켰다. 날짜와 주간 단위로 계산되었던 여행시간은 이제 시간 단위로 측정되었다. 시간 자체는 일상생활의 급속한 가속화를 나타내는 '철도 시간'이라는 새로운 수식어를 얻었다(최근의 '인터넷 시간'이라는 말과 유사했다). 이전에는 부자들만 할 수 있었던 장거리 여행이 모든 사람에게 가능한 일이 되었다. 1835년 영국인들은 1천만 회의 역마차 여행을 했다. 1845년에 그들은 3천만 회의 철도 여행을 했고, 1870년에는 이 수치가 3억 3천만 회로 증가했다.[21]

1830년에 증기 엔진 덕택에 글래스고와 런던 사이의 여행은 힘들게 며칠 걸리던 것이 편안한 24시간으로 줄어들었다. 『레일웨이 타임스』(Railway Times)는 "분별 있는 사람이라면 더 이상 무엇을 바라겠는가?"[22]라고 환호했다.

느린 정보를 이용해 부를 거머쥐다

1815년 6월 18일 한밤중이 지난 지 얼마 안 되어 전서구 한 마리가 영국군이 워털루에서 나폴레옹을 격파했다는 소식을 물고 영국 해협 위로 낮게 날았다. 이 결정적인 뉴스는 언론이나 그 소식을 애타게 기다리던 대중에게는 물론이고 내무성 장관과 전쟁성 장관에게도 전해지지 않았다. 그것은 오직 한 사람, 금융가인 나탄 로스차일드(Nathan Rothschild)에게만 전해졌다.

그날 아침 주식거래소 사람들은 로스차일드가 그 전투의 결과를 틀림없이 알고 있을 것이라고 추측했고 그의 움직임을 주시했다. 로스차일드는 주식시장의 이러한 낌새를 알아차리고는, 마치 전투에서 진 것처럼 콘솔 공채를 내다팖으로써 의도적으로 시장을 패닉 상태로 몰아갔다. 그리고 나서 다음 날 승리 소식이 금융시장에 도착하면 그것들의 가격이 급상승할 것이라는 점을 알고 있었던 그 교활한 투기업자는 더 낮은 가격으로 그것들을 재빨리 조용하게 되사들였다.*

---

* 실제 이야기는 훨씬 더 복잡했다. 로스차일드가 전서구를 사용하기는 했지만, 이것은 일상적인 가격 데이터를 수집하기 위한 것이었지 파트너들 사이의 중요한 통신을 위한 것은 아니었다. 사실 로스차일드가 워털루에 관한 뉴스를 접한 것은 그것이 영국정부와 대중에게 알려지기 꼭 이틀 전에 그의 개인 급사가 브뤼셀의 신문에 난 내용을 그의 사무실로 전달해 주었기 때문이다. 나탄 로스차일드가 이 사전 정보에 근거하여 콘솔을 매입함으로써 일정한 이익을 거두기는 했지만, 곧 이어진 나폴레옹의 예기치 않은 패배는 로스차일드 상사에는 거의 재난 같은 일이었다. 이 회사는 전쟁이 오래 지속될 것으로 예상하고 방대한 양의 금을 사들였는데, 적대행위의 종식으로 인해 금 가격이 급락한 것이다. 워털루 전투를 계기로 로스차일드가 큰 성공을 거두었다는 전설은 오늘날에도 언급되는 그의 탁월한 금융적 수완을 암시하기는 하지만, 이 이야기를 처음 꺼낸 것은 당시의 반유대주의 작가, 오노레 드 발자크(Honoré de Balzac)였다. 19세기의 독자들에게는 로스차일드가 전쟁의 부침으로부터 이득을 거두었다는 이야기는 감정을 상하게 하는 것이었다. 바로 이런 이유에서 빅토리아 여왕은 리오넬 드 로스차일드에게 귀족 작위를 수여하지 않았다. 이것은 니알 퍼거슨과의 개인적인 대화에서 나온 이야기다. Niall Ferguson, *The House of Rothschild*(New York: Penguin, 1999), pp.14-15, 98-101도 보라.

근대가 시작될 때까지도 통신의 상태는 이러했다. 가장 결정적인 뉴스가 인접국 사이에서 유통될 경우에도 며칠씩 걸렸다는 사실은, 정보를 가진 사람들에게는 그 정보가 은행에 예치된 돈이었고, 그것을 갖지 못한 사람들에게는 재난이었다는 것을 뜻했다.

전기로 전달되는 정보

전기가 발견된 이래 과학자들은 그것을 정보를 전달하는 데 사용하기를 꿈꾸어왔고, 18세기 중반부터 그렇게 하려는 다양한 시도가 있었다. 1746년에 프랑스 신부 장-앙투안 놀레(Jean-Antoine Nollet)는 25피트짜리 쇠막대로 2백 명의 수도승들을 연계했다. 그는 그 막대들을 1마일에 걸쳐 연장시킨 다음 그 라인에 연결된 첫 번째 수도승에게 전기 충격을 가했다. 놀랍게도 첫 번째 수도승과 거의 같은 시간에 마지막 수도승도 그 충격을 감지했다. 전기적 전달이 거의 동시적인 것으로 보였다.[23]

전기 충격을 받은 성직자들의 사례를 제외하면, 1800년에 전기를 이용한 통신은 여전히 불가능한 일이었다. 여기에는 세 가지 주요 문제가 있었다.

- 믿을 만한 전력원이 없었다.
- 전류를 유용한 신호로 바꾸는 것은 매우 어려운 일이었다.
- 놀레의 실험이 보여주었듯이, 그러한 신호를 감지하고 해석하는 능력은 극히 원시적이었다.

전기를 발생시키는 과제와 관련하여 첫 번째 성과가 나타났다. 1800년 이전에 두 물질을 서로 비비면 불규칙하고 미약하게나마 정전기가 발생한다는 것이 알려져 있었다. 그해에 알레산드로 볼타(Alessandro Volta)는 루이지 갈바니(Luigi Galvani)*의 개구리 다리가 팔딱거린 것이 소금 용액 속에 담긴 두 금속의 접촉 때문에 일어난 것이라고 옳게 추론했다. 볼타는 다양한 금속 쌍을 조합하여 체계적으로 실험하기 시작했고, 아연/구리와 아연/은의 두 조합이 가장 강력하고 안정적인 전류를 발생시킨다는 것을 알아냈다. 그는 이 금속판을 염수를 머금은 플란넬이나 종이들 사이에 번갈아 삽입시킴으로써 연속적인 전력을 생성할 수 있었다. 사실상 최초의 배터리를 만든 것이다.[24]

다음 장벽은 수신 측 단말에서 전류를 해석하는 문제였다. 이것도 사소하지 않은 일이었다. 수도원장 놀레가 자극을 받은 수도승으로부터 구두보고에 의존하지 않을 수 없었던 점을 기억하라. 19세기 초기 동안에는 전선에 손가락을 대보는 방법이 전신기술자에게 가용한 최상의 것이었다.

1820년에 한스 크리스티안 외르스테드(Hans Christian Oersted)라는 덴마크 과학자가 전선을 통해 흐르는 전류가 나침반 바늘을 움직이게 한다는 것을 발견했다. 이제 전기의 흐름이 측정될 수 있게 되었다. 남은 모든 것은 외르스테드의 바늘에 알아들을 수 있는 메시지를 줄 수 있도록 전류를 바꾸는 일이었다. 1825년경 파벨 르보비치 쉴링(Pavel Lvovitch Schilling)이라는 러시아인이 바늘이 오른쪽이나 왼쪽으로 흔들리는 장치를 만들었다. 이 임펄스의 조합이 각각 글자와 숫자를 가

---

* 루이지 갈바니(1737~1798)는 동물의 조직에서 전기라고 생각되는 것이 나타내는 성질과 효과를 연구한 이탈리아의 의사이자 물리학자이다. ―역주

리키는 것으로 사용되었다. 쉴링은 차르를 설득하여 그의 계획을 위한 지원을 받을 수 있었지만, 그 장치가 완성되기 전에 죽었다.

최종적으로 실험실 밖에서 작동할 전신기를 만드는 일은 두 개의 별도 발명가 집단―하나는 영국의 윌리엄 포더길 쿡과 찰스 휘트스톤 그룹이고, 다른 하나는 미국의 새무얼 모스(Samuel Morse)가 이끌던 그룹이었다―의 일로 남았다.

1791년 매사추세츠 찰스타운에서 태어난 모스는 직업적으로 훈련을 받은 화가였다. 34세 되던 해에 그는 라파예트의 초상화를 포함한 유명인사들의 주문을 여러 건 받은 상태였다. 그러나 그의 가슴속에서는 발명가의 심장이 뛰고 있었다. 그는 이미 신기한 펌프와 대리석 조상을 복제하는 기계를 설계했다. 그가 1832년 유럽 여행을 마치고 돌아오던 중 배에 함께 타고 있던 사람이 그에게 놀레와 외르스테드의 실험에 관해 말해주었다. 모스는 외르스테드의 바늘에 의해 읽히는 간단한 온-오프 부호가 문자와 숫자를 전달하는 데 사용될 수 있다는 것을 알아냈다.

6주간의 바다 여행을 끝마쳤을 때, 그는 자신의 이름이 붙은 저 유명한 부호 개념에 생각이 미쳤다. 순전히 아마추어였던 모스는 운 좋게도, 이전의 많은 사람이 전기를 이용한 전신술을 개발하는 데 실패했다는 것을 전혀 알지 못했다. 더욱이 그는 실제로 작동하는 장치를 생산할 기술적 전문성을 전혀 갖추고 있지 않았다. 그가 가진 것은 전기를 이용한 전신을 현실로 전환시키려는 무한한 에너지와 열정, 충동뿐이었다.

윌리엄 쿡은 모스와 마찬가지로 영국적인 정신을 가진 사람이었다. 모스가 단일한 전선을 통해 전달되는 부호 시스템을 발견해냈다면, 쿡은 운 좋게도 1836년에 쉴링의 장치를 시연하는 자리에 참여할 수 있었다. 그는 즉각 그 장치를 실재에 응용할 방법을 생각해냈다. 몇 주 만에 그는 세 가닥의 전선이 연결된 세 바늘로 이루어진 운전 모델을 만들었다(각각의 바늘은 오른쪽, 왼쪽 또는 중앙을 가리킬 수 있었기 때문에 27가지의 조합이 가능했다. 그래서 알파벳 활자 전체가 부호화될 수 있었다). 오늘날의 용어로 말하자면, 모스는 소프트웨어를 개발하고, 쿡은 하드웨어를 발명한 셈이었다.

그때 모스와 쿡 모두 같은 문제에 직면했다. 신호가 수백 킬로미터 이상으로는 전달되지 않았기 때문이다. 두 발명가 모두 기술적인 훈련을 받지 못했고―쿡은 해부학자였고, 초상화가 모스는 과학지식 배경이 전혀 없었다―배터리가 너무 낮은 전압을 생성한다는 것을 깨닫지 못했다.

오늘날이라면 고등학생만 되도 알겠지만, 해답은 배터리 여러 개를 일렬로 연결시키는 것이었다. 모스는 물론이고 쿡도 1830년대 과학자들이 수마일의 전선을 통해 고전압으로 전류를 흘려보냈다는 것을 알지 못했다. 그렇게 한 사람은 런던 킹스 칼리지의 '실험철학'(물리학에 해당함) 분야 석좌교수였던 찰스 휘트스톤이었다. 쿡이 휘트스톤을 방문했을 때 두 사람은 즉각 쿡의 기업가적 열정과 휘트스톤의 기술적 전문성이 이상적으로 결합될 수 있을 것이라고 생각했다. 하지만 동시에 그들은 서로에 대한 반감도 갖게 되었는데, 이는 이후에도 계속 둘의 관계를 끈질기게 따라다녔다. 휘트스톤은 쿡을 건방진 사업가라고 생각했고, 쿡은 휘트스톤에 대해 주제넘고 탁상공론적인 속물로 생각했다. 그러나 몇 달 만에 메시지를 멀리까지 신속히 전달할 수 있는 5-전선/바늘 설계안을 만들어냈다.

모스는 쿡/휘트스톤보다 4년이나 앞섰지만, 너무 복잡한 송신장치를 설계하느라 시간을 다 까먹었다. 또한 그는 거리/전압 문제를 해결하는 데에도 실패했다. 쿡/휘트스톤이 최초의 운전 모델을 만든 거의 같은 시기에 뉴욕 대학교에서 문학과 미술을 가르치던 모스는 거기서 화학을 가르치고 있던 레오나르드 게일(Leonard Gale)과 부자 청년 알프레드 베일(Alfred Vail)을 우연히 만났다. 세 사람은 팀을 이루어 배터리 설계를 개선하고 모스의 부호를 친숙한 형태로 간소화시켰으며, 한 손가락만으로 신속히 조작할 수 있도록 입력장치를 단순화시켰다.

하나의 선, 하나의 세계

대서양 양쪽에서 모두 특허가 신청되고 두 팀 사이에 격렬한 경쟁이 이어졌다. 이 단계에서 미국 팀은 중계라는 결정적인 진전을 이루어냈다. 그 자체의 배터리로 구동되는 두 번째 전신 키는 본질적으로, 유입되는 모든 신호를 충실히 반복하여 계속 전송했다. 주의 깊게 연계된 일련의 중계 시스템은 신호를 수백 또는 수천 마일까지 전송할 수 있었다.

마침내 모스의 단선 설계안이 훨씬 더 실용적인 것으로 판명났다. 쿡/휘트스톤 장치의 경우 하나의 접속을 온전히 유지한다는 것은 어려운 일이었고, 오랜 시간 동안 매우 먼 거리에 걸쳐 동시 5중 접속을 유지한다는 것은 거의 불가능한 일이었다. 쿡과 휘트스톤은 더 적은 수의 전선으로도 통신이 가능하다는 것을 서서히 알아갔다. 그들도 결국 단선 기법에 안착했다.

대서양 양쪽 모두에서 전기를 이용한 전신은 회의주의라는 단단한 벽에 부딪혔다. 그 이유를 이해하기는 어렵지 않다. 증기 엔진과는 달리 전기를 통한 전신을 다른 사람들의 눈에 명확히 보여주기란 상당히 어렵다. 일반적인 공개 시연 행사에서 '전신 기술자'가 한 다발의 전선을 통해 한 방에서 다른 방으로 메시지를 보내면, 수신측의 장치에는 몇 개의 깜박거리는 바늘만 보였다. 신문과 정치가들이 모스와 쿡을 사기 혐의로 고소한 적도 한두 번이 아니었다. 의회가 모스에게 워싱턴과 볼티모어 사이의 시험 라인에 대해 3만 달러를 제공했지만, 미국과 영국 쪽의 두 팀 모두 최초의 전신망에 자신들의 모든 재산을 쏟아넣지 않을 수 없었다.

쿡은 전신 서비스의 고객이 될 가능성이 가장 높은 철도 쪽으로 관심을 돌렸다. 철도노선을 사용하는 대가로 철도회사는 공짜 전신 서비스를 받았다. 1840년대 초 쿡은 런던의 철도노선을 따라 짧은 전신망을 구축했다. 가장 긴 것이 패딩턴과 웨스트드레이튼 사이의 13마일짜리 노선이었다.

한편 모스, 게일, 베일은 볼티모어와 워싱턴 사이의 철도노선을 따라 40마일의 전선을 깔기 시작했다. 의회는 모스 일당이 그것을 사취하고 있다고 의심하여 기소했다. 정부는 존 키르크(John Kirk)라는 사람을 조사관으로 지명했고, 이 사람은 1844년 5월 1일 볼티모어에서 열리기로 되어 있던 휘그당 당대회 동안 새로운 시스템을 실험해보자고 제안했다. 볼티모어에서 13마일 떨어진, 아직 완성되지 않은 라인의 동쪽 말단에서 베일은 워싱턴에 있는 모스와 키르크에게 피지명자의 이름을 전송하기로 되어 있었다. 볼티모어 기차편으로 같은 뉴스가 도착하기 한 시간 전에 모스가 당대회의 결과를 발표했을 때, 모든 사람은 전신이 어떻게 사라져 그곳에 닿았는지 의아해했다.

영국에서도 비슷한 식으로 사태가 전개되었다. 미국의 휘그당 당대회로부터 3개월 후 전신 기술자들은 열차편 급사들보다 훨씬 앞서 윈저로부터 빅토리아 여왕의 둘째 아들 출생 소식을 런던으로 전송했다.

곧 새로운 장치의 기적과도 같은 일에 일반 대중은 놀라기 시작했다. 기존에 쉽고 익숙한 도피 수단이었던 철도에서 범죄자가 체포되는 일이 일어나는가 하면, 어떤 사람들은 사랑하는 친척이 죽었다는 소식을 잘못 전해 들었다가 순간적으로 그들이 살아 있다는 소식을 다시 듣게 되는 일도 벌어졌고, 20마일이나 떨어진 곳에서 내려진 명령에 따라 포가 발사되기도 했다.[25]

같은 해 쿡은 해군성을 설득하여 런던과 포츠머스 사이에 88마일의 전신선 부설 프로젝트를 추진할 수 있었다. 그 직후 경제학자 데이비드 리카도의 먼 친척이자 금융가인 존 루이스 리카도(John Lewis Ricardo)는 즉석에서 휘트스톤과 쿡의 특허권을 14만 4천 파운드에 매입해 일렉트리컬 텔레그라프 사(Electrical Telegraph Company)를 설립했다. 그 회사는 잉글랜드의 주요 도시를 연계하는 전신망 구축 사업을 진행시켰다.

새로운 통신 수단이 폭발적으로 발전하여 작가이자 저널리스트인 톰 스탠디지(Tom Standage)의 말대로 '빅토리아 시대의 인터넷'이 되었다. 전신선이 뻗어나갔다. 1846년에 미국에서 유일하게 운영중인 전신선은 볼티모어와 워싱턴 사이에 깔린 모스의 40마일짜리 선이었다. 1848년에는 약 2천 마일, 1850년에는 1만 2천 마일의 전신선이 깔렸다. 1861년에는 대륙 횡단 전신선이 깔렸다. 단 며칠 만에 포니익스프레스*는 사업을 접어야 했다.[26]

그 시대의 가장 두드러진 업적은 1858년에 최초의 대서양 횡단 케이블이 부설된 것이다. 그것은 미국과 유럽의 네트워크를 연결시켰기

---

* 1860년 경 조랑말 릴레이를 통해 미국 미주리 주와 캘리포니아 주 사이의 우편물을 배달하던 속달 우편 —역주

때문에, 8월 5일 대륙 간 교신이 개통되었을 때 미시시피 강에서부터 우랄에 이르기까지 거의 모든 문명 세계가 동시에 놀랐다. 뉴요커 조지 템플리턴 스트롱(George Templeton Strong)은 그의 일기에 이렇게 썼다.

> 어제 『뉴욕 헤럴드』(*New York Herald*) 지는 그 케이블이 한 발은 바다에 다른 한 발은 육지를 딛고서 때가 멀지 않았다고 선언하는 계시록의 천사임이 틀림없다고 말했다. 온건한 사람은 이것이 역사상 인류의 가장 큰 업적이라고 말한다.[27]

최초의 대서양 횡단 케이블의 현실은 그리 인상적이지 않았다. 그 전신선은 사실 며칠 동안 뉴펀들랜드의 육양점(landing point)에서 미국 측 시스템에 접속되지 않았다. 케이블을 통한 교신은 고통스러울 정도로 느렸다. 8월 16일에야 비로소 빅토리아 여왕은 뷰캐넌(James Buchanan) 대통령에게 99단어짜리 메시지를 전송할 수 있었고, 세계는 한참이 지나도록 그 메시지가 송신되는 데 16시간 이상 걸렸다는 것을 알지 못했다. 케이블이 개통된 지 잠시 후 전송 품질은 더욱 악화되었다. 8월 말에 며칠 동안 내내 케이블을 통한 교신은 도저히 알아먹을 수 없을 지경이었다. 9월 1일 신호는 꺼질 듯한 소리를 내다가 결국 소멸했다.[28]

기술자들은 더 굵고 내구성 있는 케이블이 필요하다고 판단했다. 1865년 수천 마일의 부피 큰 새 케이블을 실을 수 있는 유일한 배—그레이트이스턴 호—가 그것을 부설하기 시작했다. 1865년 원정도 실패로 돌아갔다. 2마일이나 되는 케이블을 바다에 빠뜨렸고, 그것을 수면으로 건져 올리려는 몇 차례의 시도도 무위로 돌아갔다. 그러나 다음

해 그 거대한 배는 새로운 선을 까는 데 성공했을 뿐만 아니라 이전의 선도 다시 발견하여 결국 두 선을 깔았다. 1870년 그레이트이스턴 호는 케이블을 인도까지 연장하고 그 다음 해에는 오스트레일리아까지 포함하여 19세기의 전 세계 웹망을 구축했다.

인간을 말(話)의 소통이라는 관점에서 생각하면, 1840년대 말 국가 내부의 거리는 거의 제로에 가까울 정도로 줄어들었고, 1871년에는 지구 자체가 하나로 되었다. 방대한 국지적 인프라가 거의 즉각적으로 생겨났다. 수만 명의 전신 보조원과 수백 마일의 증기 동력 기송관 장치가 복합적인 전신 기지국 네트워크를 연계시켰다.

최초의 전신 서비스는 일반인이 이용하기에는 어려울 정도로 비쌌다. 대서양 횡단 메시지는 약 1백 달러의 비용이 들었다. 노동자 1인의 몇 달치 임금에 해당했다. 로스차일드의 전서구와 마찬가지로 첨단 통신 기술은 거의 언제나 금융적인 내용의 가장 값비싼 정보만을 실어 날랐다. 1850년대 초 세계에서 가장 분주한 전신선이 런던 증권거래소와 중앙전신국 사이에서 가동되었다. 초기 대서양 횡단 통신의 90퍼센트 이상이 사업에 관련된 것이었고, 이것 중 거의 모두가 훨씬 더 낮은 비용의 간결한 부호로 환원되었다. 1867년 전신 기사 캘러헌(E.A. Callahan)이 연속적인 주가 기록을 전달하는 특수한 기계를 발명했다. 그 기계는 특유한 딸각거리는 소리 때문에 증권시세표시기(stock ticker)라는 이름으로 오늘날까지 이어지게 되었다.

아이러니하게도 오늘날 온라인 몽상가들이 위대한 인터넷의 평화로운 품속에서 인류가 한층 더 가까워지리라 상상하는 것과 똑같이 18세기 저널리스트들도 모든 인류의 갈등을 종식시킬 전신의 잠재력에 관해 황홀하게 기대했다. 불행하게도 전신은 세계의 갈등을 끝장내지 못했다. 오히려 전신은, 2001년 9 · 11 사건에서와 꼭 마찬가지로, 유선으로 연결된 세계에서 이질적인 문화들을 대면케 하는 것은 세계 평화의 확실한 방책을 결코 제공해주지 못한다는 쓰디쓴 진실만을 드러내주었다.

댐이 터지다

1825년에서 1875년까지 반세기 동안 사람들이 살아가는 방식이 그 어느 때보다 더 철저히 변화했다. 오늘날 우리는 우리 자신의 시대에 대해 유례없이 급속한 기술적 변화가 일어나는 시대라고 생각한다. 그러나 이런 생각은 진실과는 한참 거리가 멀다. 두 세대 전의 평균적인 시민이라면 컴퓨터, 제트비행기, 심지어 인터넷도 별 어려움 없이 이해할 수 있었을 것이다. 이와는 대조적으로 1820년대의 사람이 타임머신으로 1870년대로 보내졌다면, 단 반세기 만에 생겨난 전 지구적인 순간 통신과 철도 여행의 속도에 말문이 막혔을 것이다. 1825년 이후 몇 십 년 동안과 같은 그러한 힘과 속도로 인류가 미래를 향해 내던져진 시기는 결코 없었다. 그런 일이 다시 일어날 것 같지도 않다.

19세기 초의 혁명적 변화와 그 이후 2백 년 동안 중지될 기미도 없이 일어난 부의 확고한 성장을 격발시킨 것은 무엇인가? 과장된 비유의 위험을 무릅쓰고 말하자면, 나는 1800년의 서구 경제가 댐을 닮았다고 믿는다. 그 뒤에서 잠재력이 쌓여 저수지를 이루고 그것이 점점 더 부풀어 오르는 그런 댐 말이다. 이 '저수지'는 마그나카르타로 시작된 수 세기 동안의 영국 보통법의 진보를 담았고, 에드워드 코크와 그 계승자들의 탁월한 재능에 의해 더욱 커졌으며, 독점체와 특허권을 통제하는 판례법과 규정들에 의해 완성되었다. 그것은 또한 과학적 계몽주의의 현기증 나는 지적인 진보와 이탈리아, 네덜란드, 영국인들에 의해 이루어진 연속적인 자본시장 발전을 담아냈다.

이러한 성과들은 개인적 복지를 향상시켰지만, 1500년과 1820년 사이 이 개선은 아주 미미했다. 그 기간 동안 평균적인 서유럽인의 일인당 GDP는 연평균 약 0.15퍼센트 비율로 성장했다.[29] 그렇다. 확고한 재산권 보호가 장인들을 혁신케 충동했고, 과학적 합리주의가 그들에게 도구를 제공했으며, 자본시장이 그들의 놀라운 발명품을 개발하고 생산할 자본을 제공했다. 결여되었던 것은 그들의 공장들에 동력을 공급하고 그들의 재화를 수송하는 데 필요한 가공되지 않은 물리적 힘과 전 과정을 조정하는 데 필요한 빠른 통신이었다.

증기 엔진과 전신의 발명이 그 댐을 깨뜨려, 경제성장의 급류를 이루게 되었다. 이전에는 결코 볼 수 없었던 그런 일이었다. 그 댐은 결코 재건될 수 없을 것이며, 서구 성장의 급류는 조만간은 정지되지 않을 것이다.

제6장

부의 창출을 위한 틀의 완성

문제는 제도들이다. 즉, 재산권 · 개인적
자유 · 법치 · 과학적 합리주의에 내포된 지적 관용 · 자본시장구조 등
이 중요하다. 앞에서 우리는 근대 초기의 극적인 기술적 진보에 초점
을 맞추었지만, 그에 못지않게 제도들의 중요성도 강조해야 한다. 호
이겐스와 파팽이 누릴 수 있었던 지적 연구의 자유와 와트와 모스에게
주어진 특허 보상과 재산 보호, 또는 쿡과 휘트스톤에게 제공된 자본
시장의 금융이 없었다면 위대한 철도 · 전신 · 전기 네트워크는 건설되
지 않았을 것이다.

맨체스터-리버풀 철도노선의 역사는 기술혁신이 자본시장에 얼마나
의존하는지를 잘 드러낸다. 1825년에 그 노선이 건설되는 도중에 금융
공황이 발발했는데, 정부의 긴급융자 10만 파운드가 없었다면 그것의

건설 작업도 폐기되었을 것이다.

지적 재산권의 용도는 다양하다. 제5장에서 우리가 본 것처럼, 원래의 발명자는 자신의 발명을 최상으로 활용하지 못하는 경우가 종종 있다. 예를 들어 전신의 경우 특허권이 다른 사람에게 넘어가기 전까지 시장이 창출되지 않았다. 각각 잉글랜드와 미국의 부유한 젊은 기업가로서 새로운 전신 기술의 권리를 취득한 존 루이스 리카도와 아모스 켄덜(Amos Kendall)은 쿡, 휘트스톤, 모스보다 훨씬 더 탁월하게 전신 기술을 상업화시켰다. 켄덜과 리카도는 그 세 발명자에게 그들 스스로 할 수 있었던 것보다 훨씬 더 많은 돈을 벌어주었다.

이러한 제도의 미묘함도 문제다. 증기시대 초기에 대부분의 관찰자들은 증기 동력 도로 차량이 철도 차량보다 성공 전망이 훨씬 더 높을 것으로 생각했다. 최초의 철도 기관차뿐 아니라 최초의 '도로 증기차'도 잘 작동했고, 18세기 초에 매캐덤과 도로 및 다리 설계의 대가였던 토머스 텔포드(Thomas Telford)는 영국 유료도로 트러스트로부터 자금을 받아 멋지고 평탄한 전천후 고속도로망을 건설했다. 도로 수송을 더 좋아했던 텔포드는 증기 기술자 골즈워시 거니(Goldsorthy Gurney)를 설득하여 새로운 도로 차량에 동력을 공급할, 무게가 3천 파운드 '밖에' 안 나가는 경량 엔진을 설계하도록 했다.

다른 한편 철도망은 무에서부터 건설되어야 했다. 더욱이 철도노선은 특성상 다른 회사의 기관차를 배제하는 독점적 사업이다. 철도업자들은 보통법의 반독점적 성격을 극복해야 했다. 이와는 대조적으로 도로 증기차의 경우는, 공공도로 사업체뿐만 아니라 유료도로 사업체를 망라한 복수의 소유자가 있었기 때문에 보통법의 정신에 더 잘 부합했다.

결국 당시 의회에서 사기성 있는 교묘하고 일방적인 주장이 먹혀들었다. 고속 증기차가 안전의 위험 요인이 될 것이라고 주장한 철도 및 마차 업계의 로비가 새로운 도로 장치에 대해 터무니없는 요금을 강제하는 입법을 통과시켜 이 장치의 발전을 막았다. 심지어 그때에도 그 것은 아슬아슬한 승리였다. 몇 년 후 의회는 도로 자동차에 불리한 법률을 거의 폐기했지만, 1834년 텔포드의 죽음이 잉글랜드에서 고속도로 여행의 운명을 결정해버렸다. 제도적 요인들의 세력 관계가 약간만이라도 달랐다면, 잉글랜드는 철도망대신 초고속도로 시스템을 발전시켰을 것이다.[1]

서구에서 지속적인 경제성장에 불을 붙인 네 가지 주요 요인—재산권, 과학적 합리주의, 자본시장, 증기와 전신 기술—중에서 어느 것이 가장 중요했고, 지금도 중요한가? 경제사가들은 오랫동안 이 질문과 씨름해왔다. 로젠버그와 버드젤은 『서구는 어떻게 부유해졌나』(*How the West Grew Rich*)에서 마지막 기술적 요인에 우위를 두었다. 이 요인들의 진보가 세계경제의 성장과 대체로 맞아떨어지는 반면 재산권이라는 것은 20세기에 악화되었다는 이유에서였다.[2] 경제사가 잭 골드스톤도 19세기에 폭발적인 성장을 야기한 주된 요인으로서 증기와 내연엔진을 강조하고 있다.[3] 그러나 톰 베델(Tom Bethell)과 경제학자 에르난도 데 소토 같은 사람들은 재산권이 없으면 경제적 진보도 불가능하다는 점에는 의심의 여지가 없다고 말한다.[4,5]

조금 깊게 생각해보면 모두가 맞기도 하고 모두가 틀리기도 하다. 현대의 경제성장은 초고층빌딩의 격자구조에 비유될 수 있다. 각 요소는 다른 모든 요소를 지탱하고 모든 것이 확고히 제자리를 차지하고 있지 않으면 어떤 것도 유지될 수 없다.

이 개념은 증기 철도와 전신의 발전에서 가장 명확히 설명된다. 재산권이 촉진하는 인센티브와 과학적 정신, 자본시장을 통한 자금 조달이 없었다면, 이 핵심적 발명들은 결코 가능하지 않았을 것이다. 다시 각 제도들의 미묘성도 문제다. 예를 들어 브리지워터는 1767년에 7년 전쟁 이후 이자율 하락 덕택에 최종적인 건설 융자를 얻을 수 있었고, 이를 통해서 비로소 그의 운하를 완공할 수 있었다. 마찬가지로 안전한 재산권은 자본시장에도 도움이 된다. 영국의 근대적인 금융제도는 1688년 명예혁명으로 왕의 도둑질 능력에 제한이 가해진 이후 비로소 탄생되었다. 엄격한 과학과 수학에 기반한 엄격한 지적인 틀(즉 경제과학)도 자본시장을 강화하는 데 도움이 되었다. 예를 들어 핼리의 보험계리표는 18세기 보험업의 급속한 성장을 가능하게 했다. 보험업이 없다면 기업들은 위험을 관리할 수 없었을 것이고 위험관리능력이 없었다면 새로운 모험사업을 위한 자본도 가용하지 않았을 것이다.

마지막으로 많은 경우에 금융의 혈액은 근대적인 통신에 의해 가능해진 정보의 급류를 통해 흐른다. 오늘날 우리는 지구상 모든 곳에서 거의 모든 재화의 수요와 공급에 대한 즉각적인 지식—어디가 희소하고 어디가 풍부한지—을 당연하게 여긴다. 근대 이전에 소비자와 상인들은 결정적인 시장 정보를 몇 주 또는 몇 달이나 뒤늦게 접했고, 결과적으로 큰 비효율성이 야기되었다(20세기에 사회주의 국가들에서도 그와 비슷한 일이 일어났다. 그러한 국가들은 명령에 의해 재화의 생산을 지도했고, 따라서 시장가격에 고유한 가치 있는 정보에 눈을 닫았다). 효율적인 수송도 자본의 비용뿐만 아니라 자본 자체에 대한 필요성을 줄인다. 생산과 판매 사이의 기간이 단축되면 기업가들은 차입 규모와 기간을 줄일 수 있다. 금융 정보가 자유롭게 즉각적으로 흐르지 않으면 투자자들은 자본을 맡기지 않을 것이다. 19세기 말부터 공개적으로 대규모로 거래되는 기업들은 자본주의의 원동자(prime mover)가 되었다. 그 이전에 그러한 기업들—처음에는 모두가 무역회사였다—이 사업을 유지하고 자본을 끌어들이기 위해서는 독점적 지위를 필요로 했다. 전신과 증기 엔진에 의해 제공된 대량 통신 및 운송 능력은 전 세계적으로 활동하고 정부의 보호 없이 충분한 금융을 얻을 수 있는 대기업 조직의 존속을 가능하게 했다.

과학적 합리주의가 다른 세 가지 요인과 어떻게 관련되는지는 덜 명확하다. 과학적 연구는 현상태에 도전한다는 점에서 전복적일 수 있다. 이것은 근대 초기 서유럽에 특히 해당하는 진실이었다. 당시 새로운 이론, 또는 심지어 갈릴레오의 망원경 같은 과학 장비의 진보도 관련된 사람들을 종교재판의 불구덩이 속으로 던져 넣을 수 있었다. 심지어 현대에도 몇몇 나라에서는 공평무사한 지적인 연구가 치명적인 결과를 초래할 수 있다. 과학적 정신은 정보가 가장 빠르게 흐르고 재산권의 동반여행자인 개인적 자유와 의견의 차이를 존중하는 사회들에서 가장 잘 번성한다. 개인적 자유와 과학적 연구 사이의 이 연관은, 개인주의를 나르시스적으로 숭배하는 미국이 교육세도의 악화에도 불구하고 어떻게 계속 과학적 혁신 분야에서 세계 선두 자리를 유지할 수 있는지의 역설을 부분적으로 설명해준다.

마지막으로 재산권 옹호론은 대개 귀납적이고 경험적이다. 즉 과학적 합리주의에 근거해 있다. 주변 세계를 무심코 둘러보아도 재산권을 가장 잘 보호하는 나라들이 가장 번영한다는 점을 확인할 수 있다. 국부의 발전을 방해하는 가장 효과적인 방법은 재화와 정보의 자유롭고 공개적인 교통을 방해하는 것이다. 본성상 거대한 연역적 신념을 필요로 하는 마르크스주의 이데올로기는 아주 간단한 경험적 정보에 의해서도 쉽게 무너진다.

오늘날 재산권은 경제성장의 결정적인 구성 요소인 것으로 보인다. 그러나 이것은 근대적인 현상이다. 오늘날의 세계에서 다른 세 가지 요인은 재산권보다는 훨씬 더 쉽게 얻어진다. 제9장에서 보겠지만, 많은 나라에서 뿌리 깊은 문화적 요인들 때문에 개인적 자유와 재산권을 획득하기가 매우 어렵다. 반대로 고대 그리스인과 중세 영국인들은 경제적·정치적 발전의 매우 이른 단계에 재산권을 획득했지만, 다른 세 가지 요인이 주어지지 않았기 때문에 그들은 성장하지 못했다.

마지막으로, 한 나라의 발전에 네 가지 근본적인 요인들의 상대적 중요성을 판단하는 것은 케이크를 만드는 데 밀가루, 설탕, 쇼트닝, 계란 중에서 어느 것이 가장 결정적인 재료인지를 묻는 것과 똑같이 무의미하다. 모두가 필수적이다. 각자는 다른 요인들을 보완한다. 네 가지 요인 모두가 없으면 디저트도 없다.

제2부
부자 나라, 가난한 나라

The BIRTH of PLENTY

가장 먼저 부를 창출한 국가—네덜란드와 잉글랜드
두 번째로 부를 창출한 국가—프랑스, 스페인, 일본
뒤처진 국가들—이슬람 세계와 라틴아메리카

지난 2세기에 걸쳐 세계는 엄청난 번영을 거듭했다. 그 과정은 불균등했다. 일부 국가들은 18세기 초에 급속히 성장하기 시작한 반면, 일부는 훨씬 뒤늦게 성장하기 시작했고, 또 일부는 아예 발전하지도 못했다. 그 결과 지구상에는 가진 자와 못 가진 자 사이의 거대한 격차가 나타났다. 1500년 당시 세계에서 가장 부유했던 이탈리아의 GDP는 가장 못사는 나라의 세 배에 못 미치는 정도였다. 1998년에 미국의 일인당 GDP는 세계 최빈국의 그것에 비해 15배나 더 높았다. 현대 생활의 충만한 미디어 환경 덕에 세계의 가장 가난한 사람들도 서구의 번영을 전시해놓은 진열장에 코를 바짝 들이대고 구경하지 않을 수 없게 되었다. 세계의 극빈자들과 초거부들이 서로 얼굴을 마주 대하는 상황으로 인해 이러한 불균형이 야기하는 상처가 더욱 증폭되며, 세계의 많은 문화적 · 정치적 · 종교적 갈등이 더욱 치열해지고 있다.

제2부에서 우리는 부국과 빈국들 사이의 격차가 확대된 기원을 검토한다. 즉, 어떻게 해서 세계가 먼저 발전한 나라들과 뒤늦게 발전한 나라들, 그리고 전혀 발전하지 못한 나라들로 나뉘게 되었는지를 검토한다. 우리는 대표적인 나라들을 선별하여 그 과정을 보여줄 것이다. 제7장에서는 근대의 부가 어떻게 네덜란드와 잉글랜드 두 나라에서 먼저 탄생했는가를 탐구한다. 제8장에서는 이 두 나라의 발꿈치를 따라간 세 나라—프랑스, 스페인, 일본—에 초점을 맞춘다. 여기서 우리는 경제성장을 가로막은 장애들을 확인하고 그것들이 궁극적으로 어떻게 극복되었는지를 보여줄 것이다. 제9장에서는 이슬람 세계와 라틴아메리카의 실패의 해부도를 그려내고, 종교적 · 문화적 · 정치적 · 식민지적 유산과 경제 사이의 결정적인 상호작용을 분석할 것이다.

아쉽게도 지면상 미처 다루지 못한 중요한 이야기가 많다. 독일의 때 이른 발전과 회복력이나 사하라 사막 이남 아프리카의 거의 대부분을 괴롭히는 뿌리 깊은 빈곤이 그러한 것들이다. 그러나 이 책의 구조는 적어도 모든 나라에 적용될 수 있는 틀을 제시할 것이고 관심 있는 독자들에게 올바른 방향을 제시해줄 것이다.

제7장

가장 먼저 부를 창출한 국가
—네덜란드와 잉글랜드

네덜란드

네덜란드 경제의 지속적인 성장은 16세기에 시작되었다. 맬서스가 섬뜩한 인구함정 이론을 제시하기 두 세기 이전에 이미 네덜란드는 그것에서 벗어났다. 비록 네덜란드의 성장이 3세기 후에 잉글랜드에서 일어난 폭발적인 성장에 비하면 훨씬 보잘 것 없지만, 경제학의 아버지인 애덤 스미스가, 그 시대의 대부분의 영국인들과 마찬가지로, 네덜란드의 부를 부러워할 충분한 이유가 있었다.

> 홀란트 주는……영토의 크기와 인구 수에 비해 잉글랜드보다 훨씬 더 부유한 나라다. 그곳 정부는 2퍼센트의 이자율로 돈을 빌릴 수 있

고, 신용 좋은 민간인도 3퍼센트에 차입할 수 있다. 노동자들의 임금
도 잉글랜드보다 홀란트가 더 높다고 한다.[1]

17세기 말에 잉글랜드는 비참한 내전과 스튜어트 왕정복고로부터
막 회복했다. 이와는 대조적으로 네덜란드는 과두제적이기는 했지만 1
세기 이상 공화정부를 누려왔고, 일인당 GDP가 북해 건너 더 큰 이웃
나라의 거의 두 배에 달했다. 비록 네덜란드는 17세기에 그들이 누렸
던 군사적 · 경제적 지배권을 회복하지 못했지만, 오늘날에도 세계에
서 가장 부유한 국가들 중의 하나다. 네덜란드의 번영이 너무나 대단
했기 때문에 수십 년에 걸친 잉글랜드의 해상봉쇄와 그에 뒤이은 프랑
스의 정복과 약탈이 지난 이후인 1815년에도 네덜란드인들의 생활수
준은 영국인들의 수준과 거의 같았다.

아래 표에 나타나 있는 앵거스 매디슨의 수치는 네덜란드의 경제적
승리를 잘 요약해준다.

6세기와 17세기 일인당 GDP의 성장[2]			
	1500년도 GDP	1700년도 GDP	1500~1700년 사이의 연평균 성장률
네덜란드	754달러	2,110달러	0.52퍼센트
잉글랜드	714달러	1,250달러	0.28퍼센트
프랑스	727달러	986달러	0.15퍼센트
이탈리아	1,100달러	1,100달러	0.00퍼센트
중국	600달러	600달러	0.00퍼센트

후대의 기준으로 보면 아무것도 아니지만, 1500년에서 1700년 사이
에 네덜란드가 지속한 0.52퍼센트의 평균 성장률은 로마의 멸망 이후

1천 년 동안 유럽을 질식시킨 경제적 정체에 비추어 볼 때 극적인 진전이다.

많은 고전 연구자들은 이 책에서 이탈리아가 중요하게 다루어지지 않은 것에 대해 틀림없이 실망할 것이다. 상업적 · 지적 · 예술적 업적 면에서 이탈리아 도시국가들이 유럽에서 가장 선진적이지 않았던가? 이탈리아는 르네상스의 탄생지가 아닌가? 맞다. 하지만 베니스 공화국(과 메디치가 권력을 장악하기 이전의 플로렌스)을 제외하면 이탈리아는 법치에 의해서가 아니라 칼에 의해 통치되었다는 점도 변함없는 사실이다. 콘도티에리(Condottieri)*가 농촌을 지배했고, 근대의 상당 기간 동안 이탈리아를 여행하는 사람들은 무장 경호원을 고용해야 했다.[3] 결과적으로 이탈리아에서는 국가적 수준의 정치 · 법률 · 금융제도들이 전혀 발전하지 못했고, 저조한 경제성장률이 보여주듯이 1500년 이후 점점 더 경제적으로 뒤처졌다.

환경이 범상치 않은 공화국

경제적 힘의 중심이 정확히 어떻게 알프스 이북으로 이동했을까? 네덜란드는 어떻게 성장을 가로막던 장애물을 최초로 극복할 수 있었을까? 네덜란드의 상업적 지배의 부상과 몰락은 현대 세계에 어떤 교훈을 주는가? 이 질문들에 답하기 위해서는 먼저 16세기 초 네덜란드의 '구체적 사실들'을 검토해야 한다.

---

*14세기 중반에서 16세기까지 이탈리아 도시들 사이에서 일어난 무수한 전쟁에 참가해서 싸운 용병대장을 일컫는 말 ─역주

중세 말기 동안 부르고뉴 공이 네덜란드 저지대에 대한 통제권을 획득했고, 1506년에 스페인의 카를로스 1세가 이 영토를 상속받았다. 13년 후 카를로스는 신성로마제국의 황제 카를 5세가 되었다. 역사상 커다란 전환점 중의 하나인 16세기 초에 다섯 명의 핵심적인 역사의 주역이 함께 무대에 등장했다. 카를 5세, 프랑스의 프랑수아 1세, 잉글랜드의 헨리 8세, 교황 레오 10세, 마르틴 루터가 그들이다. 앞의 세 사람은 대개는 의례적인 자리에 지나지 않았던 신성로마제국 황제 자리—레오의 감독 하에서 이 자리에 대한 선출이 이루어졌다—를 놓고 격렬히 경쟁했다. 동시에 교황 레오와 마르틴 루터 사이의 심각한 분쟁이 기독교 왕국을 돌이킬 수 없이 변화시켰고, 세계의 정치적·군사적·경제적 역사를 변화시켰다. 카를의 합스부르크 상속자들에 대항하여 자유를 얻기 위한 네덜란드인들의 영웅적인 투쟁과 루터의 이단은 네덜란드가 경제 강국으로 부상한 역사적·문화적 배경을 이루었다.

네덜란드의 독특한 지리적 여건도 초기 경제적 상승에 중심적인 요인이었다. 네덜란드는 거대한 라인/발/뫼즈/아이셀 수계의 북해쪽 어귀에 자리잡은 저지국이다. 세 지대가 네덜란드의 지형을 규정한다.

- 바다 쪽 가장자리—해수면보다 약 20피트 더 높이 솟은 일단의 사구 방벽이다.
- 사구 뒤—대부분 해수면보다 낮은 이른바 폴더(polder: 간척지)라는 곳으로, 현재 네덜란드 육지 면적의 약 절반을 차지한다.
- 폴더 너머—해수면보다 약간 높고, 오랜 세기에 걸쳐 큰 강들에 의해 퇴적된 얇고 비생산적인 토양으로 이루어진 모래평원.

약 1,300년 이전에는 오늘날의 폴더들은 바다 아래에 있었다. 그 이후 3세기에 걸쳐 주민들은 새로 발명된 풍차 동력 기술을 이용하여 저 유명한 제방(bedijkingen)을 쌓고 폴더를 간척했다. 그런 다음 네덜란드인들은 새로운 육지를 뒤덮은 이탄층을 파 태워 없앴다. 그 과정에서 그들은 유럽에서 가장 비옥한 농지를 얻었다.[4]

이 뜻밖의 특이한 수확은 경제적·사회적 혁명의 씨앗이 되었다. 이는 기존의 봉건적 구조를 탈피한 부유하고 독립적인 공동체들의 네트워크를 창출했다. 물론 신성로마제국의 카를 5세(=스페인의 카를로스 1세)와 그의 아들 펠리페 2세가 봉건적 구조를 강제하려고 시도하지 않은 것은 아니다. 1568년 루터의 종교개혁이 부르고뉴 쪽으로 확산되는 것을 저지하기 위해 기도된 펠리페의 침입이 북부 지방들에서 반란을 격발시켰고, 이 반란은 80년간의 전쟁으로 이어졌다. 결국 1648년에 스페인은 네덜란드의 독립을 공식적으로 인정했다.

정확히 말하자면, '홀란트'란 네덜란드 북부 7개 주 중에서 가장 큰 곳을 일컫는다. 독립전쟁 이전에 앤트워프는 그 지역의 상업적 허브이자 반란의 중심지였다. 1585년 앤트워프가 스페인에 함락되면서 홀란트 주의 수도인 암스테르담이 재빨리 지도적 역할을 차지했다. 다른 여섯 개 큰 주―젤란트, 위트레흐드, 프리슬란트, 그로닝겐, 겔더란트, 오베레이셀―의 인구를 합하면 홀란트 자체보다 더 많았다. 비록 홀란트 인구가 전체 네덜란드 공화국 인구의 절반에도 못 미쳤지만, 상대적 번영 덕에 홀란트는 다른 주들을 지배했다. 홀란트는 네덜란드 공화국 세수의 약 60퍼센트와 반란을 지원하는 데 필요한 대부금의 약 75퍼센트를 공급했다.

그 시대의 종교전쟁이 일반적으로 그랬듯이, 스페인에 대항한 네덜란드의 반란은 말할 수 없을 만큼 야만적이었다. 원래 반란자들은 부르고뉴의 17개 주 전체를 통일하려고 했지만, 좀더 냉정한 사람들은 스페인의 주들을 두 개의 국가, 즉 북부의 프로테스탄트 국가와 남부의 가톨릭국가로 분할하는 것이 더 나을 것이라고 생각했다. 앤트워프를 포함한 남쪽 부분은 스페인의 통치에 의해서뿐만 아니라 번성하는 북부 이웃으로부터의 분리에 의해 경제적으로 황폐화되었다. 남부 주들에 대한 지배권은 1713년 스페인 왕위 계승 전쟁 이후 스페인에서 오스트리아로, 1794년 프랑스 혁명 와중에는 프랑스로, 1815년 워털루에서 나폴레옹이 패배한 이후에는 다시 네덜란드로 이전되었다. 15년 후 남부는 네덜란드의 지배에 대항하여 반란을 일으켜 결국 벨기에라는 국가로 독립했다.

반란에 참여한 주들이 1579년에 느슨한 위트레흐트 연합으로 합체되면서 북부 국가가 성립되었다. 이 국가는 모든(또는 최소한 서구의) 종교, 즉 프로테스탄트와 가톨릭 그리고 특히 유대교의 허용이라는 놀라운 신개념을 받아들였다.[5] 이 종교의 자유는 아리스토텔레스적인 정신의 구속을 제거했고, 학자와 상인들로 하여금 오랜 세기 동안 끝없이 가로막혀 온 지적·상업적 길로 감히 나아갈 수 있도록 해주었다.

훨씬 더 중요한 점은, 네덜란드의 경제적 상승이 1568년에 독립전쟁이 터지기 훨씬 이전에 이미 시작되었다는 것이다. 사실 네덜란드의 번영은 1648년 스페인으로부터 해방된 직후 정점에 달했다. 더욱이 네덜란드 주들은 독립된 국가들로서 실질적인 중앙정부 없이 합스부르크-스페인이라는 공룡에 대항해 생존을 위해 싸웠다. 역사가 요한 호이징가는 "국가가 성립한 이후 그렇게 빠른 시간 안에 문명의 정점에 달한 곳이 달리 어디 있었단 말인가?"[6]라고 놀라움을 표했다.

더 나아가 이 진화하는 국가는 강과 바다, 제방의 상호작용과 군사작전의 효과 때문에 지리적·정치적 지형의 항상적인 변화를 겪었다.

때때로 그 국가는 오늘날 우리가 네덜란드라고 부르는 실체와 별로 닮지 않은 모습을 보였다. 네덜란드의 정치사는 이 책의 범위를 벗어나지만, 19세기 이전에 권력을 장악하고 있던 것은 주와 지방당국들이었다고 말하는 정도로 충분하다. 네덜란드는 강력한 민족국가적 정부를 가진 적이 결코 없었다. 대부분의 경우 이 지방 관리들은 스스로 지명한 소규모 상업 엘리트들이었다. 권력의 이전이 상속을 통해 이루어지는 경우도 드물지 않았다.

새로운 땅, 새로운 사람들

새로운 땅의 창출은 유례없는 일이었고, 새로운 사람들의 창출은 혁명적인 일이었을 것이다. 네덜란드인들은 제방을 건설하면서 누출되는 물을 처리하기 위해 배수용 수로도 건설해야 했다. 그후 이 수로가 새로 창출된 농지들의 경계가 되었다. 제방이 완공되자 장원적 의무에서 벗어나 자신의 농지를 소유한 자유농민들의 조밀한 구조가 창출되었다. 사람들이 남부 주들로부터 바다를 향해 북으로 이주함에 따라 구 봉건 체제의 힘이 쇠락해졌다. 간척의 초기 국면 동안 이탄 채굴과 연소가 국내 소비와 수출을 위한 풍부한 연료를 제공해주었다.

간척 프로젝트는 또한 지면의 고도를 낮추어 때때로 바다에 의한 토양 유실을 야기했다. 제방을 유지·보수하는 것은 힘든 과업이었다. 대개는 자치적이었던 지방 협의회들이 제방 관리를 이끌었는데, 이러한 노력의 가장 두드러진 모습은 네덜란드의 풍차였다.

배수 협의회들(drainage councils)은 기존의 독립 네덜란드 정치체를 강화시켰다. 이것은 기원전 9세기경 넓은 봉건적 대토지를 굽어보는 언덕배기의 한계지에서 일했던, 게오르고이(geôrgoi)라는 그리스 자유 농민의 기원을 생각나게 한다. 고대 그리스에서 작은 땅뙈기를 가진 농민들은 높은 동기 덕택에 그들 토양의 열악한 질을 극복할 수 있었다. 이와는 대조적으로 네덜란드의 독립 농민들은 토질이 뛰어난 간척지를 경작했다.

새로운 국가는 풍부한 토지의 혜택을 받았을 뿐만 아니라 봉건제와 숨 막힐 듯한 교회 도그마의 망령으로부터 자유로운 농민들이라는 혜택도 입었다. 로마의 멸망 이후 최초로 노동의 과실이 대부분 자유 공화국 시민들에게 돌아갔다. 성공적으로 혁신을 이룬 농부들은 충분한 보상을 받았다. 네덜란드 농민들은 자신이 바라는 것을 생각하고 말할 수 있었다.

바다를 상대로 한 싸움은 길고 힘든 과정이었고 후퇴해야 하는 경우가 적지 않았다. 1421년에 일어난 홍수는 34개 마을과 거의 2백 평방마일의 땅을 집어삼켰다. 이 땅들 중 상당 부분은 다시 간척되지 못했다. 1730년에는 지렁이가 제방에 들끓어 매우 값비싼 석재 외장으로 그 제방을 보강해야 했다.

네덜란드의 생존은 행운이었다. 1500년 이후 이른바 소빙하시대가 지구 온도를 떨어뜨려 북극 얼음모자가 확대되었고, 이로 인해 해수면이 하강했다. 시간이 지나면서 이것은 제방 관리의 부담을 크게 줄여주었다. 16세기에 네덜란드는 14차례나 침수되었고, 17세기에는 7차례 침수되었다. 하지만 18세기에는 침수가 네 차례밖에 없었고, 19세기와 20세기에는 각각 단 한 차례만 있었다.[7]

네덜란드의 행운

네덜란드는 또 다른 중요한 측면에서 운이 좋았다. 1450년경부터 유럽의 물가가 상승하기 시작했다. 경제학자들은 특정한 상품의 가격을 기술하면서 종종 가격의 '탄력성'에 관해 말한다. 어떤 이유에서든 당신의 소득이 떨어졌다고 해보자. 당신은 여행 횟수를 줄이고 전자제품을 더 적게 살지언정 더 적게 먹지는 않을 것이다. 경제학 용어로 말하자면, 당신의 식품 수요는 가격에 영향을 많이 받지 않는 것이고 이때 식품에 대한 당신의 수요-공급곡선은 매우 '비탄력적'이라고 말한다. 한편 즐기기 위한 여행과 전자제품은 매우 탄력적인 상품이다. 그래서 소득이 하락하거나 전자제품의 가격이 상승하면 그것들의 판매량은 급격히 줄어든다.

15세기 중반에 물가가 오르기 시작했을 때 곡물 가격이 가장 극적으로 상승했다. 그것은 중세의 상품 중에서 가장 필수적이고 따라서 가장 비탄력적이었다. 탄력성이 작은 순으로 말하자면, 가축이 제일 앞에 오고 그 다음으로 아마포와 목재 같은 공예작물*이 오고 마지막으로 공산품이 온다. 공산품은 모든 것 중에서 가장 탄력적이다. 달리 말해 공산품은 희소해질 때 가격이 가장 적게 오르는 반면 곡물 가격은 가장 크게 상승한다.

15세기 말 동안 천정부지로 치솟은 곡물 가격이 농지 가치를 엄청나게 상승시켰다. 이로 인해 토목 기술이 로마시대 이래로 유례없는 수준으로 진보했다. 새로 자율권을 획득한 네덜란드 농부들은 새로운 유

---

*제조 또는 가공한 후에야 쓰이게 되는 작물(삼이나 담배, 차 따위 작물) ―역주

형의 풍차를 이용했다. 바우벤크라이어라는 이 풍차는 구조 전체가 아니라 꼭대기 부분만 돌아도 작동하도록 되어 있었다. 네덜란드 기술자들은 제방 건설도 향상시켰다. 이전의 풍차 시스템은 지면에서 약 1피트 깊이까지만 퍼낼 수 있었다. 1624년에 직렬로 작동하는 향상된 풍차 시스템은 15피트 깊이까지 펌핑할 수 있었다.

　제방과 풍차는 비쌌고 수십 년이 걸려도 그 비용이 회수되지 않았다. 대규모 자본이 소요되었고, 더 나아가 이 대부들이 '유익한 결과를 낳기' 위해서는 낮은 이자율로 빌릴 수 있어야 했다. 제4장에서 우리가 보았듯이, 16세기 중반에 네덜란드 대부자들은 대규모 건설 프로젝트에 4~5퍼센트의 이자율로 자금을 제공할 수 있었고, 농부들은 그보다 약간 더 높은 이자율로 대출을 받을 수 있었다(스미스가 3퍼센트의 상업 대부와 2퍼센트의 정부 대부를 진술한 것은 이후의 시기를 지칭한 것이고, 이것도 약간은 과장되었다). 1610년에서 1640년 사이에 네덜란드 투자자들은 놀랄 만큼 큰 액수인 1천만 길더─이것은 그들 국부 중 상당 부분을 이루었고, 네덜란드 동인도회사(VOC)에 투자된 것보다는 훨씬 더 컸다─를 배수 프로젝트에 투자했다.

　네덜란드는 또 다른 핵심 영역, 즉 운송에서도 운이 좋았다. 수운은 일반적으로 육운보다 저렴했다(지금도 저렴하다). 특히 증기 동력이 출현하기 전에는 더욱 그랬다. 네덜란드보다 더 빠르게 재화를 수송할 수 있는 나라는 없었다. 그 작고 평탄한 나라에 운하와 수로들이 그물처럼 촘촘하게 깔렸다. 그것들 중 상당수는 간척활동의 산물이었다. 네덜란드인들은 이 거의 자연적인 수운 시스템에 거의 모든 주요 해안 도시들을 연계한 견인통로식 운하(trekvaart) 시스템을 추가했다.

　처음에 네덜란드 운하 수송은 제1장에서 기술된, 통행세 징수의 방해를 받았다. 그 방해자들은 수송노선들을 끼고 있던 자치체들이었다. 그러나 1631년에 네덜란드 주요 도시들은 일종의 자유무역 협정을 맺었고 그 이후 운하 붐이 시작되었다. 운하 수운은 이탄 채굴과 밀접하게 결부되어 있었다. 이탄은 용량이 커서 저렴하게 운반하려면 배를 이용할 수밖에 없었다. 이탄 수요가 높고 무역이 수익성 있었을 때에는 운하 건설이 고조되었지만, 가격이 떨어지면 운하 기업가들은 프로젝트를 폐기했고, 이것은 종종 투자자들에게 파멸적인 결과를 초래했다. 1665년에 네덜란드는 거의 4백 마일에 달하는 견인통로식 운하를 건설했고, 네덜란드는 세계 최상의 국내 운송 시스템을 갖추게 되었다.[8]

1700년에 네덜란드인들은 가장 가까운 경쟁자인 영국인들보다 일인당 GDP가 거의 두 배 더 높았고, 세계에서 가장 부유했다. 게다가 네덜란드인들은 최상의 금융 및 운송 시스템과 도시 인프라를 갖고 있었다. 급속한 성장을 이룩한 두 세기 동안 네덜란드인들은 스페인제국에 대항한 독립전쟁 속에서, 그리고 나중에는 프랑스 및 잉글랜드와의 갈등 속에서 생존을 위해 싸웠지만, 네덜란드의 도시 경관은 유럽에서 가장 아름다웠다.

제1장에서 말했듯이 먼 과거의 번영 정도를 측정하는 최상의 방법은 도시에 사는 인구의 비율, 즉 도시화율을 계산하는 것이다. 도시화율이 높을수록 그 사회는 훨씬 더 부유하다. 17세기 중반에 네덜란드의 해안 지역—암스테르담, 하를렘, 레이덴, 헤이그, 델프트, 로테르담, 고우다, 위트레흐트—은 란드슈타트(Randstad) 또는 '환상 도시'로 불렸다. 이 도시들은 미국 인구의 약 3분의 1이 모여 사는 미국 북동부 회랑 지대의 원조 격이었다. 1700년 네덜란드 인구의 34퍼센트가 인구 1만 명이상의 도시들에 살았다. 이것은 잉글랜드의 13퍼센트, 프랑스의 9퍼센트, 이탈리아의 15퍼센트를 훨씬 상회하는 수치였다.[9]

낮은 이자율이 가져다준 이점

모든 사회에서 가장 중요한 상품 가격은 화폐 가격, 즉 대부와 채권에 대한 일반적인 이자율이다. 화폐가 비싸면(이자율이 높으면), 소비자들은 지출을 꺼리고 사업가들은 기존 사업을 확장하거나 사업을 새로시작하기 위해 차입하기를 꺼린다. 이렇게 되면 사회 전체적으로는 손해다. 화폐가 싸면(낮은 이자율), 소비자와 사업가들은 차입에 더 적극적인 태도를 보이고, 경제가 확장된다.

무엇이 이자율을 결정하는가? 많은 요인이 있다. 첫째로 가장 중요한 것은 차입자들의 신용 상태다. 은행은 유형의 자산을 갖고 있지 않은 수상한 사람들에게보다는 훌륭한 담보를 갖고 있는 믿을 만한 사람들에게 훨씬 더 낮은 이자율로 대부해줄 것이다. 과거 약 7백 년 동안서구 세계에서 최대의 차입자는 군사적 필요가 급박한 정부들이었다. 부채가 적고 세입원이 확실한 정부는 낮은 이자율로 차입할 수 있다.

기존 차입이 많은 차입자들에 대해서는 이자율이 상승한다. 대부자들은 차입자가 거대한 채무를 상환할 능력이 없을까봐 우려하여 그 위험에 대한 보상으로 높은 이자율을 요구한다. 채무 문제가 심각한 정부는 거액의 이자 지급 의무를 공약하면서 아주 급속히 재정적 악순환에빠져든다. 이자 지급 공약은 다시 새로운 대부에 대한 이자율을 상승시키고 결국 더 높은 이자 지급과 궁극적인 채무불이행으로 귀결된다.

거의 80년 동안 격음을 내며 진행되었던 네덜란드 독립전쟁 및 그와관련된 거대한 비용은 주정부들의 재정에 큰 부담이 되었다. 네덜란드의 상태가 매우 취약—세계에서 가장 큰 제국과 대항하고 있는 작고허약한 신생 독립국이었다—했지만 네덜란드인들에게는 두 가지 큰재정적 이점이 있었다. 첫째는 일상적인 소비재에 부과된 판매세라는 세원이었다. 더 나아가 납세 의사가 있는 애국적인 주민들이 그 세원을 탄탄하게 뒷받침했다. 둘째는 교회령사무소라는 기분 좋은 이름이 붙은 기관이었다. 이 기관은 가톨릭교회의 토지를 몰수하여 매우 높은 가격으로 매각했다. 네덜란드의 차입 공중과 나중에는 외국인 투자자들도 그 두 가지를 훌륭한 담보라고 생각했다. 거의 처음부터 네덜란드의 이자율은 유럽에서 가장 낮았다.

네덜란드의 번영과 몰락

1500년 이후 네덜란드의 놀라운 번영의 원천은 다음과 같이 명확하다.

- 잉글랜드를 제외한 모든 나라들보다 비할 데 없이 강건한 재산권을 누린 주민들.
- 종교개혁을 통한, 교회의 도그마로부터의 해방. 네덜란드는 종교적 관용 덕택에 초기의 많은 프로테스탄트 국가들, 특히 독일에 깊은 상처를 남긴 최악의 분열을 면할 수 있었다.
- 네덜란드 자본시장에서 조성된 풍부한 투자자금. 네덜란드 자본시장이 왕성한 활력을 보인 것은 낮은 이자율과 강력한 투자자 보호 때문이었다.

이미 언급했듯이, 1500년에서 1700년 사이 네덜란드의 일인당 실질 GDP 연 성장률은 0.52퍼센트로, 오늘날 서구 성장률의 4분의 1에 불과했다. 이전의 정체에 비하면 엄청난 향상이었지만, 이 성장은 오늘날 2퍼센트의 지속적인 일인당 GDP 성장률 수준에는 턱없이 미치지 못했다.

더욱이 그 성장의 상당 부분은 토지 간척과 상품 가격 상승을 기반으로 한 것이었다. 간척이 끝나고 가격 수준이 하락하자 성장이 멈추었다. 네덜란드가 다소 미지근한 성장 속도에 머무른 것은 기술의 부재 때문이었고, 그런 기술들—증기 동력을 이용한 공장, 빠른 육상운송, 전자통신—이 등장하려면 두 세기가 더 지나야 했다. 이것들이 없는 상태에서 오늘날과 같은 빠른 성장을 이룬다는 것은 당시 네덜란드의 능력을 넘어서는 일이었다.

스페인에 대항한 독립전쟁 동안에는 네덜란드 경제가 일정하게나마 확고하게 성장했지만, 1648년 독립을 획득한 때로부터 오래지 않아 성장을 멈추었다. 18세기에 네덜란드인들은 좋은 시절이 이미 지나갔다는 것을 알았고, 네덜란드 황금기의 정점으로서 1648년을 향수어린 눈으로 뒤돌아보았다. 증거가 보여주는 바에 따르면, 부유한 과두집단은 더욱 부유해졌지만, 독립 이후 수세대 동안 일반 시민들의 형편은 나아지지 않았다. 더욱이 1750년에 네덜란드인들은 여전히 지구상에서 가장 부유했지만, 이제는 더 이상 세계경제와 군사 무대에서 중요한 역할을 할 수 없게 되었다.

네덜란드가 쇠퇴한 이유는 논쟁적이면서도 복합적이다. 첫째로, 우리가 이미 보았듯이 네덜란드가 일인당 기준으로는 큰 부를 가졌지만, 경쟁국의 인구 규모는 훨씬 더 컸다. 더 나쁜 것은, 더 큰 경쟁국들에 비해 네덜란드의 인구 증가율이 훨씬 더 낮았다는 점이다. 1700년에 네덜란드 인구는 190만 명에 지나지 않았던 반면, 프랑스는 2,150만 명, 영국은 860만 명이었다. 적은 인구 때문에 네덜란드의 총 GDP는 한 번도 잉글랜드 GDP의 40퍼센트, 프랑스의 20퍼센트를 넘지 못했

다.[10]

둘째로, 네덜란드의 국내 및 대외 상업에 대한 모든 논의에는 '독점'이라는 단어가 붙는다. 네덜란드인들은 동인도회사의 향료 무역을 보호하는 데 급급했다. 그 시대의 가장 유명한 외교적 분쟁은 1623년 암보이나 섬(오늘날 인도네시아에 있는)의 영국인 정주지의 파괴를 둘러싸고 전개된 것이었다. 네덜란드인들이 영국인 거주자들을 고문했는데, 이를 계기로 영국-네덜란드 관계가 수십 년 동안 화염에 휩싸였다. 네덜란드 자체에서는 독점체들이 상업활동을 저해했다. 예를 들어 네덜란드정부는 항해지도를 제작할 권리를 한 회사에게만 주었고, 이 제도는 1880년까지 온존되었다.

셋째로, 네덜란드의 번영은 오늘날 서구에서 부를 낳는 거대한 엔진인 기술진보에 근거하지 않았다. 주마다 특허제도가 있기는 했지만, 놀라울 정도로 무기력했다. 조선업자들이 그 시기 동안 플루트(fluit)선* 같은 실질적인 기술진보를 이루어내기는 했다. 그러나 네덜란드에서 이루어진 기술진보는 대개 산발적이었다. 17세기 중반 황금기의 정점에서 정부는 연평균 약 열두 건의 특허권을 발급했지만, 1700년 이후 그 수치는 몇 건으로 줄어들었다.[11] 네덜란드의 번영의 원천은 무역, 특히 환적을 위한 곡물과 새로운 풍력 공장을 위한 목재를 공급했던 발트 해 지역과의 무역이었다. 수익률이 매우 높았던 동인도 상업은 네덜란드의 현금 흐름을 살찌웠다.

넷째로, 네덜란드의 금융은 좀 과도하게 성공적이었다. 정부가 너무 쉽게, 너무나 낮은 이자율로 차입할 수 있었기 때문에, 18세기에는 나

---

*17세기 네덜란드의 주요 상선 —역주

라 전체가 부채로 파묻혀버렸다. 정부는 물품세로 대부를 보증했기 때문에 세율이 올라갔다. 물품세율의 인상은 가격과 임금을 상승시켰고 이로 인해 네덜란드의 재화와 서비스의 경쟁력이 떨어졌다.[12]

마지막으로, 네덜란드 정치체는 위험한 대륙의 가장자리에 위치한 7개의 반(半)자율적인 국가들의 느슨한 정치적 연맹으로 조각나 있었다. 강력한 중앙은행과 활력 있는 전국적 특허제도의 부재는 경제적으로 명백히 불리한 점이었다. 이 교훈을 미국 건국의 아버지들은 잊지 않았다. 탈중앙집권적 기구와 그 결과로서 나타난 18세기 네덜란드의 불행한 정치적 운명은 미국의 제헌논쟁에 참여한 연방주의자들에게 실제 사실로 나타난 교훈이었다. 이들은 네덜란드가 "허약한 정부, 주들 간의 알력, 외국의 영향과 무시"에 사로잡혀 있었고 "평화시에는 불안정하나마 생존을 유지했지만 전쟁이 닥치면 두드러진 참화를 겪었다"고 보았다.[13]

18세기의 네덜란드 경제는 '균형을 잃은' 상태였다. 활력 있고 수익성이 매우 높은 무역 부문은 엄청난 자본을 낳았지만, 국내 경제는 기술진보의 상대적 부재와 독점적 제한들에 가로막혀 그 자본을 미처 흡수할 수 없었다. 그 결과 투자현금 잉여가 거대한 규모로 축적되고, 이것은 서서히 국내 이자율을 하락시키고 국내 물가와 임금을 상승시켜 국내 제조업 부문의 국제 경쟁력을 떨어뜨렸다.

네덜란드는 '가발' 사회가 되었다. 부가 소수의 주민들에게 점점 더 집중되는 가운데, 이들은 주로 투자소득에 근거하여 살아가면서 생산은 별로 하지 않았다. 과잉자본의 상당 부분이 해외, 특히 미국에 투자되었다. 미국 혁명전쟁 부채의 10~20퍼센트가 네덜란드인에게서 나왔다.[14] 전 지구적 차원에서 거의 중요하지 않은 아주 작은 나라가 나머지 세계에 그렇게 많은 자본을 공급할 수 있었던 것도 놀랍다.

18세기 말 네덜란드가 해외부채에서 나오는 소득에 의존했다는 것은 저주스러운 일이었다. 미국 부채의 상환은 알렉산더 해밀턴(Alexander Hamilton)의 정력적인 개입에 의해서만 보증되었다. 다른 채무국들의 상황은 네덜란드에 더욱 나빴다. 프랑스와 스페인을 포함하여 여러 나라가 속속 채무불이행에 빠지면서 네덜란드의 손실은 산더미처럼 증가했다.

시샘하는 이웃

1815년 빈 회의를 계기로 유럽이 안정을 찾기 전까지 무역은 경제성장을 위한 이상적인 방법이 결코 아니었다. 무역에서의 생산성 성장은 산업의 경우보다 훨씬 더 느리고 안정적이지 못했다. 더구나 무역은 보호주의와 군사적 해상봉쇄에 의한 개입에 매우 취약했다.

대외무역이 번창하면 필시 가난한 이웃의 질시와 불신, 종국적으로는 공격을 불러오기 마련이다. 17세기에 가장 부유한 나라였던 네덜란드에게도 그리 오래되지 않아 이런 사태가 벌어졌다. 네덜란드의 힘이 정점에 달했던 세기 중반에 영국인들은 겨우 내전의 카오스 상태로부터 벗어나고 있었다. 그들은 노골적으로 네덜란드의 번영을 시샘했고, 찾을 수 있는 모든 꼬투리를 잡아 네덜란드의 무역을 방해하려고 했다. 영국의 한 장군은 이렇게 말했다. "이러저러한 이유가 왜 필요해? 우리가 원하는 것은 네덜란드 무역 이상의 것이야." [15]

그 결과 야기된 네덜란드와 영국 사이의 상업적 · 군사적 긴장은 네덜란드에게 재앙이었다. 네 차례의 영국-네덜란드 전쟁은 150년이나 끌었다. 충돌은 잉글랜드가 1651년 항해법(이 법은 잉글랜드와의 제3자

무역을 금지했다)을 통과시킨 지 7개월 후에 시작되어 미국 혁명이 끝날 때까지 격음을 내면서 타올랐고, 도거 모래톱 앞바다에서 벌어진 해전으로 확대되었다.

잉글랜드와의 전쟁 전에 네덜란드는 루이 14세의 오랜 치하에서 공격적으로 성장한 프랑스에 대항하여 영국과 동맹을 맺었다. 1668년 잉글랜드와 네덜란드, 스웨덴은 루이에 대항하여 3국동맹을 맺었지만, 1670년 잉글랜드의 불안정한 왕 찰스 2세는 동맹을 파기하고 네덜란드가 프랑스의 복수에 홀로 맞서도록 방치했다. 2년 후 프랑스와 잉글랜드 모두 네덜란드를 공격했다.

잉글랜드인들은 찰스 2세에 대해서와 마찬가지로 네덜란드와의 전쟁에 대해서도 별로 지지하지 않았다. 1672년 전쟁의 결정적인 국면에서 젊은 왕자 오레녜 공은 네덜란드의 제방을 열어 폴더를 범람케 하여 프랑스민주주의 국가의 침입을 막았다. 곧바로 그는 네덜란드의 윌리엄 3세로 총독의 자리에 올랐다. 잉글랜드는 다시 편을 바꾸었고, 윌리엄은 프랑스에 대항한 동맹국들의 투쟁에서 차츰 통제권을 장악했다.

왕자 시절 윌리엄은 찰스 2세의 훨씬 더 어린 동생 요크 공의 딸인 메리와 결혼했다. 1685년 찰스가 죽자 요크 공은 제임스 2세로 영국 왕위에 올랐고, 이 덕택에 윌리엄은 네덜란드의 지도자이자 반프랑스 동맹의 사령관이 되었을 뿐만 아니라 영국 왕의 사위가 되었다.

부의 횃불이 옮겨지다

제임스가 광신적인 가톨릭교도였지만, 비국교도파와 의원들은 그의 종교적 신념을 경계하지 않았다. 제임스가 왕위에 올랐을 때는 이미 쉰 살이 넘은 나이였고, 곧 그의 신교도 딸인 메리가 그를 계승할 것이라고 생각했기 때문이다. 적어도 제임스가 1688년 아들 상속자를 두게 되기 전까지는 거의 모든 사람이 그렇게 생각했다. 갑자기 예기치 않게 가톨릭 군주의 오랜 망령이 잉글랜드의 신교도들을 위협했다.

국교회파와 비국교회파는 윌리엄을 초청하여 제임스와 '협상' 하게 했다. 윌리엄은 대담한 계획을 세웠다. 잉글랜드를 침략하여 제임스를 퇴위시킨 다음, 영국민주주의 국가대를 조종하여 프랑스에 대항한 전투에 좀더 효과적으로 동원한다는 계획이었다. 그는 이 무모한 꿈보다 더 큰 성공을 거두었다. 윌리엄이 (1만 5천 명에 이르는 사납기 그지없는 병사들과 함께) 토베이에 상륙한 이후, 제임스는 더욱 변덕스러워졌고 그의 세력이 그를 버렸다. 영국의 대난투극—'1688년의 명예혁명'—직후 윌리엄과 메리는 공동으로 왕위에 올랐다. 이것으로 잉글랜드는 반프랑스 기치 아래 더욱 공고히 포섭되었을 뿐만 아니라 민주적 입헌 군주제로 완전히 전환하게 되었다.[16]

네덜란드와 잉글랜드의 군사적 연합은 네덜란드에 잠시 동안의 휴식 기간을 주었을 뿐이다. 그 공화국은 대륙에서 일어난 일련의 전쟁, 특히 주로 프랑스에 대항한 전쟁에 휘말리게 되었다. 1794년에 네덜란드의 강들이 결빙되어 1672년의 제방 열기 작전을 다시 쓸 수 없게 되면서 네덜란드의 운이 최종적으로 다했다. 얼음 때문에 네덜란드의 선단은 제자리에 묶였고 프랑스의 혁명군은 암스테르담으로 거침없이 진격했다. 더욱이 네덜란드의 과두제적 정치구조에 환멸을 느낀 민중주의적인 '애국' 분파는 프랑스 혁명군의 정복에 강력하게 반발하지 않았다. 나폴레옹에 패배하면서 수세기 동안 지속된 네덜란드의 독립도 종말을 고했다. 그 후 10년 동안 프랑스는 약탈적인 세금으로 네덜란드 경제를 황폐화시켰고 오랫동안 이어진 네덜란드의 상업적 지도력을 결단냈다.

네덜란드의 경제적·정치적 등대가 희미해져가기 시작하는 동안에 네덜란드의 가장 뛰어난 사람들은 이미 북해를 건너 더욱 큰 부의 폭발을 위한 불쏘시개 노릇을 하고 있었다.

잉글랜드

윌리엄의 영국 왕권 장악은 네덜란드가 지구적 차원에서 미미한 존재로 전락해가는 결정적인 계기였을 뿐만 아니라 잉글랜드의 경제적 운명에 전환점이 왔다는 것을 알리는 신호였다. 제임스 2세가 물러나면서 세계의 경제적 발전의 중심이 갑자기 서쪽 잉글랜드로 이동했다. 명예혁명이 일어난 지 한 세기가 채 안 되어 애덤 스미스는 『국부의 본성과 원인에 관한 고찰』(*An Inquiry into the Nature and Causes of the Welth of Nations*, 1776)에서 경제성장의 원천을 체계적으로 밝혀냈다. 역사상 최초로 번영의 열쇠가 모든 사람의 눈에 명백히 드러났다. 역사적으로 눈 깜짝할 사이에 잉글랜드는 그 열쇠를 손에 쥐었고 탁월하게 활용했다.

18세기 이전에 유럽 대부분의 군주들이 정규적인 공적 세입원을 갖지 못했고, 스튜어트가의 왕들(순서대로 말하자면 제임스 1세, 찰스 1세, 찰스 2세, 제임스 2세)도 예외가 아니었다는 것은 오늘날의 독자들에게 놀라운 일이다. 군주들은 통치에 필요한 자금을 주로 토지 소유, 관세 부과와 독점권의 판매를 통해 사적으로 조달했다. 시간이 흐를수록 독점권 판매의 비중이 더욱 높아졌다. 왕들은 때때로 의회를 움직여 세금을 부과할 수 있었지만, 이는 예외적인 상황, 주로 전시 동안에만 가능했다. 사실 내전 이전에 의회의 제한된 권력은 왕에게 간헐적으로 세수를 제공할 수 있었다는 데 주로 근거했다.

튜더 왕조 통치 말기에는 근대 전쟁의 긴급한 필요성 때문에 극단적인 방법이 사용되었다. 1588년 스페인의 무적함대 격파 이후 엘리자베스는 자금을 조성하기 위해 왕령지의 4분의 1을 매각했고, 제임스 1세는 군대에 돈을 대기 위해 더 많은 왕실 재산을 경매에 부쳤다.

그 나머지는 그의 아들인 찰스 1세의 통치 하로 들어왔다. 찰스 1세는 가능한 모든 원천으로부터 현금을 조성하려고 했다. 독점권의 판매, 정당성이 의심스러운 과세, 특면장, 세습 작위의 판매, 노골적 강탈에 다름없는 강제 대부들이 그러한 방법이었다. 이에 대응하여 의회가 등을 돌렸고, 유혈 내전이 이어졌으며 결국 찰스는 목숨을 잃었다.

크롬웰(Oliver Cromwell)의 의회 역시 정치적·재정적 안정을 도모할 능력이 없는 것으로 드러났고, 스튜어트가의 왕정복고가 이루어졌다. 다시 한 번 국왕은 재정적 무능을 드러내었고, 이로 인해 의회가 네덜란드로부터 윌리엄을 '초청'하는 결과가 초래되었다. 권력 이전은 역사상 가장 적절한 협상인 '혁명적 타협'으로 귀결되었다. 의회는 윌리엄에게 프랑스에 대항한 전쟁의 전비 조달을 위한 안정적인 세원을 제공해주었다. 그 대가로 윌리엄은 의회에 법률의 우위를 보장해주었다.[17] 왕은 더 이상 의회를 해산할 수 없었고, 악명 높은 성실법원 — 종종 잔혹한 판결로 보통법의 판결을 대체한 왕의 법정 — 은 폐지되었다.

왕은 더 이상 법관을 면직시킬 수 없게 되었고, 의회만이 무능과 부패라는 근거가 있을 경우에만 그렇게 할 수 있었다. 그 대신에 의회는 유권자의 선택 — 비록 부(富)와 성(性)에 따라 심히 제한적이기는 했지만 — 에 확실히 복종하게 되었다. 새로운 정치제도가 발전했다. "왕이

요구하고 하원이 그것을 승낙하면 귀족원이 그것에 동의했다." [18]

윌리엄과 의회는 그 나라를 괴롭혀온 정치적·재정적 문제를 일거에 해결했다. 이것은 잉글랜드의 금융시장에 놀라운 결과를 초래했다. 왕의 예산은 네 배가 늘어났다. 그로부터 두 세대도 지나지 않아 왕은 이전에는 상상할 수 없었던 금액을 거의 네덜란드만큼 낮은 이자율로 차입할 수 있게 되었다. 국가로 흘러 들어가는 자본 흐름이 조성되자 이것을 본받아 기업가적 자본을 위한 유사한 도관도 형성되었다. 일반 영국 시민들은 더 이상 왕의 채무불이행과 강탈을 우려하지 않고 네덜란드인들처럼 자본시장을 믿기 시작했다. 경제사가 애쉬턴의 말대로 그들은 이제 더 이상 "다량의 주화와 금괴를 금고 속에 잠가두거나 과수원과 정원에 묻어두지 않게 되었다." [19]

농업 혁명

농업에 종사하는 영국 노동력 비율이라는 매우 간단한 통계 하나를 생각해보자(〈그림 7-1〉을 보라). 이 비율은 모든 사회의 번영을 측정하는 대강의 척도가 된다. 노동력의 1백 퍼센트가 농업에 종사하고 식량을 수출하지 않는 사회는 정의상 최저생활수준을 벗어나지 못한다.

농업에 종사하는 노동력의 상대적인 규모 축소는 수세기에 걸쳐 일어난 매우 점진적인 과정이었다는 점을 기억하라. 가장 급속한 감소는 1800년대 중반에 산업혁명이 가시화되기 시작한 이후 꽉 찬 한 세기 이상 동안 일어났다.

다음과 같은 간단한 예를 들어 이야기해보자. 거의 완전한 농업 경제로부터 그 노동력의 절반이 공장에 고용된 경제로 이행하는 나라가

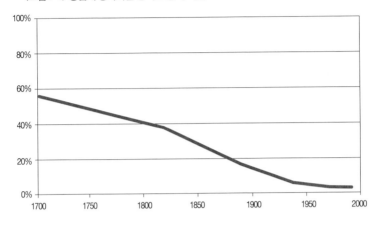

〈그림 7-1〉 농업에 종사하는 영국 노동력 비율

출처: Maddison, *The World Economy: A Millennial Perspective*, p.95와 Maddison, *Monitoring the World Economy, 1820-1992*, p.39에서 얻은 데이터.

있다고 가정해보자. 식량 수입을 피하기 위해 나머지 절반의 농지가 생산성을 배가한다고 하자.

실제로 이 과정은 부분적으로만 일어난다. 농업 노동력의 하락에 가깝게 농업 생산성이 상승하지만 식량도 수입된다. 그럼에도 불구하고 국가가 번영하려면 산업혁명에 못지않게 농업혁명이 중요하다. 농업 생산성의 상승은 농업 노동력 수요를 떨어뜨리고 이 유휴인력들로 하여금 다른 곳에서 일자리를 찾도록 강제한다는 것을 의미한다.

더 중요한 것은 농업 및 공업 노동자들이 식량과 거처를 위해 쓰고도 남는 돈으로 쏟아져 나오는 새로운 산업 재화를 살 수 있어야 한다는 점이다. 미국의 경제사가 이것을 생생하게 보여준다. 1800년과 2000년 사이 2백 년 동안 미국의 일인당 GDP는 30배 증가했는데, 이것은 유례없는 기업가적 효율성과 기술혁신의 시기를 반영한 놀라운 업적이었다. 그러나 이것에 가려 제대로 평가되지 못한 것은 농업 노동력의 상대적 규모—미국인뿐만 아니라 나머지 세계의 상당 부분을 위한 식량 생산에 종사해야 할 미국 인구 비중—가 같은 기간 동안 70퍼센트에서 2퍼센트로 하락했다는 사실이다. 따라서 농업 생산성이 30배 증가했고, 이것은 산업 및 기술상의 놀라운 진보에 못지않은 중요한 의미를 지닌다. 20세기 후반에 미국의 전체 생산성은 연 2.6퍼센트의 비율로 증가한 데 반해 농업 생산성은 연 2.1퍼센트의 비율로 증가했다.*

미국 혁명이 일어난 시점의 잉글랜드는 식량의 수출과 수입이 대략 균형을 이루어 농업 면에서 자급자족 상태에 있었다. 혼란에 빠진 프랑스로부터 안정적이고 적정한 가격으로 식량을 수입할 수 없었던 상황에서 잉글랜드의 농업 생산성은 산업화에 대응하기에 충분할 만큼 증가해야 했다.

농업혁명의 기계적 측면에는 문제가 없었다. 윤작 스케줄과 수확체계가 충분히 개선되었다. 또한 평범한 손 도구—파종기와 수확도구들—도 크게 개선되었다. 아마 가장 극적인 진전은 1830년 로테르담 삼각쟁기의 발명이었을 것이다. "후기 철기시대 이래 쟁기 설계의 가장 거대한 개선"이라고 애쉬턴이 기술했듯이, 이 쟁기는 두 마리의 말과 이들을 부리는 사람 한 명만 필요로 했다. 이것은 여섯 또는 여덟 마리의 소가 무리를 이루어 끄는 전통적인 장치를 대체했다. 그 이전의 장치는 소 끄는 사람과 쟁기질하는 사람 모두 필요했었다. 한순간

---

* 자료: 미국 노동부, 경제통계국. 이 경우 '생산성'은 노동시간당 산출량으로 정의된다. 19세기 이전에는 노동시간을 측정하기가 거의 불가능하기 때문에 이 책의 목적상, '생산성'은 일인당 GDP와 동의어로 사용된다.

에 쟁기질과 관련된 생산성이 두 배 이상 증가했다.

잉글랜드는 과학적 방법을 농업에 체계적이고 적극적으로 적용한 최초의 나라였다. 1838년에 국왕은 베이컨의 왕립협회를 모델로 한 왕립농업협회를 인가해주었다. 5년 후 과학자들은 로담스테드 농업연구소를 설립하고 작물 생산에 대한 최초의 체계적인 연구를 하기 시작했다.

이러한 조직들의 설립은 농업에 대한 과학적 접근이 시작되었음을 알리는 기원이 되었고, 이것은 영농기법, 특히 질소 보충과 관련하여 직접적인 성과를 낳았다. 박테리아가 대기 중 질소를 식물 속 질산으로 전환(고정)시키는 메커니즘을 통해 토양의 질소 보충이 매우 느린 상황에서, 집약적 농업은 질산성 토양을 급속히 고갈시켰다. 로담스테드 연구소는 클로버와 콩이 질소고정 박테리아를 끌어들인다는 사실을 발견하고 농작물 사이에 클로버를 심기만 하더라도 간단히 수확을 배증시킬 수 있다는 사실을 알아냈다.

더불어 동물성 비료로 질산을 보충하는 것이 더 좋은 결과를 낳았다. 하지만 가축이라는 전통적인 원천에서 비료를 얻는 것은 비쌌고, 오래지 않아 대안이 발견되었다. 처음에는 신세계의 섬들에서 발견된 구아노 퇴적물이, 그리고 나중에는 합성 질산이 그 대안이었다.

농지의 사유화를 부추긴 인클로저 운동

영국 농업 생산성의 폭발적 증대와 관련하여 이러한 기술적 진보는 이야기의 일부에 지나지 않는다. 제도적 진보도 똑같이 결정적으로 중요했다. 그중에서도 가장 중요한 것은 인클로저 운동이었다. 이것은 중세에 시작되어 1650년에 정점에 달했다. 그 시기 이전에 잉글랜드는 중세 유럽의 다른 곳들과 마찬가지로 대개는 '개방경지체제' 하에 있었다. 이것은 지방 농부와 영주들이 방대한 구획의 토지를 공동으로 점유하는 봉건시대의 유물이었다.

가렛 하딩이 「공유지의 비극」에서 탁월하게 기술했듯이, 명확한 소유권이 없는 상태의 영농은 엄청난 경제적 비효율을 낳았다. 왜냐하면 농부들이 공유지를 적극적으로 일구고 시비하며 개량하려고 하지 않았기 때문이다.[20] 〔오늘날 이것에 상응하는 것은 하버드 대학교 총장이자 전 미국 재무장관이었던 로렌스 서머즈(Lawrence Summers)가 한 "세계 역사상 어느 누구도 빌린 차를 세차하는 사람은 없다"[21]는 금언이다.〕

러니메드* 이후 영주와 마을 주민들은 서서히 울타리를 쳐 공유지를 사유화했다. 1700년에 모든 임자 없는 땅의 약 절반이 사유화되었다. 특정한 곳의 땅이 인클로저되기 위해서는 해당 교구에 있는 토지의 5분의 4에 해당하는 소유자들이 인클로저 청원에 서명하여 의회로 보내야 했다. 17세기와 18세기 동안 하원은 수천 건의 이와 관련된 개별적인 법률을 투표로 통과시켰다.

1801년에 의회는 절차를 간소화한 일반 인클로저 법을 통과시켰다. 1700년부터 인클로저가 급속히 가속화된 이래 1830년에는 잉글랜드에서 공개지가 사실상 전혀 남지 않았다. 미국 혁명과 나폴레옹 전쟁 사이에 곡물 가격의 극적인 상승으로 인해 사적으로 경작되는 농지가 점점 더 귀중해지면서 가장 많은 양의 토지가 인클로저되었다. 19세기 중반에 공유지는 거의 사라졌다.[22]

인클로저에 관해 역사적으로나 문헌상으로나 잡음과 분노에 찬 고

---

* 107쪽을 보라. ─역주

발이 많았으며, 또 비록 소수의 농부들이 부당하게 토지를 빼앗겼지만, 지금 대부분의 역사가는 영국의 재산권 존중 전통과 적법절차가 대개는 지켜졌다는 점과 그 과정이 전반적으로 공정하고 정의로웠다는 점을 인정하고 있다. 인클로저 법이 오랜 세대에 걸쳐 공유지의 작은 땅뙈기를 가족적으로 점유해온 사람들에게 소유권을 부여했기 때문에 소지주들의 수가 상당히 증가했다. 처음에 이 소지주들은 그것을 팔지 아니면 경작할지 선택할 수 있었다.[23,24]

인클로저가 깊은 외상을 남기지 않은 것은 아니지만, 인클로저에 잇따라 일어난 도시와 농촌의 사회적 혼란은 소자작농에 대한 파렴치한 착취 때문이 아니었다. 오히려 위기는 경제적 필연성 때문에 일어났다. 인클로저된 토지는 공유지보다 훨씬 더 많은 식량을 생산했고 에이커당 더 적은 수의 농부들을 필요로 했으며, 따라서 많은 수의 농업 노동자들이 일자리를 잃었다.

인클로저의 노동 축소 효과는 나폴레옹 전쟁 시기까지는 문제가 되지 않았다. 높은 곡물 가격 때문에 다량의 한계지가 경작되었고 농장의 고용을 높게 유지했기 때문이다. 그러나 1815년 타결된 빈 회의 이후 이야기가 달라졌다. 그 이후 급락한 곡물 가격은 1세기 후 다음의 큰 전쟁이 일어나기 전까지 낮은 수준을 유지했다. 이로 인해 한계지 경작이 이루어지지 않았고 일자리를 잃은 농업 노동자들이 도시와 공장들로 홍수처럼 밀려왔다.

농업에 대한 근대적인 과학적 접근이 이루어지고 잘 정의된 재산권이 신흥 소지주 그룹들에게로 확장됨으로써 새로운 생산자 계급이 생겨났다. 혁신적인 농업 기술을 통해 유례없는 작물 수확의 증대를 추구한 '개량농'이 그것이었다.

본격화된 분업

어떤 의미에서 산업혁명이나 농업혁명 같은 것은 존재하지 않았다. 오히려 존재한 것은 생산성과 전문화의 혁명이었다. 이것은 재산권과 과학적 합리주의, 자본시장, 근대적인 수송과 통신의 점진적인 발전이 농부와 발명가, 산업가들에게 혁신에 대한 인센티브를 제공함에 따라 일어났다. 이렇게 새롭게 권리를 갖게 된 자본가들이 거의 모든 것을 훨씬 더 대량으로 훨씬 더 다양하게 생산했다. 그 과정에서 그들은 거의 모든 영국인의 전반적인 생활수준을 향상시켰다.

다른 어떤 현상보다도 중세와 근대를 구별할 수 있는 기준이 되는 것은 전문화의 정도다. 중세 세계에는 거의 모든 사람에게 적용된 한 가지 기본적인 '직무'만 있었다. '땅에서 일하기'가 그것이다. 한가한 동안에 농민들은 스스로 집을 짓고 보수했으며, 장원의 도로 건설에 부역을 나가고 스스로 쓸 실을 잣고 옷감을 짜 의복을 지었다. 산업혁명 초기에 대부분의 상업적 제직은 공장에서가 아니라 계절적으로 한가한 농가의 가정에서 이루어졌다. 근대 이전 세계에서 작은 마을들과 대부분의 가족들도 거의 전적으로 자급자족적이었다.

이와는 대조적으로 오늘날 단일 가족은 물론이고 어느 한 마을도 자신이 소비하는 재화와 서비스의 아주 작은 부분조차 생산하기 어렵다. 대략 10년마다 미국 노동부는 『직업분류사전』(*Dictionary of Occupational Titles*)을 업데이트한다. 현재까지 최종판에는 1만 2,740개의 직업이 나열되어 있다.

근대의 번영은 자동차의 구동 시스템에 비유하여 말할 수 있다. 즉, 네 가지 기본 요인—재산권 · 과학적 합리성 · 자본시장 · 근대적인 교통과 통신—은 자동차의 엔진으로, 그 결과 나타나는 생산성은 바퀴로 생각할 수 있다. 엔진(네 가지 요인)에서 바퀴(GDP)로 동력을 전달하는 '트랜스미션'은 노동 전문화의 정도다. 전문화 정도가 낮은 경제는 1단 기어로 통통거리며 갈 수 있을 뿐이지만 전문화 정도가 높은 경제는 고속으로 달릴 수 있다.

산업혁명이 도래했을 때 이 전문화 과정은 이미 상당히 진전된 상태였다. 애덤 스미스가 '분업'이라는 이름으로 그것에 불멸성을 부여했다. 하찮은 핀 제조에 적용된 이 원리에 대한 그의 설명은 오늘날까지도 가장 탁월하다.

> 이 일에 대해 교육을 받지도 못하고 또 거기에 쓰이는 기계들의 사용법도 알지 못하는 노동자는 제아무리 전력을 다해서 일한다 할지라도 아마 하루에 스무 개는커녕 한 개의 핀도 만들 수 없을 것이다. 그러나 현재 이 일이 이루어지고 있는 방식을 보면, 작업 전체가 하나의 특수 직업일 뿐 아니라, 그것이 많은 부문으로 나뉘어 있어 그 대부분도 마찬가지로 특수 직업인 것이다. 한 사람은 철선을 늘이고 다음 사람은 바르게 펴고, 셋째 사람은 자르고, 넷째 사람은 뾰족하게 만들고, 다섯째 사람은 핀 머리를 붙이기 위하여 끝을 간다. 핀 머리를 만드는 데도 두세 개의 구별된 작업이 필요하며, 그것을 붙이는 것이 특별한 작업이라면 핀을 희게 만드는 것도 또 다른 일이며, 종이로 핀을 포장하는 것까지도 하나의 작업인 것이다. 이리하여 핀 제조라는 중요한 일은 약 열여덟 종류의 작업으로 나뉘어 있어 어떤 제조 공장에서는 그러한 작업이 모두 다른 직공에 의해 이루어진다. 물론 똑같은 사람이 때로는 그러한 작업 중 두세 개를 하는 경우도 있을 것이다.[25]

스미스는 핀 제조의 열여덟 개 개별 단계를 담당하는 열 명의 노동자를 고용한 가장 단순한 공장조차 하루에 약 4만 8천 개의 핀을 생산하고 이것은 열 명의 미숙련 노동자들이 개별적으로 생산할 수 있는 것보다 240배나 더 많다고 기술했다.

이런 일은 어떻게 일어나는가? 분업은 기술적 변화를 부로 전화시키는 기계다. 바로 여기에 그 작동의 비밀이 있다. 과업의 단순화는 가용 노동력 풀을 확대시킨다. 각 노동자는 태생적으로 가장 생산적으로 능력을 발휘할 수 있는 직종으로 유인된다. 그런 다음에는 경험을 통해 그 일에 더욱 능숙해진다.

제조 공정을 많은 소과업으로 분할하는 것은 기술혁신을 자극한다. 특수한 과업만을 수행할 기계를 발명하고 정교화하기는 비교적 쉽기 때문이다. 혁신이 이런 기계들을 점차 개선함에 따라 그것들을 작동하는 데 필요한 기술은 점점 더 줄어들고, 이것은 다시 노동력 풀은 넓히면서도 지급되어야 할 임금은 줄인다.[26]

오늘날의 예는 그 원리를 생생하게 예시해준다. 2001년에 사우스웨스트 항공은 3만 1,600명의 종업원으로 445억 승객마일을 운행했다.[27] 각 피고용자가 그 해에 2천 시간씩 일했다고 가정하면, 그 수치는 피고용자 작업시간당 704승객마일이 된다. 이것은 오늘날 자가용 승용차로 시간당 이동할 수 있는 거리보다 열 배 더 많고, 두 발만으로 여행하는 거리에 비해서는 2백 배나 더 많다.

사우스웨스트에서 가장 중요한 노동력은 비행기 조종사이고 그 항공사의 대표적인 기술은 보잉 737이다. 수백 명의 서로 다른 유형의 피고용자와 놀라울 정도로 다양한 기계 및 전자 장치를 이용하는 복합적인 분업 없이는 그 조종사와 비행기는 당신과 당신 동료 승객들을 수백 달러의 비용으로 로스앤젤레스에서 볼티모어까지 태워다줄 수 없을 것이다.

인간은 태생적으로 발명적이다. 지성적이고 혁신적인 개인은 역사가 시작된 이래 지구상 모든 곳에 존재했지만, 오직 분업이 존재하는 곳에서만 그들의 통찰은 더욱 폭넓은 번영과 부로 전환될 수 있었다.

섬유 산업의 부흥기

잉글랜드의 경제적 변혁의 요람은 맨체스터와 그 주변 섬유 공장 집단이었다. 경제사가 에릭 홉스봄(Eric Hobsbawm)의 말대로, "산업혁명에 관해 이야기하는 사람은 모두 면화를 언급한다."[28] 아주 오랜 옛날부터 농부와 그 가족들은 아마포로 린넨을 잣고 짜왔다. 농부들은 유럽 전역에서 아마포를 경작했는데, 대부분은 그들 자신의 필요와 물물교환 또는 판매를 위해 작은 땅뙈기에서 그것을 길렀다. 옷감의 다른 주요 원천은 양모였고, 오랜 세기 동안 양은 잉글랜드의 주요 교역품이었다.

잉글랜드 자체는 소량의 면화밖에 생산하지 못했고 그나마 품질도 열악했다. 육로를 통해 들어온 소량의 값비싼 수입 견직물뿐만 아니라 고급 면제품—주로 인도 아대륙으로부터 들어온 갤리코—이 왕족과 아주 부유한 상인들을 위해 공급되었다. 이러한 직물들은 매우 비쌌다. 제품의 희소성이나 높은 제조 비용 때문이 아니라 높은 수입관세 때문이었다. 포르투갈인, 네덜란드인, 영국인들(동인도회사를 통해)이 희망봉을 경유한 인도로의 해상무역을 열면서 공급이 증가했지만, 이것으로 가격이 충분히 하락하지는 않았다.

린넨, 양모 및 면 제품은 '가내공업'으로 생산되었다. 어린아이들이 원료를 깨끗하게 발리고 여자들이 실을 자았으며, 남자들이 옷감을 짰다. 숙련된 장인들이 최상의 모직물을 제조했지만, 생산은 여전히 소규모로 이루어졌다. 생산의 모든 수준에서 그다지 전문화되지 않았고, 따라서 비용은 높고 산출량은 낮았다. 원면에서 완성된 옷감으로 이어지는 일련의 단계를 그림으로 표현하면 이해하기 쉽다.

소면(梳綿)   방적   방직
원면 ——▶ 정제 면 ——▶ 실 ——▶ 완성된 옷감

이 체계에서 핵심적인 것은, 옷감 제조가 개선되려면 그 공정의 세 단계—원면에서 씨와 기타 잔해를 제거하는 소면 공정, 정제 면을 실로 잣는 방적 공정, 실을 완성된 제품으로 짜는 방직 공정—모두가 대략 비슷한 정도로 개선되어야 했다는 점이다. 한 단계만 개선되면 개선되지 않은 다른 두 단계는 병목이 될 뿐이었다.

1733년 존 케이(John Kay)라는 시계공이 효율적인 방직기(플라잉셔틀)를 발명—최초의 근대적인 섬유 기술진보—했을 때 바로 그런 현상이 나타났다. 오래된 베틀에서 극적인 개선이 일어났음에도 불구하고 이 장치는 이미 심각한 상태였던 실 잣는 여성들의 부족 문제를 더욱 악화시켰다. 농촌 여성들이 수확을 돕기 위해 밭으로 나가는 수확기에는 옷감 제조가 중단되었다. 1748년에 루이스 폴(Lewis Paul)은 이전에 널판지에 줄지어 박힌 못들에 조섬유를 건 다음 그것을 힘들게 끌어당겨 이루어졌던 소면 공정을 개선한 두 대의 기계를 고안했다. 그러나 불행하게도 폴의 발명은 이미 혹사되고 있던 방적공에 대한 수요만 더욱 증가시키는 결과를 초래했다.

방적은 해결하기 가장 어려운 문제였다. 그 시대의 기계로는 여성들이 엄지와 검지를 사용하여 만들어내던 미세한 꼬임을 모방할 수 없었기 때문이다. 고대의 방추(紡錘)에서 유래한 물레는 중세 말기 동안 널리 사용되었지만, 그것은 완성된 실을 실패에 감는 용도로만 사용되었다. 여성의 섬세한 손만이 실을 자을 수 있었다.

1700년대 말 일련의 발명으로 이 공정이 결국 기계화되었다. 루이스 폴은 한 쌍의 롤러로 방적공의 손가락을 모방한다는 아이디어를 생각해냈지만, 그의 기계는 잘 작동하지 않았다. 리처드 아크라이트(Richard Arkwright)는 1769년에 두 번째 쌍의 롤러를 추가해 최초의 실용적인 기계방적기인 '수력방적기'를 발명했다. 제임스 하그리브스(James Hargreaves)는 방적기가 넘어진 다음에도 계속 작동하는 것을 보고는 아이디어를 얻어 실을 좀더 가지런히 '꼬는' 방법을 개발했다. 1779년에 새무얼 크롬튼(Samuel Cropton)은 하그리브스의 회전물레를 아크라이트의 롤러와 결합시켜 '자동 정방기'를 발명했다.

크롬튼은 앞뒤로 움직이면서 실을 잣는 운반대 위에 이 대단히 복잡한 장치를 올려놓았다. 기술혁신의 기본 원리 중 하나는 복잡한 생산성 향상 장치는 보통 그 이전 것들보다 조작자의 숙련을 덜 요한다는 점이다. 예를 들어 재봉틀은 바늘과 실을 사용하는 가장 숙련된 침모보다 훨씬 더 빠르고 곧게, 훨씬 더 강력하게 바느질을 수행한다. 오늘날의 개인용 컴퓨터를 사용하면 타자가 서툰 중년 작가도 1백 년 전에 최상의 인쇄기에서 나오던 것들보다 훨씬 더 미려하게 문서를 만들 수 있다. 조작의 용이성은 종종 복잡한 설계로부터 나온다.

초기부터 크롬튼의 정방기는 이 원리를 실례로 보여주었다. 공장의 피고용자들은 상대적으로 훈련을 별로 받지 않은 경우에도 다양한 굵기의 부드러운 실을 생산할 수 있었는데, 이것은 그 이전 세대의 매우 숙련된 장인들도 할 수 없었던 일이었다.[29] 몇 년 만에 공장 소유주들은 와트-볼턴의 증기 엔진과 방적기를 결합시켰고, 이 결정적인 작업의 기계적인 변혁이 완료되었다.

방직의 기계화는 그리 빠르게 이루어지지 않았다. 처음에는 기계로 만든 방대한 양의 실이 직공들에게 일확천금을 안겨주었다. 1813년경까지도 잉글랜드에서 사용된 25만 개의 직기 중에서 기계로 구동된 것은 1퍼센트에 지나지 않았다. 기계화와 산업화에 대한 직공들의 저항은 19세기 내내 그들의 고통의 원인이 되었다.[30]

정제 면을 생산하기 위해서는 씨를 제거하는 힘든 일을 포함하여 값비싸고 가혹한 공정을 거쳐야 했다. 1793년 엘리 휘트니(Eli Whitney)가 조면기를 발명하면서 이 장애가 제거되었다. 1790년과 1810년 사이에 아메리카의 면 생산은 연 680톤에서 3만 8,500톤으로 증가했다. 휘트니의 발명은 세계경제의 모습을 뒤바꿔놓았다. 이런 식으로 세계 경제에 영향을 미친 발명은 매우 드물다. 그러나 불행하게도 그것은 아메리카의 정치적 모습도 근본적으로 변화시켰다. 면화 산업 및 노예 제도가 갑자기 돈벌이가 되는 사업이 되었다. 1790년에서 1850년 사이에 미국에서 노예들의 수는 70만 명에서 320만 명으로 증가했다.[31]

면화가 세계 시장에 넘쳐흘렀다. 잉글랜드의 오랜 주생산품이었던 린넨과 양모는 거의 사라졌다. 처음으로 농부와 도시 빈민 같은 노동자들도 값싼 면직 의류를 사 입을 수 있었다. 면직물 가격은 1786년 파운드당 38실링에서 1800년 10실링도 안 되는 수준으로 떨어졌다. 섬유는 매우 탄력적인 상품으로, 가격이 조금만 하락해도 수요가 크게 늘어난다. 개인용 컴퓨터 가격의 하락이 판매 확대의 지렛대가 된 것과 똑같이 19세기 초에 섬유 소비도 가격 하락에 힘입어 폭발적으로 증가했다. 면화는 역사상 최초로 진정한 '성장 산업'이었다. 같은 14년 동안 영국의 면 수입이 열 배 증가했고, 1840년에는 50배로 증가했다.[32] 맨체스터의 항구도시 리버풀을 중심으로 막대한 규모의 삼각무역이 이루어졌다. 아메리카에서 영국으로는 원면이, 영국에서 아프리카로는 완성된 직물이 이동했고, 1808년 불법화되기 전까지 많은 수의 노예가 아프리카에서 아메리카로 실려 갔다. 혐오스러운 노예제를 제쳐놓는다면, 사람들이 값싼 면직 의복을 사 입을 수 있게 되었다는 것은 사회적으로 큰 혜택이었고, 이것은 우리에게 이제야 비로소 조금씩 이해되기 시작하고 있다. 예를 들어 저렴하고 쉽게 구할 수 있는 면직 속옷이 1850년 이후 전염병의 극적인 하락에 영향을 미쳤을 가능성이 있다.

그 시기의 가장 무서운 질병인 콜레라와 장티푸스는 위장에 관계된 질병이었고, 대소변과 구강 전염을 통해 확산되었다. 그 질병들은 또한 모든 사회계급이 걸렸다. 1861년 빅토리아 여왕의 부군이었던 앨버트가 장티푸스로 죽을 지경이었다. 이 평범한 면직물 옷 덕택에, 자주 갈아입지 않는 홑겹 옷으로 인한 염증이 사라졌고 질병의 전염율이 떨어졌으며, 수백만 명이 목숨을 건졌다.[33]

새로운 철기시대

산업적 진보가 이루어진 또 다른 주요 영역은 철강 산업이었다. 근대 이전에 철 생산은 목탄을 이용한 제련을 통해 이루어졌고, 이 때문에 18세기 말 잉글랜드의 주조소들은 인근 숲을 고갈시켰다. 곧이어 미들랜드의 공장들을 가동하려면 스코틀랜드의 나무들을 베어내야 했는데, 이런 상황에서 영국의 기술자들은 스웨덴에서 철을 수입하는 것이 더 싸다는 것을 알게 되었다. 영국의 주조소들은 스칸디나비아산 목재를 수입하는 것이 더 싸다는 것도 알았다. 왜냐하면 근대 이전에는 수운—약 20마일에 이르는 잉글랜드 해안에서의 육상수송과 비슷한 거리의 발트 해 해안으로부터의 선박운송—이 육상수송보다 훨씬 더 저렴했기 때문이다.

잉글랜드는 코크스가 풍부했지만, 용광로에서 그것으로 목탄을 대체하기 위해서는 훨씬 더 강력한 송풍이 필요했다. 1775년에 와트와 볼턴은 그들의 증기 엔진을 철 제조업자 존 윌킨슨의 풀무에 응용했다. 10년 후 헨리 코트(Henry Cort)는 고품질 연철(鍊鐵)의 대규모 연속 생산을 가능하게 한 '교련'(攪鍊)법을 도입했다. 그런 다음 윌킨슨은 1분당 150번의 가격으로 코트 공정의 최종 제품을 완성시키기 위해 증기 해머를 발명했다.

코트의 발명 덕택에 잉글랜드는 점점 더 희소해지는 나무에 더 이상 의존하지 않게 되었고 목재가 풍부한 스웨덴의 역사적 이점을 극복했다. 이전에는 수입된 스칸디나비아산 철이 영국 제품에 비해 너무나 탁월했기 때문에 국내는 물론 외국 제조업자들이 영국 제품이 우월하다는 생각에 익숙해지기까지는 몇 년이 걸렸다. 면화의 경우와 마찬가지로 철 생산이 급증했다. 1770년과 1805년 사이에 비용이 급격히 하락하고 산출량이 거의 열 배나 증가했다. 확대된 주조소들에서 쏟아져 나온 거대한 양의 철강은 새로운 철도와 다리, 빌딩들에 사용되었다.

면화와 철 제조에서 이루어진 진보는 크롬튼의 정방기나 코트의 교련법으로 끝나지 않았다. 이 개선은 다음 몇 십 년 동안 거의 연속된 과정으로 이루어졌다. 더욱 크게 확장된 주조소들은 단위당 훨씬 더 적은 양의 석탄으로 더욱 고품질의 제품을 더 많이 생산했다. 역사가 필리스 딘은 이 거침없는 혁신 과정을 다음과 같이 아름다운 문장으로 요약했다. "기계와 기계를 만드는 기계는 무한하고 연속적인 개선 능력이 있었고, 오늘날 우리가 당연시하는 지속적인 경제성장의 궁극적인 원인은 바로 이 연속적이고 자생적인 기술변화의 과정이다."[34]

좀 덜 낙천적인 존슨 박사는 그것을 달리 표현했다. "시대는 혁신을 향해 미친 듯이 질주하고 있다. 세계의 모든 사업이 새로운 방식으로 행해진다. 심지어 교수형도 새로운 식으로 이루어진다."[35] 좋든 나쁘든 세계는 항구적인 변화와 탐구의 길을 가기 시작했을 뿐만 아니라 끊임없는 번영의 길로도 들어섰다. 과거에는 물론이고 지금도 되돌아가는 길이란 존재하지 않는다.

'분주한 혁명'

노동의 전문화와 생산성 증대는 소비의 전문화를 동반하지 않을 경우 의미가 별로 없었다. 자기가 먹을 식량을 재배하고 자신의 집과 마차를 손수 마련하는 농부는 새로운 공장들에서 생산되는 제품을 위한 시장을 전혀 제공할 수 없었다. 스스로 천을 짜고 가족의 옷을 만드는 아내들도 마찬가지였다. 19세기가 지나면서 소비자들은 비효율적인 자급자족으로부터 고도로 생산적인 한 가지 일자리에 종사해 거기서 나오는 봉급으로 필요한 모든 것을 교환하는 현금-기반 시스템으로 이행했다. 얀 드 브리스는 이 변혁을 '분주한 혁명'이라고 이름 붙였다.[36]

정부는 물론 전지적 개발 독재자도 노동자와 소비자에게 전문화해 생산성을 증대시키고 농업과 산업에서 '도약'을 이루어내라고 명령한 적이 없었다. 대신 자신이 지주 또는 사업가였던 판사와 의원들이 상업과 산업을 촉진하는 판례를 만들고 입법을 통과시켰다. 아리스토텔레스적인 정신에 가로막혔던 과학자들은 새로운 베이컨적인 과학적 도구를 사용하여 우주의 비밀을 풀어헤치고 상업에 적용하기 시작했다. 마지막으로 새로운 금융시장이 투자자들의 신뢰를 얻어 벤처를

위한 자본의 물줄기가 되었다. 영국으로서는 너무나도 행복한 사건이
었다.

산업혁명: 그것은 얼마나 나빴는가?

산업혁명의 영광은 대가를 수반했다. 아동 노동, 저임금의 극악한
노동 조건 ― '어두운 악마 같은 공장들' ―과 인간 소외가 그 대가였다.
1760년과 1830년 사이에 잉글랜드의 생활수준에는 정확히 어떤 일이
일어났는가? 오랜 시간 동안 이 이슈는 역사가와 경제학자들, 이데올
로그들로 하여금 담장 아래 갇힌 수많은 돼지들처럼 시끄럽게 하기에
충분했고, 제시된 해답들은 관찰자들의 정치적 성향을 분명하게 보여
주었다. 왼쪽에 선 자들은 확실히 부정적이었다. 어떤 이름 없는 익살
꾼이 한 말에 따르면, 산업혁명 기간 동안의 생활은 불결하고 영국적
이고* 결핍되었다.[37]

프리드리히 엥겔스(Friedrich Engels)는 새로운 산업기계의 주요 수
혜자였다. 프러시아 면 제조업자의 아들이었던 그는 1840년대에 유럽
을 휩쓸었던 혁명적 열정에 사로잡혔고, 곧 또 다른 망명자 칼 마르크
스와 우연히 만났다. 1848년의 격변 이후 두 사람 다 영국으로 도주했
고, 여기서 엥겔스는 아버지의 공장 중 하나를 운영하기 시작했다. 물
려받은 재산과 경영자로서의 능력 덕택에 그는 이후 몇 십 년 동안 그
자신과 마르크스를 부양할 수 있었다.

---

* 'British=영국적'이라는 단어로 철자가 비슷한 'brutish=야만적'이라는 말을 연상케 하는
반어법 ―역주

엥겔스는 『영국 노동자계급의 상태』(*Condition of the Working Class in England*)에서 19세기 사회적 층위의 바닥에 위치한 삶의 충격적인 모습을 기술했다. 당시 24세밖에 안 되었던 젊은 엥겔스는 산업화 이전 농촌 영국에서 삶의 목가적인 모습을 최초로 그려냈다.

> 그래서 노동자들은 독실하고 성실함 속에서 고결하고 평화로운 삶을 사는 가운데 상당히 안락한 생존을 영위했다. 그들의 물질적 상태는 그 이전 세대들보다 훨씬 더 나았다. 그들은 과도한 노동을 할 필요가 없었고, 스스로 일하기로 마음먹은 만큼만 일해도 필요한 것을 얻을 수 있었다. 그들은 정원이나 밭에서 건전한 노동을 위한 레저를 즐겼다. 이 노동은 그 자체로 레크리에이션이었다. 그들은 그 외에도 이웃들과의 레크리에이션이나 게임에도 참여하는데, 볼링이나 크리켓 또는 축구 같은 이 게임들은 그들의 육체적 건강이나 활력에 도움이 되었다. 대개의 경우 그들은 건장한 사람들이고 그들의 신체는 농민 이웃들의 신체와 별다른 차이가 없었다. 그들의 아이들은 신선한 시골 공기 속에서 양육되었다.[38]

18세기 말에 엥겔스의 이상향은 흔적 없이 사라지고, 그 대신에 잉글랜드 산업 지구의 슬럼가가 황량하고 절망적이며 아우게이아스*의 마구간처럼 지저분한 모습을 드러냈다. 정부 보고서를 직접 인용한 『노동자계급의 상태』에 나오는 짧지만 비교적 지루한 한 구절이 산업화의 거친 효과를 전달하기에 충분하다.

---

*그리스신화에 나오는 엘리스의 왕 ─역주

후더스필드 도심의 모든 거리와 많은 뒷골목은 판석이 깔리거나 포장되지 않았고, 하수도는 물론 심지어 배수구도 설치되지 않았으며, 쓰레기와 온갖 종류의 더러운 것이 노천에 그대로 드러나 썩어 고약한 냄새를 풍기며, 거의 언제나 고인 물이 웅덩이를 이루고 있고, 인근 주택들 역시 열악하고 더러운 상태였으며, 질병 발생과 도심 전체의 위태로운 건강은 너무나 당연했다.[39]

좀더 균형 잡힌, 하지만 여전히 섬뜩한 평가는 오늘날의 관찰자인 조이스 말로(Joyce Marlow)의 평가다. 그는 이렇게 쓰고 있다. "사람들이 살던 집들은 궁궐 같지는 않았지만, 그렇다고 해서 수백 개씩 줄지어, 정원도 없이 나무라고는 전혀 보이지 않고 신선한 공기도 전혀 마실 수 없는, 하수구 위에 지어지지는 않았다.……"[40]

좀더 최근에 이루어진 좌익 성향의 평가 중에서 전형적인 것은, 18세기 초에 런던에서 일인당 식량 소비가 줄어들었다는 것을 보여주려고 한 에릭 홉스봄의 이데올로기로 오염된 평가다. 그의 논증에는 한 가지 사소한 결함이 있었다. 즉, 식량 공급이 하락했다는 그의 주장은 그 시기를 특징지은 인구 급증(인구가 증가했을 뿐만 아니라 그 증가율도 상승했다)과 모순된다. 홉스봄은 이러한 모순을 해결하기 위해, 산업화 이전의 사회는 식량 공급이 훨씬 더 풍부했지만 비정규적이었고 주기적인 대량 기아에 노출되어 있었다고 주장했다. 좌익적인 홉스봄에게 후자는 차라리 더 나은 상태로 보였을 것이다.[41]

산업자본주의의 상승이 영국인들의 복지에 어떤 순효과를 초래했을 지라도, 많은 원주민들에게는 재앙이었다는 점에는 의심의 여지가 없다. 칼 마르크스는 이렇게 말했다.

아메리카에서 금과 은이 발견되고, 원주민 인구가 광산에서 몰살 · 노예화 · 매장되었으며, 동인도에 대한 정복과 약탈이 시작되고, 아프리카가 검둥이들을 잡는 상업적인 사냥터로 전화된 것은 자본주의적 생산의 장밋빛 시대의 개시를 알리는 신호였다.[42]

현대 서구의 관점에서 볼 때, 마르크스와 엥겔스 그리고 그들을 추종했던 후대 영국인들―홉스봄, 베아트리체(Beatrice)와 시드니 웹(Sidney Webb), 조지 버나드 쇼(George Bernard Shaw) 그리고 그와 더불어 한 세대의 옥스퍼드와 케임브리지 졸업생들―을 사로잡은 이데올로기적 열정은 잘 이해되지 않는다. 많은 개발도상국들에서 사회주의가 계속 호소력을 발휘한 것도 이해하기 어렵다. 풍요의 한복판에서 나타난 절망적인 쇠퇴와 빈곤에 대한 엥겔스의 기술―일반적으로 정확한 것으로 받아들여지지만, 좀 과장된―에 비추어 보면 초기 사회주의자들의 격분과 객관성 결여를 좀더 쉽게 이해할 수 있다.

그 시대의 전반적인 혼잡과 더러움은 산업 지구 하층계급의 높은 사망률과 명백히 관련이 있었다. 또한 새로운 기계류의 높은 생산성은 잉여노동을 낳았다. 그리고 1800년대 동안 하인의 수가 꾸준히 증가했고, 곧 하녀와 집사가 중산계급 가정의 특징이 되었다. 제1차 세계대전 개전 시점에 '하인'은 영국 총노동력의 15퍼센트를 이루었다. 그러한 직업이나마 찾은 사람들은 운이 좋은 편이었다. 신체와 영혼을 지키기 위해 때로는 비행과 범죄도 저질러야 했다. 종종 노동자들의 절망적인 상태는 오늘날까지 영어에 품격을 더해주는 머드락(mudlark: 시궁창청소부), 스캐빈저(scavenger: 쓰레기 뒤지는 자), 거터스나이프(guttersnipe: 부랑아), 울개더러(woolgatherer: 양털수거자) 같은 슬럼가의 틈새 일자리를 낳았다.[43]

이데올로기적 분열의 다른 쪽에서 우익은 평균적인 노동자 가족의 생활의 더 밝은 측면을 묘사했다. 1948년 애쉬턴은 반대자들에게 답하면서, 산업화되지 않은 극동에서의 삶과 산업혁명기 잉글랜드에서의 삶에 대한 이러한 비교를 제시했다.

> 오늘날 인도와 중국의 평원들에는 역병과 배고픔에 찌든 남자와 여자들이 있다. 겉으로 보기에, 이들의 생활은 낮에는 그들과 함께 일하고 밤에는 그들과 잠자리를 나누는 가축들의 생활보다 더 나아 보이지 않는다. 그러한 아시아적 기준, 그러한 기계화되지 않은 공포가 산업혁명을 거치지 않은 채 수가 증가하는 사람들의 운명이다.[44]

애쉬턴의 정서(비록 그의 정확한 말은 아니지만)는 상당히 오래된 것이지만, 후대의 경제사가들, 월트 로스토(Walt Rostow), 필리스 딘, 그리고 하버드의 전설적인 인물인 알렉산더 거센크론(Alexander Gerschenkron) 등과 마찬가지로 그는 원인과 결과를 혼동했다. 제3세계의 비참한 대중이 고통을 당하는 이유는 공장이나 기계 같은 것들이 없기 때문이 아니라 제도—재산권, 과학적 관점, 자본시장—가 갖추어지지 않은 상태에서 현대적인 의약 덕택에 폭발적인 인구 증가를 경험하고 있기 때문이다.

최근에 학자들은 산업혁명 기간 동안의 생활수준에 관한 이데올로기적 논쟁의 열기를 누그러뜨리고 복지의 보다 객관적인 생물학적 척도에 초점을 맞추었다. 기대수명에 관한 연구는 1760년에서 1820년 사이에 수명이 상당히 길어졌고 1860년까지 그 상태를 유지했다는 점을 밝혀냈다. 유아사망률에서도 매우 유사한 패턴이 발견된다. 유아사망률은 18세기 말에 감소했다가 19세기 초에 다시 상승했다. 계량역사학자들이 즐겨 사용하는 척도는 사람들의 키에 관한 데이터다.[*] 이 데이터와 관련해서도 18세기 말에는 상당한 개선이 나타났다가 19세기 초에는 악화되는 모습이 다시 나타났다.[45]

결국 엥겔스와 홉스봄 모두 부분적으로 옳았다. 오늘날의 압도적인 증거가 보여주는 바에 따르면, 산업혁명의 나중 단계에 적어도 하층 계급의 생활수준이 약간 하락했다는 점은 확실하다. 많은 사람에게, 또는 아마도 거의 모든 사람에게 산업혁명은 말할 수 없이 야만적인 일이었다. 나폴레옹 이후 시기의 경제적 하락기 동안 잉글랜드의 사회 상태는 내전과 혁명 상태에 더 가까웠지만, 그 당시 대부분의 관찰자들은 이 점을 인정하려고 하지 않았다.[46] 다행스럽게도 그 자신이 면 산업계 거물의 아들인 로버트 필 같은 탁월한 몽상가들로 대표되는 영국의 정치적 리더십은 적절한 개혁조치를 실행하기에 충분했다.

엥겔스가 잊었거나 결코 알지 못했을 것은 맬서스적 함정에서 벗어나기 이전 영국에서의 삶이 얼마나 소름끼칠 만한 것이었는가 하는 점이었다. 산업혁명 초기 산업 지구 슬럼가의 하루하루의 생존이 얼마나 열악했는지는 모르겠지만, 그 시기 동안 잉글랜드의 인구는 급속히 증가했다. 2세기 전의 생활수준이 훨씬 더 열악했다는 것은 자명하다. 2세기 이전에는 인구 수가 증가할 때마다 그만큼 생활수준이 하락했고, 이것은 인구 증가를 제어하기에 충분할 정도로 심각했다. 1740년과 1820년 사이에 사망률이 1천 명당 35.8명에서 21.1명으로 하락했다.[47] 산업혁명 이전의 삶에 대한 엥겔스의 이상향적 비전은 강한 상상이 만들어낸 허구일 뿐만 아니라 산업화 이전 인구통계학의 철의 법칙에 눈

---

[*] 유골 잔해에 대한 연구는 고대 세계의 경제적 추세를 파악하는 데에도 결정적으로 귀중한 것이었다. Ian Morris, 'Early Iron Age Greece'(초고를 저자의 동의 하에 인용함)

감은 결과이기도 하다.

1650년 이후 영국 인구의 급속한 성장은 실로 미스터리한 일이다. 정확한 데이터가 없다는 점이 이슈를 더욱 흐린다. 대부분의 경우 학자들은 세례 건수와 매장 건수 사이의 차이를 계산하는 데서 그친다. 인구통제의 중요한 메커니즘 중 하나는 결혼 연령의 통제였다. 번성하는 시기에 사람들은 결혼을 빨리 하고 아이도 더 많이 낳았다. 힘든 시기에는 결혼이 늦어지고 자녀의 수도 줄어들었다. 이런 단순한 계산의 범위를 넘어서면 다시 정치적 이데올로기가 끼어든다. 좌익 인구론자들은 급속한 인구 증가의 원인을 값싼 아동 노동 수요에서 찾는 반면, 우익 학자들은 가난한 가족들에게 자녀 부양 수당을 지급한 스핀햄랜드(Speenhamland) 구빈 시스템을 든다. 중세 말기 인구 증가에 대한 가장 설득력 있는 설명은 위생〔시설〕의 개선에서 원인을 찾는 설명이고, 이것은 다시 생활 상태의 점진적인 향상을 옹호하는 주장으로 이어진다.[48]

그러나 문제는 여전히 속 시원하게 해결되지 않았다. 그 시기 내내 일인당 경제적 산출량은 인구와 더불어 증가했다. 하버드의 경제사가 사이먼 쿠즈네츠(Simon Kuznets)는 이 역설을 그의 '곡선 가설'로 설명했다. 급속한 산업화의 시기 동안 산업화의 첨단에 선 자들은 사회의 나머지 부분의 희생을 대가로 하여 성공을 거두기 때문에 부와 소득의 불평등이 일시적으로 증가한다.[49] 이와 똑같은 사태가 1990년대 기술 붐에서도 나타났다. 이 과정에서 컴퓨터에 밝은 수천 명의 20대들이 〔잠시나마〕 상상할 수 없을 정도로 부자가 되었고, 소득의 불평등이 매우 심각해졌다.

인플레이션율 및 생활수준에 내재한 고유한 불확실성 때문에 근대 초기 영국의 복지와 경제성장의 정확한 모습은 결코 알 수 없을 것이다. 정확히 어느 지점에서 근대 영국의 경제적 도약이 일어나고 전반적인 생활수준의 향상이 일어나기 시작했는가는 논쟁의 대상이다. 산업혁명 초기 역사가들—필리스 딘과 윌리엄 콜(William Cole)—은 급속한 경제성장이 일찍이 1700년대 말부터 시작되었다고 주장한 반면, 보다 최근의 저작들은 그것이 20세기 초에 비로소 일어났다고 주장한다. 이 논쟁은 이 책의 범위를 많이 벗어날 것이다. 그러나 혼돈의 18세기가 거의 끊이지 않는 대규모 권력투쟁으로 점철되었다는 점은 명확하다. 지속된 대량 살육은 새로운 유형의 전 지구적 대량 전쟁이 출현한 1793년과 1815년 사이에 절정에 달했다. 기아의 망령이 이 뒤늦은 끔찍한 시기 동안에도 잉글랜드에서 떠나지 않았고, 따라서 1800년 직전과 직후에는 성장이 약화되었을 것이라는 점에는 의심의 여지가 거의 없다. 7년전쟁, 미국 혁명, 프랑스 혁명과 전쟁, 나폴레옹 전쟁을 포괄하는 시기 동안 잉글랜드는 최소한 생활수준의 하락을 겪지 않으면서도 기적적으로 인구가 두 배로 증가했다. 빈 회의 이후 유럽이 안정화되고 증기 동력과 전신이 경제에 추가되면서 비로소 근대적인 변종의 집약적인 경제성장이 일어날 수 있었다.

우리는 이 책이 제시하는 성장을 위한 네 요인 모델을 통해 증기 동력 수송과 전자통신이 비로소 상용화 된 19세기 초 이전에 지속적인 경제성장이 일어나지 못한 이유를 이해할 수 있다. 제조업 부문이 아무리 생산적이 되었다 하더라도 철도와 전신이 없었다면 기업가들은 과잉된 새로운 재화들을 최종 소비자에게 효율적으로 판매 또는 수송할 수 없었을 것이다.

비산업 혁명

근대적 번영의 탄생은 보통 산업혁명과 연관된다. 산업혁명이라는 용어를 처음 사용한 사람들은 1830년대의 논평가들이었지만, 그 말을 대중화시킨 사람은 역사가 아놀드 토인비(Arnold Toynbee)였다. 그는 1884년 맨체스터에서 행한 일련의 강의에서 그 용어를 사용했다. 전통적으로 산업혁명이란 1760년에서 1830년간의 시기를 가리킨다.[50] 더 조직화되고 기계화된 생활과 생산방식이 서구가 번영할 수 있었던 원천이라는 생각은 필리스 딘을 비롯한 20세기 초·중반 역사가들에게 명확했던 것으로 보인다. 딘은 이렇게 썼다.

> 풍요로 가는 길이 산업혁명을 통과한다는 것은 이제는 경제발전에 관한 이론에서 거의 공리처럼 되었다. 각 세대로 하여금 이전 세대에 비해 훨씬 더 높은 생산과 소비수준을 향유하리라 확실히 기대할 수 있도록 해주는 지속적—일부는 '자기 유지적'이라고 말할 것이다—인 경제성장 과정은 공업화를 이룩한 나라들에게만 열려 있다. 20세기 중반의 이른바 발전된 또는 선진국 주민들의 생활수준과 오늘날 저개발 또는 후진국들에 일반적인 생활수준 사이의 놀라운 차이는 전자가 공업화를 이룬 데 반해 후자는 그렇지 못했다는 사실에 기인한다.[51]

1960년대에 정책 결정자들은 공업화를 지구적인 번영을 위한 필수 조건으로 생각했고 제3세계를 강제적으로라도 공업화시키는 것을 유일한 희망으로 보았다. MIT 경제학자 월트 로스토는 한 나라의 경제가 "꾸준한 성장을 위한 장애와 저항을 최종적으로 극복하고" 공업화를 이룩하는 지점인 '도약'이라는 용어를 대중화시켰다. 그에 따르면, 영국의 공업적 도약점은 1800년 직후였고, 미국의 경우는 1860년, 일본은 1900년경, 그리고 상당히 부정확하지만 오스트레일리아의 경우는 1950년이었다.[52]

로스토는 경제적 도약을 위한 일차적인 요건은 "경제의 근대화를 심각하게 고민하고, 정치적 과업에서 그것을 높은 순위에 두는" 정치적 엘리트의 존재라고 생각했다.[53] 이 엘리트들이 상명하달식으로 공업화를 이끌어 나가야 했다. 로스토의 체계에서는 '사유재산'과 '시민적 자유'는 전혀 찾아볼 수 없다. 공평을 기하기 위해 말하자면 그는 과학적 합리성과 종교적 관용의 중요성을 인식하기는 했다. 로스토를 읽어보면, 이 사람의 눈은 경제적 활주로의 끝에서 '공업화'의 푸른 하늘로 이륙하기 위해 허가증을 기다리고 있는 십여 개의 작은 나라들에 초점을 맞추고 있다.〔로스토라는 이름은 과거 미국 대통령에 대한 기억을 떠올리게 한다. 그는 실제로 린든 존슨(Lyndon Johnson) 대통령의 강경파 자문역이었다. 그는 자신의 수치와 표들이 너무나 고무적인 것으로 보였기 때문에 베트남전쟁의 결과가 좋은 것이라고 끝까지 믿었다.[54]〕

지난 50년간 가장 걸출한 경제사가라고 할 수 있는 알렉산더 거센크론도 공업화를 경제발전의 가장 중요한 요소로 보았다. 그는 어떤 나라든 대규모의 공장 없이는 결코 번영을 이루거나 '진보'할 수 없다고 보았다.[55]

하지만 현대적 부의 원인을 규명하려면 문명의 새벽으로까지 거슬러 올라가야 하며, 잉글랜드보다 훨씬 이전에 이미 네덜란드에서 지속적인 성장이 일어났다는 것도 분명한 사실이다. 다른 현대적인 예들도 공업 중심적 가설과 모순된다. 18세기 말 오스트레일리아의 부는 특히 시사적이다. 딘/로스토/거센크론적인 체계에서 오스트레일리아는 공업 부문이 극히 후진 농업국이었다. 오스트레일리아는 다른 농업국들이 빈곤에 허덕이던 시기에 어떻게 세계 최상위의 생활수준을 유지할 수 있었을까?

'도약'을 위한 또 다른 로스토적 전제조건은 투자율이 국민소득의 10퍼센트 이상으로 증가해야 한다는 것이다. 여기서 다시 이 MIT 교수는 원인과 결과를 혼동했다. 전체주의 사회를 제외하고는 국민소득 중 투자 비중을 결정하는 것은 개인이지 정부가 아니다. 기업가들이 높은 수익을 약속할 경우에만 투자자들은 자본을 공급한다. 현대의 경제통계학 연구가 명확히 보여준 바에 따르면 활력적인 현대 경제들의 저축률이 높았던 이유는 그 경제들이 수익성 있는 다양한 기회를 제공하고 있었기 때문이지 그 반대는 아니었다.[56] 더구나 산업혁명 기에 영국의 저축률은 로스토의 10퍼센트 최저선보다 훨씬 더 낮았다.[57]

이 비범한 학자들이 어떻게 이와 같은 오해를 할 수 있었을까? 첫째로, 1980년 이전에 많은 사람이 그랬듯이 그들은 제도적 요인, 특히 재산권과 법치 같은 요인의 중요성을 과소평가했다. 둘째로, 그들은 정확한 역사적 데이터를 얻을 수 없었다. 경제학자들이 수세기 또는 1천 년 전 과거 경제성장의 모습을 재구성하려고 시도한 것은 비교적 최근의 일이다. 이러한 보다 최근의 정보가 보여주는 바에 따르면, 19세기 말까지도 미국은 여전히 농업국이었지만 일인당 GDP 면에서는 잉글랜드에 거의 근접했다. 같은 시기에, 로스토의 관점상 1세기 후에야 비로소 '도약'한 오스트레일리아는 일시적으로 세계에서 가장 높은 일인당 GDP를 기록했다.

우리도 경제성장의 원인을 자동차(로스토가 그랬듯이), 전화, 롤렉스 시계, 또는 루이 15세의 의자*에서 찾을 수도 있다. 하지만 공업화와 마찬가지로 이 품목들—사치품이든 아니든—도 번영의 결과물이지 그 근저의 원인은 아니다. 오늘날에는 거의 모든 사람들이 공업화가 경제

발전의 귀돌이 아니라는 점을 알고 있다. 강제로 공업화를 시도하려 했던 소비에트 실험의 붕괴와 제3세계들에서 외국의 후원으로 추진된 대규모 인프라 프로젝트들의 철저한 실패를 볼 때, 번영에는 단순히 공장과 댐을 건설하는 것 이상의 그 무엇인가가 있다는 사실을 알 수 있다. 20세기 말 최선진국들의 놀라운 '탈공업적' 부는 번영의 근본적인 원천으로 공업화에 중요성을 부여하는 시각이 틀렸다는 것을 입증해준다. 이 나라들의 제조업 부문이 시들거나 임금이 낮은 국가들로 이전되었음에도 그들의 정보 및 서비스 기반 경제는 성장하고 있다.

경제발전에 관한 좀더 최근의 '수입대체' 이론도 마찬가지로 신용이 실추되었다. 이 이론은 개발도상국이 관세와 기타 무역장벽으로 그들의 유치산업(幼稚産業)을 보호해야 한다고 주장한다. 최근의 데이터에 따르면, 그러한 정책은 그 유치산업들의 장기적인 경쟁력을 떨어뜨리고 전반적인 경제성장을 둔화시켰을 뿐이다.[58]

잉글랜드는 총GDP뿐만 아니라 일인당 GDP 면에서도 지속적으로 높은 경제성장을 기록한 첫 번째 나라였다. 그 이유는 잉글랜드가 우리의 네 가지 제도적 요인을 발전시키는 데 있어서 누구도 따라올 수 없을 정도로 선진적이었다는 점에 있다. 그러나 결국 잉글랜드의 오랜 경제사—아무리 영광스러운 역사라 하더라도—〔자체〕는 부담이 되었다. 18세기에 이미 중세 시기부터 쌓아온 엄청난 규제들로 법령집이 잔뜩 부풀어 오른 상태였다. 한 가지 예가 도제에 관한 규칙이다. 엘리자베스 시기에 기원한 이것은 1814년이 되어서야 비로소 폐지되었다. 이 규칙에 관해 조사하면서 애덤 스미스는 이렇게 썼다.

---

* 로코코 풍의 화려한 가구 —역주

판결이 내려진 바에 따르면, 예를 들어 마차 제조공은 스스로 마차바퀴를 만들어서도, 그것을 만드는 직인(職人)*을 고용해서도 안 되었다. 반드시 바퀴 제조 장인에게서 그것을 구입해야 했다.……그러나 바퀴 제조공은 마차 제조공에게 도제로서 봉사하지 않았더라도 스스로 마차를 만들거나 그것을 만드는 직인을 고용할 수 있다. 마차 제조공의 직업은 규칙의 범위 밖에 있다. 왜냐하면 그 규칙이 제정된 시기에 잉글랜드에는 그 직업 자체가 없었기 때문이다.[59]

양모업은 그러한 규칙의 엄격한 제한을 받았지만, 면 산업은 신생 산업이었기 때문에 그러한 규제를 피할 수 있었고 폭발적으로 성장할 수 있었다. 산업가들은 버밍햄과 맨체스터 같은 '신흥 도시들'에서 사업을 함으로써 직업과 도제에 관한 규칙을 피할 수 있었다. 이 도시들에서는 이 규칙들이 적용되지 않았고, 낡은 규정을 강제하는 치안판사도 없었다.

영국의 독점적 전통은 빨리 사라지지 않았다. 동인도회사는 1813년까지 인도와의 무역을 단단히 통제했고, 중국과의 무역은 그보다 10여 년 후까지도 개방되지 않았다. 동인도회사의 독점은 극동과 무역하기를 희망했던 영국의 다른 회사들을 불구화시킴으로써 영국의 상업에 이로움보다는 해악을 더 크게 끼쳤다. 1720년 남해회사 스캔들 와중에 투기를 잠재우기 위해 통과된 거품방지법은 합자회사의 설립에 의회의 특면장을 요구함으로써 혁신에 장애가 되어왔다. 의회는 1825년까지 거품방지법을 폐지하지 않았고, 1856년까지 합자회사의 설립 절차

---

* 도제로서의 수습 기간을 거쳐 장인들에게 고용되어 일하던 숙련공 ─ 역주

를 간소화하지 않았다.

거품방지법은 또한 공매도와 선물 거래를 포함하여 1720년 시장 붕괴의 원인으로 지목된 많은 '투기적 수단들'도 금지했다. 지금 우리는 이 장치들이 시장의 안정성을 높이고 자본 비용을 낮춘다는 점을 알고 있다. 그런 장치가 없었기 때문에 그 이후 수세기 동안 영국의 금융시장은 극도로 불안정했다.

유럽의 다른 나라들과 마찬가지로 잉글랜드는 고도로 중상주의적이었고, 워털루 전투 이후 한참이 지나도록 보호주의적 장벽을 일소하지 않았다. 이미 살펴본 대로 곡물법은 폐지되었지만, 항해법은 1849년까지도 남아 있었다. 정부들이 국내 농업과 공업에 과도하게 보호주의적 태도를 취하는 한 증기선은 무역에 쓸모가 별로 없다. 잉글랜드가 그 보호주의적 입법을 일소하기 전까지는 번영을 위한 초석 중 마지막 벽돌—효과적인 수송—이 확고히 자리잡기 어려웠다.

새롭게 떠오르는 미국

아메리카 식민지들은 영국의 제도적 장점을 모두 이어받았지만, 영국이 직면한 대부분의 질곡에서는 벗어나 있었다. 특히 미국의 자본 형성이 방해를 받지 않았다. 헌법이 비준된 직후 미국은 세계에서 가장 선진적인 특허제도를 만들어냈다. 없었던 것이라고는 자본 자체와 노동자들뿐이었다. 두 가지 모두 곧 안팎으로 자유롭게 날아들게 되어 있었다. 1855년에 이미 미국은 잉글랜드보다 인구가 더 많아졌고, 1870년에는 경제 규모도 영국보다 더 커졌다.

〈그림 7-2〉는 헌법 비준 이후 미국의 일인당 GDP 성장을 보여준다.

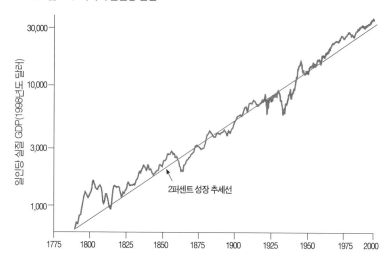

〈그림 7-2〉 미국의 일인당 실질 GDP

2퍼센트 성장 추세선

출처: 미국 상무성

19세기 초 잉글랜드의 성장이 불확실해 보였던 것과는 대조적으로 미국은 거의 처음부터 연평균 약 2퍼센트의 생산성 성장을 경험했다. 이것은 대서양의 반대쪽에서의 경우보다 훨씬 더 높은 성장률이었다.* 미국의 초기 생산성 성장의 상당 부분은 추격성장의 성격을 띤 것이었다. 매디슨의 추산에 따르면, 1820년도 미국의 일인당 GDP는 영국의 73퍼센트에 지나지 않았고, 20세기 초까지도 미국의 생산성은 영국을 앞지르지 못했다. 그러나 유입이민과 높은 출산율 덕택에 미국 경제의

---

*〈그림 7-2〉에서 일인당 GDP 곡선이 2퍼센트 추세선에 근접해 있다는 것은 기묘하다. 20세기 동안 세계의 주요 선진국의 일인당 GDP 성장이 2퍼센트를 중심으로 매우 조밀하게 군집을 이루고 있다는, 제1장에서 언급된 내용을 다시 생각해보라.

절대 규모가 오래지 않아 영국의 경제 규모를 앞지르게 되었다.[60]

토지와 기타 자원이 풍부하다는 점은 이 신생국에게 축복이었지만, 거대한 대륙적 지리와 특히 긴 강은 잉글랜드 및 네덜란드와 비교했을 때 경제적 번영에 전적으로 유리한 것만은 아니었다. 처음부터 미국은 잉글랜드로부터 세계에서 가장 훌륭한 제도라는 훨씬 더 가치 있는 것을 전수받았다. 미국은 자유와 상업을 고무하는 제도는 기꺼이 받아들였고 그렇지 않은 것은 폐기했으며, 일부는 자신만의 것으로 새롭게 창조했다. 유일한 결점은 노예제도였다. 이 제도 때문에 미국은 파괴적인 내전을 겪어야 했고, 세계의 국가들 중에서 지배적인 위치를 차지하는 데에도 훨씬 뒤늦을 수밖에 없었다.

제8장

두 번째로 부를 창출한 국가
—프랑스, 스페인, 일본

네덜란드와 잉글랜드에서 움튼 번영은 곧 서유럽의 나머지 나라들과 동아시아로 확산되었다. 앞에서 살펴보았듯이 한 나라의 번영 여부는 깊이 뿌리 박힌 제도적·문화적 요인들에 달려 있었다. 네덜란드와 잉글랜드에 이어 번영을 달성한 10여 개의 나라들 중에서 나는 분석의 편의를 위해 프랑스, 스페인, 일본이라는 세 나라를 예로 들어 이야기하고자 한다.

〈그림 8-1〉은 잉글랜드와 더불어 이 세 나라의 일인당 GDP의 성장을 보여준다. 프랑스는 잉글랜드와의 지리적 근접성과 혁명 이후 개혁 덕택에 해협 건너편 이웃을 가장 근접하게 추격했다. 스페인과 일본은 이렇게 하는 데 1세기 이상이 걸렸다. 이 세 나라에 관한 경제적 이야기를 통해 우리는 그들의 성장 경로 위에 있던 장애와 그 장애들이 어

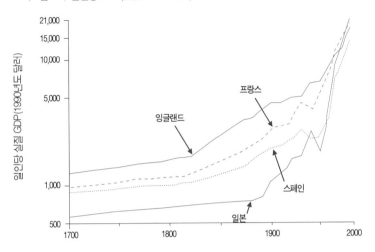

〈그림 8-1〉 일인당 GDP (인플레이션 조정치)

출처: Maddison, *Monitoring the World Economy, 1820-1992*과 Maddison, *The World Economy: A Millennial Perspective*, p.264에서 얻은 데이터.

떻게 극복되었는지, 또 그로부터 오늘날의 발전도상 세계를 위해서는 어떤 교훈이 도출되는지 알아볼 수 있다.

서유럽 전역의 인식 변화

네덜란드와 잉글랜드를 필두로 하여 상인과 소귀족들이 점차 지배자의 특권을 제한하고 국가와 시민 사이의 관계를 근본적으로 변화시켰다. 이러한 변화는 서유럽 전역으로 서서히 확산되었다. 그러나 이 과정은 원활하지도 균일하지도 않았다. 예를 들어 루이 14세 치하의 앙시앙 레짐은 현대적인 공산주의와 민족적 사회주의의 출현 이전까지는 전례가 없었던, 정치적 · 경제적 절대주의의 정점에 달했다.

수천 년 동안 모든 지배자의 일차적인 목표는 자신의 부를 극대화하는 것이었다. 1215년 러니메드에서 일어난 바와 같이 강력한 압력을 받아 불가피한 경우에만 왕은 신성한 권리를 포기했다. 근대 이전의 유럽은 소국들 사이의 끊임없는 전쟁 소용돌이 속에 있었다. '국가' (nation)라는 말은 너무나 장대한 단어이기 때문에 초대국에만 해당되는 것이었다. 다양한 추산이 존재하지만 중세에는 약 1천여 개의 주권 공국들이 대륙 전체에 흩어져 있었다. 영리한 왕자 또는 공작들은 노동자와 상인들에게 너무 과중하게 과세하면 세금이 가벼운 몇 마일 떨어진 길 건너편으로 그들의 사업체를 옮길 것이라는 점을 알았다.

통치자들은 서서히 그들 자신의 복지와 신민들의 복지를 동일시하기 시작했고, 거위로부터 너무 많은 깃털을 뽑지 말아야 한다는 것을 배웠다. 신민들에게 적정한 세금을 부과하고 그들의 재산을 자주 강탈하지 않는 국가들만이 튼실한 재정과 더욱 큰 규모의 군대를 갖게 되었다. 신민들에 대한 약탈 행위를 자제하지 못한 국가들은 점점 더 허약해졌고, 많은 경우에 지도상에서 사라졌다. 이 다원적인 과정을 거쳐 현명한 과세제도와 법치, 안전한 재산권을 확립한 국가들은 점차 덜 진보된 이웃 국가들을 앞질러 번영을 구가하게 되었고, 이런 점에서 유럽은 부를 쌓기에 좋은 장소가 되었다. 정치적으로 잘게 쪼개진 유럽의 정치 지형은 중앙집권적인 투르크제국 및 중국 국가들—이곳들에서는 무분별한 정부정책이 걸림돌이 되더라도 기업가들이 도피할 곳이 없었다—과 극적인 대조를 보여주었다.

현명한 통치자들은 자유시장 인센티브를 저해하지 않는 방식으로 세금을 거두었다. 경제적 · 사회적 관점에서 최적의 과세는 판매세였다. 오늘날 가장 공통된 유형의 판매세는 유럽식 부가세인데, 이것은 본질적으로 생산 과정의 중간 단계를 누적하지 않는 전국적인 판매세다. 소득세는 재산세와 마찬가지로 일정한 '왜곡' 효과를 낳는데, 양자 모두 돈을 벌고 투자할 인센티브를 감소시키기 때문이다. 국가 세수를 확보하는 최악의 방법은 경쟁을 질식시키는 독점권을 판매하는 것이다.

세금의 유형이나 세율보다 훨씬 더 중요한 것이 세제의 집행방식이다. 자의적인 재산 몰수 이상으로 경제의 건강을 해치는 것은 없다. 강도의 복면을 쓰든 관공서의 배지를 달든 마찬가지다. 특정한 사회계급 전체에 대한 세금 면제 이상으로 사회의 질서를 해치는 것도 없다. 모든 소득에 대해 30퍼센트의 세금을 부과한다면 국민들이 쉽게 납득할 수 있겠지만, 자의적이고 완전한 몰수가 일어날 확률이 30퍼센트나 된다든지 인구의 30퍼센트가 면세 혜택을 받는다면, 사회가 궁핍화되고 국민들의 반발이 불가피할 것이다.

번영으로 가는 첫 번째 단계

근대 이전에 한 나라가 상업을 통해 부와 힘을 기를 수 있다는 것은 어느 누구도 들어본 적이 없는 생각이었다. 수천 년 동안 부에 이르는 길은 승리와 약탈에 있었다. 르네상스기 이탈리아에서 희미한 번영이 나타나고 네덜란드에서 그보다는 좀더 활력 있는 성장이 일어나기 이전에 통치자들은 상업과 산업을 국가적인 우선순위로 정하기는커녕 그것의 가치를 이해하지도 못했다. 정복만이 부를 낳았다. 전리품이 고갈되자 특징적인 악순환이 모습을 나타냈다. 상실된 세입을 보충하기 위해 통치자는 일차적인 부의 생산자들, 즉 농부들에 대한 세금을 인상했다. 늘어난 세금을 낼 수 없었던 농부들은 자기 땅뙈기를 팔거나 아니면 그냥 버리고 도망쳤다. 이는 세수를 더욱 낮추었고 이에 따라 더욱 높은 세율이 부과되었으며 더 많은 농장이 버려졌다. 헬레니즘 시기 그리스로부터 콘스탄티누스 이후 로마를 거쳐 오스만제국 말기에 이르기까지 쇠퇴하는 국가의 대표적인 특징은 농촌의 인구 감소였다.

따라서 번영으로 가는 첫 번째 단계는 통치자가 자신의 복지와 신민의 복지 사이의 연관을 자각하는 것이다. 오늘날의 선진국들은 상업을 증진시킬 공공재를 적극 공급하는 '서비스 국가'이다. 이 국가의 활동을 몇 가지만 들면 젊은이들을 위한 교육, 공공의 안전과 재산권을 지키기 위한 치안 유지, 시민의 충성을 확보하기 위한 그리고 독립된 법원들이 관리하는 사법제도, 노동과 재화를 운송하기 위한 도로 시스템 등이다.

그렇다면 번영으로 가는 도정에서 앞선 자와 뒤처진 자를 가르는 것은, 언제 어디서 비로소 통치 귀족이 국부를 위한 기초 요소들의 중요성을 파악하는지에 달려 있다. 법치, 사유재산 보호, 권력의 분립, 활력 있는 민간 상업과 무역, 독점 지대(地貸)로부터 물품세제로의 국가세입원의 전환, 공적인 안전과 교육 및 도로의 공여 등이 그런 요소들이다.

프랑스는 왜 뒤처졌는가

경제사가 크라프츠(N.F.R Crafts)는 큰 영향을 미친 어떤 글에서 잉글랜드가 '우연히' 프랑스에 앞서 산업혁명을 이룩했다는 결론을 도출했다.[1] 그는 두 나라 모두 근대적인 성장에 필요한 지적·사회적 인프라를 구축하고 있었으므로 잉글랜드의 승리는 '확률적'인, 즉 우연히 일어난 일이라고 주장했다. 덧붙여 그는 만약 18세기가 반복될 수 있다면 프랑스가 최소한 잉글랜드에 못지않게 경제적 시합에서 승리를 거둘 수 있을 것이라고 주장했다.

분명히 역사에는 우연적 요소가 큰 작용을 한다. 우연한 병원균이나 유탄이 히틀러, 웰링턴 또는 루이 14세를 일찍 죽게 만들었다면 어떤 일이 일어났을 것인가? 그렇지만 유럽의 제도의 역사를 간략하게 살펴보더라도 산업혁명을 향한 경주에서 프랑스가 승리를 거둘 가능성은 전혀 없었다는 것을 알 수 있다.

적어도 표면적으로는 프랑스는 결정적인 네 가지 경제적 요인 측면에서 영국과 대등하게 경쟁했다. 정확하게 말하자면, 프랑스는 잉글랜드 및 네덜란드와 함께 세계의 번영을 이끌어갈 선두 그룹에 들어갔어야 했다. 프랑스의 강력한 중앙집권적 정부와 고도로 체계화된 사법제도가 프랑스의 재산권을 지켜주지 않았는가? 데카르트와 파스칼의 고향인 프랑스는 과학적 계몽주의를 낳은 탄생지로서의 정통성을 자부할 수는 없는가? 프랑스는 기술혁신의 면에서 잉글랜드에 버금가는 업적을 갖고 있지 않은가? 베르사유 궁전은 연금수입을 원하는 대중으로부터 방대한 양의 자본을 끌어 모을 수는 없었는가? 앙리 4세와 루이 14세 치하에서 건설된 프랑스의 도로와 운하 시스템은 17세기 잉글랜드의 바퀴자국 난 도로와 누더기 같은 부두들을 한데 모아놓은 것보다 훨씬 더 탁월하지 않았는가?

이 각각의 질문에 대한 대답은 강한 긍정이다. 그러나 프랑스의 경제적 도약은 잉글랜드에 비해 1세기 이상 뒤늦게 시작되었다. 왜인가? 이 수수께끼에 대한 해답은 네 가지 성장 요인들 각각이 앙시앙 레짐 하에서 작동할 때 나타낸 효율성에 있다.

불완전한 재산권이 낳은 프랑스의 빈곤

1589년 앙리 4세 재위 초기에 프랑스에서 봉건제는 거의 소멸된 상태였다. 토지와 재산에 대한 명확하고 양도 가능한 소유권이 널리 확산되었고 상업이 급속히 성장했다. 그러나 프랑스의 재산제도는 소유권을 허용했음에도 불구하고 인센티브를 창출하지는 못했다. 문제는 경제학자들이 '지대추구행위'―기업활동이나 힘든 노동에 반하여, 특권을 이용해 돈을 벌려는 성향―라고 부르는 것에 있었다. 오늘날의 친숙한 예는 자동차 의무검사에 대한 과도한 수수료, 노조의 초과고용, 최고위경영자에 대한 낭비적인 보수체계 등이 있다. 지대추구는 인간 본성의 기본적 특징이고 모든 사회에 어느 정도는 존재한다. 단, 지대추구가 정직한 소득보다 항구적으로 더 매력적인 일이 될 경우에 그것은 심각한 경제적 악영향을 끼친다. 앙시앙 레짐 하의 사태가 바로 이러했다.

근대 이전 프랑스에서 지대추구가 어떻게 전개되었는지 이해하기 위해서는 프랑스의 세금구조를 이해해야 한다. 세입의 주된 원천은 타이유, 즉 토지와 건물에 대한 세금이었다. 귀족과 성직자들은 과세로부터 면제되었고, 세금은 농민과 소규모 사업자들에게만 부과되었다. 귀족신분의 매입이나 성직 취득은 영적으로나 물질적으로나 큰 이득이 되었다. 왕은 처음에는 가벨(gabelle: 염세)과 에데(aides: 와인과 비누, 양초 같은 사치품들에 대한 세금)를 통해, 나중에는 복잡한 인두세인 카피타시옹(capitation)을 통해 귀족과 성직자들로부터도 세입을 거두어들이려 했다. 세 부담의 불평등 때문에 농민들은 서서히 토지를 매각하지 않을 수 없었지만, 종종 차지농(借地農)으로서 토지에 남아 있기도 했다. 재산이 부재 귀족지주들의 손에 축적되었다. 이 지주들은 베르사유의 보호 하에 대리인을 파견하여 그 토지의 이전 농민들과 그 자손들로부터 장원세(seigneurial)와 물납소작료(sans merci)를 거두어들였다. 루이 14세가 죽었을 때, 프랑스는 거의 봉건제적인 상태로 후퇴했고, 이것이 혁명이라는 마른 가지에 불을 붙이는 일차적인 부싯돌이 되었다.[2] 왕은 광범위한 영역에서 복잡한 세금을 거두어들이기가 어려워지자 징세청부업자―정부를 대신하여 세금을 징수하고 그중의 일부를 수수료로 챙기는 민간 사업자―에게 점점 더 의존하게 되었다.[3]

이 제도는 프랑스의 상업적 활력에 거추장스럽고 유해한 짐이 되었고 파괴적인 영향을 미쳤다. 앙리 4세 시기부터 신흥 부자들은, 오늘날 전문직업인들이 자녀들을 아이비리그 대학교에 보내려고 열망하는 것과 똑같이, 자녀들을 관료나 징세청부업자로 키우려고 했다. 또 군사적 원정과 궁정에서의 사치스러운 생활 때문에 만성적인 자금 부족에 시달렸던 왕은 그 나름대로 미래의 세입원을 매각하여 현금을 얻으려 했다. 이러한 체제 하에서 프랑스 사업가들이 성공하는 데 특별한 어려움은 없었지만, 가족적인 기업가적 정신은 한 세대 이상 결코 지속되지 않았다. 한 역사가는 프랑스인들의 정신에 대해 이렇게 썼다.

> 네덜란드와 심지어 잉글랜드에서도 스스로 부를 쌓은 상인 · 제조업자 · 금융가들은 자손이 그의 사업을 확장하도록 바라는 것 이외에 다른 열망은 갖고 있지 않았던 반면, 프랑스에서는 자수성가한 모든 사람의 꿈이 장자가 관직을 얻는 것이었다. 사회적으로 고위층에 속하는 사람의 경우 그의 아들이 회계법원 참사관이 되길 바랐고, 하찮은 점원에 지나지 않는 경우 아들이 서기가 되길 바랐다.[4]

가족들이 생산적 활동 대신 작위와 관직을 얻으려 함에 따라 한 마을의 성씨 중 80퍼센트 이상이 한 세대 만에 세금명부에서 사라지는 경우도 있었다.[5] 재산권은 인센티브를 제공함으로써 마술과 같은 역할을 한다. 외관상 프랑스에 튼튼한 재산권이 존재하는 듯 보였지만, 지대추구행위를 부추기는 제도 때문에 시민들의 인센티브가 유출되었다. 오늘날까지도 여전히 프랑스인들은 공무원(fonctionnaire)—상당한 신분과 급여 부수입이 따르는 국가관료—이 되기를 열망한다. 다시 한 번 거대 권력의 붕괴는 세금 정책에 달려 있다.

비록 잉글랜드의 스튜어트가 왕들도 왕실 재정을 충당하기 위한 수단으로서 독점권을 판매했지만, 이 영역에서 영국인들은 아마추어였다. 즉, 그들은 왕의 귀를 사로잡은 최초의 간신배에게 이 상품들의 수입이나 그 완성제품의 판매에 대한 배타적 권리를 부여했다. 루이 14세 치하에서 프랑스인들은 독점권의 국가적 활용과 관련하여 새로운 전성기를 구가했다.

부의 창출을 가로막던 베르사유

그러한 체제를 가장 생생하게 묘사하는 형용사는 '조종하기'라는 프랑스어 어근에서 파생된 '통제적'(dirigiste)이라는 단어다. 프랑스의 중앙집권적 성향은 백년전쟁(실제로는 1337년부터 1453년까지 프랑스 노르망디 지방에 대한 통제권을 둘러싸고 116년 동안 지속되었다) 이후의 혼돈과 쇠약에 기원했다. 잉글랜드는 대부분의 주요 전투—크레시, 아쟁쿠르, 푸아티에—에서 승리를 거뒀지만, 잔 다르크가 오를레앙의 포위를 뚫은 이후 최종적인 승리는 프랑스에게 돌아갔다. 분쟁이 끝났을 때, 영국은 칼레 지방만 획득했다.

전쟁의 여파 속에서 프랑스—국가라고 해봐야 샤를 7세가 느슨하게 공점한 누더기 같은 봉건적 봉토들에 지나지 않았다—는 그야말로 난장판이었다. 샤를 7세는 전국적 세금의 확립과 공직 판매로부터 시작하여 서서히 전국적 수준에서 주권을 확립하기 시작했다.[6] 앙리 4세 치하에서 자신들의 산업에 대한 독점권을 부여받은 수공업 길드들은 경쟁을 질식시키고 혁신을 가로막았다. 그 이후 2세기에 걸쳐 군주들이 대를 이어가며 권력을 국왕에 집중시켰다. 이 과정은 루이 14세가 프랑스 귀족들을 베르사유 궁전의 장대한 감옥 속에 몰아넣었을 때 절정에 달했다. 이 사건으로 국가의 정치적 통일은 이루었지만, 각 지방 귀족들을 사회적·상업적 뿌리로부터 고립시키고 나라의 상업활동을 파멸시켰다.

여기서 상세히 설명할 필요도 없는 궁정의 사치는 국가 예산의 6퍼센트나 소모했다. 궁정의 간접적 비용은 훨씬 더 높았다. 베르사유에서 태양왕의 총애를 얻으려는 데 혈안이 된 국가 엘리트들은 귀향할 때에는 자신의 상업적 이해를 깡그리 잊게 되었다.[7]

루이의 가장 유명한 재정총감은 장 밥티스트 콜베르(Jean Baptiste Colbert)였다. 당시의 기준으로 정직하고 근면한 사람으로서 그는 프랑스의 복지에 진정으로 관심을 기울였고, 루이가 귀족들을 조종한 것과 거의 똑같이 완벽하게 프랑스 경제를 이끌었다. 무엇보다도 중상주의자였던 콜베르는 나라의 경제적 힘이 국고 속의 금에서 나오고 이 금은 다시 무역수지에 달려 있다고 믿었다. 수출 흐름이 강력하고 수입이 억제되면 부가 축적된다. 수출이 시들면 금이 나라 밖으로 유출되고 그에 따라 나라도 허약해진다.

중상주의는 모든 나라에 해를 끼치는 제로섬게임이었다. 또 한 명의 광적인 중상주의자였던 프랜시스 베이컨 경이 "모든 재산의 증가는 외국인들에게 달려 있음이 틀림없다"[8]고 말한 것은 중상주의의 가장 유해한 성질을 가장 적절하고 압축적으로 보여준다. 역사적으로 경제적 진보는 많은 시행착오를 수반했다. 애덤 스미스의 통찰력 있는 식견에 따르면 무역은 상호 유익하지 않으면 이루어질 수 없고 중상주의의 화폐전쟁(guerre d' argent)은 아무에게도 유익하지 않다. 콜베르를 비롯하여 이전 세대의 가장 똑똑한 사람들도 애덤 스미스의 그와 같은 말을 이해하지 못했고, 마찬가지로 오늘날에도 세계화에 반대하는 사람들은 이해하지 못하고 있다.

콜베르는 수출을 강화하려고 했고 따라서 프랑스가 그 시대의 모든 주요한 사치품—태피스트리, 유리, 자기제품(당시 이것들은 네덜란드 남부, 베니스, 중국이 각각 지배하고 있었다)—수출에서 우위를 차지해야 한다고 생각했다. 1667년 그는 이 품목들에 가혹한 수입관세를 부과했다. 또한 공장 노동자들을 방대한 산업 군대의 소모용 포탄들로 여기면서 파업을 금지시켰다. 공무원들에게는 "노동자들의 가슴에 공포를 심어주라"[9]고 명령했다.

생산방식까지도 꼬리에 꼬리를 물고 반포된 무수한 칙령들에 따라 아주 미세한 부분까지 일일이 정해졌다. 특정한 유형의 옷은 1,376개의 실로 만들어야 했고, 다른 유형의 옷은 2,368개의 실로 만들어야 했다. 또한 각 유형에 따라 폭도 정해졌다. 옷을 염색하는 데에만 317개 조항의 규제가 있었다. 이 규칙에 따라 3개의 다른 유형의 염색업자가 정해졌고 이들은 다시 각각 그 자신의 길드로 조직되었다. 이 세 그룹은 서로 엄격하게 구별되었다. 콜베르의 내각은 상이한 산업들에 관한 44개의 법전을 출판하고 이것들이 한 글자도 틀리지 않고 엄격하게 지켜지도록 하기 위해 일단의 감독관을 지명했다.[10, 11, 12]

이것은 시작에 불과했다. 콜베르가 죽었을 때에는 15개의 독립된 감독원단이 활동하고 있었다. 기존 규정이 모든 제조 단계를 포괄하고 있지 못하다고 생각되는 경우, 통제관은 규정을 확대하고 감독관을 추가로 임명했다. 1754년 감독원단의 수는 64개로 늘어났다.

길드들도 단속관들을 배출했다. 단추 제조업자 길드가 뼈를 재료로 한 단추가 옷감을 재료로 한 단추로 대체되었다는 것을 발견하면, 통제관은 감독관들을 시켜 위반한 재봉사에게 벌금을 부과하게 하고 심지어는 일반 가정집들을 수색하여 밀매품을 입은 자들을 처벌하게 했다. 양의 털 깎기는 5월과 6월에만 행해질 수 있었고, 검은 양은 도살할 수 없었으며, 소모장치는 특정한 종류의 철사로 만들어야 했고, 특정한 수의 톱날을 갖고 있어야 했다.[13] 온갖 종류의 애매하고 포괄적인 직업 규제를 지닌 콜베르의 시스템은 혁신을 질식시키고 부패를 위한 거의 무한한 기회를 창출했다.

모든 국가는 세입을 필요로 한다. 세입을 확보하는 방식이 종종 그 나라의 삶과 죽음을 결정한다. 오늘날에도 아시아와 아프리카의 많은 나라에서 정부 공직과 독점권 판매가 너무나 손쉬운 정부 세입원이 되면서 경쟁과 성장에 걸림돌이 되고 있다. 근대 이전의 프랑스와 스페인은 이 함정에 빠져들었다.

우리가 이미 보았듯이, 영국인들과 네덜란드인들도 재정을 위해 독점권을 판매하기는 했지만, 시간이 지나면서 그들은 모든 사람에게 부과된 물품세에 점점 더 많이 의존하게 되었다. 1700년 이후 영국과 네덜란드에서 부에 이르는 길은 더 이상 관직 취득과 관계가 없었고, 시민들은 제조업과 상업 또는 무역에 종사하면서 부유해졌다.

영국과 네덜란드의 무역회사들은 실제로 독점적 지위를 누렸지만, 이 특권에 대한 대가로 그들은 상당한 위험을 인수했다. 오늘날에도 특허법은 제한되나마 독점적 힘을 부여하지만, 여기에도 발명자가 져야 할 위험이 수반된다. 여하튼 잉글랜드에서는 1624년에 독점법이 마련되면서 국왕이 자의적으로 독점권을 부여하던 관행이 사라졌다. 이와는 대조적으로 프랑스는 혁명 이후까지도 독점체들을 줄이지 않았다. 이 두 사건 사이에 존재하는 175년의 갭이 프랑스가 경제적으로 번영하는 데 뒤진 이유를 상당히 잘 설명해준다.

프랑스는 왜 과학의 진보를 이룰 수 없었나

프랑스가 과학적 계몽주의 흐름의 본류 속에 있었다는 점을 부정할 사람은 별로 없을 것이다. 혁신적인 과학은 국가적 영광이었기 때문에 베르사유도 그것을 가치 있게 여겼다. 또한 프랑스인들이 영국인들보다 태생적으로 우둔하다거나 호기심과 야망이 없는 것도 아닐 것이다. 마찬가지로 영국의 과학적, 기술적, 지적인 업적이 모든 면에서 프랑스의 그것에 비해 월등했다고 눈깜짝 하지 않고 주장할 수도 없다. 방법론적으로 뉴턴의 기초가 된 데카르트를 비롯하여 영향력 있던 철학자들은 영국 못지않게 프랑스에도 많았고, 이 프랑스 철학자들은 그 시기 영국의 위대한 과학자들과 마찬가지로 걸출했다. 그뿐만 아니라 프랑스는 증기 동력, 철도 수송, 전신의 채택과 관련해서도 영국에 견줄 만했다.

그러나 지적, 기술적 진보를 향한 태도에서 미묘하지만 결정적인 차이가 영국해협 양쪽에서 나타났다. 종교적 불관용성은 프랑스 정치의 오랜 특징이었다. 프로테스탄트 집안에서 태어난 앙리 4세가 1589년 부르봉 왕가의 첫 번째 왕이 되었을 때, 그는 가톨릭으로 개종해야만 왕권을 주장할 수 있었다. 그는 "파리는 미사를 드릴 만한 가치가 있다"고 선언하면서 자신의 개종을 정당화했다. 재위 시절 앙리는 종교 문제와 관련하여 끓는 물에 기름을 붓는 정책을 추구했다. 1598년에 그는 위그노파 프로테스탄트를 보호하고 그들에게 일정한 자율권을 부여한 낭트칙령을 반포했다. 그러나 프로테스탄티즘을 멸시한 루이 14세는 1685년 그 칙령을 무효화시켰다. 일격에 그 태양왕은 프랑스에서 가장 탁월한 과학자들과 가장 재능 있는 장인을 몰아냈고, 이들 대부분은 잉글랜드와 저지국으로 도피했다. 최초의 증기 엔진 모델을 제작한 드니 파팽도 그러한 망명자 중의 한 사람이었다.

17세기와 18세기에 산업적으로 큰 영향을 미친 혁신은 과학자들이 아니라 재능 있는 장인들에 의해 이루어졌는데, 바로 여기에 프랑스에게 또 하나의 불리한 점이 있었다. 프랑스의 과학자들은 엘리트 계급으로서 궁정의 비호를 받으며 학원 속에 안주하고 있었다. 이 유명인 사들은 아주 가끔씩만 일반 대중, 장인 또는 발명가들과 접촉했다. 이와는 달리 잉글랜드에서는 학자들과 장인들이 자유롭게 소통하고 서로 뒤섞였다. 휘트스톤 교수는 신출내기 쿡을 거의 용인할 수 없었을지는 모르지만, 이것이 그들의 협력을 방해하지는 않았다. 훅과 핼리 같은 존경받는 과학자들이 엔진 맨 뉴커먼과 시계공 해리슨 같은 가방 끈 짧은 장인들에게 시간을 내 조언을 해주는 일도 드물지 않았다. 경제사가 조엘 모키르(Joel Mokyr)는 그에 대해 이렇게 말했다.

> 영국에서 자연철학자와 엔지니어들 사이의 다리는 다른 어느 나라보다 훨씬 더 넓고 건너기 쉬웠다. 그리고 다른 어느 곳보다도 영국은 추상, 부호, 방정식, 청사진, 그래프의 세계와 지렛대, 도르래, 실린더, 방추의 세계 사이를 쉽게 넘나들 수 있는 사람들에게 의존할 수 있었다.[14]

'확률' 테제를 발표한 지 거의 20년 후 크라프츠는, 기존의 기계를 기술적으로 점차 개선시키는 '미시적 발명'에서는 영국인들이 프랑스인들에 비해 우위가 있었지만, 우연히 만들어낸 혁명적인 '거시적 발명'과 관련해서는 프랑스인들이 영국인들에 못지않았다고 주장했다.[15] 이러한 주장이 진실일지는 모르겠지만 현실성은 없는 이야기다. 프랑스인들이 거시적이든 미시적이든 발명 분야에서 영국인들을 앞섰다 하더라도 그들은 그 발명품을 생산하고 활용하여 돈을 버는 데 있어서는 끊임없이 무능했다. 산업혁명의 대표적인 거시적 발명품은 방적기였다. 1686년부터 1759년까지 프랑스의 경제 규제는 새로운 장치의 핵심적인 최종 생산물인 날염 면 갤리코의 생산, 수입 그리고 심지어는 착용까지 금지했다.

만일 실제로 프랑스인이 방적기를 발명했다 하더라도, 산업과 자본에 대한 그들의 미시적 운영 시스템은 이 혁명적 기계의 광범위한 사용을 방해했을 것이다. 오늘날이라면 믿을 수 없는 일로 보이겠지만, 18세기에 프랑스는 면화 규제를 위반했다는 이유로 1만 6천 명 이상의 농민과 소사업가들을 처형했다. 이들 대부분은 교수형을 당하거나 능지처참을 당했다.[16] 이러한 대학살에 놀란 개혁가들은 좀더 인간적인 처형 방법으로써 단두대를 옹호했다.

풍부한 자본, 빈약한 자본시장

세 번째 분야, 즉 자본시장과 관련한 프랑스의 어려움은 훨씬 더 미묘했다. 프랑스에는 자본이 풍부했지만 그곳의 기업가들은 이 보고를 열 수 없었다. 성공한 사업가들은 그들 자신의 기업에 투자하기보다는 국왕이 발행하는 렝떼(rentes: 국채)에 〔나중에는 해외에〕 투자하여 여기서 나오는 소득을 편안하게 받아먹고자 했다. 중간 및 낮은 계급들이 선호한 금융적 수단은 금화와 은화로 꽉 채워져 보통 매트리스 밑에 숨겨진 양모 양말이었다. 이 두 가지 전통적인 수단—렝떼와 양모 양말—이 안 그래도 그다지 크지 않았던 기업가적 욕구를 고갈시켰다. 19세기 동안 프랑스의 투자자들은 저축의 대략 4분의 3을 중앙정부와 지방정부 또는 해외로 보냈다.[17]

종교적 불관용성도 자본시장에 악영향을 미쳤다. 장 칼뱅은 프랑스인이었다. 그는 영혼의 구원이 신자의 직업을 통해 이루어진다고 믿었고, 적정한 이자율 하의 대부를 인정했는데, 바로 이것이 라로셸·님·리용·파리에서 강력한 프로테스탄트 은행의 발전을 낳았다. 왕은 프로테스탄트들에게는 관직을 팔지 않을 것이었기 때문에 그들은 상업에 전념하지 않을 수 없었고, 바로 이 때문에 수세대를 거치면서 프로테스탄트 은행이 발전했던 것이다. 루이 14세가 낭트칙령을 폐기하자 프로테스탄트는 개종과 추방 사이에서 선택을 해야 했다. 일반적인 경우 일부 가족 성원들은 암스테르담, 런던, 함부르크 또는 단치히로 옮겨 갔고 나머지 일부는 가톨릭으로 개종하여 프랑스에 남았다. 이렇게 따로 떨어져 살게 된 가족들은, 나중에 로스차일드가 그랬듯이, 서로 긴밀한 접촉을 유지하기도 했다. 하지만 이와 관련해서도 왕이 취한 바보 같은 조치는 그러한 접촉을 방해했고 프랑스 자본시장에 커다란 해악을 끼쳤다(그러나 그 피해는 가동성이 훨씬 더 큰 사업을 영위하던 프로테스탄트 장인과 발명가들이 대량으로 떠남으로써 기술 부문에 가해진 피해만큼 크지는 않았다).[18]

수송과 통신을 가로막던 통행세

프랑스는 지리적 여건 면에서도 잉글랜드에 비해 불리했다. 프랑스는 큰 대륙적 규모의 나라인데 반해, 영국의 경우는 바다로부터 거리가 70마일이 넘는 곳이 없다. 순수하게 기계적인 관점에서만 보면, 프랑스는 불리한 지리적 여건에 훌륭하게 대응했다. 프랑스의 도로 시스템은 잉글랜드보다 더 나쁘지 않았다. 더욱이 프랑스 중상주의는 어느 정도 유익한 특징도 있었다. 무역 흑자를 위해서는 효과적인 수송[뿐만 아니라 통일된 도량형과 통화 시스템도]이 필수적이었다. 그 결과 운하와 도로 건설이 왕가의 오랜 전통이 되었다. 앙리 4세의 재무장관 쉴리 공은 합스부르크 교역 루트를 대체하기 위해 북부 지방에 방대한 운하망을 건설하려고 했다.

쉴리는 실제로 계획된 운하망의 한 부분, 즉 센 강과 루아르 강을 연결시키는 운하 건설에 착수했다. 그러나 이것은 앙리가 죽은 지 몇 십 년이 지나도록 완성되지 못했다. 콜베르는 수로를 개선하고 쉴리의 장대한 설계의 나머지를 실행에 옮기려 했다. 이 작업 역시 콜베르 자신과 태양왕이 죽은 다음에도 오래도록 완성되지 못했다. 지중해와 가론 강(따라서 대서양)을 연결시키려는 더 장대한 프로젝트—카날 드 뒤메흐(Canal de Deux Mers)—도 있었다. 그 운하는 1691년에 완성되었지만, 높은 건설 비용과 1백 개의 갑문을 유지하는 데 드는 높은 비용 때문에 해상경로에 비해 경쟁력이 떨어졌다.[19]

쉴리와 콜베르는 도로 건설도 정열적으로 추진했다. 앙리 4세와 루이 14세 재위 기간 동안 유용한 도로들이 파리와 프랑스의 모든 변경 지대를 연결시켰다. 통행시간이 절반으로 줄어들었고, 17세기 말에 빠른 마차는 파리와 리옹 사이를 '단 하루'만에 갈 수 있었다. 18세기 중반에 프랑스는 유럽에서 최상의 내륙운송 시스템을 갖추고 있었다.

그러나 효율적인 도로 및 운하 시스템의 시작과 더불어 콜베르는 루브 골드버그 모델을 닮은 국내관세체계를 물려받았다. 이 시스템은 나라를 관세지대로 분할시켰고, 이 지대들 사이의 교통은 견딜 수 없을 정도로 과중한 통행세로 시달렸다. 설상가상으로 증오의 대상이었던 징세청부업자가 이 방대하고 불가사의한 시스템을 관리했다.

앙리 4세 재위 기간 동안 낭트에서 느베르까지(270마일) 수송되는 짐마차 한 대분의 소금은 실제 화물 가치의 네 배에 해당하는 통행세를 물어야 했다.[20] 이 시스템은 나라를 대략 30개의 관세지대로 분할했고, 통일된 국민경제 비슷한 모든 것을 파괴했다.[21]

콜베르는 국내관세를 폐지할 필요성을 인식했지만 통행세로부터 상당한 소득을 얻었던 참호화한 현지 귀족들이 사사건건 그를 가로막았다. 결국 콜베르는 프랑스 중심부에 커다란 관세자유지역 쎙그로 펨므[Cinq Gross Fermes(five great farms)]를 창설했다. 그런 다음 그는 외곽 지방들을 쎙그로 펨므가 아니라 그들의 해외 이웃들과의 자유무역 지대로 귀속시켰다.[22]

비유적으로 말해, 콜베르가 아침에 애써 운하망을 건설해놓으면 오후에 지방 젠트리들이 국내관세로 그의 창조물을 파괴했다.* 1683년에 콜베르가 죽은 이후 모든 재정적 구속이 사라졌다. 30년 후 루이 14세 재위 말기에 프랑스는 도로와 강들에 대한 통행세를 두 배로 인상

---

* 국내 통행세는 독일에 더욱 큰 해악을 끼쳤다. 오늘날 관광객들이 그렇게 좋아하는 경치 좋은 라인 강변의 성들은 그 아래 강을 지나는 교통을 위협하기 위한 목적에서 건설되었다. 중세의 한 관찰자는 일반적으로 약 10마일마다 한 번씩 부과되었던 강 통행세를 '독일인들의 광란 상태'라고 이름 붙였다. 말 그대로 한 통행세 징수소가 눈에서 사라지기 전에 벌써 다음 징수소가 나타났다. Heckscher, pp.56-60를 보라.

했고, 한때 유럽의 곡창지대였던 그 나라는 무역에 필수적인 신용의 결핍으로 인해 절실히 필요했던 곡물을 수입할 수 없게 되었다. 잉글랜드가 법치 하에서 번영을 구가했던 반면, 프랑스는 '징세청부조합 치하에서' 착취당했다.[23,24]

부의 씨앗이 뿌려지다

앙시앙 레짐 전복 이후 프랑스의 상태는 어떠했는가? 프랑스 혁명이 다소 과도했다고 할 수 있을지 몰라도 그 혁명을 통해 개혁한 두 가지 사항은 빈사 상태의 프랑스 경제를 소생시켰다. 첫째로 제헌의회는 일거에 모든 국내 통행세를 일소했다.[25] 둘째로 혁명적 토지청산은 소자작농이 보유한 토지의 소유권을 확인해주었고 많은 차지농에게 소유권을 이전했으며, 공유토지의 인클로저를 가능하게 했다. 동시에 그 청산은 농민들에게 그들의 재산을 나눌 수 있도록 해주었다. 그 결과 오늘날과 같은 패턴의 다수의 소농─이른바 모르셀망(morcellement)─이 나타났다.[26] 프랑스 농업의 원자화로 인해, 점점 더 비효율적이 되어 가는 농업 부문에 부적절하게 높은 인구비중이 고착되는 결과가 초래되었다. 또 이것은 19세기 말에 프랑스를 휩쓸었던 보호주의적 조치를 위한 유권자 집단을 강화시켰다.

1853년과 1888년 사이에 영국은 가능한 한 빨리 관세를 낮춘 데 반해, 프랑스는 곡물 수입에 대해서는 아홉 배, 소 수입에 대해서는 40배로 관세를 인상했다. 19세기 말에 프랑스의 정치적 담화는 "모든 사람이 모든 사람을 보호해주겠다고 약속했다"[27]는 말로 거의 요약되었다. 모르셀망 체제 하에서 비효율적인 영농과 보호주의가 함께 작용하여 프랑스 산업에서 필수적인 숙련 노동자의 결핍을 야기했을 뿐만 아니라 식품 가격도 유럽에서 가장 높게 만들었다. 그 두 가지는 다시 프랑스 여성들의 지갑을 비웠을 뿐만 아니라 자본시장을 굶주리게 했다. 20세기가 되어서야 비로소 프랑스는 중상주의적 과거에서 벗어나 쉴리와 콜베르 시대 이래로 이러저러한 식으로 프랑스를 따라다니던 치명적인 관세를 낮추었다.

처음부터 운명지어진

어떤 면에서 크라프츠는 옳았다. 프랑스에 대한 잉글랜드의 경제적 승리는 우연한 사건이었다. 카드를 섞은 것은 행운의 여신이었지만, 카드 자체는 제도적인 것이었다. 17세기에 각자의 제도적 패가 돌려지자, 판돈은 잉글랜드에게 돌아갔다. 지금과 마찬가지로, 그 당시 모든 나라는 국가 세입과 힘의 극대화라는 똑같은 목적을 추구했다. 20세기 동안 서구가 소비에트라는 외관상의 경제적 거인 앞에서 몸을 떨었듯이, 17세기 동안 네덜란드와 영국은 중상주의적이고 중앙집권적으로 계획된 프랑스라는 이웃에 바짝 긴장했다.[28] 네덜란드와 잉글랜드 사람들 중에서 자국 '시스템' ─법 앞에서의 평등, 권력 분리, 탈 중앙집권적 상업, 불필요한 규제의 회피─이 우위를 차지하리라 확신했던 사람은 별로 없었다. 콜베르가 산업의 중앙집권화라는 재앙 같은 체계를 실행에 옮겼을 때, 그의 마음에는 오직 프랑스 최선의 이익만이 있었다.

애덤 스미스라는 큰 게임의 심판이 게임의 결과와 그 이유를 선언하기까지는 1세기가 더 흘러야 했다. 그렇게 진상이 밝혀진 다음에야 비로소 불리한 패를 가진 쪽이 프랑스라는 점이 눈이 있는 모든 사람에게 명백해졌다. 그렇게 된 원인은 프랑스의 재산 인센티브 시스템에 결함이 있었고, 과학자와 장인 사이의 의사소통이 결여되어 있었을 뿐만 아니라 자본시장이 발육부진 상태에 있었고, 국내 관세가 상업을 질식시켰기 때문이다.

스페인의 실수

서유럽의 거대한 경제적 경주에서 스페인은 꼴찌였다. 큰 나라가 자국 경제의 성장과 지정학적 영향력을 의도적으로 질식시키고자 하는 경우, 근대 이전의 스페인만큼 철저히 그렇게 할 수 있는 나라는 없을 것이다.

이전의 로마인들처럼 스페인인들은 산업과 무역, 상업이 아닌 정복과 약탈을 일차적인 경제적 목표로 삼았다. 1469년 아라공의 페르디난드(Ferdinand)와 카스티야의 이사벨라(Isabella)의 결혼은 유럽의 큰 두 나라를 통일시켰다. 그들의 딸 후앙(Joan)은 오스트리아 막시밀리안(Maximilian)의 아들이자 후에 신성로마제국의 황제가 된 펠리페와 결혼함으로써 또 다른 왕조적 통일을 이루었다.

그 결혼 동맹의 자손인 카를로스 1세는 제위(帝位)에 오르면서 스페인, 남부 이탈리아, 부르고뉴(네덜란드, 벨기에, 북프랑스의 일부), 오스트리아, 헝가리, 독일 소연방국가들을 포함한 합스부르크제국을 계승했다. 자신의 할아버지로부터 신성로마제국 황제 자리를 이어받은 카를로스는 카를 5세가 되어 유럽에서 가장 부유하고 강력한 국가의 황제가 되었다. 대륙의 나머지 나라들이 이 거대한 국가를 두려워하며 떨었지만, 이 제국은 특유의 재정적·제도적 구조에 의해 쇠퇴할 운명이었다. 1세기도 채 안 되어 그 제국은 스스로 붕괴하여 이전에 자신의 제물이었던 나라들의 손에 그 운명이 좌우되게 되었다.

1492년의 사건은 신세계뿐만 아니라 구세계에도 결정적인 계기였다. 그해에 합스부르크의 스페인은 가장 선진적이고 근면한 주민 — 유대인과 무어인 — 을 박해하고 쫓아내는 정책을 추진했다. 이슬람인들이 특히 끔찍한 대우를 받았다. 이전에 스페인이 그라나다를 정복했을 때 정복의 조건으로 이슬람인들은 신앙의 자유를 보장받았지만, 교회가 이 권리를 즉각 폐기해버렸다. 종교재판소는 대부분의 이슬람인들로 하여금 기독교로 개종하도록 강요했다. 이렇게 개종한 새로운 기독교인과 그 후손들은 모리코스인으로 알려지게 되었다.

16세기 동안 종교재판소는 모리코스인들을 그라나다에서 쫓아내 스페인 전역으로 흩어지게 했고, 결국 1609년에 제국에서 그들을 완전히 몰아냈다. 그 와중에 많은 모리코스인들이 북아프리카로 이주했는데, 이들이 기독교인이라는 이유로 그곳의 이슬람 정권들이 그들을 박해하면서 비극이 더욱 커졌다. 모리코스인들에 대한 박해는 결국 스페인에게 커다란 손실이었다. 무어인과 모리코스인들은 정교한 관개 사업을 운영했고, 이것은 거대한 양의 포도 · 베리 · 쌀 · 설탕 등을 생산하는 데 중요한 역할을 해오고 있었다. 그들이 추방된 지 몇 세대 지나지 않아 이 작물들의 생산이 황폐화되었다.

정복과 상업에 대하여

그런 어처구니 없는 상황은 끝없이 이어졌다. 가장 눈에 띄는 사례는 아마도 신세계로 향하라는 페르디난드의 명령이라고 할 수 있을 것이다. "가능한 한 자비로운 수단으로 금을 가져오라. 그러나 모든 위험을 무릅쓰고 금을 가져오라."[20] 그들은 왕의 명령에 따라 금을, 그것도 산더미처럼 엄청난 양의 금을 가져왔다. 네 차례에 걸친 콜럼버스 (Christopher Columbus)의 항해 직후 탐험가들은 최초의 스페인 식민지였던 히스파니올라(지금의 아이티와 도미니카 공화국을 포함하는 섬)에서도 상대적으로 적은 양이기는 했지만 귀금속을 발견했다. 그 이후에 벌어진 광산 사업은 원주민 인구를 실질적으로 멸종시켰다. 몇 십 년 안에 탐험가들은 멕시코와 안데스에서 더 큰 금과 은 매장지를 발견했다. 이 두 지역에 대한 스페인의 잔인한 정복의 이야기는 오늘날까지 놀라운 일로 남아 있다.

1519년에서 1521년 사이에 에르난 코르테스(Hernán Cortés)가 이끈 약 2천 명의 스페인인들이 멕시코를 정복했다. 이들의 주적이었던 아스텍인들은 유럽인들 못지않게 용감하고 잔인하게 싸웠다. 실제로 아스텍인들의 잔인성은 궁극적으로 그들 자신의 멸망을 야기한 한 요인이 되었다. 아스텍인들의 채찍 하에서 고통받던 지방 부족들이 스페인인들에게 수만 명의 자발적인 동맹군을 제공했는데, 사실 이들이 없었다면 스페인인들은 승리할 수 없었을 것이다. 1548년 스페인인들은 과나후아토 부근에서 최초의 커다란 노천 은 광맥을 발견했다. 이 광맥은 세계 생산의 3분의 1을 공급하면서 시대를 통틀어 가장 풍부한 귀금속 매장지가 되었다.

거의 동일한 사태가 1532년 안데스 고원에서도 펼쳐졌다. 10년 이상의 조사와 계획을 거친 후 프랜시스코 피사로(Francisco Pizarro)는 2백 명의 군대를 이끌고 산에 올라 350만 이상의 인구를 지닌 잉카국을 정복했다. 그 과정에서 피사로는 잉카의 아타우알파(Atahuallpa) 황제를 붙잡아 몸값을 요구했다. 정복자들은 몸값으로 가로 17피트, 세로 22피트, 높이 9피트의 방을 가득 채운 황금으로 된 물건들을 받았다. 하지만 그들은 애초 약속과는 달리 잉카 황제를 목매달아 죽였다. 잉카인들은 그들 나름대로 자신들이 스페인인들의 생각을 정확히 파악하고 있다는 것을 보여주었다. 황제의 처형에 대한 보복으로 그들은 "가득 들이켜라. 어떤 탐욕도 채울 수 있을 만큼 충분히 있으니 말이다"[30]라고 조소하며 스페인인 인질의 목에 용해된 금을 부어넣어 죽였다.

아스텍인들에 대한 스페인인들의 승리에 비교하면 잉카의 정복은 최소한 유럽인의 관점에서 볼 때 비교적 피를 적게 흘린 간단한 사건이었다. 10년이 조금 더 지난 1547년에 구알키라는 잉카의 목동이 볼리비아에서 포토시 은광을 발견했다. 후에 스페인인들은 이것을 '은산'이라고 불렀다.

부를 위한 죽음의 강

은광들은 대부분의 경우 사적으로 운영되었지만, 금속의 제련에서부터 금괴가 세비야의 거래소에 최종적으로 도착하기까지 전 과정은 스페인 왕이 단단히 통제했다. 정부는 우안까벨리까의 큰 광산을 소유했는데, 이 광산은 은 추출에 필수적인 수은을 생산했고, 정부는 이 수은 광을 이용하여 제련되는 은의 양을 체크했다. 현지에서 제련된 은괴는 먼저 왕립식민지검사소로 옮겨져 막대나 평판 모양으로 재주조되고 '퀸토 표시'를 넣었다(납세 의무가 있다는 것을 가리키는 각인). 스페인 당국은 퀸토 표시 없는 금속을 소지한 자를 가혹하게 처벌했다.

멕시코에서 정복자들은 스페인으로 지금(地金)을 선적하기 위해 육로로 베라 크루즈까지 운반했다. 남아메리카의 금속은 훨씬 더 복잡한 경로를 거쳐 운반되었다. 유일한 운반 수단인 라마로 금속을 산에서 태평양 해안까지 실어나른 다음 배를 이용해 파나마로 운반하고 다시 환적해 지협을 가로질러 카리브 해의 놈브레 데 디오스 항과 포토벨로로 운반했다.

이 카리브 해의 세 항구와 그 주변 바다—저 유명한 스페니시 메인—에서는 역사상 가장 큰 부의 흐름이 나타났다. 일반적으로 1년에 한 번씩 중무장 호위선이 파나마와 멕시코에서 출발했다. 이 배들이 스페인에 안전하게 도착하면 카를 5세는 기뻐 손뼉을 쳤다고 한다. 해적들이 은 호송선단 전체를 약탈한 경우는 단 두 차례 있었다. 1628년 네덜란드인들이 멕시코 선단을 턴 일과 1656년 영국인들이 남아메리카 선단을 턴 일이 그것이었다. 그런데 낙오선의 경우에는 특히 영국인 해적의 손쉬운 먹잇감이 되곤 했다. 영국인들은 1569년 한 달 동안 22대의 스페인 배를 영국의 플리머스 항으로 끌고 갔다. 그러나 결국 해적보다는 사나운 날씨가 훨씬 더 많은 배를 앗아갔다.[*]

〈그림 8-2〉는 거래소를 통해 선적된 귀금속의 가치를 보여준다. 이것은 16세기 말에 정점에 달한, 스페인의 모든 합법적인 수입의 총액이다. 불법 지금의 양에 대해서는 논쟁이 있지만, 학자들은 17세기 중

---

[*] 스페인의 아메리카 정복에 관한 세 가지 자료가 특히 추천할 만하다. Victor D. Hanson, *Carnage and Culture* (New York: Doubleday, 2001)는 아스텍인에 대한 코르테스의 놀라운 승리를 생생하게 기술하고 있다. 헤리티지 프레스(*Heritage Press*)에 의해 1847년에 출판되고 1957년에 중판 발행된 William H. Prescott, *History of the Conquest of Peru*은 피사로와 잉카인들을 같은 식으로 다루고 있다. 신세계로부터 스페인으로의 귀금속의 채굴과 수송에 관한 매우 흥미진진하고 읽기 편한 설명으로는 Earl J. Hamilton, "Imports of American Gold and Silver Into Spain, 1503-1660," *Quarterly Journal of Economics* 43 (1929), pp.436-472를 보라. MIT Press는 나에게 이 글을 http://www.efficientfrontier.com/files/hamilton-spain.pdf에 실을 수 있도록 허락해주었다. 또한 이 자료가 널리 읽힐 수 있도록 도움을 준 JSTOR(Journal Storage Project)에게도 감사를 드린다.

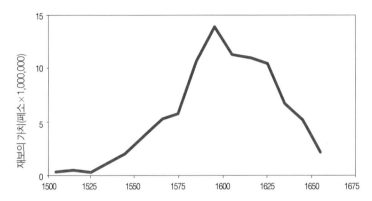

〈그림 8-2〉 신세계로부터 스페인으로의 금과 은의 흐름

출처 : Earl J. Hamilton, "Imports of American Gold and Silver Into Spain, 1503-1660," p.464에 있는 데이터.

반까지 신세계로부터의 은 출하가 정점에 달하지는 않았다고 주장한다. 그러나 이것은 논점에서 벗어나 있다. 〈그림 8-2〉는 스페인 재무성이 사용하는 공식 기록을 정확히 표현한 것이다. 부의 대량 유입은 스페인 왕권을 강화하고 대담하게 만들었다. 하지만 그것은 동시에 스페인 사회에 심각한 부식작용을 했다. 그 보고(寶庫)는 세 가지 이유에서 스페인을 몇 세기 동안 경제적으로 불구화시켰다.*

- 신세계 재보의 홍수는 카를로스 왕이 카를 5세로 신성로마제국 황제의 자리에 즉위한 다음 잇달아 일어났다. 그의 높아진 지위가 그

---

* 신세계 은의 거대한 유입은 또한 급격한 인플레이션을 낳았다. 흘러넘치는 화폐가 고정된 양의 상품을 쫓아다녔기 때문이다. 인플레이션의 역효과는 그러한 사태로 인해 그 화폐의 공급원이었다. 스페인이 이웃 나라들에 비해 큰 번영을 누렸다는 사실에 의해 결코 상쇄되지 않는다.

의 야망을 부추겼고, 불행하게도 새로운 부는 그 야망을 실행하기 위한 수단을 제공해주었다. 카를과 그의 아들 펠리페 2세의 재위 기간 거의 내내 스페인은 프랑스, 잉글랜드, 네덜란드와 전쟁을 벌였다. 때로는 세 나라와 동시에 전쟁을 벌이기도 했다. 스페인은 자신을 반종교개혁의 보루이자 진정한 믿음의 옹호자로 생각했다. 종교적 열정이 네덜란드 및 잉글랜드 그리고 독일 소공국들과의 전쟁을 일종의 신성한 목적으로 채색했다. 이 도덕적 사명감은 재정적으로는 재앙이었다. 새로운 유형의 전쟁은 상상할 수 없을 정도로 많은 비용이 들었다. 스페인은 곧 세입 이상의 지출을 하게 되었고 적자가 거대화, 항구화되었다. 1552년 메츠에서의 전쟁에만 은에서 거두어들이는 연 세수의 열 배에 달하는 비용이 들어갔고, 1588년 잉글랜드에 대항하여 무적함대를 파견하는 데에는 스페인의 연 총세입의 다섯 배에 달하는 비용이 들었다. 1555년 카를 5세가 퇴위했을 때, 그는 은에서 거두어들이는 연 세수의 거의 1백 배에 해당하는 적자를 남겼다. 왕은 놀라울 정도로 자주— 1557, 1575, 1576, 1607, 1627, 1647—채무불이행에 빠졌고, 이와중에도 내내 금과 은의 급류 속에서 허우적거렸다.

- 신세계의 횡재는 나라의 에너지와 야망을 정복과 재보로 향하도록 했다. 은이 고갈되자 스페인 사회는 산업 및 상업적 본능이 결핍된 상태를 드러냈다. 버나드 모제스(Bernard Moses)라는 19세기의 한 역사가는 이렇게 말했다.

> 부자들은 그들이 물려받은, 또는 인디언들로부터 빼앗은 부를 손쉽게 향유했다. 가난한 귀족들은 교회에 의지하거나 군대의 대열을 따라가거나 한직을 얻으려고 했으며……스스로의 손으로 일하며 생계를 이

어가는 굴욕을 당하느니 차라리 체념하고……배고픔과 헐벗음, 비참함을 택했다.[31]

16세기 스페인과 오늘날의 사우디아라비아의 유사성은 더 이상 언급할 필요조차 없다. 두 나라 모두 놀랄 만큼 방대한 천연자원 때문에 국내에서는 힘든 노동의 의욕을 상실했고, 해외에서는 종교적 모험행위에 자금을 댔다.

- 1550년에 이미 스페인은 번영에 필수적인 네 가지 요인, 즉 재산권·과학적 합리주의·자본시장·수송 및 통신의 발전 면에서 프로테스탄트의 북유럽에 한참 뒤져 있었다. 스페인 왕의 새로 발견된 귀금속 부와 권력은 이 네 가지 요인 모두가 한 발짝도 더 발전하지 못하도록 만들었다.

스페인의 4가지 요인

이제 경제적 불행을 위한 무대가 만들어졌다. 그 무대란 약탈물에서 나온 부의 저주를 받은 사회인 합스부르크의 스페인이었다. 그 부는 스페인의 지대추구자들을 강화시키고 더욱 견고하게 만들어주었다. 동시에 스페인은 그 나라에 남아 있던 모든 상업적 본능의 불씨를 꺼뜨렸다. 신세계의 금, 은 재보에 대한 의존과 군사적 모험주의를 위한 그것의 이용은 전통적인 네 가지 성장 요인의 발전에 영향을 미쳤다. 우리는 이하에서 이 네 가지 각각을 차례대로 다룰 것이다.

1. **재산권** 스페인의 봉건적 역사와 신세계 재보의 풍부한 유입은

효과적인 경제적 인센티브의 중요성에 눈뜨지 못하게 했다. 잉글랜드의 튜더가와 스튜어트가 왕들은 그들 자신의 경제적 이해가 신민들의 이해와 일치한다는 점을 희미하게나마 인식했지만, 합스부르크가는 신민들의 복지의 중요성을 전혀 염두에 두지 않았다. 아메리카로부터의 은과 저지국으로부터의 약탈물, 공물이 끝없는 부의 흐름을 제공하고 있는 마당에 인민의 복지와 상업, 산업에 신경 쓸 이유가 어디 있었겠는가?[32]

게다가 1200년 이후 스페인 왕은 가장 특이한 세입원을 개발했다. 그 시기 동안 목양업이 스페인의 최대 지주들—그랑디(grandees: 대공)라고 알려진 24여 개 가문—의 지배 하에 들어갔다.[33] 13세기에 왕은 이 목양업자조합[나중에 메스타(Mesta)라고 알려진]에게서 세수를 얻는 대가로 그들에게 목양 독점권을 부여했다. 17세기에 아메리카의 금과 은 광산에서 나오던 부가 소진되고 저지국이 스페인의 손아귀에서 벗어나자 목양 독점이 왕의 주된 세입원이 되었다.

무어인과 모리코스인의 추방 이후 남부 스페인의 거대한 면적의 땅이 휴경에 들어갔다. 이것이 메스타의 관심을 끌었다. 그들은 이 땅을 남부의 온화한 기후에서 겨울 방목을 하기 위한 훌륭한 후보지로 보았다. 왕은 메스타에게 구 무어인들의 토지에서뿐만 아니라 이동 경로와 미경작지들에서도 방목할 특권을 부여했다. 이 방목권을 보호하기 위해 현지 농부들에게는 공유지 인클로저를 금지시켰다. 이동하면서 방목된 양들은 농촌을 탈림화하고 농업을 황폐화시켰을 뿐만 아니라 토지의 가치를 하락시켰다. 메스타의 목동들은 목초지의 이용가치를 높이기 위해 나무들을 태웠고, 이것이 광범위한 토양침식을 야기했다. 이동하는 동물들은 마을 공유지에서도 방목되었다.[34] 간단히 말해, "메스타의 특권은 중세 귀족들의 사냥 특권을 생각나게 한다. 그들은 농업을 방해했고, 그들에 반대하는 사람들에게는 그들이 스페인의 최우량지들을 황폐화시키고 있다는 점이 자명했다."[36]

근대 이전 시기에 독점권의 판매는 너무나 손쉬운 세입원이었다. 그것은 현재의 필요를 충족시키는 미봉책이었지만, 장기적인 경제성장을 방해했다. 사실상 메스타는 영국과 프랑스 농촌에 활력을 불어넣었던 인클로저의 농업적 장점을 스페인인들로부터 도둑질한 셈이었다.

메스타가 스페인 재산제도에서 기능장애를 일으킨 유일한 부분이었던 것은 아니다. 신세계에서와 마찬가지로 스페인 본토의 상당 부분도 정복의 결과로 얻어졌다. 특히 무어인들에 대한 정복을 통해 얻은 것이 많았다. 궁정은 걸출한 군인과 왕의 총신들에게 거대한 면적의 땅을 보상으로 주었다. 관습과 법에 의해 이 땅은 '상속'되었다. 즉, 그것은 장자상속권을 통해 [장자에게] 대물림되었지만 매각할 수는 없었다. 이 시스템은 나태를 부추기고 거대한 영지를 수세기 동안 묵혀두게 했을 뿐만 아니라 그 땅을 개량할 수 있는 사람에게 팔지도 못하게 했다(오늘날 짐바브웨나 인도네시아에서도 이와 비슷한 일이 일어난다). 광분 상태의 악독한 지배자가 경제적 파괴의 씨앗을 뿌리기 위해 이보다 더 좋은 방법을 생각해낼 수는 없었다.

17세기의 끝없는 전쟁, 신세계 은의 고갈, 저지국들의 독립이 함께 작용한 결과 스페인은 재정적 악순환의 나락으로 떨어지기 시작했다. 펠리페 2세는 할 수 있는 모든 세입원을 추구했다. 그는 작위와 면벌부(성직자의 아들들을 위한 합법성의 증서로서 사람들에게 인기 있던 것)를 팔고 유로스(juros)라는 국채 형태로 강제 대부를 부과했다. 그 다음에 그는 유로스에 대한 지급을 정지하고 곧 시민들로부터 금과 은을 노골적으로 훔치고 강탈하기 시작했다. 스페인 인구가 감소하고 그 인구 중 더 많은 비율이 성직을 획득하고 귀족 작위를 매입함으로써 세 부담에서 벗어남에 따라 점점 더 과중한 세금이 더욱 더 협소해진 농부와 상인층에게 부과되었다. 이 일련의 사건은 로마제국의 쇠퇴기 동안 일어난 일과 거의 유사했다.[36] 이 혼란에 의해 야기된 신뢰의 상실이 1640년 교역―스페인령 아메리카와의 교역도―의 붕괴를 재촉했다.[37]

17세기에 모든 사적인 경제적 인센티브가 증발해버렸다. 역사가 존 엘리엇(John Elliott)의 말대로, "경제 시스템의 본성이 사람들로 하여금 학생이나 수도사, 거지 또는 관료가 되게 만들었다. 다른 어떤 것도 될 수 없었다."[38]

2. 과학적 합리주의 합스부르크가는 국가 재정을 불구화시켰던 것과 똑같은 방식으로 지적인 생활도 질식시켰다. 16세기 초에 에라스무스의 계몽된 연구가 스페인에서 꽃을 피웠다. 그러나 스페인제국이 펠리페 2세 치하에서 반종교개혁 테러의 무기고로 전화되면서 스페인의 학문적 전통이 무너졌다. 종교재판소는 학자들을 체포하고 학생들의 해외여행을 금지시켰으며, 피레네 산맥 이북 유럽을 휩쓴 전염성 강한 이단론으로부터 스페인을 차단시켰다.[39]

종교재판소가 스페인에서 만들어진 것은 아니었다. 그것은 서기 1000년 이후 교회의 기존 구조로부터 서서히 발전했다. 시간이 지나면서 그것은 전 유럽에 신학적 규율을 강제했다. 비교적 최근인 1696년에도 종교재판소는 에든버러의 에이켄헤드라는 불행한 의학생을 이단 혐의로 교수형시켰다.

그 제도는 페르디난드와 이사벨라의 결혼 이후 스페인에서 만개했다. 그들은 교황의 감독과 제한에서 독립된 스페인만의 종교재판소를 설립했다. 스페인 종교재판소는 자급자족적이고 스스로 재원을 조달하는 강력한 관료기구가 되었다. 즉, 그것은 국가 안의 국가였다. 이

기구는 돈벌이가 되는 특면장 사업을 둘러싸고 교회 자체와 경쟁했고, 심지어 때로는 고위 성직자들을 공격하기도 했다. 종교재판소의 일차적인 먹잇감은 이단들—유대인과 이슬람교도, 나중에는 프로테스탄트—이었지만, 그것은 좀더 세속적인 목표물을 향하기도 했다. 스페인 국경 안에서 특히나 불운했던 계몽주의 철학자와 과학자들도 그런 목표물이었다.

이러한 배경은 스페인인들이 17세기 과학적 합리주의의 승리에 참여하고 그 과실을 향유할 수 없게 만들었다. 그로부터 2백 년이 지나서야 비로소 스페인인들은 세계 과학계의 선두 대열에 상당수 다시 참여할 수 있게 되었다. 스페인의 지적인 후진성에 가장 심각한 영향을 미친 것은 어리석은 군주들의 계승을 허용한 일이었다. 합스부르크 혈통에 대한 다음과 같은 혹독한 평가가 18세기 유럽에서 자주 인용되었다. "카를 5세는 전사이면서 왕이었다. 펠리페 2세는 왕이기만 했다. 펠리페 3세와 펠리페 4세는 왕도 아니었고, 카를로스 2세는 인간도 아니었다."[40]

3. **자본시장** 합스부르크 왕가의 모험주의와 사치가 스페인 금융시장에 끼친 피해는 스페인이 치른 모든 전쟁보다 훨씬 더 치명적이었을 것이다. 거래소를 통과해간 거대한 양의 금과 은은 스페인 땅에는 아주 잠깐 동안만 머물렀고, 이내 스페인을 빠져나갔다. 신세계 은 중 상당량의 첫 번째 정류장은 프랑스였는데, 스페인의 부와 높은 임금에 이끌린 프랑스 노동자들이 피레네 산맥을 넘어 남하했기 때문이다. 오랜 속담대로, "스페인인들이 엘도라도 광산에서 힘들게 일한 것은 프랑스인들을 부유하게 만들기 위해서였다."[41]

역설적으로 16세기 중반이 되자 금화와 은화가 스페인에서 거의 사라졌다. 그 대신에 왕은 저급한 구리 주화를 대량으로 주조했지만, 일반 국민과 상인은 물론 왕족도 그것을 신뢰하지 않았다. 거대한 정부 적자, 항상적인 채무불이행, 화폐악주라는 환경 속에서 이자율이 앙등했다. 1617년에 이미 스페인 재정평의회는 온 나라에 흘러넘치는 유로스의 이율이 10퍼센트가 넘어서 민간 기업들이 자본을 끌어들이기에 충분히 높은 수익을 제공할 수 없다고 불평했다.[42] 오늘날의 용어로 말하자면, 거대한 정부 채무가 민간 부문을 구축했다. 1673년 왕은 부채에 대해 해마다 40퍼센트의 이자를 지급하고 있었다. 그에 비해 같은 해에 암스테르담에서는 3퍼센트의 낮은 이자율로 대부가 이루어졌다. 두 명의 경제사가, 호머와 실라는 스페인의 예를 염두에 두고서 다음과 같이 건조한 어투로 논평했다. "이자율의 추세와 수준은〔유럽 각국 사이에서〕매우 달랐으며, 종종 각국의 미래 경제력과 정치적 힘에 관해 많은 것을 예시해주었다."[43]

4. **수송과 통신** 한 나라에 광물자원이 풍부하다는 점은 저주가 될 수도 있다. 그런데 항해할 수 있는 강들이 많고 비교적 평탄한 섬 지형 같은, 자연이 주는 선물은 그 나라에 부정할 수 없는 가치를 가져다줄 수 있다. 프랑스는 이 점과 관련하여 잉글랜드에 비해 지리적으로 불리했지만, 스페인은 훨씬 더 열악했다. 불모의 산악지형의 방대한 내륙으로 인해 스페인은 쓸 수 있는 수로를 거의 갖지 못했다.

아주 가끔씩 스페인은 지리적 제약 여건에 주의를 기울였다. 펠리페 2세가 제국의 수도를 마드리드로 이전했을 때, 그는 리스본(포르투갈은 당시에 제국의 일부였다)으로 흘러가는 타구스 강을 항해 가능한 강으로 만들 필요를 느꼈다. 이에 따라 1580년에 스페인의 기술자들은 상류로 알칸타라까지 2백 마일 뻗은 첫 구간을 준설했다. 1588년에 그들은 마드리드 남쪽 바로 아래에 있는 톨레도까지 2백 마일을 더 연장했다. 그러나 불행하게도 그해에 스페인은 잉글랜드 앞바다에서 무적함대를 잃었고, 이 때문에 스페인의 우선순위가 바뀌었다. 펠리페 3세 시기에 타구스 강의 알칸타라와 톨레도 사이 구간이 실트로 막혔다.[44] 타구스와 몬차나레스를 운하로 연결하자는 또 다른 중요한 프로젝트가 성직자위원회에 제출되었다. 성직자들은 신성함을 들먹이며 운하 프로젝트 안을 거부했다. 이것은 중세적 논리를 극복하지 못하는 16세기 합스부르크의 무능함을 보여주는 전형적인 사례였다. 그들은 이렇게 추론했다. "만약 신께서 강을 연결시킬 의도가 있었다면, 그가 그렇게 했을 것이다."[45]

스페인인들은 노새와 좁은 도로를 좋아했는데, 이것이 신세계에도 확산되어 오랜 세기 동안 존속했다. 펠리페 4세의 위대한 수상이자 분신이었던 올리바레스(Olivares) 백작 같은 궁정의 선각자들은 외국인들이 스페인에 대해 미개하다고 생각할 게 틀림없다고 한탄했다. "그 외국인이 짐수레 동물로 카스티야의 모든 도시들에 식량을 공급하는 우리 모습을 본다면, 틀림없이 그렇게 생각할 것이다. 왜냐하면 모든 유럽이 내륙 항해를 시도하여 큰 이득을 얻고 있기 때문이다."[46]

낭비를 일삼은 스페인

합스부르크가 지배하던 당시 스페인의 역사는 낭비의 연대기다. 절정기에 스페인 본토는 제국의 소득의 10분의 1밖에 생산하지 않았다. 그 경제 시스템은 손대는 것마다 모두 망쳐놓았다. 부르고뉴의 네덜란드 쪽 북부 지방은 번영을 구가했지만, 스페인 쪽 남부 지방은 쇠퇴했다.[47] 합스부르크가는 거대한 국부와 국력을 파괴하기 위한 대본을 썼다. 즉, 농업 · 공업 · 교역보다는 정복과 재보를 우선적으로 추구하면서 이러한 정책에 엄청난 자금을 댔고, 터무니없이 과중하게 과세했으며, 가격을 고정시켰고, 종종 채무불이행을 선언했다. 마지막으로는 국경을 차단하여 사람들이 외부의 영향에 노출되지 않도록 했고, 수송과 통신 인프라를 등한시했다.

스페인은 낡은 경제제도들을 벗어던지지 못하고 그것을 아메리카의 식민지들에도 그대로 전해주었다. 스페인이 구세계에서 가난한 이웃이었듯이, 라틴아메리카도 신세계의 가난한 이웃이었다. 더 나아가 16세기 스페인의 엄청난 부와 권력은 그 시기 이후 유럽 경제의 재앙이었던 중상주의를 부추겼다. 스페인의 이웃들은 금과 은의 축적이 스페인에게 좋다면 그들 자신에게도 좋을 것이라고 미루어 생각했다. 스페인의 경쟁자들은 스페인이 약탈을 통해 할 수 있었던 것만큼 쉽게 정화(正貨)를 확보할 수 없었기에, 무역을 통해 그것을 획득하려고 했다.[48]

멀리 돌아 마침내 원점에 이르다

스페인의 제도개혁은 길고 고통스러운 과정이었다. 스페인 왕위 계승 전쟁(1701~1714)의 여파 속에서 합스부르크 왕조가 부르봉 왕조로 교체되었지만, 이것은 죽은 나무의 일부만을 치워 없앴을 뿐이다. 1766년에 카를로스 3세는 모든 자치체 토지를 재평가하여 "가장 긴급한 필요가 있는 주민들"에게 분배한다고 포고했지만, 힘 있는 지주와 목장주들이 매번 그의 계획을 좌절시켰다.[49]

나폴레옹 이후 시기 초기 동안 스페인은 다음 세기를 위한 심도 있는 재산권제도 개혁을 시도하지 않았다. 코르테스(의회)는 교회와 특정한 개인들의 토지 상속권을 박탈하는 복잡하고 포괄적인 토지개혁법을 통과시켰지만, 새롭게 부활한 왕이 그것을 번번이 폐지했다. 초기의 전형적인 예는 1811년 코르테스에 의한 봉건잔재의 일소였다. 3년 후 페르디난드 7세는 이 조치를 무효화시켰다. 곧이어 6개월 만에 그 왕은 스페인 경제학자들이 강력하게 옹호했던 인클로저 법령을 폐지했다. 19세기 초기 동안 왕은 심지어 종교재판소를 부활시켰지만, 이것은 나폴레옹에 의해 폐지되었다.

코르테스와 왕 사이의 이 싸움이 19세기 내내 시소처럼 팽팽하게 계속되었다. 스페인은 아주 느리게 교회로부터 방대한 보유지를 박탈하고 공유지를 사유화시켰다. 스페인이 5백 년 동안 자신을 유럽의 가난한 이웃으로 묶어놓았던 경제적 족쇄로부터 해방되기 시작한 것은 프랑코(Francisco Franco)의 등장 이후였다.

그러나 합스부르크 정권이 낸 상처는 깊었다. 1930년까지도 스페인 인구의 4퍼센트에 지나지 않는 지주가 전체 농지의 3분의 2를 소유했고, 가장 부유한 0.1퍼센트가 총 토지의 3분의 1을 소유했다.[50] 20세기에 들어서 비로소 스페인은 결국 재산제도를 근대화하고 자유민주주의의 대열에 합류했다.

17세기에 이미 스페인인들은 자국의 제도적 결함을 예민하게 깨달았다. 아르비트리스타스(arbitristas)라는 경제 비평가 그룹은 문제를 명확히 보고 정확한 처방전을 제시했다. 세제개혁, 교회의 특권 박탈, 의회의 권력 회복, 노동자들에 대한 세금 경감, 항해 및 관개 프로젝트 같은 것들이었다.[51] 불행하게도 오늘날 이 비평가들의 이름—곤잘레스 데 셀레리고(González de Cellerigo), 산초 데 몬카다(Sancho de Moncada), 페르난데스 나바레테(Femández Navarrete)—은 같은 시기 스페인의 가장 유명한 가공의 등장인물이었던 돈 키호테 델 라 만차(Don Quixote de la Mancha)보다 훨씬 덜 알려져 있다.

척박한 환경의 일본

경제발전에 필수적인 제도들을 갖추지 못한 상태에서 근대를 맞이한 나라가 있다면, 그중 하나는 일본이었다. 대다수 일반 시민은 가장 기본적인 개인적 자유와 재산권을 철저히 박탈당한 상태였다. 일본의 농민들은 오직 거대한 규모의 게으르고 기생적인 전사계급을 부양하기 위해 존재했다. 17세기와 19세기 사이에 일본은 외부 세계에 철저히 문을 닫고 유럽의 전형적 봉건제의 최악의 측면을 복제했다.

떠오르는 태양의 나라*는 농지가 풍부하지 않다. 지표면의 4분의 3이 산악지형이고 경작할 수 있는 땅은 16퍼센트에 지나지 않는다. 공업화 전야에 이미 9천만 명으로 증가한 인구를 부양하기 위해서는 단 한 조각의 땅이라도 경작해야 했다.[52]

봉건 일본에서의 농업의 악순환

일본은 비교적 새로운 나라다. 일본에서는 기원전 5천 년까지 수렵-채취 사회의 흔적이 사라지지 않았다. 조몬(繩文)이라는 이 최초의 정주자들은 일본의 근대 토착 주민인 아이누인으로 진화했다. 예수 탄생 직전에 한반도의 농부들이 규슈 섬 남부로 이주했다. 그 이후 오랜 세기에 걸쳐 그들은 그 섬의 남쪽을 개척해갔고, 그런 다음에는 내해 건너 북동쪽 본섬인 혼슈로 진출했다. 이 농경인들은 서기 1세기에 가장

---

*일본의 욱일기(旭日旗)에서 따온, 일본을 가리키는 말 ―역주

북쪽에 있는 섬인 홋카이도에 닿았고, 이 과정에서 원주민 조몬인과 결혼으로 맺어졌다. 일본은 645~650년 '다이카개신'으로 억압적 봉건사회의 기초를 다졌다. 그 개혁을 통해 일본은 모든 토지가 정부 소유라고 선언하고 귀족과 전사들에게 급료를 지급했다. 이렇게 해서 농민이 소유한 사적 토지는 완전히 모습을 감추었고 이는 1천 년 후 일본 지배계급의 운명을 규정했다.[53]

전사 지배계급은 농민들에게 곡식과 의복 및 노동의 의무라는 형태로 세금을 부과했다. 이 의무는 고정적이었다. 즉, 풍작이든 기근이든 상관없이 농부 일인당 똑같은 양의 쌀을 내야 했다.[54] 흉작기 동안 소자작농들에게 감당할 수 없는 부담을 안겨주었던 이 시스템은 근대까지도 존속되었고 커다란 사회적 불안을 야기했다(이 시스템에 어느 정도 유연성이 있기는 했지만 결코 충분하지는 않았다. 극심한 흉작기에는 징세가 반드시는 아니지만 일시적으로 경감될 수도 있었다).

이 정액세 시스템은 매우 유해한 결과를 초래했다. 한 노동자가 일을 하든 안 하든 매년 1만 달러씩 내야 하는 소득세 시스템을 생각해보자. 서서히 그러나 확실히 대부분의 노동자가 부채를 지고 결국에는 파산할 것이다. 조만간 국가 경제도 붕괴할 것이다.

초기 다이카개신 이후 정부는 귀족과 사원 그리고 새로운 경작지를 개간한 사람들에게 일정한 사유 토지를 수여했다. 종종 이 땅뙈기들은 과세로부터 면제되었고, 이것은 '공유지'를 경작하는 사람들의 부담만 가중시켰다. 이것은 농민들에 대한 부담스러운 과세, 산출량과 인구의 감소라는 너무나 당연한 악순환을 격발시켰다. 중앙집권화된 당국은 별로 존재하지 않았고, 과세 능력은 칼끝에서 나왔다. 14세기 중반에는 전반적인 무정부 상태가 나타났다.[55]

억압적인 사무라이 전사-지배자 하에 있던 일본은 점차 세 개의 사회계급—황족, 사무라이, 평민—으로 분화되어 갔다. 평민은 다시 신분에 따라 세 집단으로 나뉘어졌다. 이 세 그룹 중에서 농민이 가장 높은 대우를 받았고, 그 다음이 수공업자, 가장 낮은 층이 상인과 사업가들이었다. 농부들의 높은 신분은 순전히 명목적인 것이었다. 가혹한 세금뿐만 아니라 다이묘(지방 봉건영주)와 하급 사무라이들에 의한 자의적인 신체적 학대와 처형까지 당해야 했던 농민들의 존재는 비참하다고밖에 표현할 수 없을 정도였다. 어떤 역사가에 따르면, 도쿠가와는 "농업은 높게 생각했지만, 농사짓는 사람들에 대해서는 그러지 않았다."[56]

기생충들의 나라

19세기 말에 시작된 일본의 공업화 전야에 인구의 약 85퍼센트는 땅에서 일했고, 최소한 6퍼센트는 비생산적인 사무라이였다. 나머지는 수공업자나 상업계급에 속했다.[57] 거대한 수의 사무라이는 봉건 일본의 파멸의 원인이었다. 일본 역사의 대부분 동안 사무라이가 권력을 쥐었고, 황족과 그 신하들은 교토 황궁에 갇힌 명목상의 우두머리에 지나지 않았다. 사무라이는 최상층의 도쿠가와 막부와 그 아래 다이묘 뿐만 아니라 국내외적으로 중대한 적(敵)이 없는 일본에서 더 이상 필요하지 않았던 방대한 수의 전사들로 이루어져 있었다. 지배적 다이묘는 늘어나는 사무라이들을 점점 더 경계하기 시작하면서 그들을 좀더 쉽게 관찰·통제할 수 있도록 서서히 성채 도시로 몰아넣었다. 일반 사무라이들의 지위와 부가 서서히 악화되었다. 도쿠가와 시기 말기에는 불운한 전사들이 비장(秘藏)의 칼과 작위를 평민들에게 판매하는 사례도 드물지 않았다. 훨씬 더 나쁜 경우에는 장사에 종사하는 사무라이도 있었다.

평민의 상태는 말할 수 없이 절망적이었다. 다이묘는 농민들에게 소유물을 팔거나 이주하는 것을 금지했고, 농민들을 순전히 세입원으로만 보고 그들의 얼마 안 되는 생산물 중에서 거의 절반을 강탈했다.[58] 일본 농노들의 상황은, 최소한 독일-로마식 봉건 법률의 형식적인 보호나마 받았던 유럽 농노들에 비해 훨씬 더 비참했다. 일본에서의 일상생활을 지배한 유교 시스템은 사악한 영주들에 대한 기본규칙이나 신뢰할 만한 구속력은 별로 제공하지 않았다.

혼란을 벗어나 고립이라는 나락으로

다른 비서구 사회들에서와 마찬가지로 총기류의 도입은 일본의 통일에 도움이 되었다. 그 강력한 신무기를 처음 획득한 사람들은 '선발주자의 이점'을 누렸다. 세 명의 두드러진 다이묘—오다 노부나가, 그 휘하의 장군이었던 도요토미 히데요시, 히데요시의 부관이었던 도쿠가와 이에야스—가 총기류를 사용하여 정치적 안정과 국가적 통일을 달성했다. 노부나가는 복잡하게 뒤엉켜 있던 영지들을 통합했지만, 1582년에 암살되었다. 히데요시가 그 과업을 완수하고 조선마저 정복하려고 시도했다. 이 시도가 재난이었다. 1598년 히데요시의 죽음으로 이 경솔한 군사적 모험을 그만둘 명분이 생겨났고, 그의 계승자인 도쿠가와 이에야스는 자신의 이름을 따 막부(幕府)를 창설했다. 총을 다루는 농민이 숙련된 검객을 힘들이지 않고 죽이는 것에 분노한 사무라이들은 새로운 무기를 불법화시켰다. 일본 역사의 끊임없는 정치적 ·

군사적 불안정이 이에야스의 마음을 떠나지 않았고, 그는 안정을 확립하는 일에 몰두하게 되었다. 그는 자신의 가장 무모한 꿈보다 훨씬 더 많은 것을 이루어냈다. 역사가이자 한때 일본 주재 미국 대사였던 에드윈 라이샤워(Edwin Reischauer)는 250년간 지속된 이에야스의 막부를 "상응하는 시기에 걸쳐 다른 어떤 나라에 의해서도 결코 달성된 적이 없는 내외적으로 절대적인 평화의 상태"[59]라고 특징지었다.

도쿠가와는 정치적 카오스 상태를 종식시키고, 정치적 안정을 이룩했다. 이것은 그 자체로 미미하나마 성장을 낳기에 충분했다. 1600년에서 1820년 사이에 일본의 일인당 GDP는 연 0.14퍼센트의 비율로 성장했다. 이것은 네덜란드의 미적지근한 성장률에도 못 미쳤지만, 고립된 봉건국가 치고는 꽤 인상적인 성장률이다.[60] 그러나 그 번영은 끔찍한 대가를 수반했다. 즉, 일본이 외부 세계와 철저히 격리되고 엄격한 봉건적 구조가 돌처럼 단단하게 구축되었다. 1641년 이후 막부는 외부 세계와의 접촉을 나가사키 부근에 개설된 두 개의 작은 교역항―각각 중국인과 네덜란드인을 상대로 한―에 제한시켰다.[61]

밖으로 드러난 도쿠가와의 구조는 오늘날까지 변함이 없고―새로운 쇼군이 수도를 교토에서 에도(도쿄)로 옮겼다. 여기서 그의 요새 성채 배치는 오늘날 황령지의 핵심을 이룬다―현대 일본 사회는 여전히 도쿠가와의 많은 흔적을 지니고 있다.

시골이 일본을 구하다

도쿠가와가 경제적 진보를 이루었지만, 이것은 그것이 창출한 거의 절대적인 평화와 질서 때문이 아니라 오히려 그것에도 불구하고 이루어진 것이었다. 그들은 사무라이를 혼잡한 성채 도시로 몰아넣었는데, 이에 대한 대응으로 일본의 많은 사업가들이 이 엄격하게 통제되는 영지에서 농촌 지구들로 도망쳤다. 이 농촌 지구들에서는 과세와 길드 규제의 압제가 상업을 저해하지 않았다.

엄격한 봉건적 규칙이 비교적 느슨했다는 점 외에 농촌은 다른 장점도 있었다. 즉, 수력이 풍부했고, 화폐경제에 익숙하고 농사와 공장 노동을 번갈아 할 수 있는 기민한 농부들이 있었다. 농촌의 두 가지 장점—다면적 노동력과 수력—은 공업화를 위한 핵심적인 요건이다. 1868년 메이지유신으로 막부가 타도되고 일본의 산업혁명이 일어났을 때, 농촌은 새로운 유럽식 공장 기계를 다룰 수 있는 잘 훈련된 노동력을 제공했다. 영국이 요코하마와 도쿄 사이에 최초의 철도 노선을 건설한 지 꼭 8년째인 1880년에 '농촌 산업학교'에서 훈련받은 원주민 노동자들은 교토와 오쓰(大津) 사이 구릉지에 훨씬 더 까다로운 철도 노선을 깔았다.[62]

일본에서의 경제활동은 사무라이가 없는 곳이면 어디라도 그런 식으로 흘러가는 경향이 있었다. 도쿠가와 지배의 역설은 그 주요 희생자가 사무라이 자신이었다는 점이다. 황폐화된 성채 도시에 주거하도록 강요받은 그들은 세입에 굶주린 다이묘들의 손쉬운 표적이 되었다. 다이묘들은 정부 지출의 거의 절반에 해당하던 사무라이 연금을 서서히 줄여나갔다. 1868년 막부의 운명이 다하자 불만을 품은 사무라이들이 메이지유신의 선봉에 섰다.

지구 반 바퀴 떨어진 곳에서 스페인이 경제적 자해를 저지르던 바로 그때 도쿠가와는 일본에서 경제적 번영을 낳을 수도 있었을 네 가지 요인 모두를 체계적으로 질식시켰다. 그들의 엄격한 사회구조는 거의 모든 인구에게서 재산권 비슷한 것은 모두 박탈했고, 효율적인 자본시장의 발전을 저해했다. 프랑스와 스페인의 왕족이 했던 식으로 쇼군과 다이묘는 무역, 산업 및 길드 독점권 판매를 주요한 세입원으로 여겼다. 대개의 경우 이 세입은 어떤 성문화된 구조의 일부가 결코 아니었다. 대부분의 지급이 '기부금'과 '사례금'의 형태로 이루어졌고, 이러한 관행은 오늘날까지 남아 부패한 정부 문화를 창출했다.[63]

쇼군은 일본의 경작지 중 3분의 1을 소유했고, 나머지는 200여 명이 넘는 다이묘들 사이에 분할되어 있었다. 쇼군과 다이묘는 때때로 개인 농부에게 작은 구획의 땅을 수여하기도 했지만, 그 땅은 팔 수 없었다(평민들은 죽음의 고통을 당할 경우에도 실크를 사용할 수도 차를 마실 수도 없었고, 심지어 어떤 경우에는 다이묘를 빤히 쳐다볼 수도 없었다). 그러나 농민은 토지를 담보로 하여 돈을 빌릴 수 있었다. 특이하게도 농민의 토지는 매매가 불가능했지만 담보로 처분할 수는 있었다. 담보 처분 문제는 20세기 동안 통제 불능 상태로 전개되었고, 제2차 세계대전 이후 맥아더 장군으로 하여금 토지개혁을 하도록 재촉했다.[64]

해외 접촉의 결여는 서구의 과학적 합리주의가 유입되는 것을 막았고, 스스로 정한 금수조치는 잉글랜드만큼이나 유리한 섬 지형의 자연적 장점도 쓸모없게 만들었다. 일본은 서구에 비해 상당히 후진적인 사회였다. 19세기 중반에 일본의 일인당 GDP는 잉글랜드의 4분의 1, 스페인의 절반이었고, 군대도 구제할 수 없을 정도로 낡아 있었다.

검은 배에 실려온 값진 제도들

1853년 7월 도쿄 만에 매튜 페리(Mathew Perry) 사령관의 검은 배가 도착한 일은 일본의 근대적 변혁을 상징하는 이미지로 묘사되고 있다.

역사적으로 상징적인 모든 이야기와 마찬가지로, 그것은 과도하게 단순화되어 있다. 페리와 더불어 상당한 개혁조치가 도입되었던 것은 아니다. 오히려 개혁은 페리의 충격적인 첫 출현보다 십여 년 전에 시작되었고, 그 이후로도 30년 이상 지속되었다.

도쿠가와는 1839~1842년 중국에서 벌어진 아편전쟁을 통해 이미 서구의 무서운 힘을 알고 있었다. 19세기의 그보다 더 이른 시기에 많은 일본인 귀족들이 서구 교육을 받았다. 네덜란드인들은 1838년에 문을 연 영향력 있는 학교에서 수천 명을 가르쳤다. 미국과의 교역이 열린 것은, 페리가 도쿄 만에 처음으로 출현한 1853년이 아니라 두 번째로 나타난 그 이듬해 1854년이었다.

페리의 원정 이후 다른 나라들은 미국보다 훨씬 더 치명적이고 극적인 방식으로 서구 해군의 우월한 힘을 과시했다. 1863년 가고시마에서 남부의 반란 다이묘에 대한 영국 해군의 괴멸적인 포격과 1864년 다국적군이 시모노세키에서 벌인 군사적 시위는 페리의 방문보다 훨씬 더 강한 인상을 주었다. 마지막으로 막부의 최종적인 붕괴는 검은 배가 나타난 지 20년도 훨씬 더 지난 다음에 비로소 일어났다.[65]

막부는 수명을 다해가던 시기 동안 많은 분야에서 개혁에 착수했고, 후속 메이지정부가 이 개혁들을 완성했다. 마지막 도쿠가와 쇼군들은 서구에 외교관과 학생들을 보냈고, 프랑스와 미국으로부터 자본을 차입하여 조선소와 산업 프로젝트에 자금을 댔으며, 재능 있는 평민들에게 최초로 고위관리직을 주었다.[66]

〔그러나 막부의 이런 조치는〕 너무나 미미하고 뒤늦은 것이었다. 한 나라가 무역에 처음으로 문호를 개방하면, 그 나라는 '가격수렴'―커다란 승자와 패자를 낳는 고도로 불안정한 상태를 가리키는 완곡어법―을 경험한다. 한 나라의 상품들의 가격과 그와 더불어 세 가지 고

전적 투입요소―노동, 토지, 자본―의 가격은 세계의 다른 모든 나라들의 가격과 수렴한다.*

일본의 주요 수출품―쌀, 차, 실크―가격은 세계 수준보다 낮았는데 문호가 개방되자 그 상품들의 가격이 올랐다. 이로 인해 많은 지주와 상인들은 부유해졌지만 그 상품의 소비자들, 특히 성채 도시에 살았던 사무라이들은 큰 손해를 입었다. 동시에 외국으로부터 값싼 면제품과 산업설비가 일본으로 밀려들어 오면서 상품들의 가격을 극적으로 떨어뜨렸고 일본 국내에서 그 제품들을 생산하던 사람들에게 심각한 피해를 끼쳤다. 농민과 사무라이들은 공히 쇼군을 비난했는데, 쇼군은 새로운 국제무역으로 피해를 입은 강력한 국내 이해관계자들과 외국의 군사적 위협 사이에서 우왕좌왕하고 있었다. 1868년에 불만을 품은 유능한 일단의 남부 사무라이들이 막부 정권을 타도했다. 거의 동시에 기존의 천황이 사망하고 젊은 계승자로 교체되었다.

개혁은 마치 면도날이 실크 천을 찢듯이 봉건적 일본을 해체시켰고, 번영을 위한 네 가지 요인을 철저한 방식으로 도입했다. 몇 년 안에 새로운 정권은 봉건 국가의 제도적 토대를 허물어뜨렸다. 봉건제의 붕괴 후, 초보적이기는 하지만 확고한 개인적 권리와 재산권이 확립되었다. 최초로 법률이 길드를 해산시켰고 계급들 간의 법적인 구별을 폐지했

---

* 다시 헥셔-오린 모델(256쪽의 각주를 보라). 가격수렴은 세계무역 패턴을 평가하는 도구로서 종종 사용된다. 예를 들어 대발견의 시대(1492년 이후 세기) 동안 상품 가격이 극적으로 변화하지 않았다는 사실은 그 시대 동안 실질적인 무역이 별로 일어나지 않았다는 것을 의미한다. Kevin O'Rourke and Jeffrey G. Williamson, "Late Nineteenth-Century Anglo-American Factor-Price Convergence: Were Heckscher and Ohlin Right?"를 보라. 또 같은 저자들이 쓴 "The Heckscher-Ohlin Model Between 1400 and 2000: When It Explained Factor Price Convergence, When It Did Not, and Why," NBER Working Paper 7411, 1999(http://wwwJ-bradford-delong.net/pdf_files/W7411.pdt에서 볼 수 있음)도 보라.

으며, 농민들에게 이사할 자유와 토지를 팔거나 분할할 자유 그리고 원하는 작물을 심을 자유를 주었다.

일본인들은 서구 문화 및 그와 더불어 유입된 과학적 합리주의를 열광적으로 수용했다. 새로운 정부는 가장 훌륭한 인재들을 독일, 잉글랜드, 프랑스, 미국에 보내 엔지니어링, 군사과학, 정부, 재정 등에 관한 신비로운 지식을 탐구하게 했다. 정부는 또한 피라미드적이고 철저하게 실력주의적인 근대 공교육 시스템의 기초를 확립했다. 이제 더이상 정부와 산업에 대한 통제권은 사무라이와 다이묘의 게으르고 무능한 자식들의 손에 주어지지 않을 것이었다.[67]

마침내 일본은 근대 서비스 국가의 기초를 확립했고, 자본시장과 수송 및 통신에 추진력을 제공했으며, 철도·전신·우편 서비스뿐만 아니라 통일된 주화와 지폐도 도입했다. 근본적으로 새로운 관점을 수용했다는 상징적인 의미로 새로운 정부는 고대 수도의 이름을 에도에서 도쿄로 바꾸었고, 황궁을 예전의 도쿠가와 요새가 있던 자리로 옮겼다.

사무라이의 결사적 저항

그런 다음 메이지는 모든 혁명정권이 직면하는 가장 위험한 과제, 즉 구 귀족의 잔당을 제거하는 문제를 능숙하게 처리했다. 처음에 메이지는 다이묘에게 봉급으로 이전의 공물과 세금 중 10분의 1만 지급했다. 몇 년 후에는 이것마저도 완전히 삭감했다. 메이지는 사무라이 급료를 시장금리 이하짜리 채권으로 전환시켰다. 이로 인해 사무라이들의 전통적인 소득이 급격히 감소했다.

1877년 저항하는 남부 사무라이 연합이 이른바 *사츠마 반란**을 일으켰다. 막부 최후의 저항이었던 이 반란은 징집된 군대에 의해 쉽게 분쇄되었다. 사무라이들이 오합지졸 농민들에게 굴욕을 당했다는 것은 오랫동안 그 군사적 뿌리로부터 유리되어온 전사계급의 철저한 무기력함을 보여주었다.[68]

외국인들이 무역을 지배한 것도 축복이었다. 유럽인들의 압력 때문에 일본정부는 관세장벽을 구축할 수 없었고, 이런 상황에서 외국과의 가혹한 경쟁이 일본 기업들을 단련시켰다.[69] 내부에서 나온 힘도 산업에 대한 국가 통제를 감소시켰다. 막부의 서구식 산업화 실험의 결과 많은 수의 비효율적인 정부 소유 공장과 광산이 남겨졌다. 유신 이후 메이지는 신속하게 이 시설들을 민영화했고, 이 시설들은 비교적 적은 수의 소유자, 즉 자이바츠(재벌)들의 손으로 들어갔다. 이 과두체들의 힘은 제2차 세계대전 이후까지 꺾이지 않았다. 민영화에 대한 단 하나 불길한 예외는 군수품 생산으로, 이것은 여전히 정부의 엄격한 통제 하에 있었다.[70] 서구적 기준의 적용은 국내의 민영화와 함께 작용하여 일본의 무역과 성장에 강력한 '반콜베르적' 자극을 주었다.

일본은 너무나 후진적이었기 때문에 아주 간단한 기술적 진보조차 눈에 띌 만한 성과를 낳았다. 메이지유신 이전에는 거의 모든 쟁기는 사람이 끌었고, 따라서 생산량도 미미했다. 1904년에 소가 끄는 쟁기가 모든 경작지의 절반 이상을 갈았다. 그러한 것은 경제성장 과정에서 흔히 나타나는 특징적 양상이다. 1870년과 1940년 사이에 일인당 실질 GDP가 연 1.9퍼센트의 비율로 성장했다. 메이지 이후 시기 동안 경제가 왕성하게 성장했지만, 이 성장은 제2차 세계대전 이후 일어난

---

* 사이고 다카모리를 수령으로 하여 가고시마 등지의 사무라이들이 메이지정부의 사무라이 해체정책에 반대하여 일으킨 반란으로서, 일명 세이난 전쟁으로 불린다. —역주

성장에 비하면 아무것도 아니었다.

나쁜 성향을 갖게 된 일본

일본은 검은 배의 교훈을 잘 배우기는 했지만, 그 교훈을 좀 과하게 받아들였다. 메이지 시기 동안 일본은 스페인이 저질렀던 것과 똑같은 지정학적 실수를 저질렀고, 군사적 정복을 통해 번영을 추구했다. 일본은 먼저 1894년에 중국과, 그리고 1904년에는 러시아와 전쟁을 치렀다. 이 전쟁은 성공적이었을 뿐만 아니라 비용도 그리 많이 들지 않았고 오히려 경제에 활력을 불어넣어 주었다. 1890년에서 1910년의 20년 동안 일본에서 일인당 실질 GDP가 연 2.16퍼센트의 비율로 성장했다.

이 승리들은 일본의 식욕을 자극했다. 1931년에 일본은 중국을 침략하고 서구와의 긴장을 고조시켰다. 1931~1932년도 국가 예산에서 31퍼센트를 차지했던 군비 지출이 1936~1937년도에는 47퍼센트로 상승했다. 이에 따라 합스부르크 스페인과 마찬가지로 정부 부채의 대규모 증가가 불가피했다. 유능한 재무장관이었던 다카하시 고레키요(高橋是淸)가 이렇게 높은 수준의 군비 지출에 반대했다면, 군대가 그를 암살했을 것이다.[71] 일본의 군사적·경제적 경로는 정해졌고, 그들의 최종적인 결과도 행복하지 않았다.

맥아더 '기적'

파멸적인 제2차 세계대전이 포함되는 1940년과 1998년 사이에 일인당 실질 GDP는 연 3.51퍼센트라는 놀라운 비율로 증가했다. 20세기 후반기에 일본의 성장에 불을 붙인 것은 무엇이었는가? 두 가지가 있다. 첫째로, 제2차 세계대전 이후 시기는 세계경제가 전반적으로 성장한 '황금기'였다. 인류는 거의 한 세대의 시기 동안 두 차례의 파괴적인 세계전쟁을 겪었다. 그 두 차례의 전쟁 사이는 역사상 가장 심각한 경제불황기였다. 늙고 지친 영국조차 전후 시기 동안 1.83퍼센트의 일인당 실질 GDP 성장률을 기록했다. 둘째로, 미국의 냉전 우산은 이전에 파멸을 안겨주었던 일본의 군비 지출을 거의 제로로 만들어주었다.

많은 사람들이 일본의 전후 '기적'의 원인을 맥아더 장군의 연합 점령군이 수행한 민주적·경제적 개혁에서 찾는다. 실제로 맥아더는 패전국에 세 가지 주요 영역의 제도적 변화를 강요했다. 그는 자이바츠를 해체하고 전전의 민주주의를 부활시켰으며, 철저하고 광범위한 토지개혁을 실시했다.

이 세 가지 조치는 훌륭했지만 경제적으로 큰 의미는 없었다. 자이바츠는 실질적으로는 경쟁을 그리 심각하게 제한하지 않았다. 현대의 경제통계학적 연구에 따르면, 일단 법치와 기초적인 개인적 자유가 확보된 경우, 민주주의의 추가적 진보는 경제발전에 큰 도움이 되기는커녕 오히려 해가 될 수도 있다고 한다. 번영이 민주주의를 자극하는 것이지 그 반대는 아니다.* 맥아더가 선거권을 여성에게까지 확대하고 경찰기구를 탈중앙집권화하며 인간적인 노동법을 제정하고 기타 무수한 정치개혁을 추진하지 않았다 하더라도, 이러한 변화들은 경제적 번영의 결과로 자연스럽게 일어났을 것이다. 즉, 경제적 번영은 요구사항이 더

---

* 이 주제는 제10장에서 좀더 상세히 다루어질 것이다. 더 이상의 면밀한 연구를 원하는 독자들은 Robert J. Barro, *Determinants of Economic Growth*, 2d ed.(Cambridge: MIT Press, 1999)를 보라.

많은 유권자를 창출하고 이들이 그런 변화를 추진했을 것이다. 비록 일부 역사가들이 현대 일본의 힘과 번영의 기원을 '양국적'인 것—국내에서 자란 것과 미국에서 수입된 제도들의 결합[72]—으로 규정했지만, 연합군이 일본에 강요한 많은 개혁은 사실 그 이전에 70년 이상 진행되어왔던 일이었다.

토지, 지주, 농민

토지개혁이 특히 그러했다. 메이지는 초보적인 자유와 재산권, 토지에 대한 명확한 권리를 도입했고, '코즈의 메커니즘'(제2장을 보라)에 따라 토지를 대규모 귀족적 보유에서 소규모 사적 소유자들에게 재분배했다. 아주 느리지만 확고한 이 과정은, 근대 이전 잉글랜드가 그랬듯이, 근면한 소농들이 부유한 특권층의 무기력한 상속자들로부터 재산을 사들일 수 있도록 해주었다.

그러나 잉글랜드와 일본에서 토지 재분배 과정은 근본적으로 달랐다. 메이지 치하에서 명확한 소유권과 자유로운 양도가 확립되었음에도 불구하고, 정액세 때문에 흉년기에는 채권자들이 돈 없는 귀족이나 소농들로부터 서서히 토지를 빨아들일 수 있었다. 메이지유신을 통해, 기존에 일정량의 쌀로 고정되었던 물납세가 토지 평가가치의 3~4퍼센트에 상당하는 화폐에 의한 정액세로 전환되었다. 이것은, 수확이 최악일 경우 최소한 약간의 유연성이 있었던 옛 시스템보다 소농을 더욱 억압했다.

20세기 이전에는 채무불이행 농민을 고용할, 공업 쪽 직업이 없었다. 그런 농민들은 여전히 소작인으로서 토지에 기대 살 수밖에 없었다. 1871년에서 1908년 사이에 이 소작지의 양은 총 토지의 30퍼센트에서 45퍼센트로 증가했고, 제2차 세계대전이 끝나는 시점까지 그 수준이 유지되었다. 맥아더 장군이 도착했을 때, 일본의 농촌은 압도적 다수의 소작농과 소수 엘리트 부재지주라는 두 개의 극렬하게 대립하는 진영으로 나뉘어 있었다.

한편 75년에 걸친 메이지의 구조개혁은 일본 사회의 모습을 근본적으로 바꾸어놓았다. 지주의 자녀들도 국민개병제와 보편적 의무교육에서 벗어날 수 없었고, 부유한 지주의 상속자들도 종종 교육수준이 더 높은 소작인이 지휘하는 군대에 복무해야 했다. 새롭게 계몽되고 영향력을 획득한 소작인들은 점점 더 자신들의 상태에 불만을 품게 되었다. 전간기 동안 토지개혁은 뜨거운 정치적 이슈였다. 1930년대 동안 군부가 우위를 차지한 정부의 지지 덕택에 지주들이 우위를 유지할 수 있었다.[73]

순수하게 경제적인 관점에서만 보면, 지주-소작 소유제도는 매우 효율적이다. 농업 산출을 개선하려는 지주의 인센티브는 소자작농의 인센티브와 동일하다. 게다가 지주는 토지를 개량하기 위한 더 나은 자본원천을 갖고 있다. 지주가 지배하는 시스템 하에서 일본의 농업 생산성은 메이지유신 이후 급속히 가속화되었다.

그러나 사회적 관점에서 보면, 일본의 소작인-지주 간 갈등은 재앙이었다. 가난한 자는 더욱 가난해지고 부유한 자는 더욱 부유해질 뿐이었다. 맥아더는 지주계급이 파시즘과 군국주의의 기반을 형성하고 있는 것으로 믿었고, 그리하여 그의 점령군은 그것을 해체하는 일에 착수했다. 점령군 당국이 대지주들에게 보상을 해주기는 했지만, 그 금액은 전전의 가격이었다. 전후의 만연한 인플레이션 때문에 평가절하된 엔으로 지급된 이 보상액은 몰수나 다름없는 금액이었다(농장의 평균 크기가 2.5에이커인 나라에서 10에이커 이상을 소유한 사람은 토지 거물로 간주되었다).[74, 75] 분익농과 소작농이 부유한 지주보다 우리의 동정을 더 많이 살 수는 있겠지만, 맥아더의 토지개혁이 재산제도에 실제적인 폭력을 가했다는 점은 사실이다. 라이샤워가 통렬하게 지적했듯이, "다른 사람들의 나라에서 하는 혁명적 개혁은 훨씬 더 쉽고 재미있다."[76] 일본에서 토지개혁의 최종적인 사회적 · 정치적 결과가 어떠했든, 이 결과는 경제적으로는 의미가 없었다. 점점 더 공업화해가는 나라에서 토지 소유 구조는 중요하지 않다.

맥아더가 일본인들에게 준 마지막 교훈은 자유민주주의 속에서 법치의 엄청난 힘을 무의식중에 보여준 것이었다. 1951년 4월 11일 해리 트루먼(Harry Truman) 대통령은 그를 해임했다. 일본인들은 눈에 잘 띄지도 않는 민간인 지도자가 보낸 편지 한 통이 그렇게 막강하고 존경받는 전사를 쓰러뜨릴 수 있다는 것을 보고는 놀라지 않을 수 없었다.

훨씬 더 중요한 계기는 미국의 군사적 우산 덕택에 일본이 GDP의 1퍼센트만을 방위비로 쓸 수 있었다는 사실이다. 일본 경제가 20세기의 첫 40년 동안 자본과 노동력 모두에 대한 압도적인 군사적 수요에 직면해서도 내내 성장했다는 점이야말로 진짜 '일본의 기적'이었다. 군국주의의 구속에서 벗어난 일본 경제가 제2차 세계대전의 잿더미로부터 비약적으로 성장한 것은 당연했다. 요약하자면, 전후 비약적인 성장은 여러 가지 평범한 요인들의 불가피한 귀결이었다.

- 30년 동안의 전쟁과 경제적 대파국 이후 일본인들은, 세계 다른 곳의 많은 사람들과 마찬가지로 궁핍했다. 산업의 가동률이 생산 능력보다 한참 떨어지고 공장과 설비를 회복하고 현대화하기 위해 소비로부터 자본이 전환되어야 할 때 그 결과는 왕성한 경제성장

일 것이다.

- 미군의 존재 덕택에 일본은 큰 나라를 가장 확실하게 탈선시키는 악령—과도한 군비 지출—의 손아귀로부터 벗어날 수 있었다.
- 맥아더가 도착하기 70년 전에 이미 일본인들은 초보적이지만 적절한 재산제도를 확립했고 서구식 과학, 자본시장, 수송과 통신을 채택했었다.

또한 일본인들이 근면과 저축, 계몽을 강조하는 문화를 갖고 있다는 점과 맥아더가 의회 민주주의를 '수입' 하기 이전에 그 나라가 50년 이상 그와 관련된 경험을 갖고 있었다는 점도 다행스러운 일이었다.

떠오르는 태양

1980년대 동안 일본이 세계를 지배하게 될 때까지 경제성장을 계속할 것이라는 생각이 널리 퍼졌다(이와 똑같이 1960년대에도 발전된 세계의 나머지 나라들은 독일의 전후 경제 기적에 대해 긴장하면서 경계의 눈초리를 보냈다). 이것 역시 가능성이 전혀 없는 이야기였다. 첫째로, 일단 재산권과 법치가 자리를 잡으면, 침체되었던 경제는 저절로 톱시처럼 성장*할 것이다. 전속력으로 달리고 있는 경제에 이와 같은 성장이 계속 일어나기는 어렵다. 둘째로, 제도적 축복은 일회적인 것이다. 일단 재산권과 법치가 확립되면, 성장의 토대는 다른 영역에서 찾아야 한

---

* 무성하게 성장한다는 뜻으로, 『톰아저씨의 오두막집』(Uncle Tom's Cabin)에 등장하는 어린 흑인 소녀의 무럭무럭 자라는 모습에 빗대어 쓴 비유법 ―역주

다. 마지막으로, 미국은 부유한 일본의 방위를 지원하는 일에 금방 싫증을 낼 것이다. 곧 일본은 자신의 군사적 필요를 적절하게 충족시킬 욕구를 다시 갖게 될 것이다. 일본이 예전에 저질렀던 일을 다시 한층 더 잘하게 되지 않기를 기도하자.

제9장
뒤처진 국가들
─이슬람 세계와 라틴아메리카

가장 뒤처진 나라들을 고려할 차례다. 2부의 두 개 장은 네덜란드, 잉글랜드, 프랑스, 스페인, 일본에서의 경제적 발전에 관해, 흔히 하듯이 시기별로 설명하면서 어느 정도 일직선적인 방식으로 진행했다. 세계경제의 경주견 도박에서 진 참가자들의 이야기는 실제로는 일어나지 않은 사건들─부연하자면, 달리기를 거부한 경주견─이기 때문에, 그들의 이야기는 전통적인 역사적 서술로는 이야기할 수 없다.

경제적 실패의 역사는 변화에 대한 전통문화의 저항에 관한 이야기다. 그래서 그것은 국가별로 분석하는 방식으로는 쉽게 검토되지 않는다. 따라서 우리는 일부 나라가 번영에 실패하게 된 원인을 이해하기 위해 두 개의 넓은 문화권─오스만제국과 그것이 낳은 오늘날의 아랍, 라틴아메리카―을 검토할 것이다.

이 장의 전반부에서 우리는 오스만제국에서 성장의 네 가지 요인―재산권, 과학적 합리주의, 자본시장, 근대적인 수송과 통신―이 어떤 상태에 있었는지를 논의할 것이다. 오스만제국의 해체는 오늘날의 중동과 발칸 반도에서 빈곤과 증오로 부글부글 끓는 가마솥을 만들어냈다. 이 장의 후반부에서 우리는 라틴아메리카에서의 자본시장과 재산권의 특정한 측면을 다룰 것이다. 특히 제8장에서 논의된 스페인이 식민지에 남긴 유산이 라틴아메리카의 경제성장을 어떻게 지속적으로 저해했는지를 검토할 것이다.

아주 최근까지도 유행했던 한 이데올로기적 주장이 있다. 그것은 세계의 부의 분배의 차이는 자연적 부의 차이에서 연유했고 또 마르크스주의의 쌍둥이 악마인 식민주의 및 제국주의가 그런 차이를 이용했기 때문에 부의 불평등이 더욱 확대되었다는 주장이다. 이 장의 마지막에서 우리는 통계적 증거와 강력한 일화적인 예를 가지고 이 주장을 해부할 것이다. 우리는 세계의 실패한 모든 나라를 다룰 수 없다. 특히 아시아와 아프리카의 나라들을 다룰 수 없는데, 왜냐하면 거기엔 나라들이 너무 많기 때문이다. 좀더 관심 있는 독자들은 중동과 라틴아메리카의 네 가지 요인의 동학을 나머지 저발전된 세계에 쉽게 적용해볼 수 있을 것이다.

이슬람 세계는 왜 뒤처졌는가

이제 우리는 네 요인을 현대 세계의 가장 주요한 지정학적 분할선, 즉 세속적인 서구와 좀더 전통적이고 경건한 이슬람 사회 사이의 분할

선에 적용할 것이다. 우리는 아랍인들의 절망의 뿌리를 오스만제국이 노정했던 네 요인의 통탄할 만한 역사 속에서 탐구할 것이다. 다음 장에서 우리는 이 분석의 연장선상에서 데이터에 주로 근거한 사회학적 접근법으로 그 문제를 검토할 것이다. 이를 통해 이슬람 세계와 서구 세계 사이의 경제적 지위의 격차 확대는 종교적 가르침과는 별로 관계가 없고 오히려 문화가 결정적이었다는 점을 보여줄 것이다.

21세기 초의 시점에서 보면, 이슬람이 그 추종자들에게 서구에서는 당연시되는 수준의 개인적 자유와 번영을 위한 가장 기본적인 수단조차 제공해주지 못한다고 하면서 이슬람을 '후진적'이라고 규정해버리기가 너무나 쉽다. 그러나 시계를 5백 년이나 1천 년 정도 되돌려보면 오늘날의 불균형과는 정반대인 거울 이미지가 보인다. 즉, 궁핍하고 후진적인 어중이떠중이 기독교 국가들을 금방이라도 괴멸시킬 것처럼 보이는 활력 있고 강력한 이슬람 문화가 보인다.

7세기에 처음으로 대대적인 정복 전쟁을 펼친 이후 이슬람은 몇 개의 서로 대립하는 칼리프로 급속히 분열되었다. 포괄적이고 정연한 조직을 갖춘 이슬람 국가는 1453년 오스만투르크가 콘스탄티노플을 정복한 이후에 비로소 나타났다. 오스만제국의 절정기에는 규모나 힘, 문화적 업적, 과학적 정교함 등의 면에서 이 제국에 버금가는 나라는 중국밖에 없었다.

오스만의 부상 이전에도 아랍의 천문학은 세계에서 견줄 만한 데가 없었다. 11세기에, 유럽에서는 알하젠이라는 이름으로 알려진 이븐 알하이삼(Ibn al-Hytham)은 유럽의 암흑시대에 그 어느 누구보다 더 탁월하게 광학과 천체에 관한 이론을 정식화했다.[1] 1550년에 투르크인들은 보스포루스에 120계단 높이의 등대를 건설했는데, 이것은 유럽의 그 어떤 것보다 더 크고 선진적이었다.[2]

아라비아 반도에는 양피지를 만들 수 있는 동물 가죽이 희소했다. 그래서 초기 이슬람 필경사들은 중국으로부터 종이 기술을 도입하여 더욱 발전시켰다. 이슬람 학자들은 일찍이 고대 그리스 문서들을 번역했고, 그로부터 한참 뒤 1453년에 콘스탄티노플이 함락되면서 이 텍스트들은 르네상스기 이탈리아의 관심을 끌게 되었다.[3] 아랍인들은 혁명적 개념—자릿수를 채우는 용도로서의 영(零)의 사용—을 담고 있는 수 체계를 인도로부터 도입했다. 이 영 개념이 없었다면 현대의 거의 모든 수학은 존재하지 못했을 것이다. 그리스인들이 기하를 발명하고 유럽인들이 산술을 발명한 것과 똑같이 아랍인들은 알-자브르(al-jabr), 즉 오늘날 말하는 대수를 발명했다.[4] E.L. 존스는 중세 기독교 왕국과 이슬람 사이의 차이를 다음과 같이 훌륭하게 요약했다. "이슬람계 스페인에는 대학교와 큰 도서관을 갖춘 크고 휘황찬란한 도시들이 있었다. 그곳의 건물들은 피레네 북쪽의 사실상 임시 막사와 같고 스파르타적인 수도원 같은 것들과 뚜렷한 대조를 이루었다."[5]

예루살렘의 재정복자 살라딘(Saladin) 같은 초기의 아랍 칼리프들이 기독교 왕국에 두려움과 외경심을 불러일으켰던 것과 똑같이, 16세기와 17세기에 오스만제국은 서구를 금방이라도 집어삼킬 듯한 거인으로 보였다. 그 제국의 크기와 영향력은 거대했다. 그 제국은 로마제국이 절정기에 달했을 때만큼 크고 부유했으며, 그 고대의 선조들과 똑같이 우월하고 영원히 지속될 것처럼 보였다. 오스만제국의 지리는 현대 세계에 강력한 각인을 남겼다. 그 제국은 오늘날 지정학적으로 중요한 땅들을 많이 포함했다. 사우디아라비아와 걸프 국가들, 요르단, 시리아, 팔레스타인/이스라엘, 이집트, 이란의 상당 부분, 발칸 그리고 북아프리카의 대부분이 포함되었다. 오늘날 이 휘발성 지역에서 발산되는 모든 희망과 열망과 분노, 좌절은 이 거대한 제국의 역사와, 유럽 대륙의 남동쪽 모서리에 위치했던 그 제국의 수도의 역사에 확고히 뿌리를 두고 있다. 한때 파샤가 부다페스트에서 통치했고, 아랍 해적들이 정기적으로 영국 해안을 공격했다. 1627년 언젠가는 오스만인들이 가장 귀중한 상품—유럽인 노예—을 얻기 위해 극서북쪽 아이슬란드까지 공격하기도 했다.[6]

오스만제국의 몰락 과정

17세기에 투르크인들은 빈을 두 차례나 포위했다. 유럽 운명의 결정적인 전환점이 1683년 9월에 찾아왔다. 이때 오스트리아인들은 투르크인들의 두 번째 공격을 격퇴했다. 그로부터 10여 년 뒤 피터 대제는 이전에 투르크 호수였던 흑해의 북쪽 해안에서 교두보를 확보했다. 1699년에 카를로비츠 조약*에 의해 투르크제국의 영토 감소와 지위 하락이 공식화되었다.

1798년 나폴레옹의 신속한 이집트 정복은 오스만인들을 놀라게 했다. 실제로 그 젊은 코르시카 출신 장군의 침략은 지형이나 기후에 대한 적절한 지식 없이 수행된, 신통치 않고 서투르게 계획된 일이었다. 몇 년 만에 그의 군대는 또 다른 젊은 군인 호레이쇼 넬슨(Horatio Nelson) 장군에 의해 쉽게 축출되었다. 역사가 버나드 루이스(Bernard Le-

---

* 오스만제국과 신성동맹(오스트리아 · 폴란드 · 베네치아 · 러시아) 사이의 전쟁(1683~1699)을 마무리 지은 평화조약(1699. 1. 26). 이 조약으로 헝가리 영토 대부분과 트란실바니아가 오스만제국의 손에서 오스트리아로 이양되었으며, 그 결과 동부와 중부 유럽에서 오스만제국의 영향력이 현저히 위축되고 그 대신 오스트리아가 그 지역의 지배적인 강대국으로 부상했다. —역주

wis)에 따르면, 이 사건들의 중요성은 "결코 명확하지 않았다. 유럽의 어떤 강자도 마음대로 들어와 행동할 수 있었을 뿐만 아니라 또 다른 유럽의 강자가 그들을 쫓아낼 수도 있었다."[7] 1세기 만에 오스만제국은 '유럽의 병자'가 되었다. 즉, 영국과 프랑스가 합스부르크 오스트리아의 힘에 대한 견제력으로서 오스만제국의 생명을 유지시켰다.

문명과 문화가 실추하기 시작할 때, 그것들은 다음 두 가지 질문 중에서 하나를 제기하면서 자신들의 쇠퇴의 이유를 찾는다. 첫 번째 이유는 어렵지만 건설적인 질문이다. '우리는 무엇을 잘못했는가?' 두 번째 이유는 속죄양을 찾고 '무엇이 이런 결과를 초래했는가?'라고 묻는다. 오스만인들이 두 번째보다는 첫 번째 질문을 제기한 것은 지극히 옳았지만,[8] 불행하게도 그들은 틀린 해답을 도출했다.

17세기에 오스만인들은 자신들의 군사 기술이 서구에 비해 한참 뒤져 있다는 것을 깨달았다. 그들은 무기와 자문관들을 한꺼번에 수입함으로써 상황을 개선하려고 했다. 카를로비츠 조약 체결 이후 2세기 동안 오스트리아, 독일, 프랑스로부터 군장교와 군수품 전문가들이 지속적으로 이스탄불로 흘러들어왔고, 투르크는 서구의 최신 무기 구입에 거대한 양의 재보를 지출했다. 오스만인들은 서구식 제복을 채택하고 심지어 서구식 군사 음악도 수입했다.

오스만의 외교관과 상업 사절들이 적의 사정을 평가하기 위해 유럽 전역으로 흩어졌을 때, 그들은 새로 건설된 공장들에서 나오던 엄청난 생산물들에 놀라지 않을 수 없었다. 투르크의 한 대사는 이렇게 제안했다. "우리 제국이 종이, 크리스털 유리, 옷감, 도자기 등을 위한 공장 다섯 개를 매입하면…… 몇 년 안에 (우리가 그들을 능가할 것이다). 왜냐하면 현재 그들의 모든 교역의 토대는 이 상품들에 있기 때문이다." '공장을 지어라, 그러면 그것들이 들어올 것이다'라는 로스토 교수의 이름에 어울릴 만한 전략이다. 그러나 서구식 제도의 발전 없이 단순히 근대적 공장만 건설하는 것의 결함은 명백하다. 충실한 법적·지적·재정적 기초 없이 단순히 서구식 공장만 건설하는 것은 실패를 보증한다. 투르크인들이 건설한 새로운 시설들은 곧 파손되어 쓸모없게 되었다.[9] 명확하게 정의된 재산권과, 술탄과 이맘*의 행동에 대한 엄격한 제한 없이는 어떤 합리적인 사업가도 커다란 기업을 세우고 유지하는 막대한 노력을 기울이려 하지 않을 것이고 어떤 합리적인 투자자도 그런 기업활동에 자금을 대려 하지 않을 것이다.

'우리는 무엇을 잘못했는가'라는 질문에 대한 대답으로, 좀 덜 생산적이지만 또 다른 방법도 있었다. 많은 사람들에게 그 대답은 예전의 방식으로 돌아가는 것이었다. 즉, 종교적 보수주의 쪽으로 한층 더 후퇴하는 것이었다. 오스만인들은 군사 과학과 공장 생산의 영역 이상으로는 서구에 대해 더 이상 깊은 호기심을 갖지 않았다. 영국인들을 필두로 하여 유럽인들은 큰 대학교들에 아랍 관련 분과를 신속히 세운 반면, 오스만인들은 그에 상응하는 어떤 '서구 연구' 프로그램도 실행하지 않았다. 이것은 양쪽의 문화에 대해 많은 것을 말해준다.

이러한 지적인 호기심의 결여는 유대교와 기독교를 진리에 이르는 불완전한 길로 보는 이슬람의 가르침에서 부분적으로 연유한다. "기독교에서 진리인 것은 이슬람교에 포섭되었다. 포섭되지 않은 것은 거짓이다."[10] 서구인들은 비록 더 큰 부와 더 훌륭한 무기를 가졌지만 오스만인들에게는 여전히 미개한 이단자들이었다.

15세기경 이슬람 학자들은 코란 해석을 동결시켰다. 타클리드**라

---

*이슬람교 공동체 지도자 ―역주

는 이 가르침은 코란에 대한 이전의 해석을 글자 그대로 받아들일 것을 규정하고 장래에 있을 수 있는 어떤 해석도 차단했다. 이 조용한 재앙은 역동적인 사회적, 경제적 힘이 되어 이슬람을 불구화시켰다.[11] 그것은 '흑인은 시민권을 주장할 수 없고 의회는 노예제를 금지시킬 수 없다'는 드레드 스코트(Dred Scott) 판결 이후 1857년 미 연방대법원이 헌법에 대한 모든 재해석을 중단시킨 것과 똑같은 일이었다.

타클리드 속에 내재된 자유로운 지적 연구에 대한 금지는 경제적 번영에 필요한 두 번째 요인, 즉 과학적 합리주의에 관해 말해준다. 본래부터 외부 세계에 대해 어떤 호기심도 없고 그 자신의 가정(假定)에 대해 도전할 의지도 없는 사회는 혁신하지 않는 사회다. 혁신하지 않는 사회는 진보하거나 번영할 수 없다.

농업의 악순환에 허덕이는 오스만제국

유럽인들이 스스로 성공을 거두고 있다는 것을 알았던 것과 마찬가지로 오스만인들은 자신들이 잘못하고 있다는 것을 알았다. 그러나 어느 쪽도 그 이유를 정확히 이해하지는 못했다. 투르크의 군사력과 경제력의 열위는 훨씬 더 광범위한 질병의 한 증상이었을 뿐이다. 제8장에서 우리는 농업·상업·공업과 관련한 국가의 성격, 특히 징세방법의 중요성을 강조했다. 계몽된 통치자들은 시민들에게 치안, 공공보건, 도로, 교육, 독립된 사법 같은 결정적인 서비스를 제공한다. 그런

** 의심의 여지 없는 종교적 공리 —역주

국가는 번영했고 그렇지 않은 국가는 뒤처졌다.

정복과 약탈을 주수입원으로 하는 국가는 틀림없이 쇠퇴한다. 전리품이 고갈되면 헬레니즘 시기의 그리스, 로마, 도쿠가와 이전의 일본에서 일어난 것과 똑같은 사태가 벌어진다. 충분한 양의 수입을 거두기 위해 국가는 세금을 인상한다. 더 높아진 세금은 한때 비옥했던 농지들을 경제적으로 지탱할 수 없도록 만들고 농촌의 인구를 감소시키며 경제를 질식시킨다. 오스만제국은 생산적인 국내 경제가 확립되지 않은 약탈기계였고, 그 정도는 이전 로마제국보다 한층 더 심했다. 그 자체로 투르크는 쇠퇴할 운명이었다. 1875년 한 관찰자는 투르크의 유럽 쪽 한 지방에서 농지의 3분의 2가 버려졌다고 말했다.[12]

네덜란드와 잉글랜드는 서비스 국가가 되는 것과 군사적·경제적 힘을 얻는 것 사이를 의식적으로 연관시킨 첫 번째 국가들이었다. 프랑스가 그 뒤를 이었고, 스페인과 일본은 수세기가 지난 다음 그들을 따라잡았다. 오스만인들은 그런 연관을 결코 보지 못했고, 이슬람의 나머지 세계도 마찬가지였다.

오스만제국의 4가지 요인

여기서 잠시 오스만제국에서 네 가지 성장 요인의 상태를 검토해보자.

• **재산권** 전통사회의 통치자들은 법치와 재산의 불가침성을 크게 존중하지 않는다. 확실히 가장 명백한 재산권 침해는 노예제다. 오스만인들은 19세기에 서구의 압력을 받기 전까지 수익성 높은 노예무역을 그만두지 않았다. 그들은 20세기까지 자기 국경 안에서

도 노예제를 금지하지 않았다. 예멘과 사우디아라비아는 1962년에야 비로소 그것을 일소했다.[13] 오늘날까지 수단, 소말리아, 모리타니아에는 30만 명 이상의 노예가 존재하는 것으로 추산된다.[14]

- **과학적 합리주의** 처음에 지적인 연구를 숭상했던 이슬람교는 1500년경에 알 수 없는 이유에서 그것에 적대적인 태도를 취하기 시작했다. 한 가지 작은 예가 과학에 대한 오스만인들의 태도를 보여주기에 충분하다. 1577년 제국은 이스탄불 부근에 커다란 관측소를 세웠다. 이것은 티코 브라헤의 우라니엔보리 관측소에 대한 아랍측의 대응으로서, 우라니엔보리의 것과 동일한 장비와 인원을 갖추었다. 그러나 그것이 완성된 거의 직후에 술탄은 종교 자문관의 권고에 따라 그것을 파괴하라고 명했다.[15]

- **자본시장** 이슬람교의 이자 지급 금지 조치가 상업을 질식시켰다. 더욱이 술탄이 자의적으로 재산을 몰수할 수 있었기 때문에 자본이 희소했고 은행업이 존재하지 않았다. 앞서 언급했듯이, 투르크 최초의 은행이 세워진 것은 19세기에 유럽인에 의해서였다.

- **수송과 통신** 이 분야에서는 유럽인들이 그리 많이 앞서 있지 않았다. 중세 말기와 근대 초기 오스만제국에서 통신과 수송은 발전되지 않았지만, 유럽의 사정도 훨씬 더 좋지는 않았다.

현대 중동의 4가지 요인

오늘날 이슬람 세계의 제도적 지형은 근본적으로 다르다. 제1장에서 논의했듯이, 네 요인 중 세 가지—과학적 합리주의, 자본시장, 근대적인 수송과 통신—는 중동에도 이미 존재한다. 성장과 번영을 위한 나머지 유일한 요건은 재산권과 법치이다.

　그러나 오늘날 중동에서는 서구식 권리 개념이 전혀 생소하다. 심지어 법률 분야에 종사하는 사람들 사이에서도 그런 개념은 마찬가지로 생소하다.[16] 샤리아(shari' a)* 하에서 범죄자들에게 행해지는 극단적인 조치―돌로 쳐죽이기와 능지처참―는 엄격한 법치라는 인상을 준다. 중동 대부분의 국가는 경찰국가처럼 기능하는데, 국가의 힘 자체가 제어되지 않을 경우 엄격한 법률 집행은 별 의미가 없다. 무법사회의 특징―부자나 정부 관료의 집을 둘러싸고 있는, 꼭대기에 날카로운 철조망과 유리파편을 꼽은 높은 담벼락―이 이슬람 세계의 모든 곳에 나타난다.

　지리학자와 고고학자들은 중동의 방대한 사막이 부분적으로는 명확한 토지 소유권 부재의 결과라는 설득력 있는 주장을 하기도 했다. 로마의 지배 하에서 북아프리카의 상당 부분은 한때 나무가 우거진 비옥한 땅이었지만, 이슬람제국이 들어서면서 메마르고 척박해졌다. 북아프리카의 인구와 농업 산출은 오스만제국(로마보다 1천 년이나 뒤늦은) 하에서보다 로마 시기에 훨씬 더 높았다.

　관개 '기술' 은 역사 자체만큼이나 오래되었다. 최초의 메소포타미아 문명은 수력 사회였고, 로마인들은 방대한 관개시설을 건설하여 커다란 면적의 북아프리카 사막을 성공적으로 경작했다. 아랍과 오스만의 정복 이후 안전한 재산제도가 소실되면서 이 관개체계도 점차 버려지고 지역의 인구도 하락했다. 놀랍게도 많은 경우에 오늘날의 고고학자들은 1천 년 이상 잠자고 있던, 많은 구 로마 관개 시스템으로부터

---

* '코란' 과 선지자 무하메드의 가르침에 기초한 이슬람의 법률 ―역주

자분정 압력을 받아 솟아오르는 물의 흐름을 큰 어려움 없이 재구성할 수 있었다.[17]

아랍의 유목적 전통은 잘 정의된 재산권 부재의 필연적인 귀결이다. 염소는 이동성이 매우 높고 어디서도 먹이를 찾아 먹을 수 있다. 어느 누구도 토지에 대한 명확한 소유권을 갖고 있지 않고 칼리프가 언제든지 농부나 목동들의 재산을 빼앗을 수 있는 영토에서 전형적으로 나타나는 특징이다("이동하는 것에 축복이 있다"는 아랍의 옛 속담은 아마 이것을 반영한 말일 것이다). 지면에 가까운 식물을 뜯어먹는 염소는 토지를 황폐화시키는 데 가장 적합한 동물이다. 염소가 가는 곳마다 토양 침식이 일어나고 사막이 확대된다.

물적 재산권이 확보되지 않는다면, 관개는 물론 개간이나 시비(施肥)도 이루어지지 않을 것이다. 장구한 세월이 흐르면서 아랍 판 공유지의 비극—도처에 존재하는 게걸스러운 염소의 과잉 목축—이 더욱더 많은 한계지를 사막화시킨다.

이슬람 세계의 미래

이슬람 세계가 경제적 함정에서 벗어나려면 가족과 종교에 기반한 전통적인 통치 시스템이 위임되고 세속적인 서비스 기반 국가 시스템으로 교체되어야 할 것이다. 카이사르의 것과 신의 것을 분리하는 것이 이슬람 세계에서 불가능한 일은 아니다. 그것은 터키와 말레이시아 모두에서, 그리 뚜렷하게는 아니지만 이미 대충은 달성된 적이 있다.

오늘날의 이슬람 세계는 3세기 전의 많은 중부 유럽 국가들보다 더 앞서 있다고 할 수 없다. 물론 교통, 통신 및 자본에 대한 접근성 같은 면들은 훨씬 더 나은 상태에 있지만 말이다. 서유럽에서는 16세기부터 서서히 종교가 사회의 조직원리 자리에서 밀려나기 시작했다. 달리 말해 서유럽에서 시민사회가 성립되기 시작했다. 이슬람 세계가 진정으로 근대화하기 위해서는 바로 이러한 일을 해야 한다. 이 과정에는 몇십 년 또는 몇 년의 시간이 아니라 몇 백 년의 시간이 걸릴 것이다. 내적 기동력에 의해서든 외적인 기동력에 의해서든 단순한 정권 교체는 기껏해야 표면적인 변화에 지나지 않는다. 이런 변화의 문제점은, 영국과 프랑스가 제1차 세계대전 이후 구 오스만 영토들에서 의회정권을 창출했지만 이 정권들이 실패로 돌아갔다는 사실에서 여지없이 드러났다.

이것이 오늘날 중동에서 어떻게 일어날 것인지에 대해서는 단지 추측할 수 있을 뿐이다. 하나의 경로는, 다음 장에서 좀더 길게 논의하겠지만, 성장 모델이다. 이 모델에서는 재산권과 개인적 권리의 발전이 더 큰 번영을 낳고, 그에 이어 시민권의 확대, 최종적으로는 민주적 개혁이 이루어질 것이다. 개혁될 필요가 훨씬 더 큰 것은 이맘과 사원보다는 마을과 족장이다.

버나드 루이스는 또 다른 훨씬 더 흥미로운 가능성을 제안하고 있다. 그는 사제, 주교, 대주교, 추기경, 교황에 이르는 기독교의 피라미드 구조와는 대조적으로 초기 이슬람교가 평등주의적이고 비계서제적이었다는 점을 지적한다. 훨씬 뒤에 투르크인들이 일련의 종교적 관리들을 임명했는데, 그 정점에 오늘날 이스탄불의 대주교에 대체로 해당하는 그랜드 무프티(grand mufti)*가 있었다. 지난 몇 십 년 만에 이란

---

*이슬람교에서 율법에 대한 유권 해석을 내리는 고위 법학자 ─역주

인들은 현대 가톨릭의 기구들을 거의 그대로 모방한 아야톨라 (ayatollah)라는 전혀 새로운 관료제도를 갑자기 만들어냈다. 루이스는 "그 기구가 조만간 종교개혁을 야기할 수 있지 않을까" 하고 희망 섞인 관측을 하고 있다.[18]

어떤 경로든 이슬람 세계의 광대한 영역에 문화적 변혁이 나타나겠지만, 이 과정은 고통과 궁핍에 찬 많은 세대를 거쳐야 할 것이다. 1853년 일본은 페리 제독의 검은 배를 응시하고서 정확한 결론을 이끌어냈다. 오늘날 서구식 부와 힘 그리고 그것들을 지지하는 제도라는 검은 배는 이슬람 세계에 뚜렷하게 모습을 드러내고 있다. 이슬람 세계가 어떤 결론을 끌어내는가에 따라 그들의 운명도 결정될 것이다.

라틴아메리카의 불행한 유산

잉글랜드의 문화적 · 식민지적 자손들—미국, 캐나다, 오스트레일리아, 뉴질랜드—이 세계의 최부국 대열에 드는 것은 결코 우연이 아니다. 스페인과 포르투갈의 후손들이 부유해지지 못한 것도 우연이 아니다. 앞에서 우리는 근대 이전 스페인의 정치와 경제의 기능장애적 특징과 특히 발전되지 못한 재산권제도를 탐구했고, 스페인 식민지 기구들의 착취적—거의 범죄와 다름없었다—인 성격을 다루었다. 당연한 이야기지만, 스페인의 자손들은 스페인의 가혹한 재산 관리와 결함 투성이 제도 때문에 고통을 받았다.

라틴아메리카에서 성장을 촉진하는 네 요인 중 적어도 두 개는 비교적 문제가 없었다. 라틴아메리카는 종교개혁이 교회의 도그마를 최종적으로 깨뜨린 지 오랜 뒤에 성년이 되었다. 종교재판소의 몰락 이후 영어권과 스페인어권 신세계의 모든 곳에서 과학적 합리주의가 꽃을 피웠다. 마찬가지로 19세기 동안 유럽과 미국은 라틴아메리카의 해운과 철도, 전신 시스템에 자본을 아낌없이 공급했다. 국제 금융 및 전신과 더불어 정교한 자본시장도 도입되었다. 20세기로의 전환기에 부에노스아이레스는 세계 최대의 증권시장 중 한 곳이었다. 사실 아르헨티나의 최대 기업은 거기서 거래되지도 않았다. 그들의 중요성을 보여주는 지표로서, 아르헨티나의 대규모 전신 및 철도 회사의 주식은 실제로 런던 거래소에서 사고 팔렸다.[19]

라틴아메리카의 중심적인 경제적 문제는, 오늘날의 전형적인 경우와 마찬가지로 재산권제도에 있다. 나폴레옹 전쟁의 여파 속에서 라틴아메리카는 부르봉 왕조의 스페인으로부터 벗어났다. 이 '해방'은 겉으로는 미국 혁명과 닮았고, 새로운 공화국들은 미국의 제도들을 모델로 한 정부제도들을 채택했다. 그러나 그 민주적 겉모습 뒤에 스페인의 모든 결함이 숨어 있었다. 합스부르크의 유산을 물려받은 신생 독립국들은 미국과 잉글랜드 사람들이 누리던 개인적 자유와 재산권의 문화를 획득하지 못했다. 따라서 라틴아메리카의 새로운 정치 제도는 과거 합스부르크의 전체주의적이고 폭력적인 시스템을 고스란히 복제했다.

미국에서 일어난 혁명은 철저히 독립적이고 분산된 소지주 집단들이 불꽃을 일으킨 자발적인 사건이었다. 영국민주주의 국가이 콩코드와 렉싱턴에서 격노한 소지주들로부터 황급히 후퇴하여 보스턴의 안전지대로 되돌아간 이후에 비로소 미국 건국의 아버지들은 좀더 조직화되고 신속한 투쟁을 계획할 필요가 있다는 것을 깨달았다.

다른 한편, 남아메리카의 독립전쟁은 대규모 지주 엘리트의 모험적 분자들이 위로부터 이끌었다. 이들은 원래 정복자들의 정신적인 후손들—혈통으로 직접 이어진 것은 아니지만—이었다. 미국에서와 마찬가지로 억압적 과세(이 경우에는 나폴레옹에 대항한 스페인과 포르투갈이 전쟁을 지탱하기 위해 거두어들인 거대한 세금)가 반란에 불꽃을 일으켰다. 미국 혁명은 유혈 낭자한 사건이었지만, 남아메리카의 투쟁은 완전히 다른 모습을 띠었다. 반란군들은 북아메리카에서의 영국민주주의 국가과 같은 존재를 전혀 만나지 못했다. 자원병이 있었다는 이야기는 전혀 없었고, 시몬 볼리바르(Simón Bolívar)의 군대는 용병, 보물 사냥꾼, 징집병으로 채워져 있었으며, 징집병들 중 많은 사람들이 족쇄를 차고 있었다. 반란군 중 일부는 경쟁하는 군벌들이 지휘하는 방랑 도둑 떼와 다름없었다.

남아메리카의 독립전쟁에서는 대량 살육, 야만적인 즉결 처형, 참수된 머리의 공개 전시 같은 일들이 비일비재하게 일어났다. 남아메리카의 조지 워싱턴이라 할 수 있는 시몬 볼리바르는 베네수엘라와 안데스 산맥 접경국가들을 사실상의 독재자로서 통치했다. 볼리바르는 잔인한 행위도 서슴지 않았다. 1813년 카라카스를 해방시킬 때 그는 전투에서 죽인 수에 못지않은 사람들을 처형했다. 그러나 직접적인 잔혹행위의 면에서 볼리바르는 부통령이었던 프랜시스코 산탄데르(Francisco Santander)와는 비교도 안 되었다. 잇달아 일어난 드라마, 즉 1819년 여름의 보고타 함락이 전형적인 예였다. 볼리바르는 도시를 장악하고 왕당파를 그들의 요새 안에 투옥시킨 후 그곳 지휘를 산탄데르에게 맡기고 자신은 서쪽으로 진격했다. 볼리바르가 수평선에서 사라지자마자 산탄데르는 서른 명의 모든 왕당파 관리들을 수용소에서 처형대로 끌어낸 다음 그들의 처형을 기념하기 위한 노래를 작곡하라고 했다. 덤으로 그는 관용을 호소하는 관리들 대신에 지나가던 사람을 쏘았다. 이 사건은 남아메리카 독립전쟁과 그 이후 역사의 상당 부분의 성격을 규정했다. 이 폭력적 성향은 현대의 남아메리카에서도 그대로 나타났는데, 1970년대 동안 남아메리카 삼각주 국가들(아르헨티나, 칠레, 파라과이, 우루과이)에서 우익 독재자들이 저지른 대량 처형이 그 전형적 예였다.

스페인인들은 반란자들보다 훨씬 더 나빴다. 안데스 산맥을 무대로 한 가장 기괴한 배우 중의 한 명은 호세 토머스 보베(Josè-Thomas Bove)라는 왕당파 사령관이었다. 이 사람은 스페인인의 혈통을 생각하면서 백인들을 경멸했다. 보베는 가능한 한 많은 코카서스계 사람들을 죽이고 이들을 혼혈인 정주자들로 교체하려는 계획을 세웠다. 그가 선택한 무기는 백인 남자들에 대해서는 창이었고, 백인 여자들에 대해서는 채찍이었다.

라틴아메리카에서 거의 2세기 동안 광범위한 규모로 지속된 정치적 불안정은 라틴아메리카 독립전쟁 자체에 내재했던 살인적 무법성, 약탈, 전반적인 파괴행위에서 기원했다. 멕시코의 독립 직후의 역사는 이 점을 생생하게 보여준다. 1821년 2월에 현지 스페인 사령관 아구스틴 데 이투르비데(Agustín de Iturbide)가 정치적 태도를 바꾸어 멕시코 시티로 진격한 후 스페인으로부터의 독립을 선언함으로써 식민지 지배의 운명을 결정지었다. 입헌적 지도자로서 만족하지 못한 그는 이듬해 자신의 정부에 대해 쿠데타를 일으켜 황제를 자칭했다.[20] 그 이후 90년 동안 멕시코에서 네 차례의 쿠데타가 더 일어났다.

재산권과 무명 경제학자 이야기

안정된 정부의 부재는 이야기의 절반에 지나지 않는다. 잉글랜드의 자손들은 튼튼한 재산권 시스템을 유산으로 물려받아 번영을 이룩했지만, 스페인과 포르투갈의 구 식민지들은 그것의 부재 때문에 고통을 당했다.

라틴아메리카 나라들에서의 재산권 문제를 이해하려면 이 권리의 근본적인 본성에 대해 좀더 깊이 탐구해야 한다. 제2장과 7장에서 우리는 재산권이 존재해야 할 뿐만 아니라 효율적이어야 한다는 사실을 지적했다. 즉, 재산권을 획득·유지·강제하는 데 비용이 너무 많이 들지 않아야 한다. 아브라함이 에프론으로부터 토지를 매입하는 데에는 비용이 많이 들지 않았다. 아브라함의 재산권 행사 비용은 증인에게 제공한 술과 간단한 음식이 전부였다. 아브라함이 토지에 대한 권리를 취득하자 그 권리는 다툼의 여지가 없는 명백한 것이었고, 그것과 더불어 아브라함은 그 땅에 대한 무단 침입자와 무단 거주자를 다룰 권한을 갖게 되었다. 이와 똑같이 중요한 것은 재산에 대한 그의 권리가 양도 가능했다는 점이다. 즉, 그는 자신이 선택하는 누구에게도 그 땅을 자유롭게 팔 수 있었다.

테이프를 빨리 감아 4천 년 후의 세계를 보자. 1950년대 중반에 시카고 대학교의 경제학자 로널드 코즈(Ronald Coase)는 사적 당사자들 간의 분쟁에 대한 정부 규제의 비밀을 탐구하기 시작했다. 예를 들어 목축장 인접한 곳에 옥수수 밭이 있다고 생각해보자. 소들은 습성대로 돌아다니다가 옥수수 밭으로 들어가 농부의 작물을 뜯어 먹는다. 경제학자들은 이것을 '부정적 외부성'(negative externality)이라 부른다. 이는 산업체의 공해로 음용수가 더럽혀진다든지, 이웃의 소음으로 조용한 생활을 방해받는 경우를 말한다.

코즈는 이런 종류의 분쟁을 해결할 두 가지 방법이 있다는 것을 알았다. 첫 번째의 가장 명백한 방법은 목장주가 피해 비용을 지불하는 것이다. 두 번째의 덜 직접적인 방법은 목장주가 소들을 울타리 안에 가두는 대신 농부에게 일정한 보상을 요구할 수 있는 경우다. 첫 번째 경우에는 책임이 목장주에게 있고, 두 번째의 경우에는 농부에게 있다. 코즈의 천재성은 '애초에 누구에게 책임이 있었는가'는 중요하지 않다는 점을 인식했다는 데 있다. 두 경우 모두 최종적인 결과는 동일하다. 즉, 돈을 내는 자와 받는 자가 서로 반대로 바뀔 뿐 결국 동일한 액수의 돈이 수수된다는 점에는 변화가 없다. 결국 두 가지 해결 방법의 결과는 경제적으로 동등하다.* 경제학자들과 법학자들은 곧 이 이야기가 재산권에 대해서도 타당하다는 것을 인식했다. 애초에 재산이 얼마나 공평하게 분배되었는가는 재산권을 얼마나 효율적으로, 얼마의 비용으로 지킬 수 있는가보다 훨씬 덜 중요하다. 코즈는 이 이론의 전제조건으로 세 가지를 제시했다.

- 소유권과 책임은 명확히 정의되어야 한다.
- 재산과 책임은 자유의지로 사고 팔 수 있어야 한다.
- 협상, 판매, 권리행사와 관련된 비용은 낮아야 한다.

이 세 가지 조건만 충족된다면, 재산은 결국 그것을 가장 효율적으로 사용하는 사람에게 돌아갈 것이고, 책임은 문제 해결에 가장 큰 가치를 부여하는 사람에 의해 해소될 것이다. 그러한 세계에서 정부는 재산권을 정의하고 강제하는 것 이상의 규제적 역할을 할 필요가 없

* Ronald. H. Coase:, "The Problem of Social Cost," *Journal of Law and Economics* 3(October 1960), pp.1-44. 코즈의 이름은 경제학자와 법률가들 사이에만 알려져 있다. 이 논문은 경제학 문헌 중에서 가장 사주 인용되는 글 중의 하나다. 1991년에 그는 이와 관련된 논문으로 노벨 경제학상을 받았다.

다. 모든 재산 거래는 사적인 개인들 사이에서 이루어진다.

예를 들어 효율적이고 안전한 재산권을 확립한 한 나라에서 모든 재산이 십여 가족에게 갑자기 양도되었다고 상상해보자. 이렇게 집중된 소유권은 두세 세대 안에 분산되기 시작할 것이다. 원래 소유자의 방탕한 상속자들이 더 높은 생활수준에 필요한 돈을 얻기 위해 토지를 그들보다 더욱 효율적으로 사용할 수 있는 사람들에게 매각하기 때문이다. 한두 세기 안에 광범위한 소규모 소유가 일반화되고, 대규모 소유는 그것을 현명하게 관리해온 가족들로 국한될 것이다.

이것이 바로 노르만 정복 이후 잉글랜드에서 일어났던 일이다. 영국의 토지는 처음에 소수의 노르만가계가 소유하고 있었지만, 점점 더 효율적이 된 재산권 덕택에 그 토지 소유가 점차 분산되게 되었다. 코즈와 그의 추종자들이 옳았다. 즉, 장기적으로는 정확히 어떤 것을 누가 소유했는가는 그것에 대한 권리가 얼마나 명확하고 양도 가능한가보다 훨씬 덜 중요하다. 쉽게 말하자면, 사회의 건강은 겉으로 드러난 부의 분배의 '공평함'보다는 명확하게 이해되고 강제되는 규칙에 훨씬 더 많이 의존한다. 더 쉽게 말하자면, '사회적 정의'보다는 법치가 더 관건이다.

노르만 잉글랜드의 상황과 유사하게, 무어인의 추방 이후 스페인에서는 약 20여 명의 그랑디들이 대부분의 토지를 소유했다. 스페인은 이와 같은 토지의 소유 집중을 라틴아메리카 식민지들에 '수출'했다. 멕시코에서 16세기에 수백 만 명의 소농들이 천연두로 죽었을 때, 이들의 재산은 스페인계 아시엔다도스(haciendados: 대토지 소유자)의 손으로 이전되었다. 이들의 거대한 플랜테이션에 비하면 모국 대공작들의 토지도 초라해 보일 정도였다.[21] 스페인으로부터 물려받은 잘못된 재산권 메커니즘 때문에 멕시코의 대부분의 토지는 현대에 들어와서도 한참 동안 거대하지만 관리는 부실한 상속재산이 되었다.

　노르만 이후 잉글랜드와 스페인 및 그 식민지들에서 사태는 매우 다르게 나타났다. 대서양 양쪽 모두에서 스페인 재산 제도의 후진성은 자유 재산시장의 정상적인 동학을 통한 대토지 소유의 분해를 방해했다. 제국의 재산제도가 해로운 작용을 했다는 점을 고려하면, 스페인이 사실상 방치했다는 것 자체가 장기적인 장점이 된 경우도 있었다. 코스타리카가 바로 그러한 예다. 오랫동안 후진적인 식민지 정권으로 간주되었던 코스타리카는 대토지 소유로의 집중을 피했고, 중앙아메리카에서 유일하게 경제적 성공을 거두었다.[22]

　오늘날의 라틴아메리카는 코즈의 세 가지 조건 중에 아무것도 충족시키지 못한다. 재산권 제도의 효율성을 가장 쉽게 이해하려면 토지를 매입하는 경우를 생각해보면 된다. 미국에서 부동산을 사들이는 데 있어 가장 복잡하고 어려운 과정은 보통 가격 협상이다. 일단 가격이 합의되면, 등기열람조사를 통해 적은 비용으로 판매자 소유권의 합법성이 확인되고 수표가 발행되며, 카운티 사무소에서 소유권 이전이 등록된다. 이것으로 끝이다.

　라틴아메리카에서는 그렇지 않다. 재산법의 카프카적*인 세계를 연구하면서 경제학자 에르난도 데 소토는 페루 리마에서 집 한 채를 구입하는 데 728단계를 거쳐야 한다는 것을 발견했다.[23] 그러한 세계에서는 가장 부유한 개인과 가장 큰 사업체만 명확한 소유권을 얻을 수 있을 것이다. 농부는 자신의 땅을 팔 수도 없는데, 왜냐하면 구매자에게 그의 토지가 저당잡히지 않았다는 것을 확인시켜줄 수 없기 때문이다.

---

*부조리하고 악몽 같은이라는 뜻 ─역주

그러한 사회에서는 가족 안에서 재산을 지킬 유일한 방법은 그것을 아들들 사이에 나누는 것이다. 몇 세대를 거쳐 내려가면 이 연속적인 토지 분할은 찢어지게 가난한 먼 사촌들 간의 분쟁을 야기한다. 농부는 자기 재산을 개선하기 위해 돈을 빌릴 수도 없다. 은행은 만약 농부가 채무를 불이행할 경우 저당권을 행사할 수 있을 것인지도 확신하지 못한다. 이와 비슷하게 사업체들은 자본을 구할 수 없고, 투자자들은 잔여처분권이 확실하지 않은 상황에서는 자본을 공급하려고 하지 않을 것이다. 데 소토는 제3세계 나라들을 '사장된 자본' ─ 저당으로서 제한 없이 사용될 수 있도록 소유권이 명확해지기만 하면 방대한 양의 투자를 끌어들일 수 있는 재산 ─ 의 보고로 묘사하고 있다.

라틴아메리카의 인민주의적인 정치적 설득도 경제환경에 유해한 영향을 미쳤다. '인민'이라는 보복적인 유령이 허공에 짙게 드리운 곳에서는 재산이나 사업체를 개선하는 것은 그것을 좀더 살찐 몰수 대상으로 만드는 데 기여할 뿐이다. 정부가 구입하거나 수용한 토지를 받는 농민들은 다른 소지주들과 똑같은 상황에 처하게 된다. 그들은 그 재산을 팔 수도 없고, 그것을 담보로 돈을 빌릴 수도 없으며, 오히려 다음 번 쿠데타로 그 선물이 날아가버리지 않을까 걱정한다.

서구는 도움이 되지 않았다. 수십 년 동안 발전된 나라들은 정부 포고를 통한 토지개혁을 촉진했고, 이렇게 하여 탄생한 제도는 농민들에게, 팔 수도 개량할 수도 없는 재산을 부여했다. 서구는 수세기 전에 얻은 교훈을 잊어버렸다. 재산과 민주주의를 증진하기 위한 가장 효과적인 방법은 '영국식 토지개혁'을 통해서다. 즉, 안전한 재산권과 자유롭고 공개된 토지시장을 통해 소농들에게 토지를 분배하는 것이다. '인민'의 이름으로 이루어지는 재산의 수용과 강제 매각은 아무리 의도가 좋다고 하더라도 가난에 속박된 주민을 구해내는 데 필요한 제도

자체를 좀먹는 결과를 낳을 뿐이다.

정실과 자본에 대하여

라틴아메리카 재산권시장의 카오스적 상태는 자본시장에도 걸림돌이 되고 있다. 멕시코가 아주 좋은 예로, 이것에 대해서는 많은 연구가 이루어졌다. 1890년까지 멕시코의 대다수 농민과 사업가들을 위한 자금원은 가족이었다. 서구 세계에는 흔해빠진 '비인격적' 금융원―개인을 위한 소액 은행대부와 대기업을 위한 주식 및 채권―은 전혀 존재하지 않았다. 1864년 멕시코의 제일은행이 문을 연 이후에도 담보있는 기업대부도 때로는 연 1백 퍼센트에 달하는 매우 높은 이자율로만 얻을 수 있었다.[24] 이 상황은 1930년대 말까지 지속되었다. 제2차 세계대전이 발발했을 때, 멕시코시티 증권거래소에서는 열네 개 주식만이 거래되었다.

19세기 멕시코에서 강력한 정치적 연줄이 없는 사업가라면 조만간 고위직 경쟁자에게 심하게 공격당하게 된다. 19세기 초기와 중반에 정부 관료들은 몇 달을 넘기지 못하고 아주 빈번하게 교체되었기 때문에, 가장 부유한 사람들도 재산을 보전하기 어려웠다. 1877년 독재자 포르피리오 디아스(Porfirio Díaz) 집권 이후 상황이 좀 단순해지기는 했지만 나아지지는 않았다. 1910년까지 지속된 포르피리아토(Porfiriato)* 시기 동안 거의 모든 주요 멕시코 기업이 채권이나 주식을 발행할 때 정부

---

*1876~1911년 사이 35년간 디아스의 집권 기간을 가리킴 ―역주

승인을 확실히 얻기 위해 이사회 안에 정부 장관이나 그의 친척들을 두었다. 정부 연줄을 갖고 있는 사람들만 주식과 채권 자본을 쓸 수 있었기 때문에, 은행들의 수가 크게 줄고 소 사업가와 농민들에게 자본은 더욱 희소해졌다.

라틴아메리카 국가들은 그들 자신을 '서비스 국가'로 보지 않았기 때문에, 그들은 자본시장의 제도적 인프라―신용, 대부, 모기지, 법인을 통제하는 법률―를 무시했다. 멕시코는 19세기 말까지 아주 초보적인 수준의 성문화된 상업 및 재산 관련 법규도 결코 갖지 못했다. 투자자를 보호할 아무런 법적인 틀이 존재하지 않는 곳에서 대부자나 투자자가 요구하는 수익률은 너무 높기 때문에 자본은 실질적으로 가용하지 않게 된다.

라틴 정치의 부패는 합스부르크 스페인에서 기원했고, 정치적 불안정에 의해 영구화되었다. 정복, 약탈, 착취, 광물자원의 강제추출로 가득 찬 유산을 물려받은 사회에서 효율적인 자본시장이 존중될 리가 없다. 마약 산업 및 그와 관련된 무법성이라는 오늘날 안데스 국가들의 골칫거리는 증상이지 질병 자체가 아니다.

스페인어권 중에서 부유하고 민주적인 두 국가―칠레와 스페인―가 안전한 재산권을 강조하는 억압적 우익독재를 거쳤다는 것은 우연이 아니다. 칠레의 경우는 특히 교훈적이다. 아우구스토 피노체트(Augusto Pinochet)의 경제정책을 이끈 것은 시카고에서 훈련받고 로널드 코즈와 밀턴 프리드먼(Milton Fredman)의 영향을 강하게 받은 경제학자들인 '시카고 보이즈'였다. 물론 우익 독재자를 선택하는 것은 위험한 게임이다. 왜냐하면 피노체트나 프랑코보다는 페론, 마르코스(Ferdinand Marcos) 또는 듀발리에 같은 사람을 선택할 가능성이 더 크기 때문이다. 피노체트와 프랑코도 만만치 않은 인물들이었다.

미약하나마 재산제도를 갖고 있고 자본에 접근하기가 비교적 쉬우며 서구 문화를 수용하고 있는 라틴아메리카는 이슬람 세계의 경우보다는 경제적 전망이 더 밝다. 그러나 라틴아메리카의 번영은 이미 내려진 결론이 결코 아니다. 남아메리카의 최빈국들―안데스 산맥 국가들―과 그보다는 좀더 부유한 일부 나라도 여전히 부패하고 폭력적이며 경제적으로 결함투성이인 이베리아 반도의 식민지적 유산에 사로잡혀 있다. 모든 나라가 그것에서 최종적으로 벗어나려면 몇 세대가 더 지나야 할 것이다.

라틴아메리카와 이슬람 세계의 실패한 모습은 종교와 문화의 이슈를 제기한다. 지구상 최부국과 최빈국들 사이의 더욱 넓어지는 간격이 아마게돈으로 귀결되지 않으려면, 그 이슈가 정면으로 다루어져야 한다. 우리는 다음 장에서 문화, 종교, 경제성장 사이의 상호작용을 다룰 것이다.

천연자원과 제국주의가 부에 미치는 영향

19세기에는 심각한 제도적 결함이 프랑스와 스페인, 일본에서 경제 발전을 지연시켰다. 현대 세계에서는 이 똑같은 제도적 결점이 이슬람 세계와 대부분의 라틴아메리카에서 번영의 열차를 탈선시켜왔다. 일부 나라는 왜 다른 나라들에 비해 뒤처지는가에 대한 분석은 두 가지 요인―중요하지는 않지만―을 언급해야 완성될 것이다.

1. **천연자원** 부와 자연적 부존자원 사이에는 역의 상관관계가 존재하는 듯하다. 합스부르크제국뿐만 아니라 오늘날의 나이지리아, 사우

디아라비아, 자이르에 눈길을 돌려보라. 풍부한 천연자원이 저주라는 결론을 쉽게 끌어낼 수 있을 것이다. 상업적 기업활동을 통해 위험을 감수하고 땀을 흘림으로써 이루어지는 부의 생산은 건전한 제도를 촉진하고 더 많은 부를 낳는다. 정부가 소유하거나 통제하는 제한된 수의 구멍을 원천으로 한 부의 생산은 지대추구와 부패를 낳는다.

싱가포르와 네덜란드, 스위스의 경우 천연자원의 결여가 오히려 그들에게 장점이 되지 않았다면, 오늘날의 그 나라들을 결코 생각하기 어렵다. 실로 잉글랜드는 '석탄 산' 위에 앉아 있었지만, 산업혁명의 핵심 원료인 철광석의 대부분과 면화의 거의 1백 퍼센트를 수입해야 했다(철광석은 스웨덴에서 온 반면, 면화는 희망봉을 돌아 수송되어야 했다). 반면 프랑스는 면화와 관련하여 하나가 아니라 두 개의 원천을 갖고 있었다. 서인도 식민지들과, 레반트로 향하는 효율적인 지중해 루트가 그것이었다. 그러나 면화에 기반한 직물 산업을 먼저 발전시킨 것은 프랑스가 아니라 잉글랜드였다.

마지막으로 일본만큼 천연자원이 없는데도 발전된 나라는 없을 것이다. 1868년 이후 일본 경제의 화려한 부상은 천연자원이 경제발전과 전혀 무관하다는 것을 뚜렷이 부각시켜준다. 유일한 부존자원은 국내 수송에 유리한 지형이다. 풍부한 광물자원은 장기적 번영을 촉진할 제도 자체를 부식시킨다.

2. **제국주의** 자책과 자기혐오는 오늘날 서구에서 커다란 성장 산업이 되었다. 일부 나라는 부유하고 다른 나라는 가난하다면, 이것은 전자가 후자보다 더 많은 것을 생산했기 때문이 아니라 전자가 후자에게서 도둑질을 했기 때문이라고 생각할 수 있다. 마르크스를 필두로 하여 학자들과 떠들기 좋아하는 부류들은 영국(과 서구)의 번영을 제국주의적 착취의 측면에서 설명하기 시작했다. 오늘날까지도, 스니커즈

를 신은 나이키 사 경영진을 고압적인 황실 군대와 등치시키는 것을 논리라고 우기는 사람들은 그런 식의 오해를 버리지 않고 있다.

그러나 잠깐만 생각해보면, 이 좌익 신성한 소*가 대체로 터무니없는 논리라는 점을 알 수 있을 것이다. 식민지 정부들이 상상할 수 없을 정도로 잔인하고 착취적이었을지 모르지만, 그들은 동시에 법치를 이식해줌으로써 물질적 번영을 누리도록 해준 경우도 있다.

최근에 경제학자들은 식민지주의, 경제, 국가제도들 사이의 상호작용에 초점을 맞추고 그것을 이해하기 시작했다. 1500년 이래, 개발도상 세계에서는 '운세의 반전'이 있었다. 1500년대에 가장 부유했지만 식민지화된 국가들—인도의 무굴제국, 아스텍, 잉카—이 지금은 최빈국들이다. 반면에 동시대에 식민지였지만 1500년대에 가장 가난했던 나라들—아메리카의 나머지 지역, 오스트레일리아, 뉴질랜드—은 가장 부유한 나라들에 속한다.[25] 〈그림 9-1〉은 1500년도 식민지화된 나라들의 인구밀도(산업 사회 이전에 일인당 GDP의 가장 훌륭한 대용물로 여겨졌던) 대 그들의 현재 일인당 GDP를 보여준다. 〈그림 9-2〉는 유럽인의 정주에서 기인하는 사망률과 이후의 경제발전 사이의 훨씬 더 흥미로운 관계를 보여준다. 코카서스 인종의 사망률이 높았던 나라들은 이후에 낮은 경제성장률을 보였다.

이 두 그래프는 코카서스 인종의 사망률이 높았던 인구밀집 식민지들은 서구의 정주자들을 별로 끌어들이지 않았다는 것을 시사한다. 낮은 인구밀도와 서구 정주자들의 높은 사망률은 두 가지 것을 의미했다. 우선 서구제도와 법치가 허약했다는 것을 뜻하고, 그리고 그러한

---

* 힌두교의 성우(聖牛). 신성한 것이기 때문에 비판이나 공격의 대상이 되어서는 안 되는 것. 여기서는 교조적 신념을 가리킨다. —역주

〈그림 9-1〉 1995년도 일인당 GDP vs. 1500년도 인구밀도

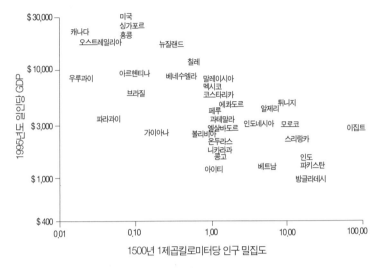

출처: Daron Acemoglu, Simon Johnson, and James A. Robinson, 'Reversal of Fortune: Geography and In-stitutions in the Making of the Modem World Income Distribution.' *Quarterly Journal of Economics* 117 (2002): 1286-89, and Daron Acemoglu, Simon Johnson, and James A. Robinson, 'The Colonial Origins of Comparative Development: An Empirical Investigation,' *American Economic Review* 91 (Dec 2001): 1398.

역경을 과감히 견디고 살아남은 소수의 정주자들은 수익성 높은 채굴 및 착취행위, 특히 광산―레오폴드의 콩고*를 생각해보라―에 집중 하는 경향이 있었다는 것을 의미했다. 북아메리카, 오스트레일리아, 뉴질랜드처럼 원주민 인구밀도가 낮고 코카서스 인종의 사망률이 낮 았던 나라들은 유럽계 인구를 대규모로 끌어들였고 따라서 서구적 제 도와 농업-산업 경제적 기반으로부터 혜택을 입었다. 이 지역들에서는

---

* 1890~1901년간 벨기에 국왕 레오폴드 2세의 식민지 지배 하에서 콩고 주민 약 1천만 명 이 살해되었다. ―역주

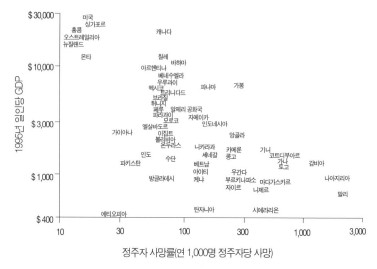

〈그림 9-2〉 1995년도 일인당 GDP vs. 정주자 사망률

출처 : Daron Acemoglu, Simon Johnson, and James A. Robinson, "The Colonial Origins
of Comparative Development: An Empirical Investigation," p.1398.

현지 거주자들에 비해 유럽인 정주자들의 수가 상대적으로 컸기 때문
에 정주자들이 식민지의 원래 거주자들을 체계적으로 박멸할 수 있었
을 뿐만 아니라 그에 따라 서구 문화와 제도들이 꽃필 수 있는 '깨끗한
장'이 만들어졌다(매우 냉소적인 관찰자라면 식민지 국가들에서 번영을 이
룩하기 위해서는 다섯 번째 요인, 즉 대량 학살이 필요하다는 점을 지적할 수
도 있을 것이다).

  이러한 두 유형의 식민지주의 모두 야만적이었을 수는 있지만, 그
어느 유형도, 특히 후자의 경우 잔존한 원주민들을 원래 상태보다 훨
씬 더 심하게 궁핍화시키지는 않는다. 식민지주의 자체는 빈곤을 야기
하지 않았다. 오히려 그것이 어떤 형태를 취했는가에 따라 이후에 가
난해지거나 부유해지는 차이가 생겨났다. 농업과 공업에 주로 종사하

는 다수의 정주자들로 채워질 경우 번영이 일어났다. 귀금속 부를 추구하면서 원주민 인구를 노예화한 소수의 병든 정주자들로 채워진 경우 빈곤과 후진성이 불가피했다. 이 경우에도 식민지주의의 경제적 장점은 상당할 수 있다. 예를 들어 대부분의 서구인들은 인도가 다수의 언어공동체들로 이루어져 있고, 이들이 서로 소통할 수 없는 토착어를 쓴다는 것을 알지 못한다. 결과적으로 혼성 공통어로서 영어를 도입한 칼끝이 없었다면 그 나라 자체가 존재하지 않았을 수도 있다.

가해자에 관해 말하자면, 식민지주의는 유익함보다는 해악을 더 많이 끼쳤다. 영국의 가장 부유한 식민지는 단연 미국이었다. 제국주의 가설이 조금이라도 타당하다면, 영국은 미국 독립에 의해 황폐화되었어야 할 것이다. 정확히 반대되는 일이 일어났다. 영국의 패배를 통해 무역 관계가 평등화되었을 때 두 나라 모두에서 경제성장이 폭발적으로 일어났다. 대영제국의 절정기에도 잉글랜드의 식민지들은 잉글랜드의 산출물의 4분의 1 이상을 흡수하지 않았다. 유럽이나 미국같이 보호되지 않는 시장으로의 수출이 영국의 수출 대부분을 이루었다.[26]

제국주의가 진짜로 문제였다면, 지구상에서 가장 부유한 나라는 부탄, 몽고, 에티오피아, 러시아처럼 서구의 지배에서 대체로 자유로웠던 나라들이어야 하고, 홍콩과 싱가포르같이 가장 오랫동안 식민지 시스템 하에 있었던 나라들은 가장 가난해야 할 것이다. 따라서 제국주의는 국가 간 부와 군사력의 엄청난 차이의 최종적인 결과이지 그 원인은 아니다.

지구경제에서 승자와 패자를 가르는 것은 자연의 선물이나 제국주의적 지배로부터의 자유가 아니라 제도다. 무엇보다도 국가의 부는 게임의 규칙—법치, 법 앞에서의 평등, 모든 시민적 자유의 존중—이 얼마나 존중되는가에 달려 있다.

제3부

번영의 결과와 부의 흐름

The BIRTH of PLENTY

국가의 번영과 개인의 행복
부를 둘러싼 거대한 상충관계
부와 세계 헤게모니의 장악
성장이 이대로 지속될 수 있을까
언제, 어디서, 어디로

이 부에서는 앞의 9개 장에서 논의된 역사적 개념들을 더욱 깊이 조사하여 그것들이 오늘날과 어떤 상관성을 갖고 있는지를 탐구할 것이다. 지난 10년 동안 세계의 긴장은 이데올로기에서 종교로 이동했다. 제10장에서 우리는 최신의 사회학과 경제학 연구를 검토하면서 종교, 부, 이데올로기, 민주적 발전 사이의 관계에 관한 교훈을 끌어낼 것이다.

현대 서구, 특히 미국에서 대부분의 사람들이 더욱 가중되는 고통과 불안정, 스트레스를 느끼며 생활하고 있다. 부가 우리를 행복하게 해주지 않는다면 한 나라가 부유해진다는 것이 도대체 무슨 쓸모가 있는가? 사실 경제성장과 행복 사이에는 상충관계가 존재한다. 제11장에서는 이러한 측면을 검토할 것이다.

돈으로 행복을 살 수 있든 없든 확실히 돈은 지정학적 힘에 영향을 미친다. 제12장에서 우리는 지난 세계사의 5백 년에 걸친 부, 정복, 영향의 착종된 맥락들을 이야기하고, 이것이 오늘날의 '단극' 세계에서 미국 헤게모니의 증대와 어떻게 관련되는지를 언급할 것이다.

비록 과거 2세기 동안의 지속적인 경제성장은 유례없는 일이었지만, 이 성장의 시간은 역사적으로 보면 한순간에 지나지 않는다. 인간의 전 역사를 하루에 비유한다면, 번영하는 현대가 점하는 시간은 10초도 안 될 것이다. 현대의 성장체제는 얼마나 지속 가능하고, 또 훨씬 더 중요한 측면으로서, 세대마다 일인당 부가 두 배로 늘어나는 이러한 세계는 얼마나 안정적인가? 책의 말미에서 우리는 번영과 인간 욕구의 상승, 지속적인 성장에 대한 전망 등을 좀 더 깊이 살펴볼 것이다.

돈으로 행복을 살 수는 없다.
하지만 그것으로 최소한 안락하게 지낼 수는 있다.
—릴리안 번스타인, 저자의 어머니

부유해지면 행복해질까

이 책의 전제는 어떤 사회가 네 가지 결정적인 요인—재산권, 과학적 합리주의, 자본시장, 현대적인 수송과 통신—을 획득하면 틀림없이 번영하게 된다는 것이다. 다 좋다. 하지만 이 가설적 테제를 객관적으로 검증할 방법이 있는가? 결국 국가들에 관해서는 통제되는 과학적 실험을 할 수 없지 않은가 말이다.

예리한 독자라면 비록 이 책이 수많은 GDP 수치와 그래프를 담고 있지만 내가 모든 나라에 관한 데이터를 수집하지도 또 가령 법치에 대한 척도 같은 것들로 비교하지도 않았다는 것을 알아차릴 것이다. 그렇게 포괄적인 수량적 정보가 실제로 존재하는가? 그리고 존재한다면, 그것들은 우리에게 무엇을 말해주는가?

그리고 말이 나온 김에 한 가지 질문을 더 하자면, 대체 이 모든 부는 어디에 소용이 있는가? 세계가 점점 더 부유해지면 그 세계는 그만큼 행복해지는가? 사회 정책과 정치적 정책은 사회의 번영과 전반적인 행복 모두에 어떤 영향을 미치는가? 부와 행복 사이의 관계는 정확히 무엇인가?

과거 몇 십 년 동안 사회학자, 정치학자, 경제학자들은 1백여 개 이상의 나라들에 관하여, 부/성장과 다양한 정치적 · 경제적 · 사회적 특징들 사이의 상관관계를 보여주는 엄청난 양의 데이터를 축적했다. 결국 이 모든 나라는 각각 상이한 사회적 · 제도적 특징을 지닌 '있는 그대로의 실험'이라고 할 수 있다. 주의 깊게 통계를 분석해보면, 우리는 부의 원인과 결과에 관한 몇 가지 조심스러운 결론을 끌어낼 수 있다. 이 어지러운 수자들로부터 번영, 심리적 안녕, 민주주의, 전통적 가치와 개인적 권한에 관한 사회학적 척도 등 많은 것들 사이의 흥미로운 관계가 나타난다. 부가 우리를 많이 행복하게 만들어주지는 않지만, 민주주의의 강화에는 큰 기여를 한다는 점도 입증된다.

1950년대 말에 정치사회학자 세이무어 립셋(Seymour Lipset)이 최초로 이런 종류의 객관적인 분석을 했다. 립셋의 주된 관심은 민주적 발전에 있었다. 당시 정치적 · 경제적 · 종교적 요인들이 각각 민주주의에 얼마나 중요한가에 관한 학문적인 논쟁이 진행되고 있었다. 예를 들어 종교적 결정론을 지지하는 사람들은 거의 모든 민주주의 국가가 유대-기독교에서 기원했다고 지적한 반면, 이에 반대하는 사람들은 이탈리아와 독일의 파시즘을 반례로 들었다. 립셋에게 거슬린 것은 양측 모두 가용한 모든 데이터를 분석하려고 하지 않아 보였다는 것이다. 통계적 관점에서 보면, 정치와 경제 시스템은 매우 '지저분'하다. 밥값을 할 줄 아는 사회학자라면 가장 근본적인 사회학적 원리들에 대해서도 수많은 예외를 발견할 수 있다.

립셋은 민주적 발전에 관한 단순한 척도에서 출발하여 그 발전에 영향을 미칠 수 있는 가능한 모든 요인에 대한 통계적 분석을 수행했다. 가장 중요한 요인은 부와 교육수준인 것으로 드러났고, 이것들이 민주적 제도들을 지탱하는 것으로 보였다.[1] 1959년에 립셋의 선구적인 논문이 발표된 이래 몇 십 년 동안 사회학자, 경제학자, 정치학자들은 그의 지도를 따랐다. 이 장에서 우리는 세계의 부에 관한 가장 어려운 퍼즐―화폐, 행복, 민주주의, 종교, 문화 사이의 연관―을 논하는 그 연구의 작지만 매우 흥미로운 일부를 검토한다. 우리는 여기서 발걸음을 조심스럽게 옮겨야 한다. 사회적, 정치적 요인들이 상관된 것으로 보일 때는 속기 쉽다. 의학적인 비유를 들어 설명하면 적절하겠다. 몇 십 년 전 페인트공들에 관한 어떤 연구는 페인트공들의 IQ가 평균 이하라는 결과를 내놓았다. 처음에 연구자들은 페인트 안에 두뇌에 나쁜 영향을 미치는 무언가가 있다는 결론을 내렸다. 그러나 이것은 진실이 아닌 것으로 드러났다. 주의 깊은 분석을 통해 IQ 효과는 '용량 의존적'이지 않다는, 즉 그것이 직업적 노출의 증가에 따라 더 심해지지는 않는다는 점이 밝혀졌다. 오히려 페인트 작업이 지루한 직업이어서 IQ가 낮은 사람을 끌어들이는 경향이 있었다. 인과의 사슬은 기대했던 것과는 반대였다. 말하자면 낮은 IQ가 페인트 작업의 원인이었던 것이다.[2]

부유한 프로테스탄트와 가난한 이슬람

종교와 경제성장 사이의 관계도 다루지 않을 수 없다. 서구의 번영은 프로테스탄트적인 북부 유럽에서 발원했고, 실제로 비교경제학에서는 종교적 믿음이 분석적 도구로 흔히 사용되며, 이것은 강력한 유혹이다. 철학자이자 사회학자인 막스 베버(Max Weber)는 1세기보다 훨씬 더 오래 전에 세계로 눈을 돌렸을 때, 종교적 설명이 거부할 수 없을 정도로 매력적이라는 것을 알았다. 사회학의 창시자들 중 한 명인 그는 『프로테스탄트 윤리와 자본주의의 정신』(*The Protestant Ethic and the Spirit of Capitalism*)에서 종교개혁이 현대 자본주의를 격발시켰고 극기와 힘든 노동에 대한 칼뱅주의적 강조가 프로테스탄티즘을 세계 번영의 엔진으로 만들었다고 주장했다.[3]

오늘날의 관찰자들에 대해서도 같은 이야기가 떠오른다. 왜 이슬람과 힌두교 나라들은 세계 최빈국에 속할까? 세계의 모든 주요 종교가 좋든 나쁘든 상당한 경제적 영향을 미친다는 것은 확실하다. 그러나 앞으로 보겠지만, 데이터는 이것이 진실이 아니라는 것을 보여준다. 부와 빈곤은 종교보다는 사회적, 문화적 요인들과 보다 밀접하게 상관되어 있다.

베버의 가설의 진짜 문제는 따로 있다. 오늘날의 경제학자와 사회학자들은 서구의 번영을 낳은 원동자로서 칼뱅주의의 역할을 더 이상 지지하지 않는다. 우선, 칼뱅의 제네바는 자본주의적 자유기업의 보루가 결코 아니었다. 비록 칼뱅이 고대부터 계속된 이자부 대부에 대한 금지를 끝장냈지만, 그가 거의 지속적으로 이자율과 상품 가격에 개입한 것은 제네바 경제에 실질적인 해악을 끼쳤다. 제네바는 당시 다른 측면, 가령 공공교육에 관해서도 선진적이고 계몽적이었다. 그러나 그 도시는 칼뱅 이후 수세기 동안 경제적으로는 후진적이었다.[4] 종교개혁 이후 3세기가 지나서야 비로소 프로테스탄트 국가들은 애덤 스미스의 보이지 않는 손이 마술적인 힘을 발휘할 수 있도록 허락하기 시작했다. 1905년에 베버의 책이 출판되었을 때에는, 가톨릭국가였던 프랑스와 오스트리아도 세계에서 가장 번영하는 나라 대열에 들어 있었다.

아랍 칼리프의 지배와 무력하고 후진적인 중세 유럽에 대한 초기 오스만제국의 지배는 기독교가 이슬람교에 대해 어떤 고유한 정치적, 경제적 장점도 없다는 점을 생생하게 입증해주었다. 더욱이 오늘날의 데이터는 경제적 차이가 문화적인 것이지 종교적인 것은 아니라는 점을 보여준다. 종교가 경제성장과 무관하다는 것은 아무리 강조해도 지나치지 않다. 문화는 지리에 의해 규정되지 숭배의 장소에 의해 규정되지 않는다. 예를 들어 사회학적 연구조사가 보여주는 바에 따르면, 독일의 가톨릭 신자는 독일 신교도보다 훨씬 더 보수적이고 전통적인 가치를 가지고 있을 가능성이 크지만, 그가 남아메리카나 또는 이탈리아의 가톨릭 신자를 닮을 가능성은 훨씬 더 적다. 제3세계의 대부분의 교구들에서도 마찬가지다. 이러한 곳들에서도, 데이터가 보여주는 바에 따르면 인도나 아프리카의 이슬람교도의 사고방식은 다른 나라 이슬람교도의 생각보다는 그 나라 기독교인이나 힌두교도의 생각과 더 유사할 것이다.[5]

가장 극적으로 말하자면, 보스니아의 이슬람교도는 사우디아라비아의 이슬람교도를 닮기보다는 차라리 파리 지성인의 의복 · 행태 · 감각을 더 밀접히 닮을 것이다. 그러나 이 주제에서 또 다른 변이는 이스라엘의 세파르디인과 아시케나지인 사이의 문화적 갭*이다. 세파르디 문

---

* 지식인, 숙련 노동자들이 대부분인 서유럽계(동구 및 독일계가 주류) 유대인들(Ashkenazim, 아슈케나짐)은 건국 초기부터 정치 · 경제 · 군사 부분에서 두각을 나타냈는데 반해, 미숙련 노동자로 이루어진 아프리카, 중동계 유대인들(Sephardim, 세파르딤)은 사회구조의 하층을 형성하여 유대인 사회 내에서 갈등의 씨앗이 되었다. 이 갈등은 건국 이스라엘에서 새로이 태어난 세대들(Sabra, 사브라)이 사회의 주류로 등장함에 따라 많이 해소되고 있다. —역주

화는 아랍 세계의 문화를 밀접하게 반영하는 반면, 아시케나지 문화는
고도로 서구화되어 있다. 버나드 루이스는 이렇게 말한다.

> ……그들(세파르디인과 아시케나지인)이 서로 마주칠 때 많은 경우 우
> 리가 보는 것은 옛 유대인 소수자들로 기묘하게 대표되는 기독교와 이
> 슬람교 사이의 충돌이다. 그들은 그들이 속했던 두 문명의 강점과 약
> 점 모두를 마치 축소판에 옮겨 놓은 듯이 반영한다.[6]

이슬람의 가장 사려 깊은 관찰자 중의 한 사람인 막심 로댕송(Maxine
Rodinson)은 이슬람교의 계율 중에서 본래적으로 반자본주의적인 것은
없다고 딱 잘라 말한다.[7] 말레이시아와 터키같이 이슬람 세계에서 가장
선진적인 나라들을 대충 살펴보아도 그의 말이 진실이라는 것을 알 수
있다. 좀더 정확히 말하자면, 중동 · 파키스탄 · 인도 출신의 독실한 이
슬람교도의 종교 속에는, 그들이 세속적인 서구로 이주한 이후 기업가
적 자본주의의 도구를 효과적으로 사용하지 못하도록 막는 것은 아무
것도 없다.

그렇다고 해서 종교가 경제에 아무런 영향을 미치지 않는다는 것은
아니다. 최소한 이론적으로 기독교는 다른 신앙들에 비해 독특한 교의
적인 장점을 갖고 있다. 그것은 "그러므로 카이사르의 것은 카이사르
에게 신의 것은 신에게"[8]와 같이 교회와 국가의 분리를 명시적으로 표
현하고 있다.

콘스탄티누스 황제의 개종에서부터 칼뱅의 제네바를 통해 이 분리
는 지켜지기보다는 깨뜨려졌다. 초기 로마시대부터 마르틴 루터 이후
상당한 기간까지 기업가적 자본주의에 대한 교회의 입장은 칼 마르크
스의 입장보다 약간 더 오른쪽에 있었을 뿐이다. 제1장에서 보았듯이,

아우구스티누스와 아퀴나스 모두 기업에 대해 명백히 적대적이었고, 첫 1천 년을 거치면서 교회는 화폐 대부와 자본 형성에 점점 더 적대적인 교의를 발전시켜왔다. 초기 기독교의 반자본주의적 심성이 아마 그 당시 이슬람 세계에 비한 중세 유럽의 후진성의 주된 원인이었을 것이다. 아이러니하게도 유대인들이 유럽에 제공한 금융 인프라가 없었다면, 투르크들이 유럽을 궤멸시켰을 것이다. 유럽에서 반자본주의적 적대감이 어느 정도였는지는 바바라 터크먼의 다음과 같은 말에 분명히 나타난다.

> 한 사람이 다른 한 사람에 대해 우위를 차지하지 않도록 하기 위해 상법은 도구와 기법의 혁신, 고정가격 이하로의 할인판매, 인공 불빛을 이용한 연장 노동, 추가 도제나 부인 또는 미성년자의 고용, 다른 사람들에게 피해를 주는 제품의 광고 등을 금지했다.[9]

힌두교는 신자들의 경제적 지위를 직접적으로 불리하게 만드는 계율을 지닌 주요 세계 종교 중의 하나다. 인도를 불구화시키는 원천인 카스트 제도는 인류를 계서제(階序制)로 세분하는데, 이 계서제는 하층계급의 비참한 상태를 숭상하고 내세에서의 보상에 대한 기대를 대가로 이 세상에서의 번영을 부정한다.*

---

* 현대 인도의 헌법은 불가촉천민(인도에서 카스트의 최하층에 속하거나 그에 속하지도 못할 정도로 천하게 분류된 인구 집단. 주로 더러운 일을 하거나 고기를 먹기 때문에 일반인들을 오염시키는 것으로 간주되어 심각한 차별을 받았음. 인도에서는 '하리잔'이라고 불림. 인도정부는 1955년 '불가촉천민법'을 제정하여 이들에 대한 차별을 금지시켰음 —역주) 배척행위를 금지하고 있다. 인도정부는 또한 세계에서 가장 큰 소수자우대조치 프로그램—낮은 신분의 사람들을 대상으로 한—을 운영하고 있다. Shashi Tharoor, *India: From Midnight to the Millennium*(New York: Perennial, 1998); *Francis Fukuyarna, The End of History and the Last Man*, p.228.

종교는 단순히 사회의 전통을 들여다보는 렌즈를 제공한다. 이슬람 세계에서 여성에 대한 다양한 처우는 문제의 요점을 잘 보여준다. 일부 이슬람 사회에서 여성과 남성은 작업장에서 동등하게 기능하지만, 다른 일부 이슬람 사회에서 전통적으로 여성은 작업장에서 배제된다. 피상적으로는, 이슬람이라는 종교가 인간 노동력의 절반을 쓸모없이 낭비하고 따라서 이슬람 나라들의 경제에 해악을 끼치는 것처럼 보인다. 그러나 실제로는 이 나라들에서 가장 큰 해악을 끼치는 것은 전통 사회들의 협소한 문화들이다. 아라비아 반도와 기타 여러 곳에서 이슬람교와 코란은 무하마드가 나타나기 수천 년 이전의 고립된 사막 사회의 타부들을 합리화하기 위해 채택된 연막장치에 지나지 않는다. 아랍인들이 이슬람교가 아니라 유대교나 기독교로 개종했다 하더라도 오늘날의 사우디아라비아 사회는 지금 못지않게 여전히 근본주의적일 것이다.

행복의 피라미드

프로테스탄티즘과 번영 사이의 연관에 관한 베버의 추측은 매우 귀중한 것이었다. 베버가 상당한 기여를 하여 정립된 사회학은 정치구조와 경제성장에 영향을 미치는 종교적·문화적 요인들에 빛을 비추었는데, 이것은 매우 필요한 일이었다. 실제로 행복과 가장 큰 상관관계를 갖고 있는 것 중의 하나는 개인이 그 자신의 삶을 통제한다는 인식이다. 개인적 자율과 행복 사이의 견고한 연관은 아르헨티나에서부터 짐바브웨에 이르기까지 여러 나라에서 행해진 조사연구를 통해 입증되었다.[10]

1950년대에 심리학자 에이브러햄 매슬로(Abraham Maslow)는 '욕구 위계설'을 대중화시켰다. 이 이론은 보다 최근의 사회학적 연구와 더불어 부와 민주주의 사이의 관련을 검토할 강력한 패러다임을 제공해준다. 젊은 학자 시절 매슬로는 특정한 인간 욕구가 다른 욕구들에 대해 우선한다고 지적했다. 가장 기본적인 욕구는 호흡이다. 누군가가 당신에게서 공기를 빼앗는다면, 당신은 1분도 안 돼 괴로워할 것이다. 공기에 대한 갈망이 갈증, 배고픔, 심지어는 고통까지 다른 모든 자극을 가려버릴 것이다. 숨을 다시 쉬고 난 다음에야 비로소 당신은 다른 감각에도 주의를 기울일 것이다. 매슬로의 위대한 기여는 이러한 욕구들의 위계를 정의한 것이었다.

산소, 물, 음식, 온기 등에 대한 이러한 직접적인 '생리적' 욕구를 충족시킨 다음에야 개인적 안전, 일정한 일자리 같은 안전 욕구 쪽으로 나아갈 수 있다. 이러한 욕구들이 충족된 다음 배우자의 사랑, 가족, 공동체 등과 같은 소속 욕구가 충족될 수 있다. 다음으로 오는 것은 존중 욕구다. 즉 자기존중뿐만 아니라 동료들의 존중(단순한 사랑과 구별되는)이 그것이다.

피라미드의 높은 쪽으로 올라갈수록 내적으로 더욱 안전하다고 느낀다. 위계상의 정점은 뉴에이지(New Age) 운동의 성배인 '자아실현'이다. 매슬로는 이 말이 실제로 무엇을 의미하는지 명확히 정의하지 않았지만, 고양된 상태를 실현한 링컨과 간디 같은 사람들의 특징을 기술했다. 그들은 자기 중심적이지 않았고, 수단과 목적을 구별했으며, 불평하기보다는 해결했고, 동료의 압력이 야기하는 소모적 효과를 걸러냈다.

매슬로 피라미드의 바닥 부근에 머무르는 개인은 본능에만 사로잡혀 추상적 사유는 별로 하지 않는다. 그들은 개인적 선호가 별로 없고

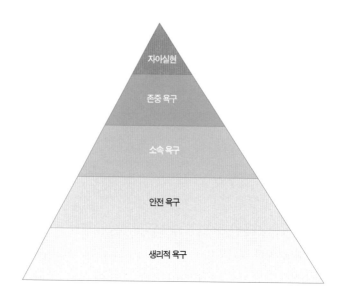

따라서 그들의 복지도 희생된다.

　매슬로의 피라미드는 전 세계의 사회학자들에게 다양한 종류의 심리학적·사회학적 데이터, 특히 복지의 척도를 측정하고 해석할 틀을 제공해주었다. 그러한 노력 중 가장 큰 것이 세계가치조사(World Value Survey, WVS)와 유로바로미터 조사다. WVS는 원래 1981년에 유럽 10개 국에서 연구를 수행했지만, 그 결과가 너무나 놀라웠기 때문에 연구자들은 그것을 세계 인구의 80퍼센트를 포괄하는 65개 국으로 확대시켰다. 미시건대학교의 사회조사연구소(Institute for Social Research, ISR)가 지금 이 작업을 조정하고 있다.

　ISR은 종교별·국가별 집단화에 주로 초점을 맞추는 것이 아니라 쉽게 정의되고 측정 가능한 개인적 특징들에 초점을 맞춘다. 그곳의 연구자들은 이 기법들을 사용하여 개성, 문화, 정치, 번영 사이의 연관을 탐구해왔다.

민주주의가 부에 미치는 영향

사회과학자는 문화, 복지, 부, 민주주의 사이의 상호작용을 정확히 어떻게 평가하는가? 그들은 모든 과학자가 하는 것과 똑같은 절차를 밟는다. 가설을 세우고 그것을 검증하기 위한 데이터를 수집한다. 이 복잡한 분야의 필수적 도구는 여러 나라를 가로질러 많은 사회학적 변수들에 대한 조사를 수행하는 것이다. 그러한 변수 중의 하나는 '생존/자기표현'(S/SE) 척도인데, 이것은 WVS가 독립적 사고와 표현에 대한 개인의 태도를 측정하기 위해 고안한 것이다. 대략적으로 말해, S/SE는 매슬로의 피라미드에서 개인이 어디까지 올라가는지를 측정한다. 조사자는 대상자에게 가령 그들이 신체적 안전보다 자기표현을 더 가치 있게 생각하는지, 청원서에 서명을 했는지, 다른 사람들을 얼마나 믿는지 등에 관한 질문을 한다. "예"라는 대답이 많을수록 S/SE 값이 높고, "아니오"라는 대답이 많을수록 S/SE 값이 낮다. 그 값이 높을수록 그 대상자는 매슬로 피라미드에서 더 높이 올라가 있는 셈이고, 따라서 그만큼 더 큰 행복을 느끼는 경향이 있다.

미시건 대학교의 사회학자 로널드 잉글하트와 브레멘 국제대학교의 크리스티안 벨첼(Christian Welzel)은 S/SE 값과 민주적 제도의 힘 사이의 상관관계를 검토한 후, 한 나라의 평균 S/SE 값과 그 나라의 민주주의의 역동성 사이에 높은 상관성이 있다는 것을 발견했다.

S/SE가 민주주의와 상관된다는 것은 놀라운 일이 아니다. 진짜 문제는 어느 것이 닭이고 어느 것이 달걀인가 하는 것이다. 민주주의가 자기표현의 증대를 야기한다고 생각할 수 있지만, 마찬가지로 자기표현이 민주주의의 증대를 낳는다고도 생각할 수 있다. 그들의 데이터는 "그 두 개를 연결시키는 것은 부(富) 그 자체다"라는 놀라운 관계를 보

여준다. 둘 사이의 연관은 부 그 자체이다. 잉글하트와 벨첼은 '지체된 교차 상관'이라는 통계적 도구로 이 인과연쇄를 얻었다. 특히, 그들은 1995년도 S/SE값과 2000년도 민주주의 지수 사이의 상관이 2000년도 S/SE 값과 1995년도 민주주의 지수 사이의 상관보다 훨씬 더 높다고 판단했다(민주주의 지수는 시민권과 정치적 권리에 관한 프리덤하우스 값과 국제투명성기구의 부패 지수를 결합시켜 계산된다).

달리 말해 현재의 민주주의는 이전의 S/SE 값과 잘 상관되지만, 이전 민주주의는 현재의 S/SE 값과는 그리 잘 상관되지 않는다. 이 데이터는 권한 있고 자주적이며 자유로운 선택을 할 수 있는 인구가 민주주의를 강화시키는 것이지 그 반대는 아니라는 점을 시사한다. 이것은 개인적 권한(높은 S/SE)이 민주주의를 낳는다는 것을 입증하지는 않지만, 그것은 그 결론과 상당히 일치한다.

다음으로 잉글하트와 벨첼은 S/SE와 개인적 부 사이의 관계를 검토했다.* 다시 한 번 그들은 부와 S/SE 사이의 강한 상관성을 발견했고, 동일한 지체된 상호상관 기법은 높은 S/SE, 따라서 강한 민주주의를 낳는 것은 부이지 그 반대는 아니라는 점을 보여주었다.

이 모델이 엄청나게 복잡한 과정을 과도하게 단순화시키는 것은 분명하다. 그렇다. 민주주의는 시민의 권한감각을 강화시킨다. 그러나 그 역의 작용—시민의 권한이 민주주의를 낳는다—이 훨씬 더 강력하다. 이것은 최근의 역사와 일치한다. 20세기 말에 조용하고 억압된 국

---

* 벨첼과 잉글하트는 그들이 '권력자원'이라 부르는 부의 지수를 사용했다. 이것은 부의 표준적 지수와 특히 교육수준, 기대수명 같은 것들을 결합시키고, 주민들 사이의 부의 분배의 균등성을 측정한다는 점에서 단순한 일인당 GDP와는 다르다. 단순한 일인당 GDP에 비해 권력자원 매개변수는 S/SE와 훨씬 더 높은 상관성을 갖고 있다. 로널드 잉글하트와의 개인적 대화.

민들의 나라로는 민주적 제도를 수출할 수 없다는 점이 확인되었다. 보스니아와 코소보에서의 최근 경험이 이것을 실증해준다. 그곳들에서는 낡아빠진 정부기구를 유지하는 데에만 대량의 유엔 평화유지군이 오랫동안 주둔해야 했다. 파키스탄 같은 나라도 마찬가지다. 이 황폐화된 나라에서 민주주의는 극도로 위축된 상태에 있다. 인도는 덜 극적인 경우다. 최소한 서구적 기준으로 볼 때, 인도의 민주적 제도들은 허약하다. 노예적 카스트 제도 때문이다. 카스트 제도는 비록 법적으로는 일소되었지만, 여전히 강력한 문화적 영향을 미친다.

이 책을 쓰고 있던 시기에, 미국과 그 동맹국들은 자신들이 이라크에 민주주의를 이식할 수 있다고 믿었다(또는 믿는다고 말했다). 이러한 논의에 비추어 보면 그들의 이러한 믿음은 위험한 착각일 수 있다. 더욱이 이라크에서의 민주주의가 착각이라면, 아프가니스탄에서의 민주주의는 터무니없는 꿈에 불과하다.

민주주의와 부의 관계

우리는 이 책의 테제와 벨첼/잉글하트 가설을 결합하여 다음과 같은 표식을 만들어낼 수 있다.

당연한 이야기지만, 이 모델도 결함이 없지는 않다. 이 패러다임은

썩 부드럽게는 아니지만 오른쪽에서 왼쪽으로 이동하기도 한다. 예를 들어 민주주의의 증대가 시민의 권한과 네 가지 요인에 유익한 작용을 한다는 점에는 논란의 여지가 없다. 그러나 벨첼과 잉글하트를 비롯하여 여러 사람들의 데이터가 명확하게 보여주는 바에 따르면, 이 모델의 원동력은 오른쪽에서 왼쪽으로가 아니라 왼쪽에서 오른쪽으로 진행된다. 민주주의는 그 자체로 매우 바람직하지만, 데이터가 보여주는 바에 따르면 민주주의의 직접적인 경제적 편익은 상당히 의심스럽다.

립셋이 민주주의의 또 다른 주요한 결정인으로 들고 있는 교육수준은 어떠한가? 교육은 일차적으로 경제적 효과를 낳고 이를 통해 민주주의를 강화시킨다. 교육수준이 낮은 사회는 새로운 생산성 향상 기술을 습득할 수 없고 따라서 빈곤한 운명에서 벗어날 수 없다. 그러나 교육수준이 높은 주민들이라 하더라도 효율적인 경제적 인센티브 없이는 똑같은 운명을 겪을 수 있다. 두 가지 경우—교육수준이 낮기 때문에 가난한 나라와 교육수준은 높지만 부적절한 재산권제도 때문에 가난한 나라—모두에서 결과적으로 나타나는 빈곤은 민주적 발전을 저해한다.

공산주의는 높은 교육수준에도 불구하고 경제는 물론 정치체도 발전시키지 못한 많은 나라를 낳았다. 이러한 나라들 중 가장 극적인 실패 사례가 쿠바다. 쿠바는 혁명 이후 40년 동안 모든 수준의 교육을 극적으로 발전시켜 문맹률을 35퍼센트에서 2퍼센트로 낮추었다. 그러나 같은 기간 동안 소련으로부터의 막대한 보조금에도 불구하고 쿠바의 일인당 실질 GDP는 3분의 1이 하락했다. 나머지 세계의 일인당 실질 GDP가 두 배 이상 늘어난 시대의 유일한 예외였다. 또 위의 분석에 따르면 쿠바의 빈곤 자체는 피델 카스트로(Fidel Castro)가 쿠바를 세계에서 가장 억압적인 국가로 만드는 데 도움이 되었다.

비공산주의 나라들, 특히 아시아의 신흥 경제 강국들의 실적도 민주주의가 번영의 결과로써 나타난다는 가설을 입증해준다. 잘사는 나라가 민주적인 경우는 많지만, 반대의 경우는 매우 드물다. 이것을 실증해주는 사례가 메이지시대 일본이다. 일본에서 메이지는 표면적인 대의제 기구를 허용했는데, 이것은 일본이 점점 더 번영함에 따라 활력 있는 대의제도로 신속히 발전했다. 메이지 초기에 높은 재산 요건 때문에 투표권 있는 일본인은 50만 명이 채 안 되었다. 일본의 부가 늘어나면서 일본 농민들의 권한도 강화되었고 일본정부는 1925년에 보통선거권(남성)을 실시하는 데까지 점진적으로 자유화조치를 취하지 않을 수 없었다. 1930년대 동안 일본정부가 은밀하고 서서히 진행된 사실상의 군사 쿠데타의 영향력 하에 들어가면서 민주화도 후퇴했다. 그러나 확실히 오늘날 일본의 역동적인 민주적 제도들은 주로 전후 일본의 활기찬 번영의 결과로서 나타난 것이지 그 반대는 아니었다.[11]

전제(專制)에 대한 예찬

오늘날 중국의 경제적 자유화와 정치적 억압이라는 조합은 러시아의 반대 조합보다 성공 가능성이 높아 보인다. 칠레는 이 두 가지 경우를 모두 보여주는 희귀한 '이중 사례'다. 칠레에서 살바도르 아옌데(Salvador Allende)와 마르크스주의 농업장관 자크 촌촐(Jacques Chonchol)은 헌법에서 재산권 조항을 삭제하고 토지를 몰수하여 칠레 경제를 불구로 만들었다. 이것이 파시스트 독재자 아우구스토 피노체트의 등장을 위한 무대가 되었다. 피노체트는 재산권을 재확립하고 시장을 자유화함으로써 손상된 경제를 회복시켰다. 새로운 번영은 민주적 제도들을 강화하고 그 독재자의 종국적인 몰락을 야기했다. 스페인에서도 이와 유사한, 재산을 존중하는 우익 독재에서 자유민주주의로의 변혁이 일어났다. 프랑코의 경제장관 중 한 명인 라우레아노 로페즈 로도(Laureano Lopez Rodo)가 스페인이 민주주의를 위해 준비가 되어 있는지 여부에 관한 질문을 받았을 때, 그는 연평균 소득이 2천 달러를 상회할 때 민주주의가 도래할 것이라는 유명한 대답을 했다. 1975년 프랑코 독재가 최종적으로 무너졌을 때, 스페인의 평균소득은 2,446달러였다.*

존스 홉킨스 대학교의 정치학자 프랜시스 후쿠야마는 『역사의 종말과 최후의 인간』(*The End of History and the Last Man*)이라는 논쟁적인 제목이 붙었지만 탄탄한 논리로 무장한 책에서 유사한 결론을 도출했다. 그는 필리핀 민주주의가 한줌의 강력한 지주계급 때문에 의미 있는 토지개혁을 달성하는 데 실패했다고 지적했다. 그는 "미국의 일본 점령기 동안 토지개혁을 실시하기 위해 독재권력이 사용되었듯이, 현대 사회를 창출하는 데 독재가 훨씬 더 유용하지 않을까"[12]라는 의문을 제기했다.

번영과 민주주의 사이의 연관은 노벨 경제학상 수상자 아마티아 센(Amartya Sen)의 주장에 흥미로운 차원을 더한다. 그는 이렇게 주장했다. 즉, 민주주의가 기능하는 곳에서는 기근이 일어나지 않는다. 왜냐하면 자유언론과 야망 있는 정치가들이 기근을 드러내고 교정하려는 강력한 동기를 갖고 있기 때문이다.[13] 이는 의심할 나위 없는 진실이지

---

* 정치학처럼 명징하지 않은 분야에서는 이론이 성립하기 위해서는 우연의 일치가 필요한 경우가 종종 있다. 1975년 프랑코가 죽었을 때 민주적 성향의 왕자 후앙 카를로스가 권력을 차지한 것도 다행스러운 일이었다. Fukuyama, p.110를 보라.

만, 민주주의가 작동하는 곳에서는 기아가 존재하지 않는다는 것은 번영이 민주주의를 고양시키기도 하지만 동시에 기아에 대한 멋진 해결책을 제공해준다는 사실의 부산물이기도 하다.

전통주의와 합리주의가 부에 미치는 영향

WVS는 두 번째 핵심적인 사회적 매개변수, 즉 '전통적 가치'의 강도를 측정한다. 종교가 어떠하든 근본주의적 사회들은 낙태, 이혼, 동성애 등에 대한 금지와 같은 전통적 가치들을 강조한다. 전통적 성향이 강한 사회들은 보통 권위적이고, 경건하며 남성 지배적이다.[14]

WVS는 "신은 나의 삶에서 매우 중요하다", "나는 강한 민족적 자존심을 갖고 있다", "나는 권위에 대한 존중을 더 좋아한다"는 등의 진술에 대한 동의 여부를 물어봄으로써 이 '전통/세속 합리성'(T/SR) 값을 규정한다. "예"라는 대답은 응답자를 척도의 '전통'(T)적 방향으로 위치짓고(그것들은 마이너스 T/SR 값을 가리킨다), "아니오"라는 대답은 응답자를 '세속합리성'(SR) 쪽으로 위치짓는다(플러스의 T/SR 값을 가리킨다).

T/SR 값이 높은 사회는 T/SR 값이 낮은 사회보다 훨씬 더 부유한 경향이 있다. 그러나 부에 대한 T/SR 값의 효과는 S/SE 값만큼 강하지는 않다. 본질적으로 T/SR 값은 제3장에서 논의한 개념인 한 공동체의 지식체계의 '반증 가능성' 정도를 측정한다. 높은 값을 가진 사회는 그 자체의 거의 모든 지식기반에 대한 도전을 기꺼이 수용하는 반면, 낮은 값을 가진 사회는 전통과 모순된 정보의 설득력이 아무리 높다 하더라도 자신의 신념을 더욱 굳게 고수한다.

낮은 T/SR 값은 농업 경제와 강하게 상관된다. 물론 미국과 라틴아메리카는 어느 정도 예외지만 말이다. 농장에서는 개인적 신념의 변화가 느리며, 가족과 공동체의 안정성이 높게 평가된다. 따라서 낮은 T/SR 값을 대규모 농업 부문과 연관짓는 것은 결코 놀라운 일이 아니다. 다른 한편 S/SE 값은 서비스 경제의 규모와 강하게 상관된다. 서비스 노동자들은 노동 과정에서 자기의견을 표현하고 수백 또는 수천 개의 판단을 내린다. 즉, 자율성과 개인적 표현을 고무하는 환경 속에 있다.

S/SE 값과 T/SR 값을 결합시키면 세계를 종교/문화 집단별로 명확히 분리시킬 수 있다. 〈그림 10-1〉은 T/SR 값을 한 축으로 하고 S/SE 값을 다른 한 축으로 하는 2차원 좌표상에 각 나라를 표시하고 있다. 프로테스탄트 유럽 국가들은 높은 S/SE 값과 T/SR 값을 지닌, 그래프의 오른쪽 위에서 군집을 이룬다. 우리는 이 부유한 나라들을 '의사표시가 활발한 세속주의자들'로 기술할 수 있다. 영어권 국가들은 그래프의 오른쪽 중앙에 위치하는 경향이 있다. 그들은 '의사표시가 활발한 보수주의자들'이다. 구 공산주의 국가들─'침묵하는 무신론자들'─은 왼쪽 위에서 군집을 이루는 반면, 주로 이슬람 국가들과 인도로 이루어져 있는 남아시아 나라들은 왼쪽 아래 영역을 차지한다. 그들은 '침묵하는 근본주의자들'이다.

〈그림 10-2〉는 이 틀에 일인당 GDP를 덧씌운 것이다. 이 그래프는 부와 개인적/문화적 가치 사이의 관계에 관해 많은 것을 이야기해준다. 부자들은 실제로 다르다. x축(즉 S/SE)을 따라 왼쪽에서 오른쪽으로 가면서 부가 증가한다. 부유한 사회들에서 개인들은 행복할 뿐만 아니라 자유롭게 발언할 수 있고, 정부에 도전할 수 있으며, 자신들의 삶에 대해 스스로 결정을 내릴 수 있다고 느낀다.

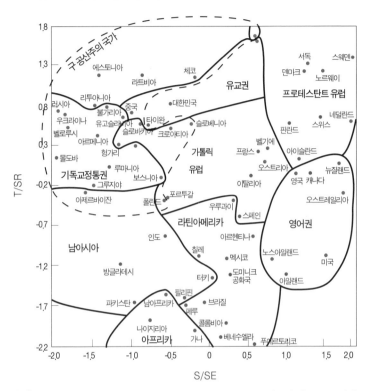

출처: Ronald Inglehart and Wayne E. Baker, "Modernization, Cultural Change, and the Persistence of Traditional Values," *American Sociological Review* 65(Feb. 2000), p.29에서 저자 승인 하에 전재.

y축을 따라 아래에서 위로 가면서 이 관계는 점점 덜 명확해진다. 전통 사회들은 덜 부유한 경향이 있지만 부와 T/SR 사이의 관계는 부와 S/SE 사이의 관계만큼 강력하지 않다(즉, 오른쪽에서 왼쪽으로의 이동은 두세 개의 부의 경계를 가로지르지만, 위로의 이동은 한두 개의 경계만을 가로지른다). 베버가 번영과 프로테스탄티즘 사이의 연관에 대해서는 옳게 지적했지만, 그것은 프로테스탄트가 자기주장이 훨씬 더 강하기

〈그림 10-2〉 번영, 자기표현, 전통적 가치들의 상호작용

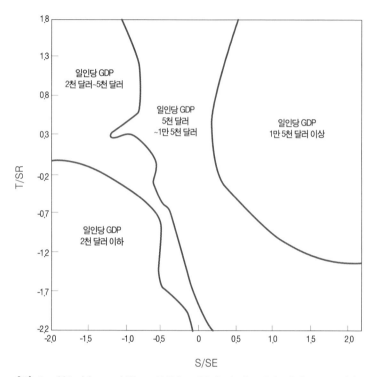

일인당 GDP
2천 달러~5천 달러

일인당 GDP
5천 달러
~1만 5천 달러

일인당 GDP
1만 5천 달러 이상

일인당 GDP
2천 달러 이하

T/SR

S/SE

출처: Ronald Inglehart and Wayne E. Baker, "Modernization, Cultural Change, and the Persistence of Traditional Values," *American Sociological Review* 65(Feb. 2000), p.30에서 저자 승인 하에 전재.

때문이다. 신앙은 그것과 아무런 관계가 없다.

〈그림 10-1〉에서 명확히 낮은 T/SR 값을 보이는 미국은 부유한 나라들 사이에서 예외로 두드러진다. 이것은 사회적 진보의 지도적 첨단에서 살아간다는 미국인들의 자부심과 모순된다. 대부분의 북유럽 국가들이 미국보다 더 높은 S/SE 값을 갖고 있을 뿐만 아니라, 미국의 T/SR 값은 방글라데시의 값과 비슷하다.

지구상에서 가장 가난하고 가장 불행한 장소는 〈그림 10-1〉과 〈10-

<그림 10-3> 시간이 지나면서 나타나는 자기표현과 전통적 가치의 변화

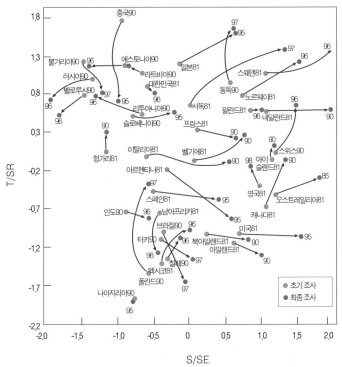

출처: Ronald Inglehart and Wayne E. Baker, "Modernization, Cultural Change, and the
Persistence of Traditional Values," *American Sociological Review* 65(Feb. 2000),
p.31에서 저자 승인 하에 전재.

2〉의 왼쪽 아래에 군집을 이루고 있다. 이러한 곳은 행복하지 못한 시
민들이 그들 자신의 관점을 자유롭게 표현하지도 못하고 그들 자신의
삶에 대한 선택도 하지 못하는 궁핍화되고 전통적인 사회들이다.

　〈그림 10-1〉과 〈그림 10-2〉의 틀은 전적으로 정태적 힘의 산물은 아
니다. 50년간 공산주의 치하에 있지 않았더라면, 발트 해 국가들과 체
코는 북유럽의 나머지 이웃들과 더불어 그래프의 오른쪽 위에 위치했
을 것이다. 지난 오랜 시기 동안 수집된 데이터는, 〈그림 10-3〉에서 나

타나는 것처럼, 비교적 짧은 시기에 걸쳐 S/SE와 T/SR 모두에서 상당한 변화가 일어날 수 있다는 것을 드러내준다.

〈그림 10-3〉에서 나타나는 변화는 체계적인 것으로서, 단순히 임의적인 동요나 실험적인 오차는 아니다. 시간에 걸쳐 거의 모든 발전된 나라의 S/SE 값이 상당히 증가한 반면, 개발도상국들의 값의 변화는 비교적 작다. 구 공산주의 나라들 사이에서 〈그림 10-3〉은 더욱 놀라운 결과를 드러내준다. 이 국가들 대부분이 경제적 붕괴를 겪었기 때문에 S/SE 값이 하락했다. 이것은 번영이 개인적 행복의 대용물인 S/SE에 영향을 미치지만 그 역은 아니라는 점을 강화한다. S/SE가 민주주의를 추동하기 때문에 이것은 구 소련 세계에 좋은 징조가 아니다.

〈그림 10-1〉에서 문화에 의한 나라들의 군집화는, 종교보다는 문화가 부, S/SE, T/SR에 훨씬 더 큰 영향을 미친다는 것을 보여준다. 이것은 S/SE 값과 T/SR 값이 공산주의의 역사, 서비스업, 공업, 농업에 종사하는 인구 비율 등과 같은, 부와 종교에 독립된 많은 요인들과 상관된다는 것을 보여주는 정교한 통계기법들에 의해 확증된다.[15]

우리가 이미 논의했듯이, S/SE 값은 부와 가장 잘 상관된다. 사람들 간의 상호신뢰도는 부와 S/SE를 연관시키는 핵심적인 요인인 것으로 보인다. 개인들이 점점 더 부유해지고 매슬로 피라미드의 위로 올라갈수록 그들은 낯선 사람들을 더 잘 받아들이고 믿게 된다. 경제학자와 사회학자들은 '신뢰의 반경' 현상에 대한 인식을 점점 더 명확히 해왔다. 신뢰의 반경 현상이란, 타인들의 말과 행동에 대한 한 개인의 전폭적인 신뢰를 보장하는 사회관계의 경계선이 직계가족의 범위를 벗어나 어디까지 확장되는가 하는 것을 가리킨다. 후쿠야마는 한 나라 안에서도 신뢰의 반경은 매우 다양할 수 있다고 지적하고 있다. 그는 남부 이탈리아의 아주 협소한 신뢰의 반경을 북부 이탈리아에 대한 시실리의 상대적으로 열악한 경제 상태 탓으로 여기고 있다. "남부 이탈리아는 마피아와 뇌물정치의 고장이다. 형식적인 제도의 측면에서는 북부 이탈리아와 남부 이탈리아 사이의 차이를 설명할 수 없다."[16] 잉글하트/벨첼 가설은 그 역이 실제로 진실이라는 점을 시사한다. 즉, 부가 신뢰의 반경을 확장하는 것이지 그 반대는 아니라는 점 말이다.

경제성장의 과학

오래지 않아 경제학자들도 이와 같은 작업에 참여했다. 문화와 제도의 효과에 대한 경제적 접근법은 서머스-헤스턴 데이터 세트*라는 널리 사용되는 통계자료집을 중심으로 하고 있다. 나는 이 분야에서 많은 작업을 수행한 로버트 바로 교수의 『경제성장』(*Economic Growth*) 제2판의 내용을 근거로 하여 이 데이터를 예시하는 그래프를 제공할 수 있었다.

기본적 기법은 교육수준, 출생률, 기대수명, 공공 및 민간 투자의 양 등과 같은, 경제성장에 영향을 미친다고 믿겨지는 광범위한 요인들에 대한 정교한 통계적 분석이다. 이 모든 요인들의 효과는 측정될 수 있지만, 이것에 의해서도 설명되지 않는 경제성장의 부분은 여전히 남는다. 경제학자들은 성장의 이 '설명되지 않는 부분'을 관심 요인과 상관 짓는다.

여기서 사용된 다중회귀분석이라는 통계기법이 생소하겠지만, 그래

---

* 원래의 편찬자인 경제학자 로버트 서머스(Robert Summers)와 알랜 헤스턴(Alan Heston)의 이름을 따서 지어진 자료집. 이 데이터들은 '펜 월드 테이블'(Penn World Tables)이라고도 불린다.

〈그림 10-4〉 경제성장 vs. 부

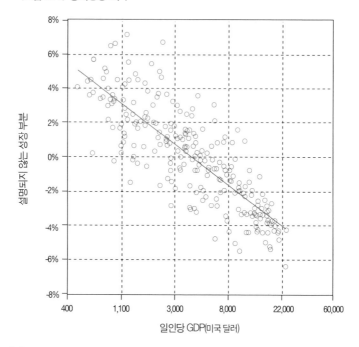

일인당 GDP(미국 달러)

출처: Robert J. Barro and Xavier Sala-i-Martin, *Economic Growth*, 2d ed.(Cambridge, MA: MIT Press, 2004)로부터 저자의 승인 하에 수정, 전재함.

프는 이해하기 어렵지 않을 것이다. 예를 들어 〈그림 10-4〉에서 나타나는 일인당 GDP의 성장과 총GDP의 성장 사이의 관계를 검토해보자. 이 그래프는 둘 사이의 높은 역의 상관관계를 보여준다. 간단히 말해, 가난한 나라의 경제는 부유한 나라의 경제보다 더 빠르게 성장하는 경향이 있다. 즉, 1960년대 이후 아시아 호랑이 나라들―연 약 6퍼센트대의 높은 실질 성장률을 경험했다―에서 일어났듯이, 가난한 나라들은 부유한 나라들을 따라잡는 경향이 있다.

학자들은 처음에 가난했던 이 나라들에서 나타난 지속적인 높은 성장률에 대해 '기적'이라고 주장했다. 하지만 이러한 성장률은 결코 기적이 아니며, 오히려 그 나라들이 현대에 들어와 공개시장, 법치, 안전한 재산권을 확보하면서 일어난 정상적인 경과였다. 이것에 대해서는 이미 언급했다. 메이지유신과 제2차 세계대전 이후 일어난 일본의 '기적'을 논의한 제8장의 이야기를 상기해보라.

일단 그러한 나라들이 서구적 생활수준에 근접하면 그들은 더 이상 그만큼 빨리 성장하지 않는다. 냉전 초기 동안 소련의 높은 성장률 때문에, 미국에 대해 흐루시초프가 "우리가 당신들을 묻어버릴 것이다"(경제적인 의미에서)라고 뻐기면서 한 말이 단순히 허풍만은 아닌 것으로 보였다. 1950년대와 1960년대 동안 진지한 분석가들이 소련 경제의 힘을 진정으로 우려했다는 것은 오늘날에는 거의 믿기지 않겠지만, 당시는 냉전 편집증의 흥분 상태였다. 물론 우리는 걱정할 필요가 없다. 소련의 높은 성장률이 전적으로 허구만은 아니었던 것과 똑같이, 그것은 어렴풋이 모습을 드러내는 저거노트가 아니라 후진적이지만 발전하는 나라에서 일어난 사태의 정상적인 경과였던 것이다.

'말하지 않는 며느리' 이야기를 되살려보자. 산업화 이전 사회에서는 가장 기초적인 현대적 기술도 기적을 일으킨다. 기술의 첨단에 있는 나라들에서는 성장이 둔화된다. 2퍼센트 성장률은 선진국에서라면 인상적인 성장률이지만, 저개발국에서는 실망스러운 수치다.

우리는 재산권과 법치를 반복해서 강조했다. 경험적 데이터는 이러한 강조를 얼마나 잘 뒷받침하는가? 〈그림 10-5〉는 『각국위험도지표』(*International Country Risk Guide*)에서 얻은 법치 지수가 '설명되지 않는' 성장 부분에 미치는 효과를 보여준다.

그러나 실제 관계는 좀 혼란스럽다. 왜냐하면 그 지수는 사유재산이 얼마나 안전하게 보호되는지를 측정하기보다는 오히려 법률 시스템의

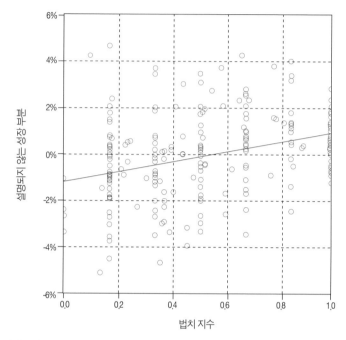

출처: Robert J. Barro and Xavier Sala-i-Martin, *Economic Growth*에서 저자의 승인 하에 수정, 전재함.

강도를 측정하기 때문이다. 예를 들어 1982년에 그 척도에서 헝가리와 폴란드라는 당시 공산주의 국가들은 전체 7등급 중에서 각각 6등급과 5등급에 위치했다(〈그림 10-5〉의 0.83과 0.67 값에 해당한다). 그렇다 하더라도 전반적인 추세는 명확하다. 높은 등급에 위치한 나라들의 압도적인 다수는 높은 설명되지 않는 성장을 나타내고, 낮은 등급의 대다수 나라는 낮은 설명되지 않는 성장을 보인다. 다른 연구자들도 이 발견을 확인해주었다. 보다 최근에 경제학자 로버트 홀(Robert Hall)과 찰스 존스(Charles Jones)는 '사회적 인프라' —재산권과 법치를 지지하는 제도와 정부정책 — 라는 것과 노동생산성 사이의 상당히 높은 상관성을 발견했다.*

경제학자 브래드포드 드롱(Bradford DeLong)과 안드레이 슐라이퍼(Andrei Schleifer)는 독창적인 역사적 연구를 통해 수백 년의 기간 동안 유럽에서 재산권이 경제성장에 미친 효과를 검토했다. 정확한 장기적인 정치적·경제적 데이터를 얻기 어려웠기 때문에 그들은 기존 자료를 최대한 활용할 수밖에 없었다. 첫째로, 그들은 특정한 시기의 각국 정부를 단순히 절대주의 정부와 비절대주의 정부로 나누고, 후자가 전자보다 재산권을 더 잘 보호할 것이라고 추론했다. 다음으로 그들은 경제성장에 대한 대략적인 대용물로서 그러한 나라들의 최대 도시들의 인구 증가를 측정했다.

정부 유형과 도시 성장 사이의 상관성은 놀라웠다. 거의 예외 없이 절대주의 국가보다 비절대주의 국가들에서 도시 인구가 훨씬 더 급속했다. 1500년 이후 유럽의 경제와 인구의 중심이 남유럽에서 북유럽으로 이동했는데, 이러한 변화를 드롱과 슐라이퍼는 알프스 이북에서 비절대주의적이고 재산권을 잘 보호해주는 정부들이 출현한 것의 직접적인 결과로서 설명했다.[17]

성장의 또 다른 중요한 결정인은 '정부의 크기'로서, 이것은 큰 정치적 중요성을 지닌다. 정치적 권리에 대한 주장이 높아지면, 이것은 경제성장에 대한 정부 지출의 부정적 효과를 증폭시킨다. 그것은 실제로 얼마나 나쁜가? 〈그림 10-6〉은, 큰 정부의 부정적 효과는 겨우 보일

---

* 거시경제적 수준에서 '노동생산성'은 일하는 시간당 GDP이고 따라서 평균적 부의 탁월한 척도다. Roben E. Hall and Charles I. Jones, "Why Do Some Countries Produce So Much More Worker Output Than Others?," *Quarterly Journal of Economics* 114(1999), pp.83-116를 보라.

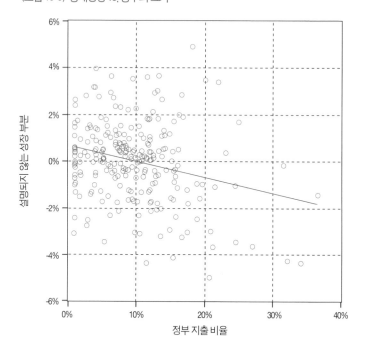

〈그림 10-6〉 경제성장 vs. 정부의 크기

출처: Robert J. Barro and Xavier Sala-i-Martin, *Economic Growth*에서 저자의 승인 하에
수정, 전재함.

락 말락 할 정도이고 법치 그래프보다 인상적이지 않다는 것을 보여준
다. 그래프에서 나타나는 계산된 추세선 없이는 큰 정부의 효과는 분
간하기 어려울 정도이다.

경제학자들은 성장과 투자율 사이에서 훨씬 더 강력한 상관성을 발
견했다. 〈그림 10-7〉에서 이 둘 사이의 상관성을 확인해볼 수 있다. 여
기서의 투자율은 GDP 중 정부 부문과 민간 부문 모두가 투자한 비율
을 가리킨다. 성장과 투자의 양의 상관성은 역의 인과관계를 예증한
다. 성장은 투자 증가를 야기하지만, 그 역은 성립하지 않는다. 바로

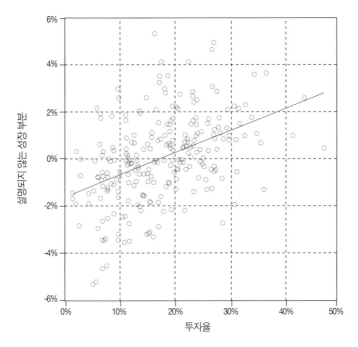

〈그림 10-7〉 경제성장 vs. 투자수준

출처: Robert J. Barro and Xavier Sala-i-Martin, *Economic Growth*에서 저자의 승인 하에
수정, 전재함.

교수는 부(富)→자기표현→민주주의라는 인과의 흐름을 확증하기 위
해, 벨첼과 잉글하트가 사용한 것과 유사한 '지체된 상관성'에 주목함
으로써 이것을 통계적으로 검출했다. 성장과 투자의 경우에, 선 투자
가 후 성장과 상관되기보다는 선 성장이 후 투자와 더 잘 상관된다. 그
러므로 성장이 투자를 유도하는 것이지 그 반대는 아니다.[18] 이것은 이
론과도 일치한다. 즉, 민간 주체들은 성장이 더 높은 수익을 약속해줄
경우에만 투자를 선택한다.

마지막으로 민주주의 자체를 살펴보자. 〈그림 10-8〉에서 보이듯이,

<그림 10-8> 경제성장 vs. 민주주의

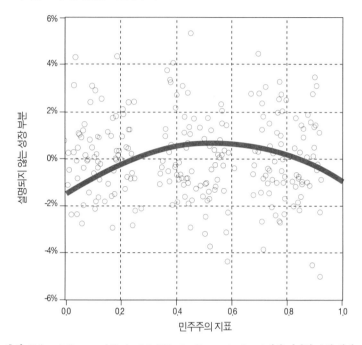

출처: Robert J. Barro and Xavier Sala-i-Martin, *Economic Growth*에서 저자의 승인 하에
수정, 전재함.

성장에 대한 민주주의의 관계는 뒤집힌 U자 모양을 하고 있다. 특정한
지점까지는 민주주의가 성장에 도움이 된다. 전체주의의 가장 억압적
인 형태를 제거하는 것은 성장을 돕는다.* 그러나 정부가 민주적 제도
들을 더욱 진전시키면 성장이 타격을 받는다.

---

* 여기서 바로 교수는 시민적 자유에 관한 가스틸 지표를 사용하여 민주주의적 발전을 측정
한다. Raymond D. Gastil, Freedom in the World(Westport, Connecticut: Greenwood
Publishing Group. 1982)를 보라.

바로 교수는 민주주의 진전의 유해한 효과가 포퓰리즘의 부자 등쳐먹기 성향에 의해 야기되지만 다른 요인들도 생각하기 어렵지 않다고 주장한다. 민주주의는 망하는 산업들에 보조금을 지급하는 경향이 있다. 이는 유럽과 일본에서 특히 자주 볼 수 있다. 민주적 제도들은 또한 해방된 시민들에게 사회적으로는 유용하지만 경제적으로는 비생산적인 광범위한 자선적, 지적, 정치적 배출구를 제공하는 경향이 있다. 이런 배출구는 좀더 억압적인 나라들의 시민들에게는 열려 있지 않을 것이다.

투자 성향도 '과도한 민주주의'로부터 유해한 영향을 받는다. 경제학자들은 민주주의가 중간 수준에 있는 나라에서 투자율이 가장 높다는 것을 발견한다. 고도로 진전된 민주주의는 자본의 수익률을 하락시키고, 따라서 투자 인센티브를 감소시키는 경향이 있다.

성장과 민주주의 사이의 원인-결과 관계는 바로의 데이터에서도 나타나는데, 이것은 잉글하트와 벨첼의 데이터와도 일치하고 립셋의 원래 가설도 확증해준다. 선 민주주의가 후 경제성장과 상관되기보다는 선 경제성장이 후 민주주의와 더 잘 상관된다. 번영은 민주주의를 낳는 경향이 있지만, 민주주의 자체는 번영에는 별로 도움이 안 된다.[19] 바로는 또한 민주적 발전이 몇 십 년의 간격을 두고 번영을 따라갈 수 있다는 것도 발견했다. 즉, 시차데이터에 따르면 민주주의로의 성공적인 이행을 촉발하기 위해서는 평균적으로 약 한 세대의 번영이 필요하다. 제8장에서 우리는 프랑코 독재 기간 동안 스페인에서의 부의 폭발과 그 이후 일어난 매우 성공적인 민주적 이행을 다루었다. 자유주의적 역사가들은 이러한 연쇄 사태를 명시적으로 무시해왔다.

칠레, 타이완, 한국이 서구적 수준의 부에 접근하기 시작한 이후 몇 십 년이 지나서 비로소 이 나라들에서 민주적 제도들이 활력 있게 발전하기 시작했다. 그 과정은 아주 느린 속도로 힘들게 진행된다. 중국에서는 급속한 경제성장의 거의 한 세대가 지난 다음에도 민주주의의 발전을 전망할 수 있기 위해서는 낙관주의에 기대거나 아니면 인내심 있게 기다릴 필요가 있을 것이다.

공급 측면의 감세, 교육 지출 증가, 또는 기타 정치적 동기에서 추진되는 경제적 · 사회적 대증처방들이 선진적이고 번영하는 자유민주주의에서 성장을 증대시킬 수 있을까? 바로의 입장은 모호하다.

> 세금과 비생산적 정부 지출 삭감이나 유해한 규제의 축소에 의해 10분의 몇 퍼센트 포인트만큼의 장기 성장률을 높이는 것은 아마 가능할 것이다. 그러나 인프라 투자, 연구보조금 또는 교육 지출의 증가가 큰 도움이 된다는 증거는 없다. 기본적으로 이미 부유한 나라에서 2퍼센트의 일인당 성장은 장기적으로 더할 나위 없이 좋은 것으로 보인다.[20]

우리는 과거보다 더 행복해졌는가

어느 지점에서 생각 있는 독자는 이 책이 이 세계의 물질적 측면에 과도하게 집착하고 있는 데 대해 문제를 제기하기 시작할 것이다. 서구에서 평균적인 시민이 세속적 성공으로 실존적 또는 영적 실현은 물론이고 약간의 행복조차 살 수 없다면, 경제성장이 도대체 무슨 소용이 있는가? 유례없이 증대하는 번영은 제3세계 인구의 상당한 부분, 특히 가장 두드러지게는 이슬람 인구가 서구의 부유한 나라들에 대해 느끼는 부러움과 적개심은 두말할 필요도 없고 더 높은 수준의 약물 남용, 일자리 불안정, 가족 해체를 초래하고 있다. 존 케네스 갈브레이스(John Kenneth Galbraith)의 말을 인용하자면, "일국의 국내총생산을 증대시키기 위해 당신은 오늘 무엇을 했는가?"라는 질문을 넘어 개인의 가치와 목적에 대한 다른 좀더 중요한 척도가 존재한다.

산업혁명 초기의 생활수준에 대한 논쟁과 마찬가지로 그러한 논의는 종종 지구화와 신자유주의의 효과, 국가의 역할을 둘러싼 이데올로기적 투쟁으로 변질된다. 그러한 정치적 위험지대에서 우리는 오직 가설을 세우고 이 가설을 객관적 데이터로 검증함으로써 통찰을 얻을 수 있다.

부와 행복 사이의 관계 자체를 검토할 시점이 되었다. 서구에서 부의 급속한 증대는 그 주민들의 복지를 증진시켰는가 아니면 훼손시켰는가? 좀더 단도직입적으로, 이 모든 부를 통해 과연 우리는 더 행복해졌는가? 이러한 질문들에 답하는 것은 가능한가?

최근 몇 십 년 동안 심리학자와 사회학자들은 인간의 만족감에 대한 광범위하고 정교한 측정법을 개발했다. 거의 반세기에 걸쳐 인류의 번영이 더욱 증대됨에 따라, 인간의 복지를 관찰하는 엄청난 양의 연구가 이루어졌다. 종합사회조사(General Social Survey, GSS)가 그 전형적인 예인데, 그것은 미국에서 다양한 사회적 척도를 샘플링한다. 그 조사로부터 다음과 같은 질문을 고려해보자.

> 전반적으로 요즘 당신 사정은 어떠한가? 매우 행복하다고 할 텐가, 아니면 꽤 행복한 편이라고 또는 많이 행복하지는 않다고 말할 텐가?

1970년 이후 "매우 행복하다"고 응답한 미국인 수는 약 30퍼센트에서 항구적인 수준을 유지해왔다. 세계가치조사(WVS)와 유로바로미터 조사는 복지에 관한 훨씬 더 상세하고 체계적인 데이터를 제공해왔다.

행복이 성장을 낳을 수는 없는가

세계의 이질적인 문화들의 넓은 캔버스를 가로질러 행복에 대한 획일적인 바로미터를 적용한다면, 많은 사람들이 반대할 것이다. 그러나 연구자들은 모든 사회가 거의 똑같은 방식으로 행복과 복지 개념을 받아들이고 정의한다는 것을 발견했다. 이것은 놀라운 발견이 아니다. 본질적으로 우리는 모두 인간이기 때문이다.

이 장의 나머지 부분에서 우리는 경제적 의미에 대립되는, 심리학적 의미 — 행복에 대한 동의어 — 로 '복지'라는 용어를 사용할 것이다. 사회학자들은 거의 모든 사회에서 동일한 네 가지 지표에 의해 복지가 예측된다는 것을 발견했다. 경제적 지위, 고용, 건강, 가족의 상태가 그것이다.[21] 가족에 관련된 요인 중에서 물질적 상태가 가장 결정적이다. 한밤의 토크쇼 코미디언들을 제쳐둔다면, 집단으로서 기혼자들이 미혼자들보다 훨씬 더 행복하다. 실업은, 다른 충분한 소득원이 있는 경우에도 불행을 야기한다. 즉, 실업이 복지에 미치는 유해한 효과는 소득에 대해 독립적이다. 노동자가 노동 의지를 빼앗기면, 비록 자신의 고용소득을 완전히 보전받는다 하더라도 그 노동자는 덜 행복해진다. 한 연구자의 말에 따르면, "일자리 상실 효과를 상쇄하기 위해 엄청난 양의 추가 소득이 필요할 것이다."[22]

게다가 행복에 대한 수량적 척도는 예측을 위한 도구로서 실질적으로 가치가 있다. 높은 행복값을 갖는 개인은 심신증에 걸리거나 실업할 확률이 훨씬 더 낮고, 수명이 평균 이상이며, 좌전두엽에서 일어나는 뇌파활동이 보통 경우보다 훨씬 더 높다.[23]

행복 조사에 대해 종종 거론되는 또 다른 반론은 그 조사가 '행복'과 '만족'의 상이한 문화적·언어적 의미를 고려하지 못한다는 것이다. 독일어, 프랑스어, 이탈리아어를 함께 사용하는 스위스는 이러한 문제를 연구하는 데 도움이 될 탁월한 실험실이다. 데이터가 보여주는 바에 따르면, 이 세 언어 그룹 모두 독일·프랑스·이탈리아에 있는 그들의 문화적 사촌들보다 상당히 더 높은 행복값을 갖고 있다. 이 때문에, 적어도 스위스의 상이한 세 민속체들 사이에서는 언어가 행복 조사에 상당한 역할을 할 것 같지 않다.[24]

정치적·군사적 스트레스도 사람들을 불행하게 한다. 여러 차례 이루어진 연구 결과 1950년대 말과 1970년대 초 사이에 주로 냉전의 긴장과 관련하여 미국에서 복지가 하락했다는 점이 밝혀졌다. 1970년대 말에 핵 아마게돈의 망령이 물러가기 시작하면서 복지가 기준선 수준으로 복귀했다.[25] 그러나 정교한 통계적 검증을 사용하여 이 중요한 속성들을 걸러낼 경우에도 여전히 경제적 지위가 행복과 복지의 강력한 동인으로 나타난다.

일부 사람들은 경제 상황과 행복 사이의 인과관계에도 의문을 제기했다. 행복이 성공을 낳을 수는 없는가? 없다. 첫째로, 연구 대상이 된 모든 사회에서 사람들은 부를 자신들의 행복에서 중요한 것으로 인식하고 있었다. 둘째로, 경제위기를 겪은 구 공산주의 국가들에서 최근 측정된 평균 복지값의 극적인 하락은, 빈곤이 불행을 낳지만 그 역은 아니라는 점을 보여준다.

우리는 아직 즐겁지 못한가

〈그림 10-9〉는 1973년과 1998년 사이 4반세기에 걸쳐 유럽의 표본 나라 네 곳에서 사람들이 느끼는 복지의 추세를 보여준다. 그것은 이

나라들 출신 응답자들 중에서 스스로 "매우 만족스럽다"("꽤 만족스럽다", "그리 만족스럽지 못하다", "전혀 만족스럽지 못하다"는 응답에 대립하는 것으로서)고 응답한 사람들의 비율을 나타내고 있다.

놀랍게도 일인당 실질 GDP가 약 60퍼센트 증대된 시기 동안에도 유럽인들은 그리 많이 행복해지지 않았다. 더욱 당황스러운 것은, 주민의 평균 60퍼센트가 매우 만족스럽다고 응답한 덴마크인과 평균 약 11퍼센트만이 그렇다고 응답한 이탈리아인 사이의 극단적인 차이다. 영국인들은 그 둘 사이 중간쯤이었다. 또한 〈그림 10-9〉는 지난 4반세기 동안 벨기에인들이 훨씬 더 우울해졌다는 것을 보여준다. 이러한 우울을 낳은 원인은 무엇인가? 이에 대한 대답은 아마, 지난 몇 십 년 동안 벨기에에서 일어난 문화적·언어적(프랑스어권 대 네덜란드어권) 긴장의 폭발과 관련이 있을 것이다. 이 긴장으로 인해 정치기구들이

〈그림 10-9〉 만족 지수

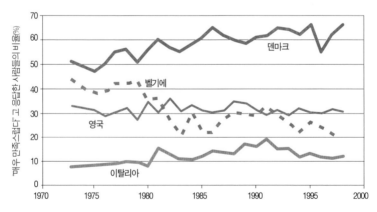

출처: Ronald Inglehart and Hans-Dieter Klingemann, "Genes, Culture, Democracy, and Happiness," *Culture and Subjective Well-Being*, E. Diener and Mark Suh, eds.(Cambridge: MIT Press, 2000),p.167에서 얻은 데이터.

매우 분열된 모습을 보였다. 이것은 냉전 시기 동안의 미국과 1990년 이후 구 공산주의 세계에서 나타난 행복값의 하락과 유사하다.

사회학자들은 국가 사이의 이러한 차이를 경제학만으로는 설명할 수 없다고 말한다. 해당 기간 동안 내내 이 네 나라들 사이에 일인당 부에서의 격차는 비교적 작았다. 확실히 문화적 요인이 관련되어 있음이 틀림없다. 여기까지 우리 논의를 이끌어온 것은 스테레오타입―유머 있는 덴마크인과 무뚝뚝한 벨기에인―이다. 외향적으로 활발한 이탈리아인들의 복지값이 낮다는 것은 약간 의외다.

일본은 돈으로 행복을 살 수 없다는 것을 보여주는 가장 극적인 예다. 1958년과 1987년 사이 일본의 일인당 GDP는 다섯 배 증가했지만, 일본인들의 행복값은 변하지 않았다.[26]

국부와 개인의 행복 사이의 관계

일인당 GDP와 지각된 평균 복지 사이의 관계를 검토하면 행복에 대한 다른 관점을 얻는다. 〈그림 10-10〉과 〈그림 10-11〉은 또 다른 만족값―WVS에서 얻어지는 행복과 만족의 복합 지수―대 일인당 GDP를 그래프로 표현한 것이다. 충분히 넓은 영역에 걸쳐 나라의 부는 나라의 분위기와 느슨하게 상관된다.

〈그림 10-10〉의 왼쪽 편은 가난한 나라들 사이의 행복값의 넓은 분포를 보여준다. 분포가 넓은 이유는 구 공산권 나라들을 포함시켰기 때문이다. 정치적·사회적·경제적 상황이 갑자기 악화된 결과 행복값의 상당한 하락을 겪은 대다수의 구 공산주의 나라들을 제외하면, 〈그림 10-11〉이 보여주듯이 상관성은 더욱 긴밀해진다. 시장경제와 민

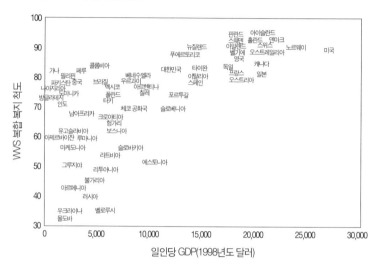

〈그림 10-10〉 복지 vs. 일인당 GDP

WWS 복합 복지 척도 (y축)

일인당 GDP(1998년도 달러) (x축)

출처: Ronald Inglehart and Hans-Dieter Klingemann, "Genes, Culture, Democracy, and Happiness," *Culture and Subjective Well-Being*, pp.172-173; Maddison, *The World Economy: A Millennial Perspective*, pp.264, 276-279에서 얻은 데이터.

주주의로의 이행을 가장 성공적으로 이룬 구 공산주의 나라들 ― 폴란드 · 체코 · 헝가리 ― 은, 여전히 서구 나라들의 값 대역 중에서는 바닥에 위치하지만, 구 공산주의 이웃 나라들에 비해서는 상당히 높은 행복값을 갖고 있다.

단편적인 증거들은 구 공산주의 나라들에서 국가적 분위기가 악화된 것이 비교적 최근의 일이라는 점을 보여준다. 예를 들어 러시아의 탐보프 지역에서 복합 행복값은 1981년 70에서 1995년 39로 떨어졌다. 러시아인들보다 훨씬 경미한 사회적, 경제적 혼란을 겪은 헝가리인들의 값은 훨씬 적게 떨어졌다. 1981년 74.5에서 1990년 62로 떨어졌다가 1998년 65로 다시 약간 상승했다.[27]

〈그림 10-11〉에 나타난 바와 같이, 국부가 복지에 미치는 효과는 비

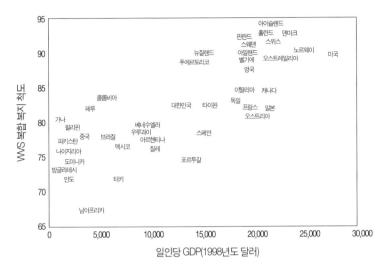

〈그림 10-11〉 비 공산주의 나라들의 복지 vs. 일인당 GDP

출처: Ronald Inglehart and Hans-Dieter Klingemann, "Genes, Culture, Democracy, and Happiness," *Culture and Subjective Well-Being*, pp.172-173; Maddison, *The World Economy: A Millennial Perspective*, pp.264, 276-279에서 얻은 데이터.

교적 작다. 일인당 GDP가 1만 5천 달러 이상인 국가들을 표시하는 그래프 오른쪽은 부와 행복 사이의 관련을 거의 보여주지 않는다. 이 수준 이하에서만 부는 요인이 된다.* 이미 지적했듯이, 데이터는 국부와 복지가 단지 느슨한 상관관계를 갖고 있다는 것을 보여준다. 예를 들어 콜롬비아와 오스트리아 사이의 일인당 GDP 격차가 네 배임에도 불구하고 콜롬비아인들은 오스트리아인들보다 훨씬 더 행복하게 느낀다.

* 경제학에 익숙한 사람들은 부의 효용이 로그함수적이라는 점을 알 것이다. 즉, 행복은 부의 기하급수적 증가에 비례하여 늘어난다. 〈그림 10-10〉과 〈그림 10-11〉의 x축에서 사용된 산술적 척도는 이 효과를 왜곡한다. 1만 5천 달러에서 3만 달러로의 일인당 GDP의 증가에 의해 얻어지는 행복값의 이론적 증가는 1천 달러에서 1만 5천 달러로의 이동에 의해 얻어지는 행복 증가분의 15분의 1에 지나지 않는다.

돈으로 행복을 살 수 있는가

그러나 나라 안에서는 부가 매우 중요하다. 많은 연구가 보여주는 바에 따르면, 예외 없이 가장 부유한 개인들이 가장 큰 만족감을 느끼고 가장 가난한 사람들이 가장 적은 만족감을 느낀다. 〈그림 10-12〉는 12개 표본 국가에서 가장 부유한 사람들과 가장 가난한 사람들 사이의 행복값의 상당한 차이를 표시하고 있다.

〈그림 10-13〉은 매우 작은 소득 격차의 경우를 고려하면서 이 현상을 상세하게 보여준다(1973년도 미국의 경우를 표본으로 하고 있다). 관계가 비교적 일정한 곡선 모양을 하고 있다는 점에 주목하라. 즉, 행복값은 저소득에서 가장 크게 증가하고, 소득이 높아질수록 증가폭이 줄어든다. 일부 사회학자들은 이런 종류의 그래프와, 〈그림 10-12〉에서 관찰되는 부유한 나라들에서의 부(富)의 행복효과의 외관상 결여를 '문턱 효과'를 입증해주는 것으로 해석했다. 달리 말해 특정한 소득수준

〈그림 10-12〉 개인의 행복값 vs. 부

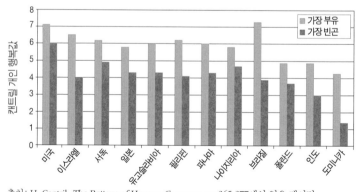

출처: H. Cantril, *The Pattern of Human Concerns*, pp.365-377에서 얻은 데이터.

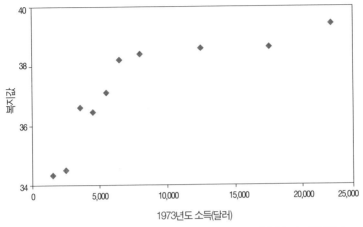

〈그림 10-13〉 소득 vs. 행복, 1973년 미국

1973년도 소득(달러)

출처: Ed Diener et al., "The Relationship Between Income and Subjective Well-Being: Relative or Absolute?," *Social Indicators Research* 28(1993), p.208에서 얻은 데이터.

에 일단 도달하고(이 그림의 연도 1973년에는 대략 8천 달러) 안전과 생존 욕구가 충족되면, 부의 추가적 증대는 복지의 추가적 개선을 낳지 않는다.

이것은 아마 타당하지 않을 것이다. 오랫동안 경제학자들은 사람들이 부(富)를 소득의 비례적 증가에 따라 '로그함수적으로' 인지한다고 가정해왔다. 그 경제학자들에 따르면, 이론적으로는 특정한 배수로 소득이 증가할 때마다 복지가 유사하게 증가할 것이다. 소득이 5만 달러에서 10만 달러로 배증함으로써 당신의 행복값이 일정하게 증가한다면, 다시 한 번 비슷한 정도의 행복값을 얻기 위해서는 소득이 다시 20만 달러로 배증해야 할 것이다. 〈그림 10-14〉는 이것이 타당하다는 것을 보여준다. 이것은 인간이 실제로 경제학자들의 예측대로 행위히는 드문 예들 중의 하나다. 이 그래프는, 〈그림 10-13〉에서의 좀더 통상적

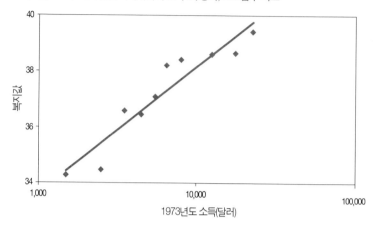

〈그림 10-14〉 1973년도 미국에서의 소득 vs. 행복, 로그함수 척도

출처: Ed Diener et al., "The Relationship Between Income and Subjective Well-Being: Relative or Absolute?," p.208에서 얻은 데이터.

인 산술적 표현과는 달리, 수평축에 소득을 로그함수적으로 표현했다는 점을 제외 하면 〈그림 10-13〉과 동일하다. 결국 경제학자들이 옳았다. 즉, 복지는 부의 로그함수 비율로 증대한다.

만인의 소득 증가가 만인의 행복을 보장하는가

돈으로 행복을 살 수 있지만, 이는 오직 상대적인 의미에서만 그렇다. 절대적 부는 당신의 이웃에 비한 상대적 부보다 훨씬 덜 중요하다. 칼 마르크스는 이렇게 서술했다.

집은 클 수도 작을 수도 있다. 주변의 집들이 똑같이 작다면 그것은 거주에 대한 모든 사회적 수요를 충족시킨다. 만약 작은 집 옆에 궁전이

솟아오르면, 그 작은 집은 오두막으로 위축된다.[28]

또는 헨리 루이스 멩켄(H.L. Mencken)이 좀더 통렬하게 지적했듯이, 부자란 그의 동서(아내의 여동생의 남편)보다 더 많이 버는 사람을 가리킨다.*

우리가 우리 또래집단을 어떻게 정의하는가는 중요한 미묘한 점이다. 모든 사람은 주로 친구와 이웃의 부에 비추어 자신들의 부를 측정한다. 경제적으로 침체된 농촌마을에서 1년에 10만 달러를 버는 사람은 맨해튼의 어퍼이스트사이드에서 같은 액수―구매력을 고려하여 상향 조정하더라도―를 버는 사람보다 훨씬 더 행복할 것이다.** 인간 본성의 기반을 이루는 것 중의 하나인 이 '이웃 효과'(neighbors effect)는 다른 많은 분야에도 적용된다. 경제학자 폴 크루그먼(Paul krugman)은 세계에서 가장 큰 대학교 중의 한 곳에서 안전한 자리를 차지한, 급여 좋고 매우 존경받는 학자로서 자신의 불행을 이렇게 기술하고 있다.

---

*이것은 단순한 조크 이상의 훨씬 더 심각한 의미를 갖고 있다. 여동생의 남편이 자기 남편보다 소득이 더 많은 여성은 그렇지 않은 경우에 비해 취업할 확률이 20퍼센트 더 높다. David Neumark, and Andrew Postlewaite, "Relative Income Concerns and the Rise in Married Women's Employment," University of Pennsylvania, unpublished data, 1996를 보라. 경제사가 찰스 킨들버거(Charles Kindleberger)도 이 현상에 대해 통렬하게 표현했다. "친구가 부자가 되는 것만큼 한 사람의 복지와 판단에 혼란을 주는 것도 없다." Kindleberger, *Manias, Crashes, and Panics*, 4th ed.(New York: John Wiley & Sons, 2000), p.15를 보라.

**모든 데이터가 이 가설과 일치하는 것은 아니다. 예를 들어 디너 등은 기본적으로 상대적인 성격을 지닌, 부의 효과를 설명하지 못했다. 그러나 그들은 또한 복지가 비상대적인 생존욕구 만족과 관련된다는 대안적 가설을 실증하지도 못했다(Ed Diener et. al., "The Relationship Between Income and Subjective Well-Being: Relative or Absolute?," *Social Indicators Research* 28, 1993, p.208).

나는 보수가 매우 좋고 전 세계에서 열리는 회의에 많이 초대받는 매우 좋은 일자리를 갖고 있다. 99퍼센트의 인류와 비교해도 나는 불만스러운 것이 없다. 그러나 인간이라는 동물은 본래 그런 식으로 생각하지 않는다. 나의 정서적 전거 그룹은 내 세대의 가장 성공적인 경제학자들로 이루어져 있고, 나는 그 소수 안에 들어 있지 않다.[29]

현대적인 원격통신은 '이웃 효과'의 국지적 본성을 소멸시키고 있을 것이다. 비교적 최근인 50년 전만 하더라도 스탈린과 마오쩌둥은 세계 인구의 4분의 1의 사람들에게 그들 자신의 결핍 상태를 깨닫지 못하도록 할 수 있었다. 오늘날 지구상에서 이 끔찍한 일을 할 수 있는 마지막 나라는 북한일 것이다. 점점 더 지구화하는 사회에서는 멀리 있는 사람들의 부가 실제적인 의미를 갖는다. 본국으로 가까워질수록 현대의 미디어는 도심 슬럼 거주자들이나 심지어 중산층의 안락한 성원들에게도 그들이 결코 만날 수 없는 유명인이나 부자들의 생활양식에 비한 그들의 상대적 빈곤을 더욱 더 분명하게 깨닫게 하고 있다. 아랍 거리에 사는 귀화민들은 매일 서구 사람들의 생활양식과 비교한 자기 생활양식의 물질적 결핍에 직면해야 한다.

우리 중의 부자들이 우리의 불행의 원인이라고 말하는 것도 과도한 말은 아니다. 그들이 부유하면 할수록, 그들이 실제로든 전자매체를 통해서든 우리와 가까우면 가까울수록 그들 때문에 우리는 더욱 비참하게 느끼게 된다. 이것이 진실이라면, 부의 불평등이 가장 작은 사회가 가장 행복할 것이다. 이것은 정말로 타당할까? 그렇다. WVS의 주관적인 복합 복지척도의 꼭대기에 있는 나라들—아이슬란드, 네덜란드, 덴마크, 스위스, 핀란드, 스웨덴, 아일랜드, 노르웨이—은 모두 공공연하게 재분배주의적 세금정책을 갖고 있고, 소득분포가 협소하다.

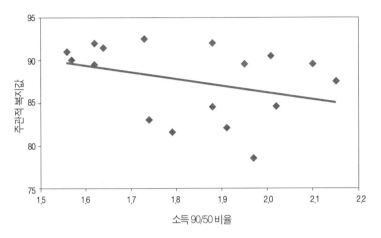

〈그림 10-15〉 복지 vs. 소득 불평등

출처: the Luxembourg Income Study, http://www.lisproject.org/keyfigures/ineqtable.htm;
Ronald Inglehart and Hans-Dieter Klingemann, "Genes, Culture, Democracy, and
Happiness," *Culture and Subjective Well-Being*, pp.172-173에서 얻은 데이터.

'이웃 효과'를 측정하는 좋은 방법은 중앙값—50분위수—에 있는
사람들에 대한 90분위수에 위치한 사람들*의 소득 비율을 계산하는 것
이다. 〈그림 10-15〉는 WVS 복지척도 대 이 척도를 보여준다. 하향경
사 추세선은 부의 불평등과 행복 사이의 느슨한 역의 상관관계를 예시
해준다. 서머스-헤스턴 데이터 세트에 관해 위에서 기술된 것과 같은,
좀더 정교한 분석도 같은 현상을 설명해준다.[30]

나라들 안에서도 소득 불평등의 상이한 정도가 행복에 영향을 미친
다. 이스라엘의 상업조직들의 다양성은 소득 불평등-행복 동학 연구
를 위한 훌륭한 실험장을 제공해준다. 1977년 예루살렘 헤브루 대학교

---

*소득수준 상위 10퍼센트 이내 인구집단을 가리킴 —역주

의 일단의 사회학자들은 두 개의 모샤브, 즉 협동조합을 연구했다. 그들이 '이소스(Isos)'라고 이름붙인 첫 번째 조합은 그 성원들에게 모두 똑같이 지급했고 두 번째의 '아니소스(Anisos)'는 성원들에게 생산과 계급에 따라 지급했다. 0에서 10까지 단위로 행복을 측정하는 평균 캔트릴 값은 이소스에서 7.88, 아니소스에서 7.25였다.[31]

비록 이 차이가 작았음에도 불구하고 이것은 여러 가지 이유에서 매우 중요한 결과였다. 첫째로, 캔트릴 등급은 두 그룹 모두에서 촘촘하게 군집화되어 있었고, 이런 점에서 그 차이는 통계적으로 유의미했다. 예를 들어 이소스 성원들 중 20퍼센트가 스스로에게 캔트릴 등급에서 완전한 "10"등급을 부여했지만, 아니소스 성원들 중에서는 아무도 그렇게 평가하지 않았다. 둘째로, 이소스에서 지배적인 성원들은 남아메리카 출신 이민자들인 반면, 아니소스 성원들은 주로 유럽인들이었다. 남아메리카 인들이 복지와 S/SE 척도에서 유럽인들보다 낮게 평가하는 경향이 있기 때문에, 남아메리카 지배적인 이소스 공동체에서 더 높은 복지값이 나왔다는 것은 특히 놀라운 일이다. 세 번째로, 아니소스 성원들은 이소스 성원들보다 교육수준이 높았는데, 이것도 행복과 상관된 요인이었다. 마지막으로, 아니소스의 평균 소득은 이소스보다 3분의 1이 더 높았다. 위의 네 가지 지표 모두 아니소스 성원들을 더 행복하게 만들었어야 했음에도 불구하고 실제로는 그렇지 않다는 점이 더욱 놀랍다.[32]

요약하자면 다음과 같다.

- 단일한 나라나 사회 안에서 부는 중요하지만, 행복의 유일한 결정 요인은 결코 아니다.
- 여러 나라를 가로지를 경우 부는 더 이상 중요한 요인이 아니다.

나라의 부는 오직 느슨하게만 나라의 행복과 상관된다. 지구적 수준에서는 문화적, 역사적 요인이 훨씬 더 중요해진다.

- 부를 지각하는 상대적 본성—이웃 효과—때문에, 경제성장에 의한 나라의 총량적 부의 증대는 그 나라를 더 행복하게 만들지 못한다. 한 나라의 가장 부유한 시민이 그 시민들 중에서는 가장 행복한 경향이 있지만 나라가 부유해진다고 해서 나라 전체가 더 행복해지는 것은 아니다. 이웃 효과 때문이다. 그러나 그 나라의 부가 증대하면서 그 나라가 더 불행해지는 것도 아니다. 생산성 증대에 동반되는 것들—점점 더 빡빡해지는 시간관리, 스트레스, 직업적 안정성의 하락—은 큰 희생을 치르게 하지는 않은 것으로 보인다 (부의 증대가 사람들을 더 행복하게 만들기는 하지만, 이것은 현대 생활의 스트레스에 의해 정확히 상쇄된다고도 할 수 있다). 1995년에 경제학자 리처드 이스털린(Richard Easterlin)은 만인의 소득 증가는 만인의 행복을 증가시킬 것인가라는 과장된 질문을 했다. 대답은 분명히 '아니다'이다.[33] 개인에게 좋은 것이 나라 전체에 반드시 좋은 것은 아니다.

빈곤과 부라는 움직이는 표적

현대인은 일종의 '쾌락의 답차(踏車)' 위에 있다. 부유해질수록 국가는 시민들 사이에 동일한 정도의 만족감을 유지시키기 위해 더욱 많은 양의 재화와 서비스를 생산해야 한다.[34] 한 세대 전에 월소득 10달러의 한 인디언 농부에게서 들었다고 하는 다음과 같은 말은 이 현상이 어떻게 작동하는지를 단순한 예를 통해 보여준다.

나는 지금 다른 사람 소유의 땅에서 일하고 있기 때문에 약간의 땅뙈
기와 아들을 원한다. 나는 내 집을 짓고 싶고 우유와 버터를 얻을 소를
갖고 싶다. 또 나는 아내에게 좀더 좋은 옷을 사주고 싶다. 이렇게 할
수 있다면 난 행복하겠다.[35]

그 농부가 오늘날 제3세계 주민들이 행복에 필수적이라고 생각하는
현대적인 기기들—냉장고, 텔레비전, 오토바이—을 언급하지 않았다
는 점에 주목하라. 오늘날 중국 농민의 준거계가 평균적인 서구인의
그것과 다르듯이, 그의 물질적 준거계는 현대인의 그것과는 달랐다.

부의 개념이 움직이는 표적이라면 빈곤에 대한 정의도 마찬가지다.
오늘날 가장 가난한 미국인이라 하더라도 1500년도 사람들의 눈으로
보면 상당히 유복해 보일 것이다. 지금으로부터 또다시 5백 년이 지나
면, 오늘날 평균적인 서구인의 모습도 지독한 궁핍과 야만적인 상태로
보일 것이다. 세계 인구 중에서 가난한 사람들의 비율이 늘어나고 있
는가 아니면 줄어들고 있는가 라는 질문은 추가 한정을 받아야 한다.
즉, 여기서 빈곤은 절대적 의미인가 아니면 상대적 의미인가?

절대적인 의미에서는 우리는 전투에서 승리를 거두고 있다. 제1장
에서 보았듯이, 우리가 일인당 GDP를 무의미한 것으로 폐기한다 하
더라도 지구상의 가장 비참한 사람들 사이에서 기대수명, 문맹률, 유
아사망률 등이 지난 몇 십 년 동안 극적으로 개선되었다. 마찬가지로
대량 기아의 망령도 약 150년 전에 지구상에서 대충은 사라졌다(20세
기 중반에 중국과 인도에서 일어난 세계 최대의 대량 기아는 자연적이라기보
다는 인위적인 것이었다. 좀더 최근에 사하라 사막 이남 아프리카에서 일어난
기근은 치명적인 결과를 초래하기 전에 현대적인 수송의 지원을 받은 국제 무
역 및 원조 시스템에 의해 저지되었다).

상대적인 의미에서는 우리는 전투에서 분명히 지고 있다. 지난 세기 동안 최부국과 최빈국 사이의 격차, 각국 안에서 빈부격차가 극적으로 증대되었다. 가난한 사람들과 그 옹호자들은 현대에 들어와 가장 궁핍한 사람들의 실질 소득이 실제로 상승했고 삶의 질이 개선되었다는 사실에서 별로 위안을 받지 못할 것이다.

그렇다면 빈곤의 이 현대적인 변종은 전적으로 소득 분산의 정도에 의존한다. 우리는 부의 재분배를 통해서만 그것을 개선할 수 있다. 일정한 한계 안에서 소득의 강제 수평화는 빈곤을 줄이고 사회의 전반적인 복지를 개선하겠지만, 그 과정에서 우리는 어느 정도 성장을 희생시켜야 할 것이다. 다음 장에서 우리는 성장과 경제적 평등주의 사이의 상충관계를 탐구하고 그것이 대서양 양쪽에서 어떻게 다루어져왔는지를 검토할 것이다.

제11장

부를 둘러싼 거대한 상충관계

경제성장의 큰 역설은 커다란 부를 창출하는 바로 그 메커니즘이 부의 큰 불평등도 야기한다는 점이다. 사유재산은 그 소유자에게는 부를 생산하려는 강력한 인센티브를 제공하지만, 동시에 다른 사람에게는 똑같은 부가 돌아가지 못하도록 한다. 부는 나머지 인구에게로 조금씩 흘러 내려가지만, 종종 이 흘러가는 속도가 충분히 빠르지 못해 정치적 분쟁이나 그보다 더 나쁜 사태가 일어나기도 한다.

정확히 그렇다. 개인들은 자신들이 얻은 것을 지킬 수 없다면 생산하지 않을 것이다. 다른 한편 가장 큰 몫의 부를 생산하는 사람들에게 그들이 얻은 것을 지킬 수 있도록 허락한다면 불평등이 증가할 것이고, 불평등이 증대되면 사회적 복지가 악화된다. 이것은 한 개인이 자신의 산출물을 전 지구적으로 동시에 전달할 능력에 기반하여 자신의 고유한 재능을 무한히 '증대시킬' 수 있는 기술지향적 세계에서는 특히 타당하다. 활발한 경제성장과 소득 불평등 사이의 상충관계는 재산권과 법치를 강조할 경우 나타나는 불가피한 결과이다.

재산권은, 그것이 야기하는 소득 불평등을 제쳐두고라도, 전적으로 좋은 것만은 아니다. 재산권을 유지하는 데에는 종종 높은 비용이 든다. 경제학의 전문용어로 말하자면, 재산권은 '집행비용'을 필수적으로 수반한다. 그러한 비용에는 광범위한 사법제도, 경찰 그리고 때로는 군대와 국가보안기구까지도 포함된다. 이 비용들이 안전하고 양도 가능한 재산에 의해 얻어지는 경제적 편익을 넘어서는 경우도 적지 않다.

식민지 래브라도*에서 비버를 사냥하는 몽테인 인디언의 역사는 교훈적인 실례를 제공해준다. 수천 년 동안 무한한 비버 서식지에 걸쳐 개인적 재산권을 확립하려는 비용은 이 동물들에 의해 발생하는 그리 크지 않은 경제적 편익을 훨씬 상회했다. 기본적으로 그 부족은 비버를 모든 사람이 사냥할 수 있는 공유재산으로 간주했다. 그리 오래지 않은 17세기 중반에 몽테인을 방문한 최초의 유럽인들은 비버 서식구역에 사적인 재산권이 존재하지 않는다는 것을 알아차렸다. 그 무렵 허드슨베이 사가 도착하여 모피에 대해 천문학적인 가격을 제시했다. 이것이 모든 것을 바꾸어놓았다. 갑자기 사냥터에 대한 재산권 확립이 수지맞는 사업이 되었다.[1]

대평원 인디언들은 버팔로를 비롯한 사냥짐승들이 경제적 가치가 별로 없었기 때문에 그들의 사냥터에 대한 재산권을 확립하지 않았다.

---

* 캐나다 동부 허드슨 만과 대서양 사이의 반도 —역주

설사 그들이 재산권을 확립했다 하더라도 사냥동물들의 범위가 너무 방대해 집행비용이 터무니없이 높았을 것이다. 현대 사회에서도 일부 재산권은 유지하기에 너무나 큰 비용이 든다. 다운받을 수 있는 음악과 실베스터 스탤론(Sylvester stallone)의 영화가 가장 쉽게 들 수 있는 예다.

집행비용은 사회마다 매우 다르다. 몽테인 인디언의 경우보다 미국에서 훨씬 더 적은 비용으로 재산권이 보호될 수 있다. 캔자스시티에서는 지방경찰만으로도 재산권을 보호할 수 있지만, 카불에서는 미군 특수부대가 필요하다. 캔자스시티에서는 대부분의 사람이 스스로 이해관계자로 인식한다. 즉, 그들 자신뿐만 아니라 모든 사람을 재산의 안전에 강한 관심이 있는 준법시민으로 인식한다. 카불에서는 그렇지 않다. 이해관계자가 많은 사회에서는 도둑질하는 자가 적고, 집행비용이 낮으며 재산이 쉽게 지켜진다. 주민들이 불만이 많고 당국을 불신하는 곳에서는 재산권 보호비용이 급증하고 경제가 어려워진다.

내가 '이해관계자 효과'라고 부르는 이 현상은 70년간 정부 지출과 개입의 점진적인 증가를 서구 경제가 견뎌낼 수 있었던 그럴듯한 이유인 것으로 보인다. 그렇다. 국가의 죽은 손이 경제에서 차지하는 비중이 유례없이 크고, 이러한 비중 증가의 대부분은 중산층에 대한 복지급부의 형태를 띠고 있다. 개인들에 의한 지출—개인 자신의 돈이든 다양한 사회복지제도를 통해 그들에게 재분배된 돈이든—은 재화와 서비스에 대한 직접적인 정부 지출보다 시장을 훨씬 덜 왜곡시킨다. 공중이 사회복지 프로그램에 의해 재분배받은 돈을 쓸 때 그 지출은 재화와 서비스의 진정한 경제적 가치를 반영하지만, 정부 지출은 그렇지 않다. 달리 말해 이전지급 형태로 시민들에게 재분배되는 GDP의 30퍼센트는 재화와 서비스에 대해 정부가 직접 지출하는 같은 양의 돈보다 가격을 훨씬 덜 왜곡시킨다.* 굶주리지 않거나 자기 집이 있는 사람이 도둑질할 확률은 훨씬 더 낮다.[2]

소득 불평등, 어디까지 용인될 수 있을까

이해관계자 효과는 상상 이상으로 그 토대가 허약하다. 하버드 로스쿨 마크 로 교수가 지적하듯이, 아르헨티나는 20세기 초에 일인당 GDP가 세계에서 여덟 번째로 높았다. 그 채권은 세계에서 가장 안전한 부류에 속했고, 논평가들은 아르헨티나의 정치적 안정성이 영국만큼 높다고 인정했다. 유럽인들이 배에 가득가득 실려 아르헨티나로 이민했다.

비록 당시에는 분명하지 않았지만, 아르헨티나에서 모든 일이 다 잘 돌아갔던 것은 아니다. 라틴아메리카의 다른 나라들과 스페인처럼, 아르헨티나의 토지 소유권은 소수 부유한 지주들 손에 고도로 집중되어 있었고, 대공황이 닥쳤을 때 수백 만 명의 무토지 소작농들이 일자리를 구하러 도시로 밀려들었다. 가난한 수백만 명의 사람들이 후안 페론(Juan Domingo Perón)의 악선동의 손쉬운 먹이감이 되었다. 페론은 후안무치하게 인기에 영합하면서 한때 잘나가던 아르헨티나 경제를

---

* 이것은 '크리스마스의 자중손실' 현상과 유사하다. 크리스마스 선물 비용은 평균적으로 수령자들에 대한 그 선물들의 가치를 상회한다. 즉, 평균적 수령자는 선물 제공자가 그것에 실제로 지불한 것보다 훨씬 더 적게 지불하려고 한다. 한 연구자는 1992년 시즌 동안 미국에서 크리스마스 선물의 총 '자중'을 40억에서 130억 달러에 달하는 것으로 추산했다. 훨씬 더 중요한 것으로서, 노인의료보험과 저소득자에 대한 의료보장, 그리고 공공주택 프로그램의 자중손실은 지출(2003 회계연도 연방예산 중에서 23퍼센트를 차지했다)의 9~39퍼센트에 달하는 것으로 추산된다. Joel Waldfogel, "The Deadweight Loss of Christmas," *American Economic Review* 83(Dec. 1993), pp.1328-1336.

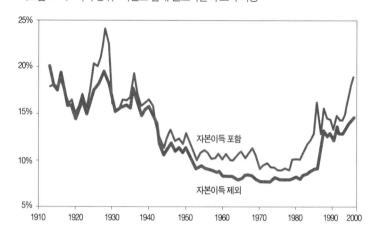

〈그림 11-1〉 미국 상위 1퍼센트 납세 신고자들의 소득 비중

출처: Thomas Pikeny and Emmanuel Saez, "Income Inequality in the United States, 1913-98," NBER Working Paper 8467에서 저자들의 허락을 받고 재구성함.

탈선시켰다.[2]

만약 부와 소득 불평등이 충분히 커지면 일반 시민의 복지는 어느 누구도 더 이상 이해관계자로 느끼지 않을 정도로 손상된다. 이것이 바로 아르헨티나에서 일어났던 일이다. 그럴 경우 재산권 집행비용이 치솟고 특정한 지점에서는 경제성장이 악영향을 받게 될 것이다.

미국은 이러한 방향으로 얼마나 멀리 내려갔는가? 경제학자 토머스 피케티(Thomas Piketty)와 이매뉴얼 사에즈는 20세기의 대부분 동안 미국에서 나타난 소득 불평등의 폭넓은 흐름을 검토했다. 〈그림 11-1〉은 상위 1퍼센트의 소득세 환급 신고자들의 국민소득 비중을 보여준다. 이것은 주식과 기타 재산의 자본이득을 포함시킨 것과 제외한 것, 두 곡선으로 표현되어 있다. 피케티와 사에즈가 그려낸 모습은 20세기 미국의 부의 분포에 관한 일반적인 상과 일치한다. 악덕 자본가들의 시대 말기였던 20세기 초의 극단적인 불평등이 연속적인 민주당과 공화당 행정부의 재분배 정책에 의해 역전되었다. 그런 후 1980년대에 다시 불평등이 심화되었다.

결과가 얼마나 더 불평등하게 나타나는지는 연구자가 어떤 매개변수를 검토했는지에 달려 있다. 〈그림 11-1〉에서 상위 백분위의 그래프는 미국이 20세기 초의 불평등 선을 넘지 않았다는 것을 보여준다. 투자소득을 제외하고 봉급에만 초점을 두면 우리의 관점이 변화한다. 여기서 특히 기업 최고경영자의 스위트룸에서, 악덕 자본가시대 동안보다 불평등이 악화된다. 1970년에 대기업의 CEO 평균임금은 노동자 평균임금보다 약 40배 많았다. 이 수치는 초기 영국 인구학자 그레고리 킹(Gregory King)이 기술했던 17세기 말 잉글랜드의 사회적 척도에서 꼭대기와 바닥 사이의 소득 비율에 일치한다. 그런데 1998년에는 CEO 평균임금이 노동자 평균임금보다 1천 배 이상 높았다. 피케티와 사에즈의 조심스러운 결론은 다음과 같다.

> 현재의 최상위 임금 소득자는 이전 시기보다 훨씬 더 큰 부를 축적할 수 있을 것이다. 소득과 재산에 대한 누진과세가 이 새로운 현상을 상쇄하지 않는다면, 부와 자본소득의 불평등은 다음 몇 십 년 동안 급격히 증대할 것임이 틀림없다.[3]

정치적 우익은 19세기 미국의 자유방임을 약탈적 과세와 사기업에 대한 정부 개입이 없는, 자본주의 기업들의 황금시대로 낭만화한다. 이런 생각이 잘못되었다는 것은 움직일 수 없는 사실에 의해 입증된다. 근대 서구에서는 세율이 앙등하고 산업에 대한 정부 개입이 증대한 경우에도 경제는 번영했다. 오직 전쟁의 참화가 일시적으로 경제성장의 속도를 늦추었다. 자유민주주의는 번영을 질식시킬 소지가 있지만, 1960년대와 1970년대 영국에서 일어났듯이, 공산주의에 가까운 규모로 소득 재분배와 정부 지출을 할 때에만 그렇다.

역사가 가르쳐주는 바에 따르면, 상당한 부의 불평등은 적당히 불편한 세부담과는 달리 상당히 해롭다. 부와 소득의 커다란 균열은, 페론 하의 아르헨티나에서 그랬듯이, 번영하듯이 보이는 경제를 탈선시킬 수 있다.

성 베드로 광장의 피

가장 안정되고 자유주의적이며 자유시장을 옹호하는 나라라도 그러한 재난으로부터 자유롭지 못하다. 나폴레옹 이후 영국은 일반적으로 알고 있는 것과는 달리 파국적인 격변을 향해 치닫고 있었다. 산업혁명의 초기 단계에 영국 노동자들은 높은 공장 임금에 이끌려 미들랜드의 악취 나는 슬럼가로 모여들었다. 나폴레옹 전쟁 동안 반숙련 기계 조작자의 주급은 60실링에 달해 산업 지구 주택들의 끔찍한 상태를 참을 만하게 만들기에 충분했다. 나폴레옹 전쟁 이후 가격 하락에 동반하여 임금도 주당 평균 24실링으로 폭락했고, 곡물 수입을 금지하고 국내 곡물 가격을 인위적으로 높게 유지시킨 잉글랜드의 곡물법이 강화되었다. 이러한 낮은 임금과 부풀려진 식품 가격이 함께 작용하여 수만 명을 극빈 상태로 몰아넣었다. 이중에서도 많은 사람이 아사 직전이나 그 이상의 극악한 상태에 빠졌다. 그에 따라 당연히 정치지형도 지극히 불안정해졌다.[4]

잉글랜드의 평민원(House of Commons)이 의회의 모태인지는 모르겠지만, 비교적 최근인 19세기 초까지도 그것은 대의적이라고 보기 어려웠다. 극단적으로 좁은 선거권 범위 때문에 의회의 대표성은 영국 남부와 서부에 지나치게 기울어져 있었다. 토리당의 변덕 하에 선거는 쉽게 매매되거나 심지어 취소될 수도 있었다. 도시 노동자계급의 절망적인 상태로 인해 의회개혁에 대한 요구가 거세졌고, 점점 더 많은 급진적 정치인들이 결집되었다.

리버풀(Earl of Liverpool)과 캐슬레이(Viscount Castlereagh)의 반동적 정부는 프랑스 혁명의 기억과 영국에서도 자코뱅적 폭동이 일어날 수 있다는 공포에 시달린 나머지 개혁운동을 잘못 해석하고 모든 곳에서 반란이 일어날 것으로 생각했다. 1817년 3월 정부는 인신보호영장을 거의 1년 동안 중단시켰다. 이 중지조치로 인해 일시적으로 급진적 선동의 기미가 수그러들었지만, 그 법이 회복되자 일련의 파업이 랭커셔를 혼란에 빠뜨렸다. 1819년 8월 16일 따뜻하고 쾌청한 날에 개혁가들이 맨체스터 교외를 지나 행진하여 성 베드로 교회 인근 광장에 모여 집회를 하고 새로운 의원들을 뽑았다. 이 집회의 선거는 불법이었지만, 그 집회는 유명한 급진적 연설가 헨리 헌트(Henry Hunt)라는 인물을 부각시켰다. 특히 그 시대로서는 거대한 수의 사람들이 집회에 참여했다. 그 현장의 가장 정확한 추산은 약 9만 명이었고, 이 중 약 6만 명은 성 베드로 광장에 있었을 것이다.

당국은 실제로 존재하지 않았지만 무기가 감추어져 있을 것을 미리 경계해 1,500명의 군대로 그 광장을 포위했다. 행진과 집회의 질서정연함이 그 군대를 놀라게 했고, 공포심에 사로잡힌 군대는 헌트를 체포하기로 했다. 일이 더 꼬이려고 그랬던지, 당국은 집회에 모인 사람들의 수가 많다는 이유로 체포를 위해서는 무력이 사용되어야 한다고 판단했다. 난무하는 칼이 빽빽하게 들어찬 군중을 헤집고 헌트로 가는 길을 열었고, 상황은 급속히 통제불능 상태에 빠졌다. 구경하던 수백 명이 상해를 입었고, 화기류가 없었기에—선택된 무기는 군도와 경찰봉이었다—사망자 수는 11명에 그쳤다.

그 희생자 중 한 사람이자 워털루 전투에 참여했던 퇴역군인 '리처드 리'(Richard Lee)는 벨기에 전투에서는 최소한 육박전이라도 벌어지긴 했지만, 그날 성 베드로 광장에서 벌어진 일은 말 그대로 순전한 살육이었다고 말했다.[5] 리는 이 말을 하고 난 후 얼마 지나지 않아 부상으로 죽었다. 이 살육은 곧 '피털루'(Peteroo)라 명명되었고 정치개혁을 외치는 목소리가 높아진 계기가 되었다. 시인 셸리(Perey Bysshe Shelley)는 『무질서의 가면극』(*The Masque of Anarchy*)에서 이렇게 읊었다.

> 난 도중에 살인자를 만났네,
> 그는 캐슬레이 같은 가면을 하고 있었네.

그 폭력 사태는 잉글랜드를 충격 속에 몰아넣었고 개혁정당인 휘그당에 활력을 불어넣었다. 1833년 공장법 제정에 따라 정부는 산업안전을 감독할 과제를 안게 되었다. 같은 해에 초기 이민촉진국 관리들은 아메리카로 가기 위해 대서양 횡단 항해를 하는 자들에게는 물자가 풍부하게 공급될 것이라고 말했다. 정치적 충돌이 있은 지 몇 십 년이 지난 다음인 1846년에 결국 의회는 곡물법을 폐지하고 더 자유로운 국제무역의 시대를 열었다. 이 덕택에 소비재, 특히 곡물 가격이 하락했다.

3년 후 의회는 법령집에서 항해법을 폐지했다. 이것도 곡물 가격을 다시 한 번 하락시켜 노동자들의 부담을 덜어주었다. '재산권 침해'라는 철도회사들의 불만이 있었지만 철도법은 수송의 안전성을 개선시켰다. 보건국 관리들은 공단 슬럼 지구들에서 위생을 감시했고, 의회는 은행규제의 정도를 극적으로 증대시켰다. 런던 시장(후에 총리가 된) 로버트 필은 최초의 자치제 경찰을 조직하는 등 탁월한 사회공학적 조치를 취했다. 1800년대 중반에 잉글랜드에서는 상업과 민간 생활에 대한 정부의 권한이 대대적으로 확대되었다. 이것은 그때까지 서구 세계에서는 유례없는 일이었다. 19세기 영국은 오늘날 자유주의자들이 낭만화하는 자유방임의, 엷은 안개 속의 발할라(Valhalla)*가 아니었다.[6]

퇴역군인 시위

이와 유사한 일련의 사건이 1세기 후 인구의 약 4분의 1이 실업 상태에 빠졌던 대공황의 한복판에 미국에서 일어났다. 1932년 7월 프랭클린 루스벨트(Franklin Delano Roosevelt) 대통령 후보의 보좌관이던 렉스포드 터그웰(Rexford Tugwell)은 이렇게 말했다.

> 이때 종류를 막론하고 일자리 없는 수백 만 명이 매우 절망적인 상태에 있었다. 민간 자선단체들은 재원을 완전히 소진했고, 공공기관들은 얼마 안 되는 재정 자금을 배급하고 있었다. 일자리를 가진 사람들의 경우라 하더라도 임금뿐만 아니라 봉급도 상당히 감소되고 있었다. 부채가 있는 사람들은 그 부채를 감당할 길 없는 청산 요구에 직면했다. 그들은 오랜 저축이거나 사업재산이거나 아니면 주택일 수도 있는 저당 잡힌 담보물에 대한 권리를 포기하는 수밖에 없었다.[7]

---

*북유럽 신화에 나오는 살해된 전사들의 저택으로서, 지붕이 방패로 덮여 있는 화려한 궁전에서 전사들은 오딘 신의 지휘 하에 매일같이 방탕한 잔치를 벌이며 놀았다. —역주

실업이 훨씬 더 극악했고 카키색 셔츠*를 입은 위험한 자들로 거리가 가득 찼던 독일에서도 당시 미국과 유사한 일이 벌어지고 있었다는 점이 터그웰의 눈에 보이지 않을 리가 없었다.

> 우리에게는 이러한 사건들을 주의 깊게 연구할 시간은 없었지만, 그 사건들이 무언가 불길한 것을 예고한다는 점은 분명했다. 게다가 그것들은 똑같은 긴급성을 갖기 시작했던, 국내에서 일어났던 것과 놀라울 정도의 유사성을 갖고 있었다.[8]

일자리를 잃고 새 일자리를 찾을 전망도 없는 수백 만 명의 사람들이 집을 떠나 화물열차에 '무임승차'하거나 작은 집단으로 수용되거나, 나라 전역에 퍼진 거대하고 비위생적인 후버빌**에 수용되었다. 7월 말이 되자 사태가 정점으로 치달았다. 실업 상태의 제1차 세계대전 퇴역 군인들이 워싱턴 D.C.에 모여 1945년 만기 예정인 제대군인 지급금을 앞당겨 지급하라고 정부에 요구하기 시작했던 것이다. 혁명의 초기 징조일 수도 있다고 우려한 후버(Herbert Hoover) 대통령은 육군참모총장 더글러스 맥아더와, 두 명의 젊은 보좌관 아이젠하워(Dwight David Eisenhower)와 패튼에게 펜실베이니아 애브뉴와 거기서 인접한 애너코스티아 플래츠의 수용소에서 항의자들을 쓸어내라고 명령했다. 육군성 장관 패트릭 J. 헐리(Patrick J. Hurley)를 통해 맥아더에게 전달된 후버

---

* 이 카키색 셔츠는 원래는 아프리카에서 병사들에게 공급할 용도로 만들어졌지만, 나치당이 독일군을 위해 대량으로 매입했다. 이후 그것은 나치당원을 상징하는 말이 되었다. —역주
** 대공황의 와중에 집을 잃은 노숙자들을 위해 지은 임시 막사로서, 후버 대통령의 이름을 따 명명되었다. —역주

의 명령은 명확했다.

> 방금 전 대통령은 나에게 콜롬비아 특별구의 자치정부로부터 그 구에
> 서 법과 질서를 유지할 수 없다는 보고를 받았다고 이야기했다. 당신
> 은 그 무질서한 현장에 즉각 미국민주주의 국가대를 파견해야 한다.
> 지체 없이 관련 지역을 포위하고 무질서를 일소하라.[9]

다시 한 번 자유민주주의의 군대가 평화적 군중을 날선 칼로 공격했
던 것이다. 물론 이번에는 우연히 발휘된 군사적 책략을 통해—과거
와 마찬가지로 기병들은 심각한 상해를 입히지 않고도 그들의 말과 평
평한 칼날로 비무장 반대자들을 위협할 수 있다—도화선에 불이 당겨
지는 사태는 가까스로 피했지만 말이다. 그러나 정규군이 비무장 퇴역
군인들을 공격하는 장면은 온 국민에게 반감을 불러일으켰고, 그 더웠
던 오후 이후 허버트 후버는 재선될 가망을 완전히 잃어버렸다. 4주 전
시카고 스타디움에서 대통령 후보로 지명된 루스벨트는 후버와의 게
임이 이미 끝났고, 선거운동에 매달리는 대신 뉴딜을 구상하기 시작할
귀중한 시간을 얻을 수 있었다고 결론지었다.[10]

많은 사람들은 인정하고 싶지 않겠지만, 그 당시 영국과 미국 모두
혁명이 일어나기 직전 상태까지 도달했다.* 애너코스티아 플래츠 전투
이후 20년 만에 누진세제와 재분배적 사회 프로그램들이 미국에서 경
제적 불평등을 완화시켰다. 피케티와 사에즈의 데이터는 최근 몇 십
년 동안 경제적 불평등이 심화되기 시작했다는 것을 보여주고 있지만,

---

* 19세기 초 잉글랜드에서의 혁명 전야 상황에 대한 탁월한 연구에 대해서는 R. J. White,
Waterloo to Peterloo (London: Heinemann, 1957)를 보라.

그 결과로서 나타나는 반감이 워털루 이후와 대공황 시대의 위기적 상황에 도달하지는 않았다. 아직은.

경제성장이냐 사회적 통합이냐

그렇다면 경제성장과 사회적 통합 사이에는 상충관계가 존재하는 셈이다. 우리는 '안정성의 외피'라는 것을 생각할 수 있는데, 이 안에서 사회는 사회적 · 정치적 불안정을 창출할 정도의 불평등은 피하면서도 경제성장을 보증하기에 필요한 정도로 재산권을 제공하고 과세를 억제할 수 있다. 미국은 최적 성장을 촉진한다는 관점에서 소득과 부의 불평등이 얼마나 허용될 수 있는지를 탐구하면서 그 외피의 '오른쪽 모서리'를 조심스럽게 살피고 있는 것으로 보인다. 발전된 세계의 나머지 나라들은 최적 평등과 행복을 촉진한다는 명분으로 경제성장이 얼마나 희생될 수 있는지를 판단하면서 그 외피의 '왼쪽 모서리'에 정착한 듯이 보인다.

스칸디나비아 국가들과 미국은 정부 지출의 한계에 관한 훌륭한 사례다. 1924년과 1995년 사이에 덴마크에서 국가 지출의 GDP 비중은 11퍼센트에서 51퍼센트로 상승했다. 미국에서는 연방정부, 주정부, 지방정부 예산에서 지출되는 모든 것을 합친 이 수치는 GDP의 30퍼센트 선으로 유지되었다.[11,12] 북유럽에서 과거 몇 십 년 동안 유지되어 온 정부 서비스 수준이 최근 고통스럽게 감축되고 있는 것을 고려하면, 유럽은 과세의 상한선에 도달한 것으로 보인다.

총산출의 50퍼센트가 과세되는 북유럽 경제들이 세금으로 30퍼센트밖에 지불하지 않는 미국 경제와 거의 같은 수준의 번영을 유지할 수 있는 것은 어떻게 가능한가? 세 가지 이유를 생각해볼 수 있다.

- 유럽의 사회복지제도는 사회의 규칙을 존중하고 법을 지키며 세금을 낼 공고한 이해관계자 시민 저수지를 창출했다. 이것 배후에서 작용하는 메커니즘은 다양하다. 실업수당을 받는 실업자가 도둑질을 할 가능성이 훨씬 더 적다는 명백한 사실에서부터 이해관계자 효과가 세금 징수와 상업계약의 이행에 미치는 좀더 미묘한 편익에 이르기까지. 높은 사회복지 지출의 이러한 모든 유익한 효과는 매우 낮은 재산권 강제비용을 초래하며, 이것은 높은 세금이 경제적 인센티브에 미치는 피해를 크게 경감시킨다.

- 비록 역사적 기준에 비추어 보면 미국과 유럽의 정부 지출이 매우 높지만, 그 지출은 주로 이전지급으로 이루어져 있어서 그것이 야기하는 '자중손실' — 구매자와 소비자가 같지 않을 경우 일어나는 낭비 — 은 매우 낮다. 다른 한편 군비 지출은 자중손실이 매우 높다. 그래서 합스부르크제국과 소련민주주의 국가대에 의한 GDP의 15~25퍼센트 소비는 북유럽 복지국가들에 의한 GDP 대비 50퍼센트의 정부 지출보다 훨씬 더 유해했다. 북유럽 복지국가들의 방위비 지출의 GDP 비중은 거의 무시할 만한 수준이다.

- 유럽 국가들은 미국보다 "훨씬 더 효과적으로 과세"한다. 유럽의 세제는 놀라울 정도로 역진적이지만, 미국 제도보다 경제적으로는 훨씬 더 효율적이다. 유럽의 세제는 미국과는 달리 부가세 같은 소비 기반 세금에 더 많이 의존하는 반면, 소득·배당금·자본이득 등에 대한, 경제적으로 비효율적인 세금에는 덜 의존한다.[13]

지난 세기 동안 미국인들은 소득 불평등에 대해 훨씬 더 관용적인 태도를 취하게 되었는가? 이것이 진실이라면 그만큼, 그것은 뉴딜과 더불어 시작된 재분배적 안전망의 결과일 뿐이다. 그것이 없었다면 미국은 오래 전에 심각한 사회적 · 정치적 불안정을 겪었을 것이다. 그러나 너무 자만해서는 안 된다. 부의 불평등에 대한 관용은, 대공황 시기에서처럼 어려운 시기 동안에는 극적으로 감소한다. 아마 이것은 콘드라티에프가 정식화한, 영원한 장기적인 경제적 순환에서 한 차례 더 일어나는 변곡점일 것이다. 이 지점에서는 한 체제의 과도함이 다음 체제를 위한 개혁을 야기함에 따라 자유방임의 시기는 재분배주의적 열정의 시기와 교대될 것이다.* 우리가 바랄 수 있는 최상의 것은 새롭게 부상하는 것이든 오래 전에 확립된 것이든 세계의 위대한 자유민주주의들은 이 영원한 순환을 어느 정도 절서정연하게 관리할 수 있을 것이라는 점이다.

인플레이션 대 일자리

행복에 대한 '통계자료' 식 접근법은 또한 인플레이션과 실업 사이에도 상충관계가 존재한다는 것을 확증한다. 느슨한 통화관리는 높은 인플레이션과 낮은 실업을 낳고, 긴축은 반대 효과를 낳는다. 어느 정도 나이 먹은 독자들은 카터 행정부 시기의 '고통 지수'—실업과 인플

---

* 니콜라이 콘드라티에프(Nikolai Kondratieff)는 러시아 경제학자로서, 1920년대에 산출 및 투자와 관련하여 60년 주기로 반복되는 경제적 순환 또는 '파동'에 대해 썼다. 콘드라티에프는 이 파동이 1930년대의 자본주의의 질병이 일시적이고 자기치유적이라는 점을 의미한다고 결론지었다. 스탈린은 그의 결론을 불쾌하게 생각하고 그를 강제수용소로 보냈다. 콘드라티에프는 그 수용소에서 1938년에 죽었다. Nikolai Kondratieff, *The Long Wave Cycle* (New York: Richardson and Snyder, 1984)

레이션의 합계―를 기억할 것이다. 앞에서 보았듯이, 실업은 고통을 낳는 강력한 엔진이다. 인플레이션도 그만한 고통을 낳는가? 아니다. 그렇지 않다. 유럽 12개 국과 미국에서 실업과 인플레이션이 행복에 미치는 효과에 관한 한 연구는 같은 비율일 경우 인플레이션에 비해 실업이 불행을 두 배나 가중시킨다는 점을 발견했다.[14] 화폐정책, 인플레이션, 실업 사이의 관계에 관한 상세한 논의는 이 책의 범위를 훨씬 벗어나지만, 발전된 세계나 발전도상 세계의 정책 결정자들은 당연히 인플레이션이 실업보다 훨씬 더 작은 정서적 고통을 야기한다는 점을 고려할 것이다. 그에 반하여 서유럽식 사회복지 국가를 선호하는 사람들은 그러한 시스템에 고유한 높은 실업 수준이 공공의 정신에 미치는 부식적 효과를 고려해야 한다.

부자 나라, 가난한 나라

우리가 고려할 마지막 상충관계는 선진국들이 개발도상국들의 성장을 얼마나 지원할 수 있는가이다. 그러한 계획에 할애될 수 있는 돈과 노력과 인적자원은 사실 얼마 되지 않는다. 지난 반세기에 걸쳐 가장 발전된 나라들은 빈곤한 이웃 나라들에 대해 두 가지 방식으로 대처해 왔다. 민간기관과 비정부기구들이 불규칙하고 차별적인 방식으로 '인도주의적' 원조를, 보통 의료와 농업에 관계된 원조를 제공해왔다. 정부적, 국제적 수준에서는 인프라 프로젝트에 대해 대규모 차관이 제공되었다. 또 다른 원조 경로는 정치적 지원이다. 때때로 부유한 나라, 특히 미국은 자유선거를 촉진하고 감시한다(친서방적인 독재자가 통치하는 나라를 제외하고).

발전된 나라들은 이 제한된 자원을 어떻게 가장 효율적으로 사용할 수 있는가? 보스니아와 헤르체고비나 유엔 최고대표인 패디 애쉬다운(Paddy Ashdown)이 간결한 대답을 했다. "뒤돌아보면 우리는 법치를 확립하는 일을 가장 먼저 했어야 했다. 다른 모든 것, 즉 경제의 작동·자유롭고 공정한 정치 시스템·시민 사회의 발전·정책과 법정에 대한 공적인 신뢰 등이 그것에 달려 있기 때문이다."[15]

달리 말해 한 나라가 도로를 개설하고 병원을 지으며 댐을 건설하기 전에 먼저 변호사와 판사들을 훈련시켜야 한다. 그런 다음에도 무한한 인내가 필요하다. 그 나라에서 민주주의가 꽃피려면 그 이전에 먼저 수십 년 동안 경제가 성장해야 할 것이다. 빈곤한 전통적인 농업적 또는 유목적 문화의 토양에 민주주의의 씨앗을 뿌리려는 시도는 실패할 수밖에 없다. 원조 프로젝트가 학교와 공장을 지을 수는 있겠지만, 재산권과 법치가 무시되면 이 시설들은 황폐화되고 폐기처분될 것이다. 두 세기 전 오스만투르크와 30년 전 아프리카에서 바로 이런 일이 일어났다.

발전도상 세계에서 자유시장 개혁에 대한 강조가 소득 불평등을 증대시킬 것이라고 우려해야 하는가? 아니다. 법치가 불충분할 경우 통치 엘리트와 그 일당은 매우 수익성 높은 지대추구행위와 때로는 노골적인 도둑질에 빠져들 수 있다. 재분배주의적 세제를 갖고 있다고 공언하는 멕시코에서조차 소득 90백분위의 사람들의 소득이 10백분위 사람들의 소득에 비해 11.6배나 더 컸다. 이에 비해 미국과 스웨덴의 경우는 각각 5.5배와 3.0배였다.[16]

사회계층의 밑바닥층에 미치는 유해한 영향 때문에 발전도상국들은 종종 자유시장 개혁을 취할 '여유'가 없다고 주장한다. 적어도 초기 단계에서 경제제도의 개선은 소득 불평등을 감소시키는데, 이는 단순히 그것이 도둑질을 어렵게 만들기 때문이다. 그렇다면 가난한 나라에서는 상충관계가 존재하지 않는다고 할 수 있다.

　적절한 법치를 확립하지 못한 나라에는 어떤 종류의 경제적 원조도 제공하는 것은 좋지 않다. 이것의 가장 훌륭한 실례가 나이지리아다. 1980년 이후 나이지리아는 150억 배럴 이상을 수출하여 서방이 기증할 수 있었던 것보다 훨씬 더 많은 소득을 올렸지만, 그 이후 23년 동안 일인당 GDP는 5분의 1이 줄었다. 서방이 세계의 저개발국들에게 줄 수 있는 유일하게 유용한 것은 제도적 유산이다. 그것 없이는 어떤 종류의 원조도 낭비가 될 것이다.

제12장

부와 세계 헤게모니의 장악

승리는 마지막 한 푼의 에스쿠도를 가진 사람에게 돌아간다.
―돈 베르나디노 데 멘도사,『게릴라전의 이론과 실제』

제10장의 결론은, 부가 반드시 나라의 복지를 개선하는 것은 아니지만 그 나라의 민주적 제도의 발전을 촉진하기는 한다는 것이었다. 이제 우리는 번영의 또 하나의 중요한 편익, 즉 '힘'을 고려할 것이다. 경제가 나라들의 삶과 죽음의 문제라는 것은 결코 과장된 말이 아니다. 경제발전에 대한 이해를 통해 우리는 강대국들의 힘의 정치의 역사에 대한 깊은 통찰을 얻고 현대 세계의 모습을 설명할 수 있다.

부의 쌍둥이 자손인 민주주의와 힘은 하나 혹은 그 이상의 거대 자유민주주의에 의한 세계 헤게모니를 점점 더 불가피한 것으로 만든다. 우리는 먼저 부와 힘 사이의 복합적인 역사적 연관을 연구할 것이다. 그런 다음 번영하는 자유민주주의 국가들의 놀라운 지정학적 우위를 탐구할 것이다.

현대 세계에서 부와 힘 사이의 연관은 단순하다. 본질적으로 현대의 전쟁은 대개 산업활동의 연장이고 가장 생산적인 나라가 일반적으로 우위를 차지한다. 군사적 생산성의 이야기는 역사만큼이나 오래 되었다. 고대 그리스에서 장갑보병 전술과 투구와 갑옷은 그리스 병사들에게 상대편인 페르시안민주주의 국가에 대해 넘을 수 없는 우위를 가져다주었다. 백년전쟁이 시작되었을 때, 2백 야드나 떨어진 거리에서도 지극히 정확하고 분당 열두 개나 발사할 수 있었던 장궁은 크레시와 아쟁쿠르에서 프랑스 정예병을 압도했다. 이때 기술이 운세의 흐름을 역전시켰다. 공성 투석기 덕택에 프랑스가 가까스로 승리를 거두었던 것이다.[1] 모든 산업적 경쟁에서와 마찬가지로 생산성이 결정적 요인을 제공한다. 생산물이 다를지는 모르겠지만, 경쟁의 본성은 너무나 흡사하다. 가장 치명적인 장비를 가장 낮은 비용으로 가장 많이 생산하는 자가 승리를 거둔다.

크롬튼의 뮬 정방기가 산업혁명 때 잉글랜드에게 승리를 안겨준 것처럼 기관총이라는 군사적 신기술은 19세기의 수많은 식민지 전쟁에서 영국이 우위를 차지하게 해주었다. 몇 십 명의 영국군 병사가 죽은 데 반해 1만 1천 명의 데르비시가 살육당한 수단 옴두르만 전투*가 그 전형적인 예였다. 이와 비슷하게 나치 독일은 폴란드, 네덜란드, 북프랑스에서 공중전과 탱크전을 수행함으로써 자신보다 경제 규모가 훨씬 더 컸던 프랑스와 영국 연합군을 신속히 패배시킬 수 있었다.

물론 승리하기 위해서는 단순한 군사 장비의 개발과 구매 이상의 것

---

* 1898년 수단의 토착민 마디(이슬람 구세주)와 군대에 대해 영국군이 기관총을 비롯한 현대식 무기로 승리를 거둔 전투. 이 전투를 계기로 영국은 수단에 대한 지배를 확립했다. —역주

이 필요하다. 양키스타디움에서 승리하는 자는 야구방망이 제조업자가 아니다. 해변에 포화가 퍼부어지고, 목표지점들에 대한 치명적인 공격이 가해지며, 군수품 더미를 과감하게 바다에 띄우며, 치열한 공중전이 전개되어야 한다. 그러나 품질 좋은 야구방망이가 없으면 양키스도 결코 이길 수 없다.

부 그 자체와 선진적 무기류, 용감하고 잘 훈련된 병사들 외에도 지정학적 우위를 차지하기 위해서는 국가적 힘을 추구하는 데 재보와 피를 지출하겠다는 의지가 필요하다. 전체주의 국가들―실제로는 거의 전 역사를 통틀어 거의 대부분의 나라―에서 이것은 그리 곤란한 장벽이 아니다. 합스부르크 스페인과 구 소련의 통치자들은 그들의 주민들을 궁핍화시켰고, 그들의 농민들을 두 번 생각하지도 않고 총알받이로 내세웠다. 다른 극단에서는 현대 유럽과 19세기 아메리카(내전의 경우는 예외이지만)는 힘보다 부를 선호했고, 따라서 그들의 경제적 산출물을 무기 쪽으로는 극히 일부만을 돌렸다. 놀랍게도 힘의 정점에 있던 영국도 이 범주에 속했다. 영국민주주의 국가은 식민지 상대편에 비해 훨씬 더 선진적이었기 때문에 영국은 아주 적은 비용―GDP의 3퍼센트 이하의 군비 지출―으로 제국을 유지할 수 있었다. 더욱이 영국의 GDP는 세계 총생산의 10분의 1 이상이 되어본 적도 결코 없었다(그에 비해 미국의 경우는 1945년에 5분의 2였고 오늘날에는 5분의 1이다). 그리 오래지 않은 1880년에 군에 복무하는 영국인 수는 프랑스의 절반에도 미치지 못했고, 러시아에 비해서는 3분의 1에 불과했으며, 심지어 독일 및 오스트리아의 병력 수보다 적었다.[2]

때때로 한 나라는 부유한 상대편을 군사적으로 이길 수 있다. 작은 국지적 분쟁에서 가난하고 후진적인 나라라 하더라도 잘 훈련되고 사기가 충천한 군대가 있고 자국 영토 안에서 싸우며 대규모 사상(死傷)

을 무릅쓸 의지가 있을 경우 훨씬 더 크고 부유한 적을 이길 수 있다. 민족해방 전쟁기에 이런 일이 아주 빈번하게 일어났다. 알제리와 두 차례의 인도차이나가 그 예이고 또 혁명전쟁 동안의 미국 역시 그러했다.

근대 이전 시기에는 거리가 안전을 제공했다. 그 가장 비근한 예가 미국 독립전쟁의 경우다. 이 전쟁에서 영국인들은 '모든 물자와 군사, 탄약'[3]을 춥고 험한 대서양을 건너 배로 실어 나르는 극복할 수 없는 불리한 여건 하에서 싸웠다. 거의 2세기 동안 미국은 물리적으로 격리된 덕택에 유럽의 가마솥 한복판에 있는 나라들로서는 꿈도 꾸지 못할 안보를 누렸다.

19세기가 되면서 사태가 서서히 변화하기 시작했다. 서구는 증기의 힘을 이용하여 대양을 건너, 심지어는 아프리카의 콩고 강와 중국의 양쯔 강같이 항해 가능한 강을 통해 내륙 깊숙이까지 힘을 더욱 효과적으로 투사할 수 있었다. 아프가니스탄에서 가장 두드러지게 나타나는 산악지형은 훨씬 더 큰 장벽이었지만, 20세기에는 이러한 극단적인 지리적 단점조차 극복되고 있다. 아프가니스탄에서 미군이 그 이전에 영국군이 직면했던 것과 똑같은 슬픈 운명을 맞이할 것이라고 예측했던 사람들은 크루즈 미사일과 장거리 폭격기, 항공모함, 헬리콥터가 아프간 전사들의 전통적 동맹군, 즉 물리적 원거리성과 험난한 지형을 효과적으로 무력화시켰다는 점을 인식하지 못했다.

그렇다면 데 멘도사(Don Bernadino de Mendoza)의 분석, 즉 마지막 한 닢의 에스쿠도를 가진 자에게 승리가 돌아간다는 분석은 근본적으로 정확했다. 현대를 규정했던 거대 동맹들 사이에 장기적인 전 지구적 충돌이 일어났을 때, 그 무대가 된 광범위한 전쟁터에서, 그리고 많은 나라들 사이에서 기술적 · 심리적 · 지리적 요인들은 '평균화'된 반면, 경제적 요인이 거의 언제나 근소한 차이의 승리를 가져다주었다.

제2차 세계대전은 산업적 경쟁으로서의 전쟁의 개념을 압축적으로 보여주었다. 개전 초기 최초의 연합군―영국과 프랑스―의 총 GDP 는 최초의 추축국―독일과 이탈리아―의 그것을 약간 상회했다(1990 년 달러 가격으로 연합군 4,750억 달러 대 추축국 4천 억 달러). 사기(士氣) 와 장갑차, 공군력에서 우위에 있던 나치군은 1939년 9월에는 폴란드 를, 1940년 5월에는 프랑스를 신속히 점령했다. 그런 다음에야 영국은 독일의 훨씬 더 큰 경제와 군장비의 놀라운 본모습에 주목했고, 영국 의 생존도 매우 불확실해 보였다. 프랑스 함락 직후 영국도 거의 항복 할 뻔했다. 패배주의적 야당인사였던 핼리팩스 경에 반대하여 열린 소 내각 회기 동안 보인 처칠의 능숙한 책략 덕택에 영국은 9세기 동안의 독립을 끝장내는 치욕을 면할 수 있었다.[4]

영국은 1941년 미국이 참전하기 전까지 19개월 동안 계속 허우적대 는 모습을 보였다. 미국 참전을 계기로 참전국들의 경제적 대차(貸借) 가 1조 7,500억 달러(미국·영국·소련) 대 6천 억 달러(독일·이탈리아· 일본)로 바뀌었다. 처칠은 종종 그랬듯이, 진주만 공격 이후 칠흑같이 어두운 나날 동안의 혼란된 전략적 전망 속에서 한 가지 본질적인 진실 을 끄집어냈다. "히틀러의 운명은 정해졌다. 무솔리니의 운명도 정해졌 다. 일본에 관해서는, 그들은 산산이 부서져 가루가 될 것이다. 나머지 모든 것은 단순히 압도적인 힘을 적절히 사용하는 일이다."[5]

친숙한 예를 들자면, 미드웨이 해전은 태평양 전쟁의 '전환점'[6] 또는 '결정적'[7] 교전으로 종종 간주된다. 비록 연합군이 일본군의 암호를 해 독하고 적의 의도를 간파했지만, 전투의 결과가 미국의 승리로 미리 정해진 것은 아니었다. 미군은 지극히 쓸모없는 산발적인 공격을 퍼붓 던 와중에 우연히 일본군 항공모함 네 대중 세 대가 일시적으로 무방 비상태 있는 것을 발견했다. 즉, 미군의 급강하폭격기가 상공에 도착한 찰나에 그 항모들은 비행갑판에 연료와 폭탄을 가득 싣고 있었다. 군사역사가 리델 하트(B.H. Liddell Hart)는 미드웨이 해전을 "광범위한 해공작전에 의해 새로운 형태로 치러진 전투 중 '우연성'[8]이 작용한" 예로 들고 있다. 전사(戰史)의 상식에 따르면, 미국이 미드웨이에서 패배했다면, 태평양에서 연합군의 전망은 파국적이었을 뿐만 아니라 일본은 계속 전쟁을 수행했을 것이고, 심지어 미국이 강화조약을 요청해야 했을지도 몰랐을 것이다.

그러나 피상적으로라도 수치를 보면 전혀 다른 이야기가 나온다. 양측 모두 여섯 대의 큰 항공모함을 가지고 전쟁을 시작했다. 일본은 진주만 공격에 여섯 대 모두를 투입했고, 그 이후 미드웨이 해전에서 네 대를 잃었다. 1942년 말 미국의 항모 네 대도 수장되었다. 렉싱턴 호는 산호해에서, 와스프 호는 잠수함 공격을 받아 침몰했고, 호넷 호는 과달카날 인근에서, 요크타운 호는 바로 미드웨이에서 침몰했다. 그래서 1942년 말 양측 모두 두 대의 항공모함밖에 남아 있지 않았고, 그중 한 대는 보통 특정한 시점에 수리나 재보급을 위해 기지에 정박해 있었다. 그 이후 3년 동안 일본은 겨우 두 대의 항모를 건조한 반면 미국은 열여섯 대를 건조했다. 일본은 또한 열네 대의 좀더 작은 항모를 건조했지만, 미국은 118대로 대량 생산했다(물론 이것들 중 대다수는 대서양에서 호송 임무에 사용되었다).

1943년 말, 니미츠 장군은 열두 대의 항공모함을 배치하여 길버트 제도를 침공했고, 이로써 미국은 바다와 하늘에서 절대적 우위를 갖게 되었다. 미드웨이에서 일본이 결정적 승리를 거두었다 하더라도 여전히 양측간 대차는 미군 항모 아홉 대 대 일본 항모 다섯 대였을 것이다. 어떤 경우든 미국은 잃은 세 대의 큰 항공모함을 6개월 안에 수리할 수 있었겠지만, 일본이 나머지 두 대를 건조하는 데에는 각각 1년 이상 걸렸을 것이다. 주력함, 잠수함, 항공기에서도 유사한 차이가 유지된 가운데, '압도적 힘의 적절한 사용'이 일본의 정해진 운명을 분명히 했다. 태평양 전쟁은 공해와 섬들에서의 피비린내 나는 전투에서와 마찬가지로 미국의 조선소에서 이미 결정나 있었다.

승리하기 위해서는 마지막 한 푼의 에스쿠도 이상의 것이 필요하지만, 부는 군사적으로 가장 중요한 요소였다. 열강들의 운세를 결정하는 요인은 그들의 경제상황에서 직접 찾을 수 있다.

국가의 경제력과 세계적 권력

전설에 따르면, 리디아의 부유하기로 유명했던 왕 크로이소스는 신하를 델포이에 보내 그가 페르시아를 공격해야 할지 말아야 할지에 관한 신탁을 들어오라고 했다. 그 신탁은 "만약 페르시아를 치기 위해 군대를 보내면 대제국이 멸망할 것이다"라고 대답했다. 이 신탁에 고무된 크로이소스는 공격을 개시했다. 그 전투에서 그는 신탁이 정확했다는 것을 알았다. 멸망한 제국은 바로 자기 자신의 제국이었다.[10]

헤게모니는 종종 그 안에 자신의 멸망의 씨앗을 배고 있다. 경제학자들은 오래 전부터 '승자의 저주'라는 것을 알고 있었다. 경매에서 승리한 입찰자는 종종 과지불을 하고 입찰에서 이기지 못했을 경우보다 더 나빠지는 경우가 있다.[11] 지정학에서는 승자의 저주는 거의 자연의 법칙이었다. 거대한 힘을 행사하고 유지하기 위해서는 천문학적인 지출이 필요하다는 단순한 이유 때문이다. 진실로, 영토의 획득은 처음에는 건전한 재보의 유입을 만들어내지만, 전리품이 소진된 이후에는 '승자'가 보다 먼 땅들에 수비대를 배치하고 억압하고 방어해야 하기 때문에 비용이 폭증한다. 그리하여 폴 케네디가 '제국의 과잉팽창'[12]이라고 부른 것으로 귀결된다.

1500년부터 현재까지 분쟁 수행 비용은 높아지기만 했다. 16세기의 대규모 교전국들은 분쟁의 전 과정에 걸쳐 1천만 파운드를 썼을 것이다. 나폴레옹 전쟁 시기에 대규모 교전국들은 각각 매년 1억 파운드를 썼을 것이고, 1793년에서 1815년까지 프랑스와의 전쟁 동안 영국의 총 지출은 16억 파운드를 초과했다.*

전비 지출은 그것을 지탱한 경제보다 훨씬 더 빠른 속도로 증가했다. 1600년과 1820년 사이 잉글랜드 경제는 겨우 여섯 배 성장했고, 프랑스의 경우는 세 배가 채 안 되었고, 스페인의 경우는 두 배도 안 되었다. 근대 이전 군주 중 극히 일부가 과도한 군비 지출의 위험을 깨달았지만, 애덤 스미스는 1755년의 한 강의에서 전쟁과 그것을 지탱하기 위한 과중한 과세의 유해한 효과를 다음과 같이 정식화했다.

> 가장 미개한 야만 상태에서 고도한 풍요로 나아가기 위한 요건은 무엇보다도 평화와 가벼운 세금, 합리적인 사법행정이며, 이것들 이외의 모든 것은 사태의 자연스러운 경로에 의해 발생한다.[13]

합스부르크와 부르봉 왕조가 현자의 가르침을 따르지 못했다는 것은 불행한 일이다. 제8장에서 우리는 스페인의 치솟는 군비 채무와 만

---

* 모든 금액은 경상 파운드 스털링 가격이다. 즉, 당시의 실제 화폐량이다. 16세기 분쟁 비용으로 인용된 1천만 파운드는 오늘날 약 5억 달러에 상당했다. 프랑스 전쟁의 16억 파운드 비용은 오늘날 가격으로는 약 6백억 달러에 상당한다. 두 시기 사이에 약간의 인플레이션이 있었다. Roger G. Ibbotson and Gary P. Brinson, *Global Investing*(New York: McGraw-Hill, 1993), pp.251-252.

성적인 채무불이행을 다루었다. 1598년 펠리페 2세가 죽었을 때, 스페인 왕실은 1억 금 듀카트의 채무를 지고 있었다. 이것은 1588년 무적함대의 비참한 운명에 든 비용의 열 배, 당시 거의 정점에 달한 연도의 신세계 은 수입금의 50배에 달하는 금액이었다.

펠리페의 헤픈 군사적 모험주의는 파멸적인 30년전쟁(1618~1648)의 단순한 서곡이었을 뿐이다. 유럽의 종교적 살육전이었던 이 전쟁은 모든 방면에서 거대한 양의 인적 자원과 재보를 빨아들여 재정난에 시달리던 합스부르크를 파멸로 이끌었다. 1650년에 신세계로부터 들어오던 귀금속 흐름이 80퍼센트 이상 하락했고, 네덜란드에서 들어오던 세수도 끊겼다. 스페인에 남은 모든 것은 자신의 변변찮은 국내 경제뿐이었다.[14]

참여한 전쟁의 수와 지출은 증가하지만 자원은 말라가는 상황에서는 그 어떠한 전략적 탁월함과 용맹함—스페인이 쇠퇴하는 동안에도 내내 풍부했던—도 에스쿠도를 모두 소진했다는 사실로부터 스페인을 구할 수 있었다. 지체 없이 포르투갈과 네덜란드는 스페인으로부터 독립을 획득하고 평화협상 테이블에서 스페인에 굴욕을 안겨주었다. 다시 한 번 폴 케네디의 말을 옮기자면, "합스부르크는 단순히 할 일이 너무 많았고 싸워야 할 적이 너무 많았으며, 방어해야 할 전선이 너무 넓었다.…… 많은 영토를 소유하는 대가는 무수한 적의 존재였다."[15]

합스부르크는 정기적으로 수입의 두세 제곱배만큼 초과 지출했다. 심각한 위기 동안에는 그러한 현저한 군사적 과잉 지출이 생존을 위해 필요할 수도 있지만, 수십 년 동안 그렇게 하게 되면, 전세(戰勢)와는 무관하게 운명이 한 순간에 정해진다.[16]

누가 스페인의 자리를 차지했는가? 네덜란드는 그 주변에서 서서히 규합되고 있던 커다란 국민국가들에 대항해 경쟁하기에는 너무나 작았다. 커다란 이웃 나라들에 비해 네덜란드는 30년전쟁이 끝나고 독립을 획득했을 때 이미 부와 힘의 정점을 지나쳤다. 다른 상황이었다면 스페인의 몰락으로부터 이득을 얻었어야 할 잉글랜드는 유혈 내전의 불행한 여파―일련의 파멸적인 의회, 섭정 그리고 나중에는 스튜어트 군주정―에서 막 벗어나기 시작하던 단계에 있었다.

이 모든 것을 고려하면 프랑스는 합스부르크의 내파(內破)에 의해 조성된 힘의 공백을 메울 최상의 위치에 있었지만, 프랑스 역시 오랜 분쟁 동안 과도한 비용을 지출했다. 스페인과 프랑스는 1648년 베스트팔렌 평화조약이 체결된 이후에도 11년간 싸웠고, 1659년 피레네 조약에 서명했을 때, 프랑스는 재정적으로 피폐해지고 세율은 통제 범위를 벗어나 치솟았으며 주민들은 궁핍해지고 신용은 고갈되었다.

프랑스는 그 이후에도 몇 세대 동안 군사적 욕망을 통제할 줄 몰랐다. 루이 14세는 합스부르크만큼이나 무모하고 방탕했다. 통찰력 있는 콜베르는 태양왕의 군사적 모험활동이 야기하는 재정적 파괴행위의 중대성을 잘 이해하고 있었지만, 전반적으로 태양왕을 억제하려는 그의 시도는 실패로 돌아갔다. 그 재정총감이 지지했던 유일한 분쟁은 1672년 네덜란드―중대한 중상주의 게임에서 프랑스의 적대자―에 대한 원정이었다.[17]

루이의 가장 노골적이고 가장 값비싼 바보짓은 스페인 왕위 계승 전쟁이었다. 1700년에 합스부르크의 측은한 마지막 황제였던 카를로스 2세가 죽자 루이는 자신의 손자인 앙주의 필리프를 펠리페 5세로 내세우고 남부 네덜란드를 점령하고는 스페인령 아메리카와의 모든 무역을 독점했다. 이것을 계기로 하여 유럽의 대부분이 그에 대항하는 거대한 동맹으로 연합했다. 이렇게 하여 루이는 한 번에 유럽에서 누구도 하지 못했던 일을 완수한 셈이었다. 그 이후 불가피하게 발생한 분쟁으로 인해 프랑스는 방대한 영역의 영토와 신세계에서의 무역특권을 상실했고, 두 개의 부르봉 군주는 분열했으며, 지브롤터가 영국으로 넘어갔다. 죽어가는 태양왕 정권은 방대하게 증대한 부채를 짊어지게 되었다.

스페인 왕위 계승 전쟁 이후 프랑스의 재정적 혼란은 그 시대의 금융적 대파국을 위한 무대가 되었다. 스코틀랜드 출신 존 로(John Law)는 프랑스 왕을 설득하여 프랑스의 파멸적 수준의 부채를 떠안는 대가로 미시시피회사의 주식 발행을 허가받았다. 미시시피회사의 투기는 역사상 가장 큰 금융적 폭발―1719~1720년 파리와 런던에서 일어난 미시시피와 남해회사 버블*―을 격발시켰다.

세 세대가 지난 다음 태양왕의 증손자인 루이 15세는 진정한 의미에서 최초의 전 지구적 분쟁이었던 7년전쟁에 영국을 끌어들였고, 다시한 번 프랑스의 금고를 비워냈다. 이 덕택에 영국은 계속해서 프랑스로부터 캐나다의 나머지 부분을 넘겨받았을 뿐만 아니라 서인도제도와 인도에 대한 프랑스의 영향력을 종식시켰다. 앙시앙 레짐을 특징지은 탈레랑(Charles-Maurice de Talleyrand)의 다음과 같은 말은, 부르봉 왕조의 선천적으로 억제할 수 없는 모험가적 성향을 가장 잘 포착했다. "그들은 아무것도 배우지 않았고 아무것도 잊지 않았다." ('Ils n' ont rien appris, ni rien oublie.")[18]

잉글랜드도 재정적 곤란과 군사적 바보짓에서 벗어나지 못했다. 잉글랜드는 30년전쟁 동안 네덜란드에 제한적으로 개입했음에도 불구하

---

* GDP 비중 면에서 남해회사 버블은 최근의 인터넷 열기보다 훨씬 더 규모가 컸다. 1720년에 영국 주식시장에서 거래된 총주식자본 규모에 대한 최적 추정치는 약 5억 파운드로 GDP의 약 일곱 배였다. 인터넷 열광이 정점에 달했던 시점에 공개적으로 거래된 모든 미국 기업의 총 가치는 GDP의 약 두 배에 불과했다.

고, 이 때문에 연약한 영국 경제가 타격을 받았다. 의회와 왕은 전비 지출을 둘러싸고 끊임없이 다투었다. 찰스 1세가 군함 건조를 위해 자의적으로 자금을 지출하자(저 유명한 건함세), 이를 계기로 내전이 격발되었고, 여기서 그는 자신의 목을 대가로 치렀다.[19]

반세기 후 스페인 왕위 계승 전쟁을 통해서도 잉글랜드는 상당한 부채를 짊어지게 되었다. 프랑스에서처럼 투기적인 상업모험회사인 남해회사는 정부 전쟁부채의 거대한 부담을 떠안았고, 로의 미시시피 모험사업과 마찬가지로 자체의 버블을 겪었다. 잉글랜드의 부채가 더 적었고 잉글랜드의 자본시장이 더 건전했기 때문에 1720년 남해회사 버블은 미시시피회사가 파리에 입힌 것보다 훨씬 더 적은 피해를 입혔다. 잉글랜드 역시 18세기에 값비싼 군사적 바보짓—미국 혁명—에 가담했고, 그 결과는 분쟁의 지리적 현실에 의해 미리 결정되어 있었다.

프랑스는 미국 혁명에 개입하려는 유혹을 이겨낼 수 없었다. 루이 16세는 그의 할아버지뿐만 아니라 그 위 조상들이 대대로 저질렀던 것과 똑같은 실수를 반복했다. 영국에 대항한 전쟁(미국 혁명과 동시에 진행된)에서 프랑스는 이전 세 차례 전쟁 비용을 합친 것에 맞먹는 비용을 치렀다.

영국과 프랑스정부는 다시 한 번 현대전의 거대한 비용과 그들의 비교적 취약한 국민경제 사이의 갭을 부채로 메우려 했고, 이를 위해 정교한 자본시장을 필요로 했다. 미국 혁명이 끝났을 때, 영국과 프랑스 모두 약 2억 파운드에 달하는 비슷한 규모의 부채를 갖게 되었다.

다시 한 번 나라들의 운명이 평범한 재정세목, 이번에는 이자율 수준에 의해 결정되게 되었다. 더 나은 금융시장을 갖고 있던 잉글랜드는 프랑스에 비해 절반 수준의 이자율로 차입할 수 있었다. 그러므로 그 결과 나타나는 채무이행을 위한 비용이 영국의 경우는 프랑스에 비해 절반에 불과했다. 잉글랜드는 그 부담을 어렵지 않게 질 수 있었지만, 프랑스는 그렇지 못했다. 프랑스의 지급불능 사태는 일련의 중대한 사건을 야기했다. 1789년 루이는 그간 드물게 열렸던 삼부회를 소집했고, 이것이 프랑스 혁명을 격발시켰다. 당시의 관찰자들은 금융과 승리 사이의 연관을 놓치지 않았다. 버클리 주교에 따르면, 신용은 "프랑스에 대해 잉글랜드가 갖고 있던 주된 우위"였다.[20]

혁명은 가장 상황이 좋았을 때에도 비틀거리는 모습을 보였던 프랑스 자본시장을 황폐화시켰다. 나폴레옹은 정부 부채 중 3분의 2에 대해 지급을 거절했고, 이것이 정부 신용에 대한 신뢰를 파괴했으며, 이자율을 30퍼센트 이상으로 치솟게 했다.[21] 그런데 나폴레옹은 총동원된 거대한 군대에 비용을 어떻게 지급했을까? 오래된 낡은 방식인 정복과 약탈에 의해서다. 그 대담한 코르시카인은 패배한 적들에게 파멸적 수준의 배상금과 세금을 부과했다. 그것은 종종 피정복국 총세수의 50퍼센트를 초과하는 경우도 있었다. 자신의 곤경을 고통스럽게 인식하면서 그는 이렇게 말했다. "새로운 영광과 새로운 승리로 지탱되지 않는다면 나의 권력은 사그라질 것이다. 지금의 나를 있게 한 것은 정복이고, 오직 정복만이 나로 하여금 현재의 자리를 유지할 수 있도록 해준다."[22]

잠시 동안은 그랬다. 프랑스는 번영했고, 이자율이 하락하여 잉글랜드 수준에 근접했다. 그러나 프랑스는 역사의 저 오랜 함정을 벗어날 수 없었다. 약탈물이 소진되면 곧바로 재정이 파산 상태에 빠지고 군대는 산소를 빼앗긴다. 나폴레옹이 프랑스 땅에 복귀하면서 새로운 잔인한 스타일의 총력전이 도입되자, 제국의 새롭게 용기를 얻은 농민군의 저 유명한 열정이 증발해버렸다. 얼마 지나지 않아 곧 나폴레옹은 엘바 섬으로 유배되었다.

19세기와 20세기에 전쟁 비용은 계속해서 정부 세입보다 훨씬 더 빠르게 증가했다. 심지어는 특별 전시 과세도 비용을 충당하지 못했고, 정부들은 거대한 채권을 발행해 전쟁을 지탱해야 했다. 이전 세기들에서처럼, 승자와 패자를 가르는 기준은 차입 능력이었다. 증권거래소는 야영지와 동격이 되었다.

지난 두 세기에 걸쳐 영국과 미국 자본시장은 전쟁 수행 임무를 탁월하게 완수했다. 20세기의 두 차례 세계대전 동안 미국 금융기구의 업적은 그 군장비만큼이나 인상적이었다. 〈그림 12-1〉은 훌륭한 신용과 건전한 금융시장의 도움으로 막대한 전쟁 비용을 성공적으로 소화하는 경제의 대략적인 상을 그리고 있다. 검은색 실선(왼쪽 눈금)은 GDP 대비 군비 지출 액수를 나타낸다. 첫째로, 미국의 군비 지출이 얼마나 낮았는지에 주목하라. 전 역사를 통해 GDP의 1퍼센트가 채 안 되었고, 냉전기에도 10퍼센트를 넘지 않았다. 세 차례의 주요 분쟁—남북전쟁과 두 차례의 세계대전—동안 지출은 1945년에 GDP의 47퍼센트로 정점에 달했다.

매우 높은 군비 지출은 차입을 필연적으로 불러오고, 미국정부는 부족액을 메우기 위해 채권시장의 문을 두드렸다. 회색선(오른쪽 눈금)은 역시 GDP 비중으로 표시된 채무가 분쟁 이후 청산되는 데 몇 십 년이 걸렸는지를 나타낸다. 그 부채곡선은 전시와 관련 없이 두 차례 증가했다. 한 번은 뉴딜 비용을 충당하기 위한 것이었고, 다른 한 번은 레이건 행정부 시절 감세와 일정하게 증가한 냉전 군비 지출을 충당하기 위한 것이었다.

미국이 전쟁을 치르는 횟수가 늘어나면서 그것을 위한 전시 차입이 자본시장을 교란시키는 정도가 덜해졌고 이자율 상승폭도 줄어들었다. 남북전쟁 시기 동안 큰 금액의 채권 판매에 익숙하지 않았던 미국

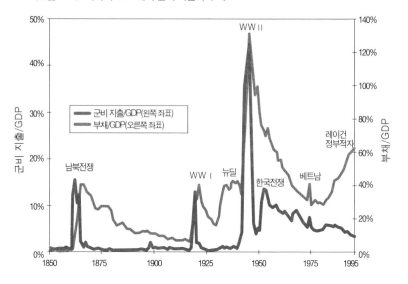

출처: 미국의 GDP에 관한 데이터는 미국 상무성, 군비 지출에 관한 데이터는 미시건 대학
   교 전쟁 상관물(COW) 프로젝트의 물적 능력 데이터 세트(http://www.umich.edu/-
   cowproj)에서 얻음. 국가 부채에 관한 데이터는 미국 재무성에서 얻음.

정부는 민간 부문에 의존하여 채권을 매각해야 했다. 주로 투자은행가
제이 쿡이 그 일을 했다. 그는 일반 투자자들에게 채권을 판매하는 방
대한 중개인 네트워크를 구축하면서 천재성을 보여주었다. 차입은 비
교적 높지 않은 비용으로 이루어졌다. 국채 수익률은 전전 4.5퍼센트
수준에서 6퍼센트로 약간 상승하는 데 그쳤다.

　20세기에 정부는 채권 매각에 점점 더 숙달되어 자신의 부채를 기관
구매자들에게뿐만 아니라 자유공채(제1차 세계대전 비용을 조달하기 위
한)와 저축채권(제2차 세계대전을 위해서, 그리고 그 이후에도)의 형태로
일반 시민들에게 직접 매각했다. 결과적으로 제1차 세계대전 동안 이
자율은 전전의 기준 수준인 4퍼센트에서 아주 약간만 변동했고, 제2차

세계대전 때에는 정부와 대기업들이 이자율에 전혀 영향을 미치지 않고서도 거대한 금액을 차입할 수 있었다. 1945년 국가 부채가 GDP의 131퍼센트에 이르는 막대한 수준으로 정점에 달했을 때에도 미국 국채는 전쟁이 개시될 때와 같은 수준인 2.5퍼센트에 팔렸다.[23]

나머지 세계의 성과는 그리 좋지 않았다. 다른 거의 모든 나라에서 금융적 긴장과 고갈이라는 정해진 사태 전개가 두 차례의 세계대전 모두에서 뚜렷이 나타났다. 여러 전선에서 이루어진 연속된 고강도 분쟁이 야기한 살인적인 재정수요는 각국 경제를 좀먹었고, 이 때문에 좀 더 허약한 국가들은 부유한 이웃 국가들에 거대한 채무를 지지 않을 수 없었다. 이러한 허약한 국가들(제1차 세계대전 때의 러시아, 오스트리아-헝가리, 이탈리아, 제2차 세계대전 때에는 이탈리아와 일본)은 그들의 군대에 보급품을 전혀 공급할 수 없었고, 따라서 후퇴하거나 1917년의 러시아처럼 모든 교전행위를 중지하지 않을 수 없었다.

그런 다음 그 과정은 처음에 튼튼하게 보였던 국가들에게로 확산된다. 1918년 말 독일은 군수품 생산에 과도하게 집중한 결과 GDP가 전전 수준에 비해 거의 3분의 1이 하락했고, 산업 생산은 더욱 심하게 하락했으며, 주민들은 아사 직전 상태로 내몰렸다.[24,25] 〈그림 12-2〉는 역시 GDP 대비 비중으로 표시된 독일의 20세기 군비 지출을 나타낸다. 그래프상 전시 첨봉이 미국보다 독일에서 얼마나 더 높이 상승했는지에 주목하라. 제1차 세계대전에 그것은 GDP의 84퍼센트였고, 제2차 세계대전 때에는 139퍼센트였다. 게다가 이 지출 수준은 훨씬 더 오랜 기간 동안 지속되었다. 독일은 제2차 세계대전 때 거의 6년 동안 전쟁을 치렀고, 1938년에 이미 군비 지출이 GDP의 3분의 1을 소비했다. 미국의 거대한 자본시장이라 해도 그런 정도의 힘든 과업을 지탱할 수 없었을 것이다. 독일의 발전되지 않은 자본시장은 더더욱 그 임무를

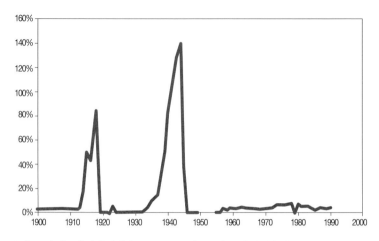

〈그림 12-2〉 독일의 GDP 대비 군비 지출

출처: 군비 지출에 관한 데이터는 COW 프로젝트 물적 능력 데이터 세트에서, 독일 GDP
에 관한 데이터는 Maddison, *Monitoring the World Economy, 1820-1992*, p.180에
서 얻었다. 디플레이터는 Ibbotson Associates에서 얻었다.

감당할 수 없었다.

두 차례의 세계대전이 종결된 시점에서 미국은 경제적으로나 군사
적으로 유일한 생존자였던 반면 영국은 미국에 부채로 단단히 매이게
되었다. 케인스 경의 오래되고 두드러진 이력 중에서 마지막 일은
1946년 4월 미국에서 열린 국제통화회의 사절로 참여하여 영국의 전
시부채를 좀더 유리한 조건으로 처리하는 방안을 모색하는 피곤한 과
업이었다. 그는 결국 추구했던 일을 성취하기는 했지만, 영국으로 돌
아왔을 때에는 이미 심하게 쇠약해져 2주 후에 죽고 말았다.[26] 대영제
국은 전투에서의 타격에 의해서가 아니라 지급불능의 가련한 소리와
더불어 종말을 고했다.

데 멘도사의 명언은 약간 수정될 필요가 있다. 승리는 마지막 한 푼
의 에스쿠도를 가진 자에게가 아니라 그것을 자신의 시민들에게서 가

장 낮은 이자율로 차입할 수 있는 자에게 돌아간다고.

번영, 민주주의 그리고 헤게모니

민주주의와 군사적 힘 모두 경제적 번영이라는 똑같은 원천에서 발원하여 전체 주민들 사이에 널리 확산된다. 기업가적 활력과 군사적 혁신의 밀접한 연관은 부와 힘 사이의 연계를 강화시킨다. 이것은 최근에 아프가니스탄과 이라크에서의 미국 군장비의 탁월한 성과에 의해 입증되었다.

영국의 힘이 쇠퇴한 원인은 미국과 영국의 세계 GDP 비중을 보여주는 〈그림 12-3〉에서 명확하게 나타난다. 한때 세계 최대였던 영국 경제의 상대적 우위는 서서히 시들었다. 이것은 영국이 더 가난해졌다는 뜻은 결코 아니다. 대영제국이 힘의 정점에 있던 1870년과 세계에서 차지하는 지위가 크게 낮아진 1998년 사이에 영국의 일인당 실질 GDP는 거의 여섯 배 증가했다.[27] 영국의 전략적 불행은 나머지 세계가 훨씬 더 빨리 성장했다는 데 있었다.

마찬가지로, 〈그림 12-3〉은 미국의 성장하는 힘의 기초를 보여준다. 그 기초는 높은 출생률, 대량의 이민유입, 눈덩이처럼 성장하는 생산성이라는 삼박자가 맞아떨어짐으로써 형성되었다. 그것은 그래프상의 한 개의 가느다란 선에 살점과 피를 더하는 데 기여했다. 남북전쟁과 스페인-미국전쟁 사이에 미국의 곡물 생산은 세 배 이상, 철도 연장은 여섯 배, 석탄 생산은 아홉 배 증가했다. 세기의 전환기에 유럽 지도자와 저널리스트들은 이미 미국의 값싼 식량과 공산품들의 불공정 경쟁에 대해 우려의 목소리를 높였다. 국왕과 수상들은 미국이라는 거물에

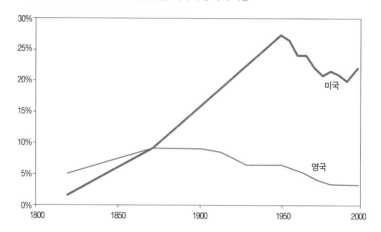

〈그림 12-3〉 세계 GDP에서 차지하는 미국과 영국의 비중

출처: Maddison, *The World Economy: A Millennial Perspective*, p.263 ; Maddison, *Monitoring the World Economy*, 1820-1992, pp.182,188, 227.

대항한 통합을 공공연히 논의했지만, 가장 비참한 역사적 재난만이 20세기에 미국이 세계의 지배적 위치에 오르는 것을 막을 수 있었을 것이다.[28]

GDP 자체는 충분한 지정학적 비중을 담아내지 못한다. 전 지구적 중요성을 얻기 위해서는 부가 기술진보와 결합되어야 한다. 러시아와 중국의 경우가 현대적인 산업적, 군사적 기술이 없는 경제 규모는 거의 무용하다는 것을 입증해주었다. 19세기의 후반기 동안 러시아는 세계 최대의 경제를 영위했고 군병력 수도 압도적 규모로 세계 최대였다. 거의 전 역사를 통틀어 중국은 단순히 거대한 인구 덕택에, 그리고 산업화 이전 세계의 상대적으로 좁은 일인당 부의 격차 덕택에 GDP 수준이 세계 최고였다. 지금도 중국은 세계 최대의 상비군을 보유하고 있을 뿐만 아니라 경제 면에서도 세계 초강대국에 속한다.[29]

현대 중동에서의 군사적 세력 균형도 기술적 선진성이 GDP 자체의 결손을 보충해준다는 점을 보여준다. 중동에서 이스라엘은 1948년 건국 이래 '국경'을 접해온 네 이웃나라—이집트, 요르단, 시리아, 레바논—에 대해 우위를 점해왔다. 네 아랍 국가의 경제를 합치면 그 유대 국가의 경제에 비해 두 배나 더 크다는 사실에도 불구하고 말이다.* 지정학적 힘을 (과잉)단순한 경제학 공식으로 정식화하고자 하는 사람들은 기술적 선진성과 경제 규모 자체 모두를 변수로 포함하는 척도를 고려할 수도 있을 것이다. 총군비 지출과 일인당 GDP를 곱하면 비교적 단순한 '힘의 지수'를 얻을 수 있을 것이다.

20세기—'미국의' 세기—동안 미국의 지정학적 힘이 상승한 것은 그 경제력과 기술적 역량의 상승에 따른 거의 불가피한 결과였다. 19세기와 20세기 거의 대부분의 기간 동안 미국과 영국이 세계 최고의 일인당 GDP 및 그와 더불어 가장 정교한 군사력을 갖추고 있었기 때문에 〈그림 12-3〉의 메시지는 명확하다. 즉, 현대 세계에서 지정학적 힘은 크고 번영하는 자유시장 국가들에 귀속된다는 점이다. 전체주의 국가가 일시적으로 영토와 전 지구적 영향력을 획득할 수는 있겠지만, 자유시장 경제만이 제공할 수 있는 견고한 경제적 기초를 결여하고 있다면, 그 힘은 반드시 허물어진다.

---

* Maddison, *Monitoring the World Economy: A Millennial Perspective, 1820-1992*, pp.307, 308, 311. 일인당 GDP가 훨씬 더 낮은 아랍 경제들이 '따라잡기' 현상을 통해 이스라엘과 대략 똑같은 비율로 성장하고 있기 때문에 그 간격이 줄어들 기미를 보이지 않는다.

총알과 투표용지

민주주의와 힘에 대해서는 어떠한가? 현대의 자유민주주의 국가들은 미묘하지만 강력한 지정학적 이점을 갖고 있다. 그들의 정치적 구조는 합스부르크 스페인과 앙시앙 레짐, 나치 독일, 소련을 파멸로 몰고 간 제국적 과잉 확장에 대한 효과적인 브레이크를 제공한다. 모험주의적 정치가들이 민주적 선거민들을 현명치 않은 군사행동으로 유인할 수도 있겠지만, 투표자들은 격렬하고 장기화된 군사행동의 결과 나타나는 인명 사상(死傷), 과도한 세금 증가, 정부 서비스 감축을 영원히 용인하지는 않는다. 결국에는 무언가 풀려야 한다.

현대의 자유민주주의 국가들은 또한 두 번째 메커니즘을 통해 군사적 모험주의를 제어한다. 부와 개인적 자유가 증대하면 사람들은 전쟁 사상을 훨씬 덜 용인하게 된다. 남북전쟁에서 61만 8천 명이 죽은 것은 미국 남성 인구의 거의 4퍼센트에 해당했다. 이것은 이후 미국의 모든 전쟁에서 일어난 전체 인명 손실보다 많은 수치였다(경제 결정론의 또 하나의 예로서, 그 전쟁이 소모전으로 바뀌자, 남부연합의 취약한 산업적 기반이 그 군대의 궁극적인 패배를 결정지었다). 1970년대에 베트남전쟁은 공산주의에 대항한 생존을 위한 전쟁으로 생각되었지만, 5만 8천 명의 인명이 손실된 이후에는 더 참을 수 없는 전쟁이 되었다. 당시 미국 인구가 1865년 때보다 여덟 배나 더 많았지만 말이다.

군사적 모험주의에 대한 제어 효과에 더해 부와 유혈 기피 사이의 연관은 군사적 혁신의 가속화를 재촉한다. 20년 전이었다면, 미군이 이라크 같은 세계 최대의 상비군을 가진 나라를 상대로─적군이 아무리 장비가 열악하고 훈련되어 있지 않다 하더라도, 또 광범위한 기갑 교전, 헬리콥터 공격, 상당수가 야간에 이루어진 수만 번의 전투기 출격 등을 통해 전투가 이루어졌다 하더라도—군사적 승리를 거두면서 아군의 인명 손실은 1백 명 정도밖에 입지 않았다고 한다면, 사람들은 말도 안 되는 소리라며 믿지 않았을 것이다. 현기증이 날 정도의 이러한 효율성 추구는 대개는 공중이 군 장례식을 점점 더 싫어한다는 것을 확실히 인식한 방위 당국자들이 촉발시킨 것이었다.

〈그림 12-3〉에 나타난, 제2차 세계대전 후 미국의 상대적 부의 궤적은 흥미롭다. 세계의 경제적 총생산 중 미국의 비중은 미국이 제2차 세계대전에서 승리를 거둔 1945년에 정점에 달했다. 앵거스 매디슨은 제2차 세계대전 직후 세계의 경제적 총생산에서 미국의 비중을 약 30퍼센트로 추산한 반면, 다른 사람들은 그것이 50퍼센트에 근접했다고 주장했다.[30] 사람들은 나머지 세계가 전후 재건을 해나가면 미국의 상대적인 경제적 우위가 쇠퇴할 것으로 예상하겠지만, 두 가지 예기치 못한 일이 일어났다. 첫째로 미국의 경제적 우위의 쇠퇴는 비교적 작았다. 지난 30년에 걸쳐 세계 GDP 중 미국의 비중은 약 22퍼센트로 거의 항구적이었다. 두 번째 훨씬 더 두드러진 일은, 미국의 지정학적 우위가 1945년의 상대적인 경제적 정점으로부터의 불가피한 후퇴와 더불어 침식되지 않은 것으로 보인다는 점이다.

다트머스(영국 해군사관학교) 교수인 스티븐 브룩스(Stephen Brooks)와 윌리엄 홀포스(William Wohlforth)는 『포린 어페어스』(*Foreign Affairs*)에 실린 영향력 있는 글에서 역사상 유례가 없었던 '단극' 세계에 대해 분명하게 기술했다. 그것은 기술적으로 우월한 군장비에 기반하고 세계 최대이자 가장 활력 있는 경제를 재정적 근거로 하는 미국 헤게모니로 특징지어진다. 파멸적 수준의 높은 비용이 든 로마, 합스부르크, 부르봉군대들과는 대조적으로 미국의 전 지구적 지배에 드는 비용은 GDP의 단지 3.5퍼센트에 지나지 않는다. 아이젠하워 시기에도 미국 방위비는 GDP의 10퍼센트를 넘지 않았다. 그 저자들은 폴 케네디를 인용하면서, "최대의 비용으로 최고가 되는 것도 중요하지만, 적은 비용으로 세계 최강국이 되는 것은 놀라운 일이다"[31]라고 말했다. 더 나아가 브룩스와 홀포스는 테러리즘의 사회적 · 군사적 영향을 역사 자체만큼이나 오래된, 정치적 동기에 의해 이루어진 대량 살상의 현대판 재생에 지나지 않는 것으로 간주했다.[32] 최악의 핵 테러 시나리오가 실현된다 하더라도 이전 세기에 히틀러, 스탈린, 마오쩌둥, 폴포트 같은 괴물들이 저질렀던 것 같은 수천 만 명의 인명 손실은 일어나지 않을 것이다.

아랍 '거리'*의 분노는 오늘날 너무나 많이 들리는 말이다. 만약 불쾌감이 지정학적 의미를 지니려면, 그것은 효율적인 폭력 수단을 통해 전달되어야 한다. 2001년 9월 11일의 사건이 미국인들 사이에서 이슬람 세계에 관한 재평가를 강요했다는 점을 고려하는 사람은 별로 없다. 뚜렷한 이데올로기적 성향을 지닌 미국인이라면 군대에 자원함으로써 자기 신념에 따른 행동을 할 수 있을 것이다. 이렇게 함으로써 그는 라왈핀디와 카이로 또는 자카르타에서 거대한 악마**를 향해 돌팔매질하는 이슬람 세계 사람들보다는 훨씬 더 쉽게 피해를 입힐 수 있다.

브룩스와 홀포스는 미국의 세계 지배가 최소한 몇 십 년은 더 지속될 것이라고 예상한다. 미국 경제의 상대적인 쇠퇴에도 불구하고 미국은 어떻게 그 힘을 유지하는가? 아주 단순하다. 다른 모든 자들은 게임을 포기했거나 애초에 그것에 발을 들여놓지도 않았기 때문이다.

소련이 첫 번째 범주에 들어가는데, 소련 경제는 왜곡된 인센티브

---

* 중동지역을 지칭함 ─ 역주
** 이란 혁명 이후 이란인들이 미국을 가리켜 부른 말 ─ 역주

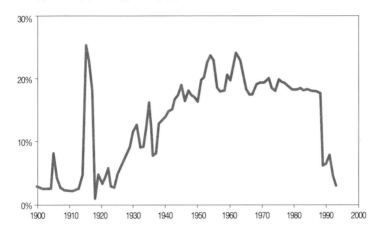

〈그림 12-4〉 세계 GDP 비중으로서의 구 소련의 군비 지출

출처: 구 소련의 군비 지출에 관한 데이터는 COW 프로젝트의 물적 능력 데이터 세트에서, 구 소련의 GDP에 관한 데이터는 Maddison, *Monitoring the World Economy, 1820-1992*, pp.166-187에서 얻었다. 디플레이터는 Ibbotson Associates에서 얻었다.

시스템으로 인해 불구화되고 사디스트적 이데올로그 집단에 의해 운영되었다. 두 세대 동안 소련은 왜소한 국민생산 중 6분의 1을 비대한 군대에 쏟아부었다.[33] CNN 시대가 도래하면서 소련은 사기 꺾인 주민들에게 자신의 빈곤과 서방의 부를 더 이상 숨길 수 없었다.

소비에트 금융의 불투명성 때문에 우리는 구 소련의 군비 지출을 달러 가격으로 정확히 표시할 수 없지만, '군비 경쟁'은 호각이었던 것으로 보인다. 어느 특정한 해에 미국과 소련의 방위비 지출은 대략 같았고, 실제로 냉전 기간 내내 군사력은 대체적으로 균형을 이루었다.[34] 똑같이 부정확하게나마 소련의 GDP도 추정해볼 수 있는데, 가장 낙관적으로 추정한다 하더라도 소련 경제의 규모는 미국 경제의 약 40퍼센트에 지나지 않았다.[35]

〈그림 12-4〉는 GDP 비중으로 표시된, 20세기 동안의 소련 군비 지

출을 나타낸다. 〈그림 12-4〉의 근저에 있는 데이터는 당연히 결함이 있다. 역사가들은 예를 들어 미국에 비례하여 늘어난 소련의 군비 지출이 실제로 제2차 세계대전기보다 냉전기 동안 더 높았는지 질문할 수 있을 뿐이다. 그러나 기저의 결론은 명확하다. 소련은 거의 반세기 동안 GDP의 15퍼센트 이상을 방위비로 지출했다. 냉전 동안 소련인들의 걱정거리는 미국의 위협에 그치지 않았다. 1960년대에 중국과의 불화 때문에 소련인들은 중소 국경을 따라 40개 이상의 사단을 배치해야 했다. 냉전 비용이 활력 있는 미국 경제 시스템에도 부담이 되었다면, 같은 부담이 그 몇 십 년 동안 훨씬 더 소규모인 소련 경제에는 어떤 영향을 미쳤을지는 상상할 수 있을 뿐이다. 1980년대 중반 전 세계적인 석유 가격의 하락으로 체제의 마지막 경제적 받침대—석유 수입(收入)—가 무너지면서 소련도 최종적으로 붕괴했다.[36]

한편, 유럽 국가들은 수세대에 걸친 분쟁으로 힘을 소진했고 국가 주권을 충분한 자금으로 운용되는 전 유럽적인 군 사령부에 양도하길 꺼려했기 때문에 경제력에 걸맞는 군사력을 갖추지 않기로 했다. 그래서 그들은 지정학적으로는 거세된 세력이 되었다. 최근 역사의 더욱 이상한 이미지 중의 하나는, 잘살지만 무력한 유럽이 국경 바로 너머 보스니아와 코소보에서 벌어진 약탈과 강간, 살인행위를 중지시키기 위해 손가락 하나 까닥하려고 하지 않았다는 점이다. 그 일은 결국 F-18 전투기를 파견한 악명 높은 주전론자 빌 클린턴에게 돌아갔다. 일본도 유럽의 발전된 나라들과 마찬가지로 활력 있고 현대적인 자유시장 경제를 영위하고 스미스가 말한 '적절한 사법행정'을 갖추고 있으면서도 예측 가능한 미래 동안에는 의미 있는 규모의 분쟁과 군비 지출을 피하려는 강한 열망을 갖고 있다.

중국이나 인도 같은 나라들은 지역적 강국이 되고자 하는 명확한 열망을 갖고 있지만, 그들은 경제적·제도적으로 매우 허약하고 군대 역시 규모는 크지만 군비가 취약하고 비효율적이다. 이들이 조만간 미국의 전 지구적 헤게모니에 도전할 가능성은 없다. 중국의 GDP 대비 군비 지출의 하락은 흥미롭지만 종종 무시되는 이야기다. 마오쩌둥의 후계자들은 소련의 예로부터 교훈을 얻어 덩샤오핑 이후 경제개혁의 일환으로 군비 지출을 소리 없이 줄였다. 중국의 방위비 지출에 대한 어떤 평가도 추측에 의존한다는 구 소련의 경우와 똑같은 문제를 야기하지만, 중국의 경우 1970년대 초 17퍼센트로 추산되었던 수치로부터 하락하여 높게 잡아도 총 GDP의 몇 퍼센트에 지나지 않는다.[37]

브룩스와 홀포스는 자신들의 분석을 미국 헤게모니에 한정했지만, 그들의 신 팍스 아메리카나에 대한 열정적인 예언 너머에는 더욱 커다란 논점이 떠오른다. 세계 권력의 지위는 혁신적 에너지와 부를 일정 정도만이라도 군사에 할애할 의지가 있는, 자유시장을 기반으로 한 모든 크고 성공적인 나라에 열려 있다. 이 간단한 사실에 비추어 보면, 많은 나라가 열강의 후보가 될 수 있고 미래에 그러한 자격을 갖출 나라는 더욱 많다. 다른 어떤 크고 번영하는 나라도 다음 세기에 걸쳐 세계 권력의 지위에 오르길 원하지 않을 것이라고는 생각하기 어렵다.

〈그림 12-5〉는 번영, 민주주의, 군사적 힘 사이의 관계를 요약하고 있다. 제10장에서 보았듯이, 안전한 재산권과 법치로부터 생겨나는 번영은 민주적 발전을 촉진한다. 부가 민주주의를 낳는 것이지, 그 역은 아니다. 바로 그 번영이 역시 군사적, 지정학적 힘을 낳는다. 개략적으로 말해, 법치와 재산권을 가치 있게 생각하는 국가는 민주주의와 힘을 동시에 확보하게 되는 경향이 있다. 게다가 부유한 나라 역사를 통틀어 전체주의 국가를 괴롭혔던 제국적 과잉 확장을 제어한다. 그렇게 함으로써 자유민주주의 국가들은 그들 자신의 부와 힘을 보호한다. 마

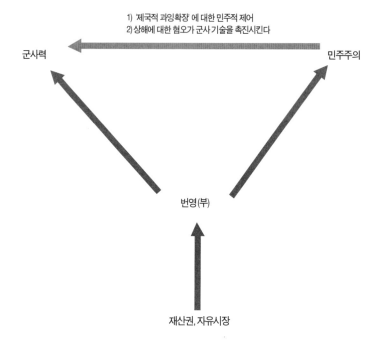

〈그림 12-5〉 번영, 민주주의, 군사적 힘 사이의 관계

1) 제국적 과잉확장 에 대한 민주적 제어
2) 상해에 대한 혐오가 군사 기술을 촉진시킨다

군사력

민주주의

번영(부)

재산권, 자유시장

지막으로, 부유한 민주주의 국가들이 전쟁 상해를 싫어한다는 사실이 선진적 군사 기술의 발전을 촉진한다.

자유시장 경제, 민주주의, 군사적 효율성 사이의 이 연관은 브룩스-홀포스의 결론 이상의 것을 시사한다. 즉, 미국 헤게모니가 얼마나 지속될지와 무관하게 예측 가능한 미래에 장기적인 강대국 지위는 인구가 많고 혁신적인 자유민주주의 국가들, 즉 그들의 경제를 확장하고 무기를 발전시키며 군대를 위한 충분한 자금을 공급할 나라들의 배타적 영역이 될 것으로 보인다. 더 나아가 이 나라들의 정치적 권한을 지닌 유권자들은 군사적 지출을 허용 가능한 수준—가령 GDP의 10퍼센트 이내—으로 묶어두고 따라서 제국적 과잉 확장을 제어할 것이다.

프랜시스 후쿠야마는 다른 추론방식을 사용하여 상당히 유사한 결론에 도달했다. 후쿠야마는 현대 세계에서는 자유민주주의는 아무런 심각한 경쟁자가 없고, 그의 의도적으로 도발적인 책 제목에서처럼 예측 가능한 미래에도 그럴 가능성이 없다고 지적하고 있다. 역사 속에서 군주제는 패배했고, 파시즘과 공산주의는 신용을 잃었다. 세계의 많은 곳에서 힘을 키워가고 있는 이슬람은 이슬람 중심지 밖에서는 호소력이 별로 없다. 그러나 후쿠야마의 설명은 주로 비경제적이다. 그는 자유민주주의만이 인류의 자존과 자기가치 욕구를 가장 잘 충족시킨다고 말하고 있다. 그는 종종(너무 자주) 그러한 느낌에 대해 티모스(thymos: 패기, 기개)라는 그리스 용어를 상기시킨다.

물론 티모스는 단순히 매슬로의 피라미드의 상위 영역, 즉 배부르고 살 집이 있는 사람들의 영역을 가리키는 또 다른 이름이다. 최저생계수준의 사회에서는 후쿠야마식의 기개 있는 사람들이 별로 없다. 기초적인 물질적 욕구와 안전의 욕구가 충족된—이것은 쉬운 과제가 아니다—곳에서만 티모스, 그리고 궁극적으로는 자유민주주의가 번성한다. 다른 점에서는 억압적인 국가라 하더라도 재산권을 존중하는 한 결국 번영을 이루고, 그 번영은 궁극적으로 시민들에게 권한을 부여하고 그들의 기개적 충동을 고무하며, 그러한 기개적 충동은 궁극적으로 민주주의의 확대로 귀결될 것임이 틀림없다.

전체주의적 국가들이 일시적으로는 세계 강대국으로서의 힘을 획득할 수도 있지만, 현대 세계에서 이러한 일은, 1930년대 독일과 일본에서 일어났듯이, 독재 쿠데타가 크고 성공적인 자유시장경제〔의 성과〕를 가로채는 곳에서만 일어난다. 이 두 나라 사이에는 현저한 역사적 유사성이 있다. 두 나라 모두 이전의 후진적인 정권들을 1870년 직후 정치적·경제적으로 개혁했고, 그 결과로서 극적인 경제성장을 이루었다.

일본과 독일 모두 전전에는 제퍼슨식 민주주의가 아니었지만, 세기의 전환기에 두 나라 모두 선거권을 크게 확대했다. 1870년에서 1913년까지 독일과 일본은 일인당 GDP 면에서 세계에서 미국 다음으로 각각 두 번째와 세 번째로 빠르게 성장했다. 그 결과 두 나라 모두 지역적 강대국이 되었다. 제1차 세계대전 이전에도 독일은 유럽의 산업 강대국으로 군림했다. 1871년에 독일이 통일되었을 때, 투표권이 25세 이상의 모든 남자에게 부여되었다. 1930년과 1934년 사이에 히틀러는 자기모순적인 민주주의를 적용한 복잡한 과정을 통해 정치권력을 집중시켰다. 그 이후 독일과 일본은 독재체제에 빠졌고, 제국적 과잉 확장에 대한 고유한 민주적 저항이라는 장벽이 제거되면서 세계적 강대국을 향해 돌진했으며, 결국 제2차 세계대전에서 분쇄되었다.

나폴레옹처럼 군사적으로 공격적인 전체주의 국가는 가혹한 선택에 직면한다. 그 국가는 독일과 일본처럼 전장에서 도박을 걸어 결국 경제적으로 훨씬 더 강력하고 민주적인 경쟁자를 동면 상태에서 깨워내 무장을 하게 만들거나 소련에서 일어났듯이 과도하고 장기적인 군비 지출의 무게 아래서 경제를 정체시키는 위험을 감수해야 한다.

중국과 러시아가 계속 자유민주주의적 방향으로 움직인다면, 이들도 당연히 서구식 초강대국들처럼 미국 헤게모니에 성공적으로 도전할 수 있을 것이다. 유럽 국가들이 단지 군대를 좀더 진지하게 고려하고 통화를 통합할 때와 똑같은 방식으로 주권들을 양도했다면, 그들은 똑같은 일을 훨씬 더 빨리 완수했을 것이다. 이런 시나리오들 중 어느 것도 즉시 가능성이 있어 보이지는 않지만, 역사는 우리에게 한 국가에 의한 지배는 영원히 지속되지는 않는다는 것을 가르쳐준다. 아마 향후 50년에서 1백 년 사이에 미국의 영향력이 쇠퇴할 것이다. 도전이 어떤 방향에서 올지는 아직 명확하지 않다.

훨씬 더 가능성 있어 보이는 것은, 세계의 큰 자유민주주의 국가들이 그럴 의지가 있는 한, 그들의 고유한 경제적 이점이 그들의 총괄적인 지정학적 지배를 보장한다는 점이다. 아마도 많은 사람이 현재 미국의 선제적이고 일방주의적인 태도에 동의하지 않고 또 이것이 정당한 일이겠지만, 최소한 하나의 민주적 강대국이 세계의 전체주의적 국가들에 도전할 의사가 있다는 단순한 사실이 우리를 안심시키기는 한다. 미국이라는 8백 파운드짜리 고릴라가 나머지 세계를 얼마나 놀라게 할지는 모르지만 전체주의에 대응할 의지와 능력을 가진 자유민주주의적 초강대국이 하나도 없다면, 세계는 훨씬 더 무시무시할 것이다.

제13장

성장이 이대로 지속될 수 있을까

지난 몇 세기의 관점에서 보면 기술진보와 그것이 창출하는 경제성장은 결코 멈추지 않는 불굴의 엔진으로 보인다. 즉, 멈추지도 피로의 기미도 보이지 않는 경제적인 영구운동 기계인 것으로 보인다. 그러나 대충이라도 인간 역사를 살펴보면 꼭 그렇지만도 않다. 더 큰 시간 틀에서는 2백 년이란 눈 깜박할 시간에 지나지 않고, 한 세대 안에서는 무궁하고 변함없는 것으로 보이는 것도 다음 세대에는 산산이 부서진다.

얀 드 브리스와 애드 반 데어 우드(Ad van der Woude)는 네덜란드의 경제사에 관한 거장다운 저작인 『최초의 현대적 경제』(*The first Modern Economy*)의 결론에서 도발적인 논평을 통해, 16세기 중반에 본격적으로 시작된 네덜란드의 경제성장은 2세기 후에 쇠퇴해버렸다고 지적하고 있다.[1] 네덜란드 경제가 18세기에 정체했다는 이야기는 그 자체로 경제성장 탄생 2백 주년을 맞이한 서방 세계의 뱃머리를 향해 날아든 경고탄인가? 로버트 바로 교수의 말을 바꾸어 말하자면, 부유한 나라—또는 행성—가 가진 모든 것은 2퍼센트와 2백 년의 시간밖에는 없는가?

현대의 경제성장에 의문을 제기하는 것은 위험한 게임이다. 1970년대에 로마클럽(The Club of Rome)*의 인도를 받은 한 세대 전체가 고정된 자원 때문에 성장의 엄격한 한계가 불가피하다는 결론을 내리고는 스스로 어쩔 줄 몰라 했다.[2] 그들은 인구는 성장하는데 토지와 식량, 목재, 석유의 공급은 제한되어 있기 때문에 궁극적으로 게임이 끝장날 것임이 틀림없다고 말했다. 로마클럽과 그 사제들은 토머스 맬서스의 이름을 높이기는 했지만, 인간 종의 적응성과 창조적 재능을 무시했다. 한 상품이 희소하고 비싸지면, 혁신가들은 더 좋고 값싼 대체물을 고안해낸다. 1백 년 전만 하더라도 유일하게 믿을 만한 가치저장 수단은 부동산과 금이었다. 20세기를 거치면서 토지와 정금 이상의 부의 수단이 마치 마술에 의한 것처럼 나타났다. 150년 전에 심각한 사상가들은 우리 도시들이 곧 어둠 속에 내던져질 것이라고 예측했다. 결국 세계적으로 경유(鯨油)는 고갈되고 있었다.

경제사를 대충 훑어보더라도 상품들의 실질 가격은 서서히 전반적으로 하락해왔음을 알 수 있다. 평균적인 사람들은 식량과 의복에 그들 자신의 소득 중에서 1세기 전에 비해 훨씬 더 적은 비율을 할애한다. 산업에서 사용되는 원료 가격도 마찬가지다.

---

* 1968년 4월 서유럽의 정계 · 재계 · 학계의 지도급 인사가 이탈리아 로마에서 결성한 국제적인 미래 연구 기관 —역주

경제사가 사이먼 쿠츠네츠는 경제성장의 둔화가 두 가지 기본적인 경제적 힘, 즉 공급이나 수요 중 어느 한 가지에 의해 야기될 수 있다고 지적했다. 그는 인간의 본성적인 호기심과 근면함에 의해 추동되는 공급은 정체의 원천이 될 수 없다고 믿었다. 그는 수요가 성장의 암살자가 될 가능성이 더 크다고 판단했다.[3] 개인들이 부유해짐에 따라 그들은 노동과 소비보다는 레저를 선호할 것이다. 분명 사람들은 물질적 부를 공허하게 추구하는 일에는 관심을 잃을 것이다. 쿠츠네츠 교수는 1985년에 죽었는데, 이해는 바로 전국적인 케이블 텔레비전에서 홈쇼핑 네트워크가 등장한 바로 그해였다. 경제사에서 이보다 더 극적인 아이러니가 어디에 있겠는가?

성장을 가로막는 장애물

인구학적 힘은 성장에 대한 위협으로서 고려할 만한 가치가 있다. 다가오는 수십 년 안에 기대수명 증가와 교육훈련 비용의 유례없는 증가는 남아 있는 노동인구를 압박할 것이다. 생산자들의 수는 줄어들 것이고, 유례없이 줄어든 노동인구가 유례없이 늘어난 유년 및 노년 인구를 부양해야 하게 될 것이다. 최근 몇 십 년 만에 세계의 가장 발전된 나라들의 국가 예산은 사회복지 프로그램의 부속물이 되었다. 2003년도 미국 연방정부 예산 중 60퍼센트가 '네 개의 주요' 사회 프로그램—사회보장, 노년 의료보험, 저소득층 의료보장, 일반부조—을 위한 지출로 구성되었다. 나머지 40퍼센트 중 18퍼센트는 방위비로 할애되었고 8퍼센트는 국가부채에 대한 이자로 지급되었으며, '기타 모든 것'—법 집행, 사법, 교육, 퇴역군인 수당, 인프라 항목들(연방항

공국, 날씨 서비스, 고속도로와 공항에 대한 보조금 등등)—에 나머지 14퍼센트가 할애되었다.

다음 몇 세대에 걸쳐 네 개의 주요 사회복지 프로그램—그중 절반 이상이 의료 관련 비용일 것이다—에 들어가는 60퍼센트의 예산은 경제 전체보다 훨씬 더 빠르게 증가할 것으로 예측된다. 거의 50조 달러에 달하는 미적립채무를 진 정부가 채무불이행 상태에 빠져 파멸적인 인플레이션을 격발시키거나 치명적 수준의 세금을 부과하게 되는 재정적 최후 심판의 시나리오를 상상하기 어렵지 않다.[4]

그러나 가능성이 좀더 높은 것은 '고통의 메뉴'로 이루어진 모듬 요리, 즉 도토리 키 재기식의 저급한 세대 간 갈등, 사회보장과 의료보장 프로그램의 고통스러운 재할당, 유럽식의 높은 세금으로 이루어진 짬뽕요리일 것이다.[5]

비록 단기적 혼란은 고통스럽겠지만, 이 인구학적 이동의 장기적 효과는 그렇게 크지 않을 것이다. 연구자 로버트 아르노트와 앤 카셀스(Anne Casscells)는 복잡한 알고리즘을 사용하여 효과적인 부양 비율—각 노동자가 부양하는 유년 및 노년 인구 수—이 2010년에서 2030년 사이 20년 동안 0.55에서 0.76으로 상승한 후 수평화될 것이라고 추산했다. 이로 인해 20년 동안 일시적으로 성장이 연 약 0.6퍼센트 둔화될 것이다. 확실히 일시적으로는 유쾌한 일은 아니지만 그렇다고 해서 이것이 우리가 알고 있듯이 번영의 종말은 아닐 것이다.*

---

* 20년의 시기 동안 노동자 일인당 그 자신을 포함하여 부양인구가 1.55명에서 1.76명으로 증가하는 것은 일인당 GDP의 0.6퍼센트 하락을 의미한다. (1.51/1.37)(1/20)=0.006. Roben D. Arnott and Anne Casscells, "Demographics and Capital Market Returns," *Financial Analysts Journal* 59 (Mar./ Apr. 2003), pp.20-29. R. Arnott, personal communication도 보라.

그래서 생태적 · 경제적 · 인구학적 힘들은 성장에 대한 장애물이 될 것으로 보이지 않는다. 그러면 다음으로 유력한 후보는 군사적 재난이다. 산업화를 통해 군대뿐만 아니라 개인들도 놀라운 파괴력을 갖게 된다. 더욱이 성장 자체는 사회들의 안정을 헤친다. 나라들 안에서, 그리고 나라들 사이에서 성장은 승자와 패자를 만들어내고, 그들 사이에 부의 격차가 증대함에 따라 사회적 불화와 전쟁의 가능성이 커진다. 1700년에 가장 부유한 나라였던 네덜란드의 일인당 GDP는 최빈국의 그것에 비해 다섯 배밖에 더 많지 않았다. 1998년에는 가장 부유한 서방국가들의 일인당 GDP는 사하라 이남 아프리카의 최빈국들의 그것에 비해 40배 이상이나 높았다.[6]

국내적 · 국제적 혼란이 이론적으로는 세계를 더욱 위험한 곳으로 만들겠지만, 정확히 반대가 될 가능성도 없지는 않다. 1950년 이전 수천 년 동안 유럽 국가들 사이에 무력 충돌은 일상적인 일이었다. 오늘날에는 OECD의 두 성원—세계의 가장 부유하고 가장 강력한 나라들—사이에서조차 대규모 전쟁의 가능성은 매우 희박해 보인다. 이와 비슷하게 테러 위협은 정서적 수준에서는 두려움을 불러일으키지만, 양적인 측면에서는 거의 무의미하다. 테러리스트들이 9 · 11 같은 규모의 사건을 정규적으로 일으킬 수 있다 하더라도, 이들에 의한 살상 규모는 에이즈, 술, 담배, 교통사고 또는 빅맥(Big Macs)으로 인한 결과보다 훨씬 더 작을 것이다. 20세기 초반까지만 해도 전쟁이나 테러에 의한 피해는 훨씬 더 컸다. 1939년 9월과 1945년 8월 사이에 하루 평균 2만 5천 명의 사람들이 외부 요인으로 사망했다. 6년 동안 하루 24시간 빠짐없이 세 시간당 한 차례씩 9 · 11 같은 사건이 일어난 셈이다.

미래 세대에까지 생산성이 지속적으로 성장한다면, 그 결과에 대한 간단한 수학적 추정도 놀라운 모습으로 나타난다. 예수가 탄생한 해에 세계 일인당 GDP가 연 2퍼센트의 비율로 성장하기 시작했다면, 그것은 지금 현재의 두당 8천 달러가 아니라 6천억경 달러—6다음에 영이 19개나 붙는다—가 되었을 것이다. 연 1퍼센트의 성장률만으로도 현재의 일인당 GDP는 약 2천억 달러가 되었을 것이다. 우리가 상상할 수 없을 정도의 부의 축복을 받을 먼 미래로 나아갈 출발점에 서 있을 가능성이 있지만, 그리 심한 냉소적 입장을 견지하지 않더라도(또는 역사에 관한 학위를 갖고 있지 않더라도) 비틀거리거나 넘어질 가능성도 충분히 예측할 수 있다. 단 한 가지 불확실한 점은 파국의 정확한 성격뿐이다. 그리고 제10장에서 말했듯이, 매우 장기적으로 활력 있는 성장이 지속된다 하더라도 그것이 우리를 더 행복하게 만들 가능성은 별로 없다.

부자들과 공적 급부

가장 큰 잠재적 위협은 성장 자체의 부산물에서 올 것이다. 사회들이 점점 더 부유해짐에 따라 사회들은 위험과 역경을 더욱 회피하게 된다. 가난구제가 잉글랜드와 네덜란드에서 최초로 공적인 책무가 된 것은 전근대가 끝나기 직전 시기였다. 1750년에 보편적 의무교육이라는 사상이 제기되었다면, 이것은 아마 희소한 정부 재원의 지나친 낭비로 보였을 것이다. 1900년에 그것은 일반적인 일이 되었다. 1870년에는 사회주의자들만 정부가 실업과 퇴직 급여에 재정을 지원해야 한다고 주장했다. 2000년에는 서방의 모든 나라가 이러한 수당을 지급하고 있다. 정부가 후원하는 보편적 의료보호는 한 세대도 채 안 되어 몽상에서 값비싼 서구—미국을 제외한—적 현실로 전화되었고, 미국에서도 정부가 담당하는 의료보호를 모든 사람에게 확대하라는 요구가 귀청이 찢어질 정도로 커졌다.

점점 더 부유해지는 나라들의 시민들이 보편적 의료보호를 정부 임무의 종국적 한계로 간주할 것 같지는 않다. 부가 증대하면 공적 급부의 목록도 늘어나며 따라서 정부가 소비하는 GDP 비중도 늘어날 것이다(미국에서는 이것이 연방정부, 주정부, 지방정부의 지출을 합해 30퍼센트에 달한다. 서구의 대부분의 나라들은 이보다 훨씬 더 높은 수치를 보이고 있다). 공적 급부 목록 증대가 야기하는 경제적 장애는 일종의 맬서스적인 '성장의 평형 상태'를 초래할 것이고, 이 평형 상태에서는 부가 증가하면 이 부는 거의 즉각적으로 정부 서비스 수요의 증가에 의해 교살된다.

부를 주제로 한 공상과학소설

성장을 저해하는 악마에 대해 걱정만 할 필요는 없다. 바로 교수의 '2퍼센트 속도 제한'은 빛의 속도와 같은 경제적 상수인가?* 인간 종의 생물학적 변이가 생산성 성장률의 증대를 가능하게 하지는 않을까? 더 높은 성장률로 나아갈 가장 그럴 듯한 경로는 성장의 일차적 엔진, 즉 인간두뇌의 수선과 관련이 있을 것이다.

유전공학의 발전은 곧 모든 부모—와 나라—로 하여금 그들 자손

---

* 이 성장의 상한은 부유하고 기술적으로 선진적인 나라들에만 해당된다. 전시 파괴로부터 복구하는 발전된 나라들뿐만 아니라 발전도상국들은 일시적으로 훨씬 더 빠른 속도로('따라잡기') 성장할 수 있다.

의 지능을 향상시킬 수 있도록 해줄 것이다. OECD 나라들이 출산을 통제할 수 있고 따라서 인구의 평균 IQ를 120에서 140으로 올릴 수 있다고 상상해보자. 그러면 어려운 부분은 개인적 자유를 보호하고, 경제적 인센티브가 손상되지 않도록 할 법치를 보존하는 일일 것이다. 얼마 지나지 않아 그 나라는 이웃 나라들에 비해 매년 GDP의 몇 퍼센트 비율로 더 높은 성장을 이루기 시작하고 따라서 한 세대가 지날 때마다 경쟁국들에 비해 경제 규모가 배가될 것이다. 어느 지점에서 다른 나라들은 발전하는 이웃 나라들과 관련하여 세 가지 내키지 않는 대안 중에서 선택을 해야 하게 될 것이다. 그 나라를 파괴하든지, 그 나라의 유전자 정책을 채택하든지, 이도저도 아니라면 점점 더 열등한 경제적 · 군사적 지위를 그대로 받아들이든지 말이다.*

오래된 농담에서 말하듯이, 특히 미래에 관해 예측을 하기는 매우 어렵다. 이러한 추측들은 공상과학소설과 크게 다르지 않다. 미래에 경제적 실패가 어떤 식으로 나타날지는 상상하기에 따라 엄청나게 다양할 수 있지만, 지난 5백 년 동안에는 서구 문명의 가능성을 부정하는 쪽에 건 내기는 수지맞는 일이 아니었다. 가장 탁월한 디스토피아적 예언가들—오웰(George Orwell), 헉슬리(Aldous Lemoard Huxley), 브래드버리(Ray Douglas Bradbury)—의 정확성조차 그리 인상적이지 않았다. 지금으로부터 한 세기 후 세계는 훨씬 더 번영된 모습을 하고 있을 수도 있고, 또 그로부터 1천 년이 지난 다음 지구의 거주자들은 지금 세기에 대해 궁핍하고 끔찍하며 곤궁한 암흑시대로 규정할 수도 있다. 다음 1백 년 또는 1천 년 동안에도 일인당 경제성장은 오늘날과 같

---

* 부모들이 지능을 향상시키는 유전공학 기법을 자발적으로 받아들여 국가는 그 일에서 손을 떼게 되고, 따라서 위에서 언급된 가공할 지정학적 결과를 피하게 될 가능성도 있다.

은 2퍼센트의 실질 성장률을 지속할 것인가? 더 느려질 것인가 아니면 더 빨라질 것인가? 우리는 알 수 없다.

제14장

언제, 어디서, 어디로

애덤 스미스가 번영의 필수 조건으로서 '평화, 가벼운 세금, 적절한 사법행정'을 최초로 확인한 이후 250년 동안 경제학자들은 그의 간단한 처방전을 세련화시켜왔다. 근대에 기술 진보가 성장의 궁극적인 원천이라는 점이 분명해졌다. 구상, 개발, 생산, 최종소비를 통한 혁신 과정을 추적함으로써 우리는 경제성장을 이해하기 위한 실용적인 모델을 발견할 수 있다. 우리가 성장을 이해하면, 나라들의 운명에 대해서도 희미하게나마 윤곽을 파악할 수 있다.

이 책의 가장 중요한 메시지는 한 나라의 장기적인 번영과 미래를 결정하는 것은 그 나라의 천연자원도 아니고 문화적 자산도 아니며, 권력의식이나 경제적·정치적 희생정신도 아니고, 심지어는 군사적 용기도 아닌 제도라는 것이다. 번영에 이르는 길은 2~5장에서 논의된 네 가지 제도를 통과하도록 되어 있다. 이러한 제도들 각각의 결여는 인류의 진보를 가로막은 대문 또는 장벽이었다. 한 나라에 이 네 가지 제도가 모두 갖추어지면, 인간의 비범한 재능과 창조성, 야망에 대한 장벽이 극복된다. 혁신이 무성하게 일어나고 그에 이어 그 나라의 번영이 일어난다.

첫째로, 정부들은 기술의 창조자들에게 적절한 인센티브를 제공해야 한다. 고대 중국에서처럼 국가가 혁신의 대가를 몰수한다면 진보는 일어나지 않을 것이다. 그래서 번영의 일차적 요건은 재산권의 보호, 즉 스미스가 '적절한 사법 행정'이라고 부른 것이다.

기업의 열매가 적은 비용으로 지켜지지 않는다면 혁신과 생산을 할 사람은 별로 없을 것이다. 만약 노동자가 임금의 대부분을 보유하지 못한다면, 그는 결코 힘들여 일하지 않을 것이다. 재산을 위협하는 요인들은 매우 다양하다. 범죄와 전제가 그런 요인들이고, 극단적인 경우에는 복지국가 관료들의 악의는 없지만 잘못된 정책, 지출과 인플레이션을 통제하지 못하는 중앙은행도 그런 요인일 수 있다. 핵심적 개념은, 권력분할에 의해 쪼개지고 법치에 의해 제한되는 정부만이 재산권을 효과적으로 강제할 수 있다는 점이다. 그 이유는 단순하다. 통치자가 아무리 현명하고 정당하다 하더라도 그의 자의적인 명령은 부패하고 결국 정당성을 잃을 수밖에 없기 때문이다. 통치기구들로부터 분리된 사법제도의 비인격적 기구들에서 유래하는 정당성 없이는 어떤 칙령도 강제될 수 없다. 통치자 자신을 포함한 모든 시민에게 평등하게 적용되지 않는 법률은 결코 법률이라고 할 수 없다.

비록 법치가 고대 그리스와 로마 공화정에서 처음 적용되었지만, 로마의 멸망과 더불어 그것도 5백 년 이상 자취를 감추었다. 그것은 중세 잉글랜드에서 비로소 다시 모습을 나타냈다. 20세기의 불행한 정치적 실험들을 통해 우리는 언뜻 간단해 보이는 스미스의 말을 더욱 깊이 이해할 수 있었다. 효율적인 사법기구의 단순한 확장만으로는 충분하지 않다. 사법기관의 힘은 통치자의 힘과 완전히 분리되어야 하고 또 그 힘은 모든 사람에게 평등하게 적용되어야 한다.

스미스의 말대로 과세는 '가벼워'야 한다. 국가가 너무 많은 것을 거두어들여서는 안 된다. 얼마나 많은 것이 너무 많은 것인가? 미국의 성공과 유럽 복지국가들의 사회적 실험을 통해 근사치를 얻을 수 있다. 번영하는 나라라면 미국의 경우처럼 경제적 생산물 중 30퍼센트 정도를 국가가 사용하도록 허용해도 큰 문제가 안 된다. 그러나 북유럽의 많은 나라에서처럼 그 비율이 50퍼센트를 넘어서면 경제성장이 손상되기 시작한다.

둘째로, 혁신가들은 적합한 지적인 도구를 가져야 한다. 능력이 아무리 뛰어난 목수라 하더라도 망치와 톱 또는 수준기 없이는 작업을 제대로 할 수 없는 것처럼 자신의 주변 환경을 해석하는 데 사용할 효과적인 지적인 도구가 없다면 발명가도 무력해진다. 1600년경 이전에는 가장 탁월한 그리스인, 로마인, 중국인, 인도인, 유럽인 자연철학자들도 정확한 지적인 사고 틀을 갖지 못했다. 서구인의 정신은 그리스-로마적 뿌리에서 움튼 위대한 문학·예술·건축에 있는 것이 아니라 아무리 확고한 믿음도 엄격한 경험적 조사를 받게 하겠다는 단순한 의지에 있었다. 오늘날 이것이 서구와 세계의 여타 곳들을 나누는 기준이 되고 있다. 그리스의 논리와 과학이 훌륭하기는 하지만, 그것들은 실제 세계의 엄연한 사실에 쉽게 대응하지 못했고 인류에게 자연에 대한 유용한 모델을 신뢰할 만하게 제공하지도 못했다.

적절한 도구—과학적 방법에 의해 지지되는 경험적 사고방식—만으로는 충분하지 않다. 사회적, 종교적 관용도 필요하다. 혁신이란 매우 전복적인 과정이고, 이견을 억압하는 사회들은 불구화되기 마련이다. 5백 년 이상 가톨릭교회는 지적·과학적 혁신을 질식시켰다. 마르틴 루터의 반란이 그 자체의 또 다른 숨막히는 정통을 만들어내기는 했지만, 그것은 유럽의 지적 생활에 대한 교회의 독점을 깨뜨렸고 장기적으로는 그들이 어디로 갈 것인지를 탐구하기 위한 전 대륙의 창조적 에너지를 해방시켰다.

교회가 그리스-로마의 지적 유산을 관리하지 않았다면 어떻게 되었을까 하는 사후 가정에 의한 분석은 흥미로운 생각해볼거리를 제공한다. 교회는 중세 초기에 유럽의 큰 대학교들을 세웠고, 그리스와 로마의 학문을 보존했다. 교회가 이 고대 지식을 보존하지 않았다면, 476년에 서구에 가해진 암흑은 훨씬 더 오래 지속되고 어두웠을 것이다. 마찬가지로 반대 주장도 쉽게 전개할 수 있다. 학문연구에 대한 교회의 독점이 유럽의 지적인 발전을 가로막았다는 것이다. 교회의 죽은 손이 없었다면 인류는 실제보다 한 세기 전에 이미 달에 도착했을 것이다.

셋째로, 발명가와 기업가들이 적절한 인센티브와 지적인 도구를 가진 다음에는, 자신들의 발명들을 더 많은 공중에 제공하기 위해 다량의 금융자본을 얻을 수 있어야 한다. 그러기 위해서는 다시 자본을 가진 사람들의 신뢰를 얻을 필요가 있다. 16세기부터 네덜란드 자치체 정부들과 나중에는 잉글랜드 왕도 그들 각각의 투자자 공중에게 자신들에게 돈을 빌려주는 것이 좋은 생각이라는 점을 설득시켰다. 공중이 정부에 대해 안심하고 대부하게 되면, 그 일반 시민들은 사기업에도 자본을 공급하기 시작한다. 19세기에 기업에 대한 유한책임이 등장하면서 거대한 비인격적 기업의 설립과 그것에 대한 출자가 가능해졌다. 좋든 나쁘든 바로 이것이 근대 서구를 위한 동력이 되었다.

마지막으로, 자본 흐름의 방향을 정하고 새로운 상품을 홍보하기 위한 신뢰할 만하고 신속한 통신과 이 생산물들을 나라 전역과 더 나아가서는 전 세계로 물리적으로 전달할 수 있는 수송이 존재해야 한다. 태고적부터 인간과 동물의 보잘것없는 물리적 산출물이 인간 기업활동의 속도와 힘을 제한했다. 물레방아와 풍차가 입지조건이 좋은 곳들에서 제조활동에 쓸 수 있는 동력의 양을 증가시켰지만, 그것들이 재화와 정보 흐름의 속도를 높이지는 못했다. 그러나 역사적인 맥박 속에서 와트의 증기 엔진은 적재량과 속도를 열 배나 증가시켰다. 한 세기 후에는 전신의 마술이 전 지구적 통신을 순간화시켰다.

네 가지 결정적 제도들—재산권, 과학적 합리주의, 효율적인 자본시장, 현대적인 동력·수송·통신—의 역사적 흐름을 예시하는 〈그림 14-1〉은 제2~5장의 주제를 요약하고 있다. 이 역사적 도식은 19세기 초에 네 가지 중 마지막 요인이 발전하고 성숙함에 따라 세계의 경제가 왜 폭발적으로 성장했는지를 보여준다.

역사적으로 안전한 재산권과 법치는 필수적이기는 하지만, 그 자체

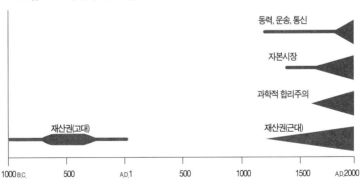

〈그림 14-1〉 네 가지 성장 요인의 역사적 흐름

로는 번영을 보증하기에 충분하지 않았다. 아테네인들과 중세 말기 영국인들은 확고한 법치와 안전한 재산권을 누렸지만 역동적인 경제성장을 이루지는 못했다. 뒤돌아보면 그들은 다른 세 가지 요인을 갖고 있지 못했다. 다시 말해 적절한 지적인 도구, 그들의 발명을 대규모로 생산하게 해줄 충분한 금융자본, 그들의 최종생산물을 전달하고 홍보할 수송과 통신 수단이 없었던 것이다.

정교한 재산권 제도가 그리스인들과 중세 영국인들에게 큰 경제적 편익을 주지는 못했지만, 근대 세계에서 다른 세 가지 요인—과학적 합리주의, 자본시장, 현대적인 동력과 수송 및 통신—이 존재하게 되면서 재산이 결정적인 중요성을 획득했다. 다른 세 가지 요인이 근대에 가용해졌을 뿐만 아니라 그것들이 취득의 대상으로서도 가용해졌다. 물리학·공학·경제학·법률은 대학교에서 배울 수 있거나 서점에서도 얻을 수 있다. 자본은 마을 어디서나 융통이 가능했고 거기서 직접 얻을 수 없다면 외국 은행에서라도 얻을 수 있다. 도로가 건설되고 자동차, 비행기, 컴퓨터, 휴대전화기도 쉽게 살 수 있다. 그러나 현대 서구 대부분이 향유하고 코크, 로크, 스미스가 옹호했던 재산권은 쉽게 얻어지지 않는다. 오늘날 전 지구적으로 그것은 가진 자와 갖지 못한 자들을 나누는 가장 분명한 기준이다.

어디서

이 책의 제1부에서 우리는 성장이 왜 특정한 시점에 일어났는지를 설명했다. 일단 성장의 문제를 네 가지 결정적 요인의 시각에서 살펴본 다음, 우리는 어디서의 문제를 다룰 수 있었다. 이 책의 제2부에서 우리는 네 가지 제도적 요인들의 측면에서 다양한 나라의 성장 패턴을 검토했다. 이를 통해 우리는 각국에서 네 가지 요인의 현존과 경제적 도약 사이에 거의 일대일 대응관계를 발견했다.

1500년경 수백 개의 국가와 공국들로 이루어진 유럽은 부지불식간에 상쟁하는 제도와 이데올로기의 온상이 되었다. 이 요인들의 가장 유리한 조합을 지닌 두 나라, 즉 잉글랜드와 네덜란드가 근대 번영의 탄생지가 된 것은 결코 우연이 아니다. 16세기 네덜란드에서 재산권, 과학적 합리주의, 자본시장, 수송과 통신의 발전이 거의 2세기 동안 미숙하나마 느리지만 확고한 성장을 지속케 했다. 증기 엔진과 수송이 아직 네덜란드 경제에는 도입되지 않았지만, 네덜란드는 의심할 여지 없이 경제적 편익을 준 자연적 특징을 갖고 있었다. 항해 가능한 수로를 가진 평탄한 지형이 그것이다. 반대쪽 극단에서는 19세기 말 이전까지 일본과 스페인에 네 가지 요인 모두 실질적으로 존재하지 않았다. 당연한 이야기지만, 두 나라의 경제적 발전은 그때까지 시작되지 않았다.

1800년이나 1900년과 마찬가지로 오늘날 세계에서도 네 가지 요인이 발전된 곳에서 번영이 존재한다. 공히 영국 보통법의 유산을 상속받고 서구적 합리주의를 받아들였으며, 자본시장이 활성화되어 있고 수송 시스템이 발전된 홍콩과 싱가포르는 번영을 구가하고 있다. 두 나라는 지리적 행운도 타고났다. 두 나라 모두 작은 섬나라로서, 탁월하고 전략적인 지점에 위치한 천연 항구를 갖고 있다.

당신이 어느 정도 부모로부터 훌륭한 외모와 두뇌, 체력을 물려받는 것처럼, 특정한 나라도 훌륭한 제도적 '유전자'로부터 편익을 얻는다. 제도적 유산이 풍부한 곳—신세계 중 잉글랜드 식민지들, 홍콩과 싱가포르처럼 그 시민들이 보통법의 유산을 간직하고 있는 곳들—에서 번영이 발원한다. 그리고 정복, 까닭 없는 잔혹행위, 종교적 광신, 일시적으로 풍부한 광물적 부에 고유한 지대추구 심성 등을 특징으로 한 기능불능의 스페인의 전통을 물려받은 남아메리카 같은 곳에서처럼 '유전자'들이 좋지 않은 곳에서는 후진성과 빈곤이 불가피한 결과였다.

또 다른 극단에서는 사하라 이남 아프리카의 경우 네 가지 요인 모두의 거의 완전한 결핍으로 고통받고 있다. 아프리카의 부족구조에서는 족장이 행정권과 사법권 모두를 갖는다. 이러한 권력분리의 결핍으로 인해 이 나라들은 법치와 재산권 유지를 위한 근본적인 요건을 갖지 못하게 된다. 이 애석한 사태에 전통문화의 지적인 무기력과 자본시장의 사실상의 부재가 더해져, 경제적 정체가 필연적 결과로서 나타난다. 그로 인해 나타나는 빈곤은 불가피하게 요한계시록의 네 명의 기사*를 놓여나게 한다. 세계에서 경제적으로 가장 후진적인 대륙에서 에이즈의 비극이 거대한 모습을 드러내는 것은 우연이 아니다.

아프리카는 다섯 번째의 단점도 갖고 있다. 그 대륙은 풍부한 광물자원을 가지고 있지만 경제적으로 중요한 물리적 부존자원, 즉 항해할 수 있는 수로를 갖고 있지 못하다. 아프리카의 단조로운 해안선은 유럽의 해안들이 그러한 것처럼 배들을 위한 대피처를 제공하지 못하고, 그 대부분의 강이 폭포를 끼고 있으며 강어귀들은 둔중한 모래톱으로 막혀 있고, 유럽과 아시아, 북아메리카에서처럼 연중 높은 수위를 유지시킬 눈석임물(쌓인 눈이 녹아서 흐르는 물)이 부족하다. 일반적으로 아프리카의 수로들은 우기 동안에만 유용한 수준의 교통을 실어 나른다.[1]

---

*각각 전쟁, 기근, 질병, 죽음을 상징함 —역주

어디로

일단 우리가 경제성장을 이해하기 위한 네 가지 요인이라는 틀을 얻고 그것을 구체적인 나라와 문화들에 적용할 방법을 배웠다면, 그것은 지속적인 번영과 민주주의, 세계의 지정학적 상태에 관해서는 무엇을 말해주는가? 우리의 네 가지 요인은 세계의 발전된 나라들에서는 모두 확고히 자리를 잡았고, 세계종말적인 파국—지표면에서 인류를 절멸시킬 파국—없이는 그것들의 흔적은 지워 없어지지 않을 것이다.

이것은 결코 과장이 아니다. 제2차 세계대전으로 인해 독일과 일본이 물리적으로는 파괴되었을지 모르겠지만, 그들의 서구화된 제도적 정수와 지식 기반은 손상되지 않았고, 그들의 경제는 신속히 회복되었다(우리가 제1장과 8장에서 보았듯이, 일본과 독일의 '경제 기적'은 승자들의 아량의 산물이 결코 아니다. 독일은 제1차 세계대전과 보복적인 베르사유 조약 이후에도 유사한 경제 회복을 이룩했다).

인류는 이 필수적인 기술적, 제도적 '수단들'을 결코 다시 상실하지 않을 것이다. 로마제국의 붕괴 이후 13세기 동안 그랬듯이 우리는 시멘트에 관한 지식을 결코 잃어버릴 수 없다. 우리의 필수적인 모든 기술을 위한 설계뿐만 아니라 그 공식들도 너무나 많은 사람들과 책, 컴퓨터 하드드라이브 사이에 확산되었기 때문에, 로마의 멸망 이후 대부분의 선진적인 토목 기술이 그랬듯이, 그것들이 완전히 소실되는 일은 결코 없을 것이다. 더 나아가 서구는 그것의 번영을 위한 제도적 기초를 그것의 행동규범들에 너무나 강력하게 통합시켰기 때문에, 지속적인 성장은 불가피하고 인류 대부분을 절멸시킬 대파국 이외에는 모든 것에 견딜 것이다.

제10장에서 전개된, 경제성장과 민주주의 사이의 관련은 대단히 낙

관적이었다. 최근의 사회학적 연구가 보여주듯이, 만약 번영이 민주적 발전을 위한 원천적인 동력이라면 자유민주주의의 지속적인 확산은 이미 결론 난 일 뿐만 아니라 이 부의 기계가 간직하고 있는 지정학적 힘이기도 하다. 이것은 세계 최대의 자유민주주의 국가가 비교적 온건한 헤게모니를 행사할 것이라는 점을 의미한다. 『뉴욕타임스』 칼럼니스트 토머스 프리드먼은 이것을 비꼬는 투로 "전쟁과 평화에 관한 맥도널드 이론"이라고 불렀다. 아주 최근까지 맥도널드 프랜차이즈가 있는 어떤 두 나라도 서로 전쟁을 치른 적이 없다.[2] 물론 지구화가 비용이 없는 것은 아니다. 세계의 증대하는 상호의존성 때문에 사회적이든 환경적이든 금융적이든 미생물학적인 것이든 모든 다양한 것들에 전염되기가 훨씬 더 쉬워졌다.

제10장에서 우리는 점점 더 부유해지고 있는 세계에서 인류의 총량적 행복에 대해서는 그리 낙관적이지 않은 전망을 제시했다. 그러나 점점 더 물질주의화되어가고 있는 우리의 문화를 가장 냉소적으로 보는 사람들도 1820년 이전 인류의 99퍼센트가 공유했던 최저생계수준의 존재에 고유한 것들에 비하면 오늘날 세계의 걱정거리와 불안전성은 아무것도 아니라는 점을 인정하지 않을 수 없을 것이다.

인류 역사상 최초로, 세계의 광범위한 지역이 부의 지속적이고 극적인 증대와 그에 수반한 생활수준의 개선을 경험하고 있다. 이 부의 원천—안전한 재산권, 과학적 합리주의, 활력 있는 자본시장, 현대적인 수송과 통신—은 서구적 생활양식 속에 너무나 깊숙이 뿌리박혀 있기 때문에 지난 세기의 최악의 대격변에서도, 그리고 가장 심각한 물리적 피해를 입은 서구 나라들에서도 어렵지 않게 살아남았다. 좋든 나쁘든 인류는 기술혁신에 의해 촉진되는 경제성장이 세계 무대의 주역으로 등장한 시대에 들어섰다. 산타야나(George Santayana)*의 말을 반복하자면, 경제사로부터 배우지 못하는 사람들은 그 역사의 궤적 속에 뒤처질 것이다.

---

*스페인에서 출생한 미국 철학자 —역주

참고문헌

들어가는 글

1. Jared Diamond, *Guns, Germs, and Steel*(New York: W.W. Norton, 1999), 13-14.

머리말

1. Dava Sobel, *Longitude*(New York: Penguin, 1995), 11-14, 57-59.
2. Stephen E. Ambrose, *Undaunted Courage*(New York: Simon and Schuster, 1996), 52.

제1장

1. "Conversations, The Long View; Covering 50 Years of War, Looking for Peace and Honoring Law," *New York Times*, 16 Dec. 2001.
2. Angus Maddison, *The World Economy: A Millennial Perspective*(Paris: OECD, 2001), 30, 264.
3. Ibid., 172, 231.
4. Douglass C. North, *Structure and Change in Economic History*(New York: W.W. Norton, 1981), 14.
5. Phyllis Deane, *The First Industrial Revolution*, 2d ed.(Cambridge: Cambridge University Press, 1979), 207.
6. Deane, 12-13.
7. T.S. Ashton, *The Industrial Revolution, 1760-1830*(Oxford: Oxford University Press, 1967), 5.
8. E.L. Jones, *Growth Recurring*(Ann Arbor, Michigan: University of Michigan Press, 1988), 29-31.
9. Ashton, 42.
10. Angus Maddison, *Explaining the Economic Performance of Nations* (Cheltenham, England: Edward Elgar Publishing, 1995), 433.
11. Ibid., 438-439
12. Ibid.
13. Maddison, *The World Economy: A Millennial Perspective*, 18.
14. E.L. Jones, *Growth Recurring*, 73-86, 149-167.
15. J.A. Goldstone, "Efflorescences and Economic Growth in World History," Working Paper, 2002.

16. E.L. Jones, *The European Miracle*(Cambridge: Cambridge University Press, 1987), 49.

17. Maddison, *The World Economy: A Millennial Perspective*, 264.

18. Adam Smith, *An Inquiry into the Nature and Causes of the Wealth of Nations*(Chicago: University of Chicago Press, 1976), Ⅱ: 436.

19. Eli F. Heckscher, *Mercantilism*, 2d ed.(New York: Macmillan, 1954), 140.

20. Barbara Tuchman, *A Distant Mirror*(New York: Alfred A. Knopf, 1978), 5-6.

21. Ibid., 19-20.

22. Ibid., 5-6, 9.

23. William Manchester, *A World Lit Only by Fire*(Boston: Back Bay Books, 1992), 6.

24. Paul Johnson, *The Birth of the Modern*(New York: HarperCollins, 1991), 865.

25. Manchester, 53.

26. Tuchman, 25.

27. Ibid., xix.

28. Matthew 22:21.

29. Manchester, 35.

30. Tuchman, 26.

31. Ibid., 26-28.

32. Ibid., 287-339.

33. Manchester, 203-204.

34. E. William Monter, *Calvin's Geneva*(New York: John Wiley & Sons, 1967), 17, 83, 101, 152, 155.

35. Sidney Homer and Richard Sylla, *A History of Interest Rates*(New Brunswick, New Jersey: Rutgers University Press, 1996), 29-30.

36. Both quoted in Tuchman, 37.

37. Homer and Sylla, 69-72.

38. Laurence B. Packard, *The Commercial Revolution*(New York: Henry Holt & Co., 1927), 2-3.

39. Heckscher, 45.

40. Paul Johnson, 169.

41. Douglass C. North and Robert P. Thomas, *The Rise of the Western World*(Cambridge: Cambridge University Press, 1981), 102-119.

42. Robert Woodward, *Maestro: Greenspan's Fed and the Economic Boom* (New York: Simon and Schuster, 2000), 126.

43. Paul M. Romer, "Increasing Returns and Long-Run Growth," *Journal of Political Economy* 94 (Oct., 1986): 1002-1013.

44. Diamond, 45.

45. Charles C. Mann, "1491," *Atlantic Monthly*(Mar. 2002): 41-53.

46. Douglass C. North and Robert P. Thomas, "The First Economic Revolution," *Economic History Review* 30 (May 1977): 240-241.

47. Thomas Malthus, *An Essay on the Principle of Population as it Affects the Future Improvement of Society, with Remarks on the Speculations of Mr. Godwin, M. Condorcet, and Other Writers*(London: Printed for J. Johnson, 1798), from http://www.ac.wwu.edu/~stephan/malthus/malthus.0.html.

48. Walt W. Rostow, *The Stages of Economic Growth*(Cambridge: Cambridge University Press, 1961).

제2장

1. P.J. O'Rourke, *Eat the Rich*(New York: Atlantic Monthly Press, 1988), 233.

2. Leon Trotsky, *The Revolution Betrayed*(New York: Doubleday, Doran & Co., 1937), 76.

3. Genesis 23:16.

4. Robert C. Ellickson and Charles DiA. Thorland, "Ancient Land Law: Mesopotamia, Egypt, and Israel," unpublished paper.

5. Victor D. Hanson, *The Other Greeks*(Berkeley: University of California Press, 1999), 1-22.

6. Ibid., 31, 35.

7. Aristotle, Politics, Ⅶ: 4.

8. Quoted in Hanson, 97.

9. David Johnson, *Roman Law in Context*(Cambridge: Cambridge University Press, 1999), 2-11, 30-44.

10. Marcel Le Glay et al., *A History of Rome*(Oxford: Blackwell, 1991), 96-97.

11. Bernard H. Siegan, *Property Rights*(New Brunswick, New Jersey: Transaction Publishers, 2001), 1.

12. Heckscher, 277-278.

13. Raghuram G. Rajan and Luigi Zingales, "The Great Reversals: The Politics of Financial Development in the Twentieth Century," Working Paper, 2002, 37. 보통법과 시민법의 차이를 좀더 자세히 알고 싶다면, René David and John E.C. Brierley, *Major Legal Systems in the World Today*, 2d ed.(New York: Free Press, 1978)를 보라.

14. 1215년 Magna Carta 영문 번역본은 http:// www.bl.uk/collections /treasures/magnatranslation.html에서 볼 수 있다.

15. Siegan, 5-11.

16. Quoted in Siegan, 9.

17. Ibid., 10.

18. Ibid.

19. Heckscher, 279.

20. Siegan, 12.

21. Ibid., 13.

22. Ibid.

23. Ibid., 15.

24. Ibid., 19-26.

25. Ibid., 17.

26. Heckscher, 286-287.

27. *Encyclopedia Britannica*(New York: Encyclopedia Britannica, 1911), 16: 844.

28. Tom Bethell, *The Noblest Triumph*(New York: St. Martin's Press, 1998), 86-87.

29. John Locke, "An Essay Concerning the True Original Extent and End of Civil Government," 1690, 222. http://odur.let.rug.nl /~usa/D/1651-1700/locke/ECCG/governxx.htm에서도 볼 수 있다.

30. Ibid., 87.

31. Ibid., 140.

32. Bruno Leoni, *Freedom and the Law*(Los Angeles: Nash, 1972), 10.

33. Hernando de Soto, *The Mystery of Capital*(New York: Basic Books, 2000),

179-182.

34. North, 5-6.

35. Etienne Balaszs, *Chinese Civilization and Bureaucracy*(New Haven: Yale University Press, 1964), 18.

36. Ibid., 22.

37. Ibid., 27-43.

38. Siegan, 22-23.

39. Bruce W. Bugbee, Genesis of American Patent and Copyright Law (Washington, D.C.: Public Affairs Press, 1967), 38.

40. Ibid., 130.

41. Garrett Hardin, "The Tragedy of the Commons," *Science* 162(1968): 1245.

제3장

1. R.H. Popkin, ed., *The Philosophy of the 16th and 17th Centuries*(New York: Free Press, 1966), 63.

2. Ivar Ekeland, *Mathematics and the Unexpected*(Chicago: University of Chicago Press, 1990), 7-8.

3. Howard Margolis, *It Started with Copernicus*(New York: McGraw-Hill, 2002), 27-37.

4. A.C. Crombie, *The History of Science*, 2 vols.(New York: Dover Publications, 1970), Ⅰ: 81-99.

5. Margolis, 91-102.

6. Ibid., 15-63.

7. Crombie, Ⅱ: 179-182.

8. Colin A. Ronan, *Edmond Halley: Genius in Eclipse*(New York: Doubleday, 1969), 10-23.

9. Max Caspar, *Keplar*(New York: Dover Publications, 1993), 190.

10. Francis Bacon, *The New Organon*, ed. Fulton Anderson(Indianapolis: Bobbs-Merrill, 1960), vii-xi.

11. Karen I. Vaughn, *John Locke*(Chicago: University of Chicago Press, 1980), 5.

12. Bacon, xix-xx.

13. Johan Huizinga, *The Waning of the Middle Ages*(Garden City, New York: Edward Arnold, 1954), 28.

14. Bacon, 49.

15. Ibid.

16. Ibid., 50.

17. Frank E. Manuel, *A Portrait of Isaac Newton*(Cambridge: Harvard University Press, 1968), 119.

18. Ibid.

19. Steven Shapin, *The Scientific Revolution*(Chicago: University of Chicago Press, 1998), 145.

20. Crombie, Ⅱ: 185-189.

21. Caspar, 34-38.

22. Ekeland, 6-14.

23. Crombie, Ⅱ: 189.

24. McClellan and Dorn, 224.

25. John J. Norwich, *A History of Venice*(New York: Alfred A. Knopf, 1982), 510-516.

26. McClellan and Dorn, 232.

27. Ibid., 233-234.

28. Manuel, 23.

29. Ronan, 1-27.

30. Ibid., 80-90.

31. Jay Pasachoff, "Halley and His Maps of the Total Eclipses of 1715 and 1724," *Astronomy and Geophysics* 40(Apr. 1999): 18-21.

32. F. Richard Stephenson, "Historical Eclipses," *Scientific American*(Apr. 1982): 154-163.

33. McClellan and Dorn, 253.

34. Ronan, 150.

35. Nathan Rosenberg and L.E. Birdzell, *How the West Grew Rich*(New York: Basic Books, 1986), 246.

36. Crombie, Ⅱ: 176.

참고문헌

제4장

1. Jean Strouse, *Morgan: American Financier*(New York: HarperCollins, 2000), 15.
2. Ibid., 314.
3. Quoted in Ashton, 9.
4. Ibid., 9-10.
5. Homer and Sylla, 4.
6. Rosenberg and Birdzell, 38.
7. Jonathan B. Baskin and Paul J. Miranti, *A History of Corporate Finance* (Cambridge: Cambridge University Press, 1997), 313.
8. Ibid., 38.
9. Charles A. Kindleberger, *A Financial History of Western Europe* (London: George Allen and Unwin, 1984), 19-20.
10. Baskin and Miranti, 318.
11. Kindleberger, 36-39.
12. Norwich, 3-13.
13. Geoffrey Poitras, *The Early History of Financial Economics, 1478-1776* (Cheltenham, England: Edward Elgar, 2000), 228.
14. Larry Neal, *The Rise of Financial Capitalism*(Cambridge: Cambridge University Press, 1993), 7.
15. Poitras, 229-231.
16. Homer and Sylla, 128.
17. J. de Vries and A. van der Woude, *The First Modern Economy*(Cambridge: Cambridge University Press, 1997), 113-119.
18. Neal, 18.
19. de Vries and van der Woude, 134-158.
20. Baskin and Miranti, 100.
21. Ibid., 101.
22. David Ormrod, *The Dutch in London*(London: Her Majesty's Stationery Office, 1973), 17.
23. Homer and Sylla, 159.
24. John C. Burch and Bruce S. Foerster, "Big Bucks for Big Business," *Financial History*, 76(Winter 2003): 16-17.

25. Joel Mokyr, ed., *The British Industrial Revolution*(Boulder, Colorado: Westview Press, 1999), 109.

26. Ashton, 68.

27. Roger G. Ibbotson and Gary P. Brinson, *Global Investing*(New York: McGraw-Hill, 1993), 149.

28. Baskin and Miranti, 59.

29. Neal, 8-9, 17.

30. Baskin and Miranti, 65.

31. Ibid., 104.

32. Ibid., 130, 141.

33. James Buchan, *Frozen Desire*(New York: Farrar, Straus and Giroux, 1997), 208-219.

34. Baskin and Miranti, 128.

35. Walter Bagehot, *Lombard Street*(Philadelphia: Orion Editions, 1991), 2.

36. Ibid.

37. Ibid., 3.

38. Ibid.

39. Ibid., 5.

40 Victor D. Hanson, *Carnage and Culture*(New York: Doubleday, 2001), 269.

제5장

1. "The Daughter-in-Law Who Doesn't Speak," *Wall Street Journal*, 26 July 2002.

2. T.K. Derry and Trevor I. Williams, *A Short History of Technology*(New York: Dover Publications, 1960), 243.

3. Adapted from Abbott P. Usher, *A History of Mechanical Inventions* (New York: Dover Publications, 1954), 165.

4. Ibid., 157.

5. Derry and Williams, 243.

6. W.R. Paton, *The Greek Anthology*, 3 vols.(London: William Heinemann, 1916), 418.

7. Derry and Williams, 251.

8. Ibid., 253.

9. Ibid., 313.
10. Ibid., 315.
11. Usher, 351.
12. Mokyr, ed., *The British Industrial Revolution*, 21.
13. Usher, 252.
14. Derry and Williams, 322.
15. Paul Johnson, 191-192.
16. Chancellor, 123.
17. George R. Taylor, *The Transportation Revolution*(New York: Harper and Row, 1951), 33-36.
18. Ibid., 110-119.
19. Ibid., 113.
20. Paul Johnson, 191.
21. Thomas Sowell, *Conquest and Culture*(New York: Basic Books, 1998), 35.
22. John H. Clapham, *An Economic History of Modern Britain*, 3 vols. (Cambridge: Cambridge University Press, 1930), Ⅰ : 390.
23. Tom Standage, *The Victorian Internet*(New York: Walker Publishing, 1998), 1-2.
24. Derry and Williams, 609-610.
25. Ibid., 40-51.
26. Ibid., 46-58.
27. John S. Gordon, *A Thread Across the Ocean*(New York: Walker and Co., 2002), 133.
28. Ibid., 139.
29. Maddison, *The World Economy: A Millennial Perspective*, 265.

제6장

1. Paul Johnson, 191-192.
2. Rosenberg and Birdzell, 262.
3. Goldstone, "Efflorescences and Economic Growth in World History."
4. Bethell, 1-3.
5. de Soto, 157-159.

참고문헌

2부

1. Maddison, *The World Economy: A Millennial Perspective*, 264, 279, 327.

제7장

1. Adam Smith, Ⅰ: 102.
2. Maddison, *The World Economy: A Millennial Perspective*, 264.
3. Tuchman, 248.
4. de Vries and van der Woude, 9-20.
5. Simon Schama, *The Embarrassment of Riches*(New York: Alfred A. Knopf, 1987), 587-593.
6. Johan Huizinga, *Dutch Civilization in the Seventeenth Century*(London: F. Ungar Publishing Co., 1968), 11.
7. de Vries and van der Woude, 21-23.
8. Ibid., 27-33.
9. Maddison, *The World Economy: A Millennial Perspective*, 248.
10. Ibid., 241, 261.
11. de Vries and van der Woude, 348, extracted from Figure 8-11.
12. Paul Kennedy, *The Rise and Fall of the Great Powers*(New York: Random House, 1987), 78.
13. Alexander Hamilton and James Madison, *Federalist Papers*, No. 20.
14. Professor Richard Sylla와의 개인적 대화.
15. Schama, 230.
16. Kenneth O. Morgan, *The Oxford Illustrated History of Britain*(Oxford: Oxford University Press, 1984), 330-337.
17. Douglass C. North and Barry R. Weingast, "Constitutions and Commitment: The Evolution of Institutional Governing Public Choice in Seventeenth-Century England," *Journal of Economic History* 49(Dec. 1989): 803-832.
18. Erskine May, *Parliamentary Practice*, 1844, quoted in North and Weingast, 818.
19. T.S. Ashton, *An Economic History of England*(London: Methuen Publishing, 1955), 178.
20. 2장을 보라.

21. "The Economy-Capital: Precepts from Professor Summers," *Wall Street Journal*, 17 Oct. 2002.

22. Deane, 42-45.

23. Ibid., 45-46.

24. J.D. Chambers, "Enclosure and the Small Landowner," *Economic History Review* 10(Nov. 1940): 118-127.

25. Adam Smith, Ⅰ: 8-9.

26. Mokyr, ed., *The British Industrial Revolution*, 106-108.

27. 2001 Annual Report of Southwest Airlines.

28. Eric Hobsbawm, *Industry and Empire: The Birth of the Industrial Revolution*, rev. ed.(London: Penguin Group, 1990), 56.

29. Joel Mokyr, *The Lever of Riches*(Oxford: Oxford University Press, 1990), 96-98.

30. Ashton, *The Industrial Revolution, 1760-1830*, 53.

31. Derry and Williams, 557-558.

32. Deane, 90-97.

33. David Landes, "The Fable of the Dead Horse; or, The Industrial Revolution Revisited," in *The British Industrial Revolution*, ed. Joel Mokyr, 152.

34. Deane, 116.

35. Ashton, *The Industrial Revolution, 1760-1830*, 10.

36. Jan de Vries, "The Industrial Revolution and the Industrious Revolution," *Journal of Economic History* 54(June 1994): 249-270.

37. Robert Uphaus, 개인적 대화.

38. Friedrich Engels, *The Condition of the Working Class in England in 1844*, from http://www.marxists.org/archive/marx/works/1845/condition-working-class/ch02.htm.

39. Ibid., from http://www.marxists.org/achive/marx/works/1845/condition-working-class/ch04.htm.

40. Joyce Marlow, *The Peterloo Massacre*(London: Panther, 1971), 16.

41. E.J. Hobsbawm, "The British Standard of Living 1790-1850" *Economic History Review* 9(Aug. 1957): 46-68.

42. Karl Marx and Frederick Engels, *Selected Works*, 3 vols.(Moscow: Progress

Publishers, 1969), Ⅰ: 163.

43. Deane, 286, 294.

44. Ashton, *The Industrial Revolution, 1760-1830*, 161.

45. Mokyr, ed., *The British Industrial Revolution*, 122.

46. Marlow, 93-103.

47. Ashton, *The Industrial Revolution, 1760-1830*, 5.

48. H.J. Habakkuk, "The Economic History of Modern Britain," *Journal of Economic History* 18 (Dec. 1958): 486-501.

49. Simon Kuznets "Economic Growth and Income Inequality," *American Economic Review* 45 (Mar. 1955): 1-28.

50. Mokyr, ed., *The British Industrial Revolution*, 6.

51. Deane, 1.

52. Rostow, xii, 7.

53. Ibid., 8.

54. David Halberstam, *The Best and the Brightest* (New York: Random House, 1972), 635-637.

55. de Vries and van der Woude, 712.

56. Robert J. Barro, *Determinants of Economic Growth* (Cambridge: MIT Press, 1999), 33.

57. Deane, 166.

58. Robert J. Irwin, *Free Trade Under Fire* (Princeton: Princeton University Press, 2002).

59. Adam Smith, Ⅰ: 135.

60. Maddison, *Monitoring the World Economy, 1820-1992* (Paris: OECD, 1995), 106, 182, 196.

제8장

1. N.F.R. Crafts, "Industrial Revolution in England and France: Some Thoughts on the Question, 'Why was England First?'" *Economic History Review* 30 (Aug. 1977): 429-441.

2. H. Hauser, "The Characteristic Features of French Economic History from the Middle of the Sixteenth to the Middle of the Eighteenth Century," *Economic History Review* 4 (Oct. 1993): 271-272.

참고문헌

3. Jan de Vries, *Economy of Europe in an Age of Crisis, 1600-1750*(Cambridge: Cambridge University Press, 1976), 200-202.

4. Hauser, 262-263.

5. de Vries, *Economy of Europe in an Age of Crisis*, 216-217.

6. North and Thomas, 120-122.

7. Hilton L. Root, "The Redistributive Role of Government: Regulation in Old Regime France and England," *Comparative Studies in Society and History* 33(Apr. 1991): 350-351.

8. de Vries, *Economy of Europe in an Age of Crisis*, 177.

9. Heckscher, 154.

10. North and Thomas, 126.

11. de Vries, *Economy of Europe in an Age of Crisis*, 89-90.

12. Heckscher, 160-161.

13. Abbott Payson Usher, "Colbert and Governmental Control of Industry in Seventeenth Century France," *Review of Economic Statisitics* 16(Nov. 1934): 238-240.

14. Mokyr, ed., *The British Industrial Revolution*, 81.

15. N.F.R. Crafts, "Macroinventions, Economic Growth, and 'Industrial Revolution' in Britain and France," *Economic History Review* 48(Aug. 1995): 591-598.

16. Heckscher, 170-171.

17. Rondo E. Cameron, "Economic Growth and Stagnation in France, 1815-1914," *Journal of Modern History* 30(Mar. 1958): 5-6.

18. Hauser, 263.

19. de Vries, *Economy of Europe in an Age of Crisis*, 170-171.

20. Heckscher, 80.

21. North and Thomas, 122-123.

22. Packard, *The Commercial Revolution*, 55-56.

23. Hauser, 268.

24. Heckscher, 85.

25. Ibid., 108.

26. Cameron, 9-12.

27. Alfred De Foville, "The Economic Movement in France," *Quarterly*

Journal of Economics 4(Jan. 1890): 227-229.

28. Laurence B. Packard, "International Rivalry and Free Trade Origins, 1660-1678," *Quarterly Journal of Economics* 37(May 1923): 412-435.

29. Peter Bernstein, *The Power of Gold*(New York: John Wiley & Sons, 2000), 121.

30. Buchan, 80.

31. Bernard Moses, "The Economic Condition of Spain in the Sixteenth Century," *Journal of Political Economy* 1(1893): 515-516.

32. North and Thomas, 128.

33. de Vries, *Economy of Europe in an Age of Crisis*, 49.

34. Earl J. Hamilton, "Revisions in Economic History: Ⅷ. The Decline of Spain," *Economic History Review* 8(May 1938): 176.

35. Moses, 523.

36. Earl J. Hamilton, "Revision in Economic History: Ⅷ. The Decline of Spain," 175.

37. Ibid., 175.

38. John H. Elliott, "The Decline of Spain," *Past and Present* 20(Nov. 1961): 65.

39. Ibid., 68.

40. From "Spain under Charles Ⅱ," *Littell's Living Age*, vol. 100, 467; quoted in Earl J. Hamilton, "Revisions in Economic History: Ⅷ. The Decline of Spain," 174.

41. Hauser, 261.

42. Elliott, 67.

43. Homer and Sylla, 128, 130.

44. Moses, 528.

45. de Vries, *Economy of Europe in an Age of Crisis*, 169-170.

46. Elliott, 67.

47. North and Thomas, 131.

48. Packard, *The Commercial Revolution*, 26-27.

49. Jaime Vicens Vives, *An Economic History of Spain*(Princeton: Princeton University Press, 1969), 521.

50. Ibid., 625-643.

참고문헌

51. Elliott, 65.
52. R.P. Dore, *Land Reform in Japan*(Oxfrod: Oxford University Press, 1959), 3.
53. Irene B. Taeuber, "Population: Population Growth and Economic Development in Japan," *Journal of Economic History* 11(Autumn 1951): 419.
54. Dore, 8.
55. Ibid., 8-10.
56. Sir George Sansom, quoted in Dore, 12.
57. Mataji Miyamoto et al., "Economic Development in Preindustrial Japan, 1859-1894," *Journal of Economic History* 25(Dec. 1965): 541.
58. G.C. Allen, *A Short Economic History of Modern Japan*(London: Allen and Unwin, 1962), 14-19.
59. Edwin O. Reischauer, *The Japanese Today*(Cambridge: Belknap/Harvard, 1978), 82.
60. Maddison, *The World Economy: A Millennial Perspective*, 264.
61. Allen, 20.
62. Thomas C. Smith, "Pre-Modern Economic Growth: Japan and the West," *Past and Present* 60(Aug. 1973): 144-159.
63. Thomas Smith, 145.
64. Miyamoto et al., 542.
65. Allen, 20-21, 23.
66. Ibid., 20-26.
67. Reischauer, 129-138.
68. Ibid., 126-129.
69. Miyamoto et al., 549-551.
70. Frank B. Tipton, "Government Policy and Economic Development in Germany and Japan: A Skeptical Reevaluation," *Journal of Economic History* 41(Mar. 1981): 139-142.
71. Allen, 136.
72. John W. Dower, *Embracing Defeat: Japan in the Wake of World War II* (New York: W.W. Norton, 1999), 546.
73. Dore, 55-114.

74. Allen, 156.
75. Dower, 533.
76. Reischauer, 107.

제9장
1. Margolis, 133-136.
2. Jones, *The European Miracle*, 175.
3. Bernard Lewis, *What Went Wrong? The Clash Between Islam and Modernity in the Middle East*(New York: HarperCollins, 2002), 6-7.
4. Peter L. Bernstein, *Against the Gods*(New York: John Wiley & Sons, 1996), xxxⅱ-xxxⅲ.
5. Jones, *The European Miracle*, 175.
6. Lewis, 11-12.
7. Ibid., 31.
8. Ibid., 22-23.
9. Ibid., 46-47.
10. Ibid., 36.
11. Bethell, 237.
12. Jones, *The European Miracle*, 181.
13. Lewis, 85-88.
14. Bethell, 226.
15. Lewis, 80.
16. Bethell, 228-229.
17. Rhoads Murphey, "The Decline of North Africa Since the Roman Occupation: Climatic or Human?" *Annals of the Association of American Geographers* 41(June 1951): 116-132.
18. Lewis, 108-109.
19. Leonard Nakamura and Carlos E.J.M. Zarazaga, "Banking and Finance in Argentina in the Period 1900-1935," Center for Latin American Economics, Working Paper No. 0501.
20. Paul Johnson, 627-651.
21. Janns J. Prem, "Spanish Colonization and Indian Property in Central Mexico, 1521-1620," *Annuals of the Association of American Geographers*

82(Sept. 1992): 444-459.

22. Lawrence E. Harrison, *Underdevelopment is a State of Mind: The Latin American Case*(Lanham, Maryland: Center for International Affairs, Harvard University and University Press of America, 1985), 48-54.

23. de Soto, 192-193.

24. Stephen H. Haber, "Industrial Concentration and the Capital Markets: A Comparative Study of Brazil, Mexico, and the United States, 1830-1930, *Journal of Economic History* 51(Sept. 1991): 559-580.

25. Daron Acemoglu, Simon Johnson, and James A. Robinson, "Reversal of Fortune: Geography and Institutions in the Making of the Modern World Income Distribution," *Quarterly Journal of Economics* 117(2002): 1231-1294.

26. Sowell, 83-87.

제10장

1. Seymour M. Lipset, "Some Social Requisites of Democracy: Economic Development and Political Legitimacy," *American Political Science Review* 53(Mar. 1959): 69-105.

2. Anders Gade et al., " 'Chronic Painter's Syndrome': A Reanalysis of Psychological Test Data in a Group of Diagnosed Cases, Based on Comparisons with Matched Controls," *Acta Neurologica Scandinavica* 77(Apr. 1988): 293-306.

3. Max Weber, *The Protestant Ethic and the Spirit of Capitalism*(New York: Charles Scribner's Sons, 1958).

4. Mark Valeri, "Religion, Discipline, and the Economy in Calvin's Geneva," *Sixteenth Century Journal* 28(Spring 1997): 123-142.

5. Ronald Inglehart and Wayne E. Baker, "Modernization, Cultural Change, and the Persistence of Traditional Values," *American Sociological Review* 65(Feb. 2000): 19-51.

6. Lewis, 155.

7. Maxine Rodinson, *Islam and Capitalism*(Austin, Texas: University of Texas, 1978).

8. Matthew, 22:21.

9. Tuchman, 37.
10. Christian Welzel and Ronald Inglehart, "Human Development and the Explosion of Democracy: Analyzing Regime Change across 60 Societies," *European Journal of Political Research* 42 (May 2003): 341-379.
11. Reischauer, 156-168.
12. Fukuyama, 120.
13. "Why People Still Starve," *New York Times*, 13 July 2003.
14. Inglehart and Baker, 23-24.
15. Ibid., 33-34.
16. Sean Formato, "Fukuyama Discusses the Role of Social Capital," *Johns Hopkins Newsletter*(Apr. 19, 2001).
17. Bradford DeLong and Andrei Schleifer, "Princes and Merchants: European City Growth Before the Industrial Revolution," *Journal of Law and Economics* 36 (Oct. 1993): 671-702.
18. Robert J. Barro and Xavier Sala-I-Martin, *Economic Growth*(New York: McGraw-Hill, 1995), 433-434.
19. Robert J. Barro, *Determinants of Economic Growth*, 2d ed.(Cambridge: MIT Press, 1999), 52-61.
20. Ibid., 47.
21. Hadley Cantril, *The Pattern of Human Concerns*(New Brunswick, New Jersey: Rutgers University Press, 1965), 36.
22. Andrew J. Oswald, "Happiness and Economic Performance," *Economic Journal* 107 (Nov. 1997); 1815-1831.
23. Robert H. Frank, "The Frame of Reference as a Public Good," *Economic Journal* 107 (Nov. 1997): 1833.
24. Ronald Inglehart, *Culture Shift in Advanced Industrial Society* (Princeton: Princeton University Press, 1990).
25. Richard A. Easterlin, "Does Economic Growth Improve the Human Lot? Some Empirical Evidence," in Paul A. David and Melvin W. Reder, eds., *Nations and Households in Economic Growth*(New York: Academic Press, 1974), 107-111.
26. Richard A. Easterlin, "Will Raising the Incomes of All Increase the happiness of All?" *Journal of Economic Behavior and Organization*

참고문헌

27(1995): 40.

27. Ronald Inglehart and Hans-Dieter Klingemann, "Genes, Culture, Democracy, and Happiness," in E. Diener and Mark Suh, eds., *Culture and Subjective Well-Being*, 165-184.

28. Karl Marx and Frederick Engels, *Selected Works*, 3 vols.(Moscow: Progress Publishers, 1969), Ⅰ: 163.

29. Paul Krugman. http://www.wws.princeton.edu/~pkrugman/incidents.html 을 보라.

30. Robert J. Barro, June 2000 Fraser Institute Forum: Democracy and the Rule of Law. http://oldfraser.lexi.net/publications/forum/2000/06/section_04_full.html 을 보라.

31. Cantril 각주 27을 보라.

32. David Morawetz et al., "Income Distribution and Self-Rated Happiness: Some Empirical Evidence," *Economic Journal* 87(Sept. 1997): 511-522.

33. Easterlin, "Will Raising the Incomes of All Increase the Happiness of All?" 35.

34. Philip Brickman and Donald T. Campbell, "Hedonic Relativism and Planning the Good Society," in M.H. Appley, ed., *Adaptation Level Theory: A Symposium*(New York: Academic Press 1971), 287-302.

35. Cantril, 205.

제11장

1. Harold Demsetz, "Toward a Theory of Property Rights," *American Economic Review* 57(May 1967): 347-359.

2. Mark Roe, *Political Determinants of Corporate Governance*, prepublication draft, used by permission of the author.

3. Thomas Piketty and Emmanuel Saez, "Income Inequality in the United States, 1913-1998," NBER Working Paper No. 8467.

4. Marlow, 15-17.

5. Ibid., 13.

6. Deane, 208-237.

7. From Rexford G. Tugwell, "Roosevelt and the Bonus Marchers of 1932," *Political Science Quarterly* 87(Sept. 1972): 364.

8. Ibid., 363-364.
9. Abstracted from John W. Killigrew, "The Army and the Bonus Incident," *Military Affairs* 26(Summer 1962): 62.
10. Tugwell, 375-376.
11. Peter Flora et. al., *State, Economy, and Society in Western Europe, 1815 -1975*, 2 vols.(Chicago: Campus Verlag/Macmillan/St. James, 1983), Ⅰ:262.
12. Joel Slemrod and Jon Bakija, *Taxing ourselves*(Cambridge: MIT Press, 1995), 266.
13. Peter H. Lindert, "Why the Welfare State Looks Like a Free Lunch," NBER Working Paper No. w9869, 1993.
14. Rafael Di Tella, "Preferences over Inflation and Unemployment: Evidence from Surveys of Happiness," *American Economic Review* 91 (Mar. 2001): 178-184.
15. "What I Learned in Bosnia," *New York Times*, 28 Oct. 2002.
16. Luxembourg Income Study를 보라. http://www.lisproject.org /keyfigures/ineqtable.htm.

제12장

1. Tuchman, 87-91, 583-585, 593.
2. Kennedy, 153-154.
3. D. Syrett, *Shipping and the American War 1775-1783*(London: University of London, Athlone Press, 1970), 243.
4. John Lukacs, *Five Days in London*(New Haven: Yale University Press, 2001).
5. R.H. Spector, *Eagle Against the Sun*(New York: Random House, 1985), 123.
6. B.H. Liddell Hart, *History of the Second World War*(New York: Perigee, 1982), 353.
7. Hanson, *Carnage and Culture*, 351.
8. Liddell Hart, 352.
9. Bernard Ireland, *War at Sea 1914-1945*(London: Cassell, 2002), 172-189.
10. Herodotus, *History*, 153-156.
11. Richard H. Thaler, *The Winner's Curse*(Toronto: Free Press, 1991).
12. Kennedy, 723.
13. Quoted from Dugald Stewart, *Transactions of the Royal Society of*

Edinburgh, Mar. 18, 1793.

14. Earl J. Hamilton, "Imports of American Gold and Silver Into Spain, 1503-1660," *Quarterly Journal of Economics* 43(May 1929): 464.

15. Kennedy, 48.

16. Ibid., 47-48.

17. Packard, *The Commercial Revolution*, 68.

18. *The Oxford Dictionary of Quotations*, 3rd ed.(Oxford: Oxford University Press, 1979), 531.

19. Kennedy, 58-62.

20. Maddison, *The World Economy: A Millennial Perspective*, 261; Kennedy, 77, 81-85, 121.

21. 프랑스 이자율은 이전에 발행된 랭떼에서 추산해볼 수 있다. Homer와 Sylla, 171-172를 보라.

22. Quoted in Kennedy, 133.

23. Homer and Sylla, 250, 287, 308, 343, 351.

24. Maddison, *Monitoring the World Economy, 1820-1992*, 180.

25. W.H. McNeill, *The Pursuit of Power*(Chicago: University of Chicago Press, 1983), 340.

26. Obituary, *New York Times*, 22 Apr. 1946.

27. Maddison, *The World Economy: A Millennial Perspective*, 264.

28. Kennedy, 242-245.

29. Maddison, *The World Economy: A Millennial Perspective*, 263.

30. Paul Bairoch, "International Industrialization Levels from 1750 to 1980," *Journal of European Economic History* 11(Fall 1982): 304.

31. Stephen G. Brooks and William C. Wohlforth, "American Primacy in Perspective," *Foreign Affairs* 81(July/Aug. 2002): 22. 이 기사는 또한 http://www.foreignaffairs.org/20020701faessay8517/stephen-g-brooks-william-c-wohlforth/american-primacy-in-perspective.html에서도 볼 수 있다.

32. Ibid., 30.

33. D. Holloway, *The Soviet Union and the Arms Race*, 2d ed.(New Haven: Yale University Press, 1984), 114.

34. Kennedy, 384.

35. Maddison, *The World Economy: A Millennial Perspective*, 274-275.
36. Michael Dobbs, *Down with Big Brother: The Fall of the Soviet Empire* (New York: Alfred A. Knopf, 1997), 129-130.
37. L. Brown, *State of the World, 1986*(New York, Worldwatch Institute, 1986), 207.

제13장
1. de Vries and van der Woude, 711-722.
2. Donella H. Meadows, ed., *Limits to Growth: A Report for the Club of Rome's Project on the Predicament of Mankind*(New York: Universe Books, 1972).
3. Simon Kuznets, *Six Lectures on Economic Growth*(Glencoe, Illinoise: Free Press, 1959), 13-41.
4. Niall Ferguson and Laurence J. Kotlikoff, "Going Critical," *The National Interest* 73(Fall 2003): 22-32.
5. Jagadeesh Gokhale and Ken Smetters, "Fiscal and Generational Imbalances: New Budget Measures for New Budget Realities," American Enterprise Institute Monograph, Working Paper, June 2003.
6. Maddison, *The World Economy: A Millennial Perspective*, 264, 322-327.

제14장
1. Sowell, 101-106.
2. 프리드먼의 가설은 다음과 같다. "한 나라가 일정 수준의 경제발전을 이루고 그 나라의 중산층이 맥도날드의 음식 및 기타 서비스를 충분히 즐기고 있을 때, 그 나라를 맥도날드 국가라 한다. 맥도날드 국가에 사는 국민들은 햄버거를 사기 위해 줄 서는 것은 좋아하지만 전쟁은 싫어한다." 포클랜드 분쟁을 떠올리는 사람을 위해 참고로 말하자면, 아르헨티나에는 그 전쟁 이후 4년 뒤인 1986년에 처음으로 맥도날드 매장이 문을 열었다. 프리드먼의 가정은 반박받기 쉽다. 예를 들어 1990년대 후반까지도 베이루트와 베오그라드(두 나라 모두 맥도날드 매장이 있다)에 이스라엘과 나토가 무기까지 동반된 폭력을 행했다는 것을 거론하는 사람도 있을 수 있다. 토머스 프리드먼의 『렉서스와 올리브 나무』(The Lexus and the Olive Tree)를 참고해보라.

찾아보기

찾아보기